引领家庭户外新时尚，
倡导健康户外新生活。
为了健康，
让我们背起背包，
走向户外，拥抱自然。

本书编委会

徒步山东

东 方◎主编

山东友谊出版社·济南

图书在版编目（CIP）数据

徒步山东 / 东方主编. -- 济南 : 山东友谊出版社，2021.8

ISBN 978-7-5516-2353-7

Ⅰ. ①徒… Ⅱ. ①东… Ⅲ. ①登山运动 Ⅳ. ① G881

中国版本图书馆 CIP 数据核字 (2021) 第 158112 号

徒步山东

TUBU SHANDONG

责任编辑：王亚太
装帧设计：刘洪强

主管单位：山东出版传媒股份有限公司
出版发行：山东友谊出版社

地址：济南市英雄山路 189 号　邮政编码：250002
电话：出版管理部（0531）82098756
　　　市场营销部（0531）82098035（传真）
网址：www.sdyouyi.com.cn

印　　刷：济南乾丰印刷有限公司

开本：787mm × 1092mm　1/16
印张：28　**字数：**400 千字
版次：2021 年 8 月第 1 版　**印次：**2021 年 8 月第 1 次印刷
定价：69.00 元

编辑絮语

回首往昔，山东户外运动的兴起和发展经历了十多年的风雨历程。

2007年，我们出版了《钻山沟——济南周边自驾车/徒步之旅》，该书由济南户外老前辈贾献珣著，书出版后在济南市民中引起了不小的反响，由此引发了许多市民利用周末及节假日爬山的热情。

2010年之前是户外运动的蒙昧时代，那是三两山友约伴爬山的时代，那是没有普及速干衣、登山杖、户外头巾等户外装备的时代，那是手执镰刀披荆斩棘的时代，那是没有仪器记录里程、高程，更没有导航、步数的零数据化时代。

2010年前后出现了商业化户外组织，户外（专指户外运动）这一名词才开始为大众所认知。2012年是济南乃至全国户外行业转型的一年，也正是在2012年，手持GPS开始普及，全国许多经典户外长线（如鳌太、狼塔）开始传播，越野跑等竞技性户外赛事开始逐步兴起。

近十年以来，我国户外行业呈现井喷式发展趋势。无论是参与人数、涉足门类、技术装备，都有了长足的发展和提高。单就装备来说，从最初的“武装到牙齿”的装备党，到后来的轻量化，到如今的精准化，各种理念层出不穷。从休闲户外到竞技户外，从轻量户外到重装户外，从单日徒步到户外探险，从陆地到水中，再到天空，花样繁多，精彩纷呈。

户外运动学作为一门新兴学科正逐渐成熟。作为一门综合学科，它涉及的领域十分广泛，包括气象学、地理学、地质学、运动学、生理学、心理学、急救学、摄影摄像学、环境保护学等。

卫星导航的应用及普及为户外运动插上了腾飞的翅膀，让户外运动开展得更精、更准、更安心。值得一提的是，2020年7月31日，我国北斗三号全球卫星导航系统开通，正式完成全球北斗系统组网，为民间用户免费提供10米精度的定位服务。我们终于享受到祖国母亲的天眼导航，准确、及时，富有亲切感。

智能手机作为通信、摄影、导航、文案编辑的工具，在户外运动中起到越来越重要的作用。摄影器材更加高端，无人机在户外圈逐渐得到普及。

在新时代科技大发展的环境下，老一代户外运动爱好者更倾向于以纸墨的形式将所见所闻、所学所知、所想所感表达抒发，于是，《徒步山东》问世了。这本书继《钻山沟》这部济南户外引领启蒙著作之后，将视野扩展到山东范围，分济南、泰山、蒙山、鲁南、鲁中、胶东6大区域，在众多户外路线中精选出59条各具特色的路线，内容更翔实，路线更具体，图片更精美。

本书注重对旅行体验的描述，作者团队阵容强大，其中有博士、教师、博物馆馆长、企业老总、媒体记者等。他们每到一处，都有感而发，而后，汇集成册，不啻为一部当代的《徐霞客游记》。

本书更多的是续写一种户外超脱精神。这种精神只可意会、难以言传。如果非要用文字描述一下的话，我认为书中有几句话说得恰到好处："青山有界，云水无边。胜事自如，心向林泉。独恋此间山水好，会当巡游不羡仙。"

让我们走进绿水青山，亲近家乡的碧水蓝天，奔向美好的明天。

目录

第一部分

山东省自然地理与户外徒步资源

泰山鸟瞰

山东省域地理地貌由山地、丘陵和平原组合构成，全部地表坐落于中国大陆陆地自西向东渐次降低的三级地势阶梯的最后一级阶梯上。

户外徒步爱好者最为喜欢山地、丘陵地区，恰好山东省域内山地与丘陵的分布广泛而多样。从自然地理角度看，各地理区块分布着自地球形成之初就已存在并发展变化着的各种自然遗迹，同时，各地理区块也蕴藏着中华文明五千多年的发展历程以及上古人类活动的踪迹。因此，徒步山东，具有不可估量的自然意义和人文意义。

一、地质地层的形成

山东地区最古老的岩石群落是产生于太古代的泰山群落。该群落的分布特点是部分出露、部分掩埋于地下，出露部分有泰沂山脉的泰山、徂徕山、鲁山、沂山、蒙山等，掩埋于地下的有济阳、齐河地质凹陷区域的地下地层。这一群落最早的岩石地质年龄在 25 亿年以上，最晚的岩石地质年龄也在 20 亿年左右。岩石的厚度在 4500 米—16800 米，这些地层都形成于太古代，称为太古代地层。

行走在泰山及其他众多山脉之中，耸立出露的各种岩石都因凹陷与隆起而断裂、而褶皱、而沉积、而侵入、而重结晶、而变异——它们就是古地质地层实实在在的标本。

元古代地层比太古代地层晚一些，胶东地区和济宁、日照一带的山地地层基础大多是元古代形成的，崂山、蓬莱山、乳山、大泽山等的地层年龄约在 19 亿—22 亿年之间，部分地层岩石地质年龄仅 5.5 亿—7 亿年。两个地层以沂水—临沭断裂带相阻隔。根据现代地质钻探研究成果，尚未发现胶东及鲁东南的地层板块与鲁中、鲁南地层板块接触侵入的证据。当然，有关地层的地质年龄，依照现有的地质钾—氩法测定，只是个相对的数值。

山东地区地层发展历程中，陆相沉积、海相沉积都有，正是由于板块运动和地质的隆起、凹陷、断裂，使得远古的地层出露出来，成为我们徒步旅行时可以看到的各种地质奇观。

山岳里的每一处岩石都是隆起出露于地面以上的古地层，当然，更多的神秘奇幻的山川地貌不只是隆起断裂和凹陷形成的基本形态，不同构成岩石的侵入，地层地下水文的塑造，也给出露的岩石山体留下了更多的神奇。

22 亿—25 亿年前，山东地区最早形成泰、鲁、沂、蒙山脉，从 25 亿年前到 1 亿年前的地质年代，地质板块运动造成各个地质年代的地层发生互相挤压、侵入、填充、出露、露天塑造，最终成为复杂多样的地理奇观呈现在我们面前。当然，更多的神奇还包裹或埋藏在山体或泥土之中。

二、著名山峰与山地资源分布

对于户外徒步者而言，其足迹所及，并非只有名山大川，范围更广阔的低山丘陵、平原地貌、火山熔岩地貌、海岸地貌等，无不以其独特的自然奇观给予旅行者无尽的想象和观赏享受。

就山东地区的山地而言，除却海拔 500 米以上的中等高度的山脉以外，更多的是海拔低于 500 米的丘陵。而这些丘陵主要分布于山地的周边，不同的丘陵地带由于地质年代和岩石构造的不同，也展示出各自不同的自然景观。譬如，济南诸多孤立的山峰就属于结晶岩系丘陵被自然剥蚀侵蚀的残丘；而沂蒙山区与鲁东地区很多剥蚀侵蚀形成的丘陵，多是地质断陷地带碎屑岩系或火山碎屑岩的残留；泰、鲁、沂山脉主峰迤北倾斜的众多丘陵地带则多是石灰岩溶蚀侵蚀的结果。

山东的地貌按地形状态分为山地、丘陵和平原三类，其山地地貌最显著的特征就是受自然流水的切割和风化剥蚀形成了诸多的山谷山峰，几乎所有山地地貌都属于断块山山地类型。

省内主峰海拔超过千米的山岳有泰山、鲁山、沂山、蒙山、徂徕山和崂山，单就泰山而言，超过千米的山峰就有几十座之多。

（一）济南区及泰山区的山地资源

依照济南、泰山的特点，将两区域合并概述。本区域最著名的山脉为泰山及其支脉徂徕山，泰山及其余脉总体可称为泰山山系。

泰山

玉皇顶为泰山主峰，也是山东最高峰，标志海拔 1532.7 米。从地貌上说，济南南部山区为泰山余脉，从地质板块角度来看，泰山是一座典型的地质断块山。

泰山的主山脉是山东地区最古老的山脉，形成于 25 亿年前的太古代地层隆起，晚一些的大地塑造和抬高是喜马拉雅运动的结果。

就自然景观资源而言，泰山共有山峰 156 座、崖岭 138 座、名洞奇石各 72 处、溪谷 130 条、潭瀑 64 处、名泉 72 眼，人文景观更是不胜枚举。

徂徕山

和泰山遥遥对望的徂徕山，也是泰山区内著名的山体。

徂徕山位于泰安与新泰之间，隔大汶河谷地与泰山南北相望，主峰太平顶海拔 1028 米，与泰山极顶直线距离约 30 千米。

徂徕山与其东侧之莲花山共同构成一断块山山地。北侧为泰山与徂徕山之间的大断层，南侧为徂徕山与蒙山之间的大断层，为鲁中南山地断裂带集中交会区域。

徂徕山的隆起，缓和了泰山隆起的高度，成为泰山的姊妹山而屏障东南，徂徕山的人文历史也正印证了这两座山的荣耀，历史上，曾经有多位皇帝封于

碧霞祠

泰山岱顶，禅于徂徕梁父，千年泰山封禅文化与徂徕山难分难解。

济南南部山区

在泰山主峰北侧，自西向东，山地绵延上百千米，南北也超过了50千米。整个区域山地可分为侵蚀低山区和剥蚀丘陵区。行政区划上，泰山北部、东部、东南部余脉大多在济南市辖区范围内，故济南南部山区被誉为“济南的后花园”。

泰山余脉的山体群落，侵蚀低山区的海拔一般在500米—1000米之间，这也最为户外爱好者青睐。

还有一些剥蚀残丘，呈星点状分布在堆积平原区内，如被誉为“齐烟九点”的小山分布于济南市区和近郊，莱芜区域内500米以下山脉更多，在此略去。

邹平长白山等

滨州行政辖区内山地资源较少，但特点非常突出，主要分布在邹平市的长白山脉，按本书体例，也归入济南片区。

邹平的长白山属于鲁中北部孤立分布的低山，长白山脉共有大小山头317个，分布于摩诃山、白云山、会仙山三个山峰群落。

需要特别说明的是，滨州邹平的长白山脉虽然与泰鲁沂山脉相邻，但山脉形成的原因却有很大的区别，邹平的长白山与吉林的长白山成因一样，都是火山活动的产物，可以说，每一座山峰都是一座火山堆。在长白山的北侧地下数百米的黄土掩埋中，还有体量与现在的长白山差不多大的另一半火山堆因地质断裂而下沉被埋。

在滨州无棣县，有一座平地而起的山叫碣石山，海拔63.4米，山不大，却被誉为京南第一山，是中国最年轻的火山，传说它就是曹操曾经登临的碣石山。

（二）蒙山区的山地资源

蒙山区之主脉蒙山是一个较完整的区域性山系，蒙山山系自东南向西北伸展，横陈于蒙阴、平邑与费县之间，脉络清晰，山地完整。主峰龟蒙顶海拔1156米，为沂蒙山区第一高峰、山东省第二高峰，素称“岱宗之亚”。除龟蒙顶以外，尚有挂心橛子、望海楼等千米以上山峰六座，西北、东南两端以低山丘陵为主。

蒙山山地主要由太古代变质岩岩系组成，主要山峰多变质岩系之花岗岩岩体，故而巍峨高峻，龟蒙顶形似伏龟，挂心橛子壁立如削，山体受东侧北西向的蒙山大断裂影响而向东北倾斜，单面陡峭绵延。近似于南北向的山体断裂带间歇分布，形成南北方向的山岭山峪分段列布，故而蒙山水系呈网格状分布，水流南北而流。

平邑境内的蒙山俗称东蒙，包括蒙山主峰龟蒙顶在内，大小山峰共 1076 座，另外，尼山山脉在平邑还有一些奇特的山峰，其中，天宝山海拔 541 米，观音山（俗称母子山）海拔 641 米，四海山主峰狼窝顶（又名朗豁顶）海拔 674 米，娘娘顶为费县、平邑两县界山，海拔 568 米。

费县共有大小山头 1400 座，其中 1000 米以上的山峰有两座，500 米以上的山峰有 75 座，分属于蒙山山脉和尼山山脉。费县蒙山著名的山峰有上百座，最高点为天蒙顶的蒙山第二峰挂心橛子，也叫玉柱峰，海拔 1026 米，第三高峰望海楼海拔 1001.2 米。

蒙阴境内较大山峰有 520 座，其中海拔 1000 米以上的就有 12 座。沂蒙七十二崮，三十六崮在蒙阴，著名的孟良崮便在蒙阴境内。“岱崮地貌”名词即源于沂蒙七十二崮，为中国第五大造型地貌。

沂南县处于蒙山东部边缘，境内共有大小山头 3400 余座，其中海拔 500 米以上的有 19 座，其余的在 200 米—400 米之间。蒙山彩蒙景区，主要包括五彩山、大青山、大项子、猫头山等，主峰彩蒙顶海拔 762.8 米，是沂南县最高峰。

（三）鲁南区的山地资源

在蒙山山系之西南侧面，临近蒙山区域的山地资源，虽然毗连蒙山区主要山系，但按本书体例，参考行政区划，特归入鲁南山地丘陵进行概述。

沂蒙七十二崮部分山峰分布在枣庄市辖境，如抱犊崮，海拔 580 米，为沂蒙七十二崮之首，枣庄山亭区大小山头有 5000 多座，海拔在 400 米以上的有 161 座。枣庄境内最高的 3 座山峰即翼云山、摩天岭、抱犊崮均在山亭境内。熊耳山海拔 483 米，拥有华夏最长的地震大裂谷。滕州市域拥有大小山头 453 座，其中砂石山 130 座、青石山 323 座。最高峰为莲青山摩天岭，海拔 603 米，其次为龙山，主峰高 517 米，被称为古滕八景之一的“谷翠双峰”，东峰高 400 米，西峰高 408 米，其他有小白山、染山、马鞍山、谷山、吉山、孤山、南龙山、落凤山等。

济宁邹城的峄山又名邹峄山、邹山、东山，海拔 582.8 米，紧邻沂蒙山地，自然景观优美奇特。

兰陵县的文峰山属于尼山山脉，主峰海拔 234 米。

另外，在郯城到莱州湾之间，存在着一条古老的地质断裂带，断裂带串起了诸城、五莲、莒县、莒南、临沭，在地理地质特点上也可归入鲁南区。

莒县山脉隶属泰沂山系，海拔 200 米以上的低山 450 余座，大多呈东南西北走向。东南有凤凰山、老营顶、高墩子、先行垛、玉皇顶、马鬐山，海拔均在 500 米以上，其中马鬐山海拔 662.2 米，是全县最高峰；东有屋楼崮、桥子山、梁甫山、矬山、院山；东北有歪头山、没头山、宝珠山，海拔均在 470 米以上；北有五山、金华山、碁山，海拔均在 400 米以上；西有洛山、浮来山，海拔均近 300 米。

莒南山脉系崂山—五莲山脉余脉，部分山脉与莒县的泰沂山脉余脉交错。境内共有大小山头 517 座，平均海拔 200 米，最高点亦为马鬐山。日照岚山区最高点在中楼镇马鬐山。

马耳山是泰沂山脉余脉，五莲诸城之界山，主峰在五莲，海拔 706.6 米，齐长城遗址所在，为鲁东南第一峰。另有五莲山和九仙山。

（四）鲁中区的山地资源

在泰山、徂徕山及蒙山山系与郯城莱州湾间的地质断裂带围合区域，分布着鲁山、沂山等著名山脉，本区域是与泰山区、济南区和蒙山区的山地犬牙交错又总体上具有明确差别的分水岭，行政划分上有淄博的淄川、沂源，潍坊的青州、临朐，临沂的沂水。

鲁山是山东省的地理中心，最高峰“观云峰”海拔 1108.3 米，为山东第四高峰。鲁山为一近三角形断块山，形成过程、年代与泰山相同，只是抬升较少。鲁山为山东水系辐射分散的核心分水岭，淄河、弥河、大汶河、沂河都有鲁山山地的集水。

鲁山著名的景点有：枣树峪的瀑布、圣母石龙凤石、花崖、云梯、一线天、万石迷宫、驼禅寺、观云峰等。

依照按自然地理划分地貌的习惯，山东省的山地丘陵可划分为鲁中南山

地丘陵和鲁东山地丘陵两大区域。淄博、潍坊、临沂行政区域东北部的沂水山地都属于鲁中南山地丘陵区。

沂水全境皆山区，沂山南侧的泰礴顶，海拔 916.1 米，为沂水最高点，全境山岭按其主要特征基本分为泰礴顶、狼炕子、高板场、长虹岭四大山脉，大小山头 3794 座，海拔超过 600 米的 56 座，海拔 400 米—600 米的山头接近 800 座，是绝对的中低山王国。

沂山位于泰鲁沂山脉形成的山地群东侧，有“东泰山”之称，为临朐沂水两县之界山，主峰玉皇顶在临朐一侧，海拔 1032 米。

沂山也是三角形断块山，其岩石由以混合岩为主的变质岩构成，主峰属于变质岩中的花岗岩类型，故而山峰峻峭，玉皇顶、狮子崮与歪头崮三峰鼎立，多跌落高崖，其主峰玉皇顶北部之百丈崖瀑布尤其壮观。

沂山形成发育的年代与泰山、鲁山一致，因东部靠近断裂带，后期板块运动隆起较少。沭河、弥河干流、潍河支流均集水于沂山不同方向的山体。

淄博行政区内的山地资源主要分布在博山、淄川和沂源县。

博山区有山峰 1300 多座，海拔 800 米以上的山峰 47 座，500 米以上的山峰 81 座，淄博的沂源县属于纯粹的山区县，也是山东省平均海拔最高的县，有大小山头 1983 座，鲁山最高峰部分就在沂源境内，著名的有翠屏山、圣佛山、唐山、凤凰山等。

潍坊行政辖区的山地资源主要分布在青州和临朐的西部。

青州临朐的山脉总体都属于泰、鲁、沂山脉的中低山及丘陵余脉，青州的大小山头上千座，比较有名的就有近百座，很多已成为户外运动爱好者的乐园。

因为青州邻近古齐国故都临淄，也是历史上山东地域主要的政治中心，所以这里很多山脉都蕴含着历史和人文的信息。

临朐石门山海拔 526 米，石门坊景区最为著名，为国内五大秋季红叶景观地之一，号称齐鲁红叶之冠。其他著名山地景观有粟山、老龙湾等，多处于沂山余脉之上。

（五）崂山及胶东区山地资源

崂山位于胶东半岛南岸，为胶东地区唯一的主峰在千米以上的山脉。主峰崂顶海拔 1132.7 米，位列山东第三。东南两侧矗立围合成三角山形，面向大海，西北向青岛—海阳大断裂带逶迤而去。

崂山的形成晚于鲁中南山地，地质隆起于中生代的燕山运动晚期，主体为花岗岩。因主体断裂带在西北方向，故而山体由西北向东南梯级升高，山脊东北而西南，水系沿山脊东西分列，南北而流，山谷切割，侵蚀强烈，岩性坚硬，危峰突兀，瀑布众多，加之东南两侧直入黄海，碧海青山，惊涛拍岸，为山东乃至全国沿海最美之名山，享誉世界。

胶东地区的低山多分布于半岛北部和东部，其中，大泽山主峰海拔 736.7 米，罗山主峰海拔 759 米，栖霞艾山和蓬莱艾山主峰海拔分别为 814 米和 819 米，为胶东半岛第三高峰、山东第十高峰。艾山与崂山（1132.7 米）、昆嵛山（923 米）呈三足鼎立之势，构成了山东半岛千岩竞秀、万壑争流的仙风道骨。牙山主峰位于栖霞城区东南 22.5 千米处，海拔 806 米。垛山为乳山第一峰，也叫垛崮山，海拔 612.6 米。岠嵎山位于乳山市区西南 18 千米处，主峰海拔 589.5 米，其四周群山环抱，中间形成“人”字形峡谷，岠嵎山以此得名。

除此之外，半岛地区沿海岸线除崂山之外，其他低山零星分布，主要有槎山（荣成南部，黄海之滨，主峰清凉顶海拔 539.8 米）、招虎山（崂山山系，位于海阳黄海之滨，主峰海拔 549.7 米）、小珠山（崂山余脉，位于黄岛、胶南之间，主峰海拔 725 米）。

总之，山东辖境的山脉，以鲁中南山系最为古老，形成于太古代，以多种变质岩为主。胶东山系形成于元古代、中生代，以花岗岩为主。

三、黄金海岸线与著名岛屿

山东的陆地岸线有3290千米，海岛岸线有572.78千米，由此可确认，山东的海岛、海岸游览资源是无比丰富的。

莱州湾以西的渤海湾海岸线主要以泥岸为主，有许多自然奇观，如无棣县北部沿海的贝壳堤，还有贝壳堤岛，这么神奇的自然海岸景观在世界上绝无仅有；另外还有众多沙岛，海产资源非常丰富，还有一直在"生长"着的黄河三角洲，都是户外徒步爱好者的天堂。

渤海、黄海沿岸，砂质海岸与基岩港湾海岸交替分布，特别是砂质海岸，看似平淡无奇，然大海与大地之间久远的对话与交流的痕迹，无不显示在每一处的天地之间。徒步山东，走在海边，辽阔和神秘、古老和神奇交相辉映。

山东半岛是我国最大的半岛，山东海域现有岛屿500多个，渤海黄海交界区域的庙岛群岛最为集中，其他的岛屿主要分布于烟台滨海、威海滨海、青岛滨海、日照滨海。

海岛是岩石和沙土在海洋中构成的世界，山东著名的岛屿有：

庙岛群岛 又称长岛，古称沙门岛，隶属烟台市。

刘公岛风景区 位于威海市区之东的威海湾中，它虽然仅有3.15平方千米的面积，却享有盛名，因为这里是北洋水师的诞生地、甲午战争的战场。

养马岛 地处烟台牟平区城北9千米的黄海之中，它又称象岛，因相传秦始皇东巡时曾在此养马而得名，因其秀丽的景色和宜人的气候，被称为"东方夏威夷"。

崆峒岛 位于烟台芝罘区东北部海域9.5千米处，是烟台市区第一大海岛，主岛面积0.99平方千米，主要有头孤岛、二孤岛、三孤岛、马岛等，踏上崆峒岛，可以尽情感受渔村风情。

鸡鸣岛 位于荣成港虎头角北部约8千米的海域中，海岛形状很像雄鸡，面积约0.31平方千米，已成为现代海岛渔村风情的典范。

石岛及赤山 东隔黄海与韩国相望。

成山头 位于成山山脉最东端，也是中国大陆伸向海洋的最东端，故而得名，古称"天尽头"，现在被誉为中国最早看见海上日出的"好运角"，曾被《中国国家地理》评为"中国最美的八大海岸"第一名。

田横岛 位于青岛市即墨东部海域的横门湾中。岛上空气清新，苍松滴

成山头

翠，温暖湿润的海洋性气候造就了冬暖夏凉的人间胜境；岛上南北两坡风格迥异，南坡岬湾相间，礁奇水秀，是垂钓的绝好去处，北岸湾深、港静，是游泳及帆船、摩托艇等海上运动项目的极佳场地。

南黄岛 隶属乳山市，位于黄海之中，是乳山市最大的岛屿。

灵山岛 位于青岛西南方向的黄海海域中，总面积 7.66 平方千米，最高点海拔 513.6 米，是我国北方最高的海岛。

汪子岛 濒临渤海，是一座由贝砂堆积而成的小岛，原始面积约 3 平方千米，有海上"仙境"之称，是休闲观光的好去处。

另外，海阳的千里岩，属于大陆架型岛屿。荣成的海驴岛，因整个岛屿状似一只瘦驴卧于海中而得名，由于岛上海鸥很多，而当地人称海鸥为海猫子，所以它又被称为海猫岛。还有威海的第二大岛褚岛，居于黄海距陆地 3.7 千米的黄海之上，素以"天然钓鱼台"著称于世。

四、水系、湖泊、溶洞与地下河

（一）水系与湖泊

山东气候属于典型的暖温带大陆季风气候。有人会说，青岛、烟台、威海都面临大海，怎么不属于海洋气候呢？这是因为胶东半岛受辽东半岛、朝鲜半岛和日本列岛的围合，海洋对气候的影响被弱化。荣成的成山头三面环海，气候受大陆和海洋的影响各占一半，算是山东唯一的海洋气候与大陆气候各占 50% 的地区，其他所有地区的大陆气候占比都在 55% 至 70% 以上。

山东水系分属于黄河水系、淮河水系和海河水系。省域北部平原徒骇河以北属于海河水系，主要河流为徒骇河和马颊河。数千年来，这一水系的河流多次变迁，无一遗漏地经历过黄河改道的洗礼。山东的淮河水系主要有沂河、沭河和流入济宁南四湖的河流，而数千年来的水文变化，留下了东平湖、南四湖等湖泊，对于户外旅行者来说，如果对这些湖泊的水文渊源有所了解，当是一件多么快乐的事情啊，认识自然的同时也可以了解历史。曾经的黄河主河道占有了古淮河泗水河道下游，使得泗水不能南流入淮入海，长期滞留于济宁徐州之间，形成了南四湖。济水滞留于巨野、梁山一带，形成巨野泽、梁山泊，反又随着黄河的多次泛滥淤积逐渐抬高而消失，直到 1855 年黄河又一次大改道侵占济水下游大清河河道入海。可以说，山东的淮河水系的自然景观无论是历史记载的还是如今残留的，无不是自然水文变迁塑造的结果。山东地区的现代黄河水系，主河道自东明至垦利入海，全长628千米，约占黄河总长度的九分之一，主要支流有大汶河、玉符河等，大汶河最远的源头是发源于章丘的嬴汶河，玉符河最长的源头在济南南部山区的锦绣川。

除分属于三大水系的河流之外，山东境内还有一些源于省内独自入海的小水系，如小清河，主要纳济南南部山区分水岭以北流水，济南章丘、淄博等地之巨野河、绣江河、孝妇河、淄河等皆为小清河主要支流。流经青州、寿光、潍坊之弥河、潍河等皆源于泰、鲁、沂山脉，各自独流入海。胶东与昌潍平原之界河胶莱河原为人工河，自平度市南部海拔11.7米处南北分流入渤海和黄海，胶莱河的开挖是元代的“烂尾工程”，明代继续开挖，为粮运通道，因分水岭处海拔高度和水源不足等原因，目的并未能达到，却无意中成了胶莱平原排涝防洪和农业灌溉的河流。

胶东的其他河流，如大沽河、大沽夹河、母猪河等，都源于胶东丘陵地带，鲁东南的河流也多源于鲁东南丘陵山地，其水文景观和水利效用皆造就了一方文明，这些都为户外旅行者提供了自然和人文双重的资源。

不得不提的是山东境内的大运河，虽然部分河道因黄河改道而废弃，但其文化底蕴和游览意义十分重要。

谈到水文，自然少不了湖泊，山东的湖泊及湖泊遗迹分布非常广泛，很多已经淤积为滩地，但探究其自然地貌的变迁，对现代科学的水文观的形成与拓展，对人们更科学地认识自然、利用自然、保护自然具有重要意义。

（二）溶洞与地下河

至于岩溶地貌的另一种奇特现象，如溶洞，还有很多横向的自然山洞，在泰、鲁、沂山脉群落中分布得极为广泛。章丘的蟠龙洞，藏龙涧的龙洞，长清的灵芝洞、牛魔洞，济南南部山区的子房洞、朝阳洞，章丘的赵八洞，还有淄川、博山、沂源、青州及泰鲁沂山脉里的很多山洞，著名的就有60多处，出露者海拔都在100米到600多米之间，其中溶洞深度超过百米的占一半以上，部分超过千米。

山东山地区域溶洞及地下河发育较为广泛，集中分布有淄博溶洞群、蒙山溶洞群、沂山溶洞群和泰山地下大裂谷等。

沂源溶洞群高深宽大，称为“山东第一洞”。淄博开元溶洞、博山溶洞、沂水山东地下大峡谷、蒙阴地下溶洞、沂南桃花峪溶洞都很壮观。胶东地区的山体也不乏天然溶洞，多处于待开发状态。

（三）山东泉群

与熔岩地貌不同，岩溶地貌是天然水及空气对石灰石山岩溶蚀作用所塑造的各种地貌，溶洞、地下暗河、干谷、岩溶泉等自然景观便是岩溶地貌典型的景观标志。当您行走于户外，溶洞和山泉的神秘无不令人惊叹，很多溶洞是原始的地下暗河，抬升断裂使之出露于山沟或崖间，而山泉的形成则更加神奇。

山东山地丘陵区域泉群分布较广，特别是泰岱山脉北部的济南地区，喀斯特地貌是泉水集聚的基本原理，地质断裂和特殊的地质结构是形成泉水出露的本质原因，由此也造就了世界上著名的泉水城市——济南。

济南著名的泉群有趵突泉泉群、珍珠泉泉群、黑虎泉泉群、五龙潭泉群、白泉泉群、涌泉泉群、玉河泉泉群、百脉泉泉群、袈裟泉泉群、洪范池泉群等。

淄博博山、淄川一带也有很多泉群，如博山有三十六名泉，计有神头、秋谷、珠龙、良庄四大泉群。淄川龙泉镇的龙口泉群，沿般阳河东侧有八处泉眼，泉口标高 148.7 米，蔚为壮观。

另外还有临朐老龙湾泉群、泗水泉林泉群。

济南的趵突泉群、珍珠泉群、黑虎泉群和五龙潭泉群，属于火成岩接触泉，即岩溶含水层遇到了火成岩岩体或岩脉阻隔上升为泉；而章丘的百脉泉群、淄博的龙湾泉群、泗水的泉林泉群、临朐的老龙湾泉群则属于断层泉，也就是岩溶含水层被断层切割阻断从断层带溢出；还有一种泉水属于侵蚀泉，岩溶含水层受小区域外沿地质侵蚀变化造成渗水不畅，从某处溢出，不过这种泉多属于季节泉，流量随雨季旱季的不同而不同。岩溶地貌造成很多干谷河床，济南玉符河宅科以下河段、济南东部的巴漏河都是岩溶地貌。

山东省有 4 个不同类型的地热区，即鲁东地热区、沂沭断裂带地热区、鲁中南地热区、鲁西北地热区。

总之，地貌、水文、气候、土壤、植被及生物地理形成了山东的自然综合体。美丽的山东大地，既是齐鲁大地亿万居民生息繁衍与人生奋斗的沃土，也是广大户外爱好者的乐园。

本篇作者

三羊，本名南敏杰，高级工程师，文学及科普爱好者，关注点侧重地质、地理、水文、自然生态学及乡土人文历史。曾在青藏高原和渤海滩涂区域从事科技工作。喜欢旅行和实地考察，足迹遍及全国和多个国家。

第二部分

路线篇

小天烛峰

一、济南区 24 条徒步路线

概　况

本书划分的济南区，是指济南行政辖区内，黄河以南、泰山以北，南北纵向 50 千米，向西南沿长清区山区延伸至平阴洪范池、大寨山再至东平湖畔，向东沿历城山区曼延至章丘九鼎山、青山，包括莱芜区雪野湖、大山、香山，东西横跨 160 余千米内的山地徒步路线。

济南南部山区为泰山余脉，自南而北，南高北低，有中山、低山、丘陵，至市区变为山前倾斜平原和黄河冲积平原的交接带，高差达 500 米，面积达几千平方千米，地质构造以断裂带为主，间有褶皱、凸起和凹陷交错，山川与沟壑纵横交错。

与泰山相比，济南南部山区的山没有那么高耸，海拔都在千米以下，所以更加适于徒步。因为面积广大，所以有更多户外徒步方式可选择，一年四季都有不同的徒步路线。这里的山有的山峦起伏、嵯峨峭拔，比如梯子山、青铜山、高尖山等，山上松涛阵阵、草木葳蕤；有的沟壑连绵、沟谷宽阔，比如锦绣川、锦阳川、锦云川等，川中碧波荡漾、泉水潺潺。不论是山梁还是峪沟，大都有比较成熟的徒步路线，既可以在其中尽情率性地疾行，也可以闲庭信步，寻找天人合一的乐趣。

趵突泉

路线 1

大佛头 **开元广场→水帘洞→幽冥小道→葫芦洞→通天洞→三仙洞→春风渡→大佛头造像→天梯→悬路东段→神龛→黑风口→悬路西段下层→黄石崖造像→**（少阴洞→英雄关→罗袁寺顶→望佛楼）**聚仙台→悬路西段上层→太阴洞→蜀道→黑风口→卧云洞→开元寺悬洞→望佛洞→开元广场**

作　　者：山人

路线简介：

起点（终点）：开元广场（36° 38′ 10.19″ N，117° 02′ 31.90″ E）

路线：全程约 10 千米，用时 3.5 小时，累计爬升 415 米，最高点海拔 359 米，适合半日徒步穿越。

本路线轨迹　本路线照片　本路线视频

本篇作者

山人，本名张伟忠，文学博士，爱好读书、驴行。2010 年始，先后重装行走大小五台、武功山、鳌太、狼塔 C+V、念青东等线，穿越库布齐、腾格里、巴丹吉林等沙漠，攀登哈巴、那玛峰等雪山。

本路线在济南户外圈有“济南第一悬路”“强驴毕业路线”等盛誉。由济南三人行户外俱乐部几名老驴友经几次开路并不断组合完善，于 2015 年 1 月最终形成并多次率队通行。路线贯穿平顶山、佛慧山、羊头峪山、罗袁寺（螺丝顶）山，将此四山的多处洞穴和断崖巧妙串联起来，即“四山八洞，东西悬路”（八洞为有名者，加上无名洞，至少有十五个），成为一条融挑战性、探险性、观赏性、历史性于一体的经典路线。春季，漫山连翘花海让你流连；秋季，五彩斑斓的树林让你陶醉。

本路线特色鲜明，一是大隐于市，位于济南市区，来去方便。二是强度、难度、长度兼备，有两处断崖需用绳索保护（也可绕行）。三是自然之美与人文底蕴相映生辉，四季皆美，路线惊险，途经三处济南市重点文物保护单位。四是安全性高，灵活性强，可随时下撤，也可以与其他路线组合，强弱老少皆宜。五是既熟悉又陌生，虽然路线全程在景区，但设计巧妙，为驴友专属，部分路段普通市民难以到达。六是地貌、道路形态丰富，地貌有悬崖、密林、平地、斜坡、竖洞、横洞等，道路有山路、草径、栈道等，山地户外元素一应俱全。七是富有开创性和独创性，四山八洞、东西悬路连穿，不走寻常路，是位于济南市区的经典徒步路线。

游记与攻略

泉城济南的一大特色是城中有山，若能得半日闲，便可以来到位于千佛山南面的佛慧山景区，体验一下大隐于市之地的驴行乐趣。可乘 K137、K169、K170 路公交车到旅游路千佛山东路站，下车即到。

随身带上 1 瓶—2 瓶水和一些点心、水果，从山下广场入口沿台阶左拐上山，行进约 500 米至羊头峪山腰，有一条东西横向人工步道，此处直行上山即达大羊头峪山顶，向右行可至开元寺。我们从路口下面三五米处左拐向东，沿一条隐蔽林间小路，直行百十米即看到人工步道下方的水帘洞（36° 38′ 00.03″ N，117° 02′ 52.99″ E，海拔 225 米）。这是一个有檐的弧形穹洞，因下雨时水从檐顶滴下，形如水帘而得名。洞厅高大，进深约 5 米，高约 10 米，平台下面是垂直的悬崖，天造地设，洞天福地。水帘洞现为山东三人行户外俱乐部攀岩速降基地。

沿水帘洞往北，经一处纵深数米的天然无名山洞，右拐向上到听雨亭，旁边是一处开阔的健身场地。由此继续往东直行有条小路，穿越一片墓地，号称幽冥小道，此处格外幽静。

水帘洞

小路尽头山涧是平顶山和羊头峪山的分水岭，游人罕至，异常清幽。右拐踩碎石上陡坡，爬至山腰已是气喘吁吁，驻足小憩之余，可见左手处有块大石头（号称龟石），仔细观察发现，有条小路隐于其间。此处左拐，穿越密布藤萝的蔽日林木，峰回路转，沿山势曲折前行几百米，经过几处断崖，注意找寻右手一条不明显的上山小道。若此处继续沿路前行，可至平顶山和燕子山。我们右拐上山，踩着松软的落叶，直至高约 20 米的葫芦崖下方，崖下左行十余米，就看到了葫芦洞（36° 37′ 58.77″ N，117° 03′ 20.11″ E，海拔 315 米）。

葫芦洞是济南市区目前发现的最大溶洞，分上下两层，上层可容纳七八人，下层可容纳近百人，剖面结构像一个竖直的葫芦，故得此名。由洞口钻

入上层洞后，须利用专业装备悬空垂降 15 米方到达下层洞。下层洞高大开阔，内有万年钟乳石，漂亮的石笋、石幔、石花、石珠遍布其中。洞内冬暖夏凉，伸手不见五指，在黑暗中可听得有隐隐滴水声，有些钟乳还在生长之中。

背向葫芦洞，左手方向爬上一个平台后，来到一个断崖下面，抬头可见崖壁中间有一处形似针鼻的洞，取名曰“通天洞”，爬上断崖，穿过通天洞，即可达三仙洞，洞名有“通天成仙”之意。此处断崖是本路线危险系数较大的一个点，经验不足的队员可从悬崖底向前绕行后左拐上山，再切入路线。

三仙洞（36° 37′ 58.87″ N，117° 03′ 20.28″ E，海拔 325 米）又名拴马洞，传说当年秦琼自仲宫去济南府访友，误入此处，无路可走，看天将黑，便将马拴于洞口大树，并在洞内过夜，因此得名。现在洞前仍有一棵如腰粗的大槐树。三仙洞为平洞，有两个洞口，中间被石壁隔开。左边洞口约有六七米深，北侧崖壁上刻有四个一尺见方的隶书古字，曰“忘言守一”，未见署名。这是道家养气之法。道教认为：凡修行者，先须养气，养气之法，在于忘言守一，忘言则气不散，守一则神不出。由此看来，这四个字大概是当年隐居在此的道士所刻。右边洞深约 40 米，构造奇特，借助手电光可见洞内钟乳石形态各异，洞壁有成群的蟋蟀，偶见倒挂蝙蝠。洞前有一口古井，约 4 米深，传为隐居道士在此修炼居住所用。右手崖壁上遍布鱼鳞状熔岩，有水渗出，下修小槽，雨季常满。

从三仙洞出，沿崖壁连翘灌木丛西行，沿路可见几处用石头垒起的半人高的人工建筑和深壕，这是济南战役时期遗留的碉堡和战壕遗址，昔日炮声隆隆，如今荒草萋萋。严寒季节，如果雪大，三仙洞及崖壁下沿还会有冰挂奇观。

小路尽头与平顶山山顶小路交会处，有一片空地和石堆。平顶山，因山顶平坦如砥而得名。此处回拐可至燕子山，往南直行可到平顶山逍遥宫（山友之家），要右拐往大佛头方向走，沿途林密草深，山路纵横交错，徒步者要内生定力，掌握好方向，或借助户外导航软件，稍有不慎，就可能误入歧途。直至前方石阶处下行，即到小羊头峪观景台。这里视野开阔，可遥望对面佛慧山上的大佛头，也可俯视开元寺建筑群。此处右手小路可至大羊头峪山顶或朝阳洞。沿左侧步道下行，至春风渡，这里是平顶山和大佛头中间的一片空地，此处左手方向，过二环东路怪坡可至老虎山、浆水泉，右拐沿石阶下行可至开元寺，直行上山可至大佛头。天气晴好时，会有村民在这里卖山货和矿泉水。

拾级而上，一段拔高后就来到大佛头（36° 37′ 38.74″ N，117° 02′ 54.13″ E，海拔 332 米）。这是佛慧山的著名景点，由佛像和佛龛组成。佛像为北宋景祐

二年（1035年）依山始镌，翌年凿竣，佛像雄伟壮观，法相庄严，像高7.8米，宽4米，因仅刻胸肩以上，俗称“大佛头”；外部佛龛修建于1923年，高约9米，中间券拱门，额书“大雄宝殿”四字，为清末御史、济南书法家张英麟所书。此处是极佳的观景平台，周围群山环抱，可俯瞰济南城区。天气晴朗时，北望黄河似带，明湖如镜。春秋佳日，登临长啸，目送归鸿，人生至乐也。大佛头之上的顶峰名曰文壁峰（海拔460米）。古人认为济南城地势低洼，地下多水，像一条船，如果不把它牢牢系住，将来便会被水漂走，于是明万历年间，济南知府平康裕在山上建石桩（一说是文笔塔），作为系“船”的石桩，以把济南城这条“船”系牢。因塔像橛子，此山遂俗称为“橛山”，雅称“文笔峰”或“文壁峰”。济南战役前夕，国民党军队修筑防御工事，拆除石柱，橛山之名逐渐被人淡忘。明代“后七子”之一的李攀龙曾登临此山后赋《集开元寺》诗，其中有：“寒泉可莹心，白云况极目；登临客自佳，摇落时何速。”当代诗人孔孚所作《春日远眺佛慧山》全诗仅四字：“佛头 / 青了”。诗眼观山，炼字炼意，从实像到灵像，胜过千言万语，万千感悟，蕴含其中。

翻过大佛头，经山顶可达蚰蜒山、西姑山、蝎子山，最后至阳光舜城；沿景区步道直行可直达黑风口。要体验悬路的队员需从大佛头西侧沿台阶下行，不远处有一条小路左拐横切，两侧古木参天，路过一棵弯腰的迎客树，走到一个分岔口，左手边有一处上行的断崖，举首仰望，石壁陡峭，乱石穿空，此处就是通往悬路东段上层的天梯，直行便是悬路东段下层，两路均可达黑风口。天梯是本路线第二个险关，可以徒手或借助绳索上爬，也可以选择直行，在前方台阶处会合。上去之后，要俯身前行，穿越连翘灌木丛。每年3月底至4月中旬，连翘花开之时，这里会成为一片黄色海洋，美不胜收。上行至悬崖后，沿崖底西行，一面高大岩壁映入眼帘，绵延向西数百米，如刀削斧劈，垂直通天，老鹰盘旋，从这里即进入悬路最为壮观惊险地段。所谓悬路，就是在此壁立千仞无依倚之处，崖壁中间因岩石风化剥落而成的落脚点高低不平，有的地方宽不盈尺，一路紧贴崖壁向西，脚下也是深不见底的悬崖。走到此处，背倚巨石危岩，下临深涧幽谷，心胆高悬，两股战战，因此称为“悬路”。不过只要小心谨慎，注意力集中，还是完全能掌控的，但雨雪湿滑天气时不建议行走此路。悬路中间崖壁上，有一处天然洞穴，直径半米余，洞中套洞。再往前走，尽头处可以看到一处凸出的竖崖，极像一尊佛头的侧面，巨耳垂肩。

结束悬路东段，即达黑风口（36° 37′ 40.55″ N，117° 02′ 37.90″ E，海拔 296 米）。黑风口南下可通往蝎子山一线，北下到开元广场，向东可爬上大佛头山顶，向西可去千米画廊栈道或罗袁寺顶。黑风口沿台阶往北下行十米，往左拐即进入悬路西段（下层），沿着悬崖边小道往西行走，会经过一处断崖，原先较难通过，现在下面铺上了几根木棒，美其名曰“神仙桥”，此处也可以从下面绕行，经过佛母洞。这是崖壁上的一个垂直竖洞，探身进去，还有约 3 米的横向空间。继续沿崖壁曲折前行，还会经过一处名叫“鹿回头”的难点，此处是一面悬崖的凹陷处，要背对崖壁坐下，双手抠着石缝，小心挪过去。此后一路坦途，至景区石阶处，即结束悬路西段（下层）。继续沿聚仙台下面步道前行，或从聚仙台台阶西侧小路沿崖壁往西，可至黄石崖。黄石崖造像开凿于北魏正光四年（523 年）至东魏兴和二年（540 年），是山东最早的佛教摩崖石刻，比千佛山隋代摩崖石刻还要早 60 年，原有大小佛龛 19 座、雕像 85 尊、题记 8 则，历经天灾人祸，现仅存残像 3 尊、题记 3 则，令人叹惋不已。北宋大观二

悬路西段（上层）

年（1108年），李格非曾随齐州太守梁彦深到佛慧山赏菊，在黄石崖题写了“朝请郎李格非文叔”八个字，留下了珍贵的历史文化印记。

到达悬路西段（上层）有两条路线：一是从黄石崖左转上行后沿木栈道往回走，很快到达聚仙台，这是一块突出的巨大岩石，非常平整。往前是望佛楼，接千米画廊。悬路西段（上层）入口在聚仙台下几米处，有一个小路口往右拐，此处荆棘密布，坡陡路窄，要小心辨认。二是从黄石崖右转往西，经过少阴洞（洞口为弯月形）、英雄关，登上罗袁寺顶，再撤回到望佛楼，从其上一条陡缝下行即可到悬路入口。沿着隐约可见的小路往黑风口方向行走，很多地方要手脚并用，或匍匐前进，戴上帽子和手套会避免被树枝划伤。行走间，会突然看到右手一处高约十米、深约三米的狭长天然洞穴，即为“太阴洞”，偶见野鸽栖于其上。太阴洞往前，有一段挂壁小路，需要手抠崖壁、身体紧贴、脚下生根、全神贯注方能通过，是为此路线的第三个险关，对普通人来说，不禁产生“难于上青天”的感慨，故称“蜀道”。

蜀道中间有一处高耸的崖壁，从侧面看像人的侧脸，号称“人面石”，蜀道东侧的一处崖壁，还有一个因岩石风化塌落形成的透明洞。过此处后一路坦途，不一会儿，便又折回到黑风口。

悬路西段和黄石崖所在的山峰俗称罗袁寺顶（螺丝顶、罗家寺）山，其名称来源有二：一是源于一则民间故事，传说当地村民为纪念一位叫罗圆圆的贞节女子，在山顶修了一座小庙，叫罗圆寺；二说此山上旧有乐缘寺，俗称乐寺顶。口口相传，也就成了今天为人熟知的罗袁寺顶。

黑风口左拐下行约 20 米，右手边有一条明显小路，沿此向东大约 500 米，右手边可见卧云洞，洞口呈“0”形，正上方藤萝披拂，有一道裂缝，塞以石块，防止坍塌。洞深约 30 米，上有泉水滴落，水质甘甜，还有石床遗址。洞中原有几尊摩崖造像和石碑，今已悉数被毁。尚余几块刻石，字迹隐约可见，其中署名冶山居士的碑文较为清晰。冶山居士碑文在东壁，碑文内容录自宋代理学大师朱熹《调息箴》，后面有撰文者的感悟。济南共有三处冶山居

士的题刻，佛慧山有两处，另一处在开元寺遗址内秋棠池上方，内容为记游诗；第三处在佛峪，般若寺内崖壁刻有他题写的“凝神调息、调息凝神”墨宝。冶山居士是清末山东学政张士珩的号。这些题刻都有浓重的道家气息，与他一生的曲折经历有关。

从卧云洞出来，向东横切，即达开元寺。开元寺旧称佛慧寺，据传建于唐代，明初改称开元寺，现仅存遗址，为济南市重点文物保护单位。此处三面环山，松柏笼罩，现已整修一新，周围崖壁有众多佛窟和题刻，佛像脸部多半损毁，有好事者将之描金画红，湮没了原貌。佛像中最大的是琵琶洞内的大佛，高约 6 米，为唐贞观年间所刻。寺北壁石岩上凿有互通石室两间，明清之时，这里是秀才们的读书场所。南面崖壁刻有榜书大字“逍遥游”，语出《庄子》，笔力遒劲。寺西面残存两段古墙，为禅房、斋房遗址，已被保护。寺东有长生泉，南面有秋棠池，池上方有甘露泉，常年不涸。寺北门东侧崖壁之下，还有一块鲜为人知的墓碑，中间写着“徐夫人桂馨”，旁边还有一些题刻如“仪型是式”“懿范孔彰”等，都与此有关。据说这里埋葬着清末才女、音韵学者徐桂馨。开元寺中，还长有几棵高大的毛株

卧云洞

树，初夏满树白花，如覆霜盖雪，清丽宜人。

相比其他香火兴旺的现代庙宇，开元寺遗址更能令人沉静下来。这里有清幽的环境、残存的殿基、倾圮的古墙、沧桑的古道、颔首的大佛、无言的山岩、不涸的泉水。季节的变幻，可让人经历春风、夏雨、秋菊、冬雪，这里既有野趣，也有历史，行走到此，不妨小憩，静听天籁，思悟人生。

在开元寺可从北壁攀爬进入悬洞（石室），穿过悬洞后下行（现为景区，可穿过北门直接爬坡），再到对面大羊头峪山坡，在大羊头峪山体下面西南处，有望佛洞。望佛洞又名朝阳洞，是一弧形凹洞，深约两米，洞顶有人工开凿痕迹。在此可遥望对面大佛头，故称望佛洞。西面墙上有一块刻石，碑文记载了军资库使、历城主簿及县尉三人“重妆佛像”的事迹，落款为大定十九年（1179年），属于元代，书法及刻工均一般。

从朝阳洞返回，沿步道一直下撤到开元广场，从密林深处，重归喧嚣都市，此时的我们，已经青峦洗心，非复从前。再回首，看一眼开元遗韵牌坊上的对联：“梵音远逝青山无语松韵近，胜迹留踪芳草有情柳烟轻。”想想一路走来的挑战和收获，带着微微的疲倦，回归温馨的家。

这就是登山的魅力和乐趣所在。

黑风崖西侧

路线 2

藏龙洞 **浆水泉→狸猫山→八仙桌→藏龙洞→龙洞→大天坑→小天坑→佛峪→马蹄峪→白云山→白云洞→扁石山→簸箩顶→龙鼎大道**

作　　者：**知远之家**

路线简介：

起点：浆水泉（37° 37′ 37.18″ N，117° 04′ 06.70″ E）

终点：龙洞大门口（36° 36′ 39.09″ N，117° 06′ 36.35″ E）

路线：长度 20 千米，可自由调整，最高点海拔 490 米。

本路线轨迹　本路线照片　本路线视频

本篇作者

知远之家，本名王佳存，文学博士，喜爱户外，关心自然生态、环境和资源能源，翻译出版《被掠夺的星球》《横财》《危险的岁月》等，发表《从 Solyndra 看美国科技与金融结合——以美国能源贷款担保项目为例》等学术文章。自题小像：驴行不辍，看遍山间晚霞；兀自东张西望，且来含英咀华。

在老舍笔下，济南美在它的摇篮，这个摇篮就是南部山区，其中最美的、最近便的就是龙洞景区。此景区方圆近30平方千米，是都市人放松心情的后花园，也是寻求安宁的桃花源。对于龙洞的美，古人说“我游龙洞惊奇绝，画不成图口难说。”济南的八景之首的“锦屏春晓”就在此域。在这个摇篮里，有险峻而秀美的山，有甘甜而凛冽的泉，有深邃而玄奥的洞，有幽深而壮丽的涧，有古塔凉亭，有佛寺道观，有石刻造像，有茂密植被。集自然景色、人文古迹、神话传说于一体。不论哪个季节去，都有惊艳的美等着你，以9月底至11月上旬红叶正当时为最佳。3月中旬至4月中旬，万物复苏，连翘花丛点缀其中。对于徒步者来说，这条路线丰俭由人，可长可短，可攀爬，可徒步，可舒缓，可疾行，可环绕，可穿越，可拥抱自然，可附庸风雅。

此路线强度中、难度低，有长度、无险度。携带1顿路餐，冬天带两三瓶水，夏天则需加倍，也可在途中经过黑峪、矿村和佛峪的饭店时就餐。此路线位于市郊，故岔路口多，加之断崖多，极易迷路，建议结伴行走，要上午以前进山，万一迷路，朝任何一个方向一直走，两小时左右即可出来。如果不辨方向，建议在较大的路上等候，多数情况下能遇到徒步者，跟随即可。

游记与攻略

龙洞景区在济南市区的东南，对于多数人来说，驴行的主要起点有三个，分别是龙鼎大道南头、洪山路南头中井村和浆水泉水库。如果住在济南西部

或西南部，则可选择乘 K121 路公交车，走圣贤路，从钅广村直接去龙洞。

乘坐 49 路或 145 路公交车，在黄金山水郡四区下车，往南走 1 千米左右，就到了浆水泉风景区。浆水泉是济南七十二名泉之一，其水如琼浆，因而得名，泉水汇聚，滋养一池碧水，成为浆水泉水库。水库东是廻龙山，山上有吕祖洞、吕洞宾府、送子娘娘洞、佛塔，还有济南战役时期的碉堡遗迹。如果是“强驴”，可先爬廻龙山，从南边下山，与通往藏龙涧的路会合。水库南是黄金谷，里面是如人间仙境般的山水画廊。

从水库东边的山坡上山，东南行，进入缓缓的、宽宽的徒步小道，两边有树木，途经小狸猫山、大狸猫山，蜿蜒曲折，树影婆娑，约 5 千米，到达八仙桌。这是个四通八达的地方，往南是大小岭，往西是黄金谷，往东南是藏龙涧的入口，往东可走水山坡至藏龙涧一线天，往东北可穿越狸猫山垭口去中井或龙鼎大道。

藏龙涧是条东南和西北走向的断裂带，盘桓迂回，恰如游龙。总长五六千米，宽不过十米，窄处仅两米，最高处可达百米，两侧峭壁嵯峨、立仞如劈、险峻而秀。据传说，黄河岸边有一条蛟龙，放荡不羁，常常无端惹事。禹王治水路过此处，得知后，大怒，与龙战。龙败，钻于此山藏匿。禹王见龙已败，但尚无人命之罪，便悬剑于此山，以定龙身。从此，这里便有了龙洞、藏龙涧之说。初入藏龙涧，坡较缓，开口较大，里面植被茂盛，乱石铺地，有片片芦苇，有汪汪池水，有丛丛杂草。小道或在涧底，或在两边山腰，总体是越来越深入，越来越下降，越来越陡峭。山谷中树木茂密，藤蔓纵横，枫树特多，赭

大天坑

色的枯叶铺满山坡，虽是深冬，依然可见遍山残红、林荫锦绣的景色，让人大有欲览胜长啸之感。行约 1 千米，有三岔口，右拐往南通往黑峪，左拐往东南通往一线天和龙洞。

往一线天方向走 1 千米左右就到了龙洞，可见巨大平直的峭壁，如斧劈刀削，像屏风蔽日，乱树插岩，陡立，高耸入云，让人有困深渊插翅难逃之感，此处被称为“锦屏崖”。及至春日，此处山花灿烂如绣，被誉为“锦屏春晓”，位列济南八景之首。独秀峰孤标雄拔，三秀峰耸立竞秀。龙洞寿圣院历史悠久，如今寺院虽已倾圮，仍隐约有紫气梵音，现仍保存了几通完整的石碑。据说因为祈雨得应，此处龙神曾被敕封为“顺应侯”。龙洞在与锦屏崖对峙的峭壁上，有俩洞口，一大一小，一进一出，大洞口（36° 36′ 10.24″ N，117° 05′ 53.31″ E）高约 2.7 米，宽约 1.3 米，旁边有曾任济南知府的龚易图集杜甫诗句题写的对联“真气森喷薄，神功接混茫”，意境和用笔浑然一体。洞口右侧有一处天然溶洞，称“参佛洞”，石壁上刻有精美造像 13 尊，其大小、形态各异，皆建于隋朝。龙洞长约百米，东西相通，忽敛

龙洞西洞口

小天坑

忽疏，怪石横出，钟乳倒挂，石花丛生，水珠下滴，铿锵有声。洞内有三尊主佛，造像高达4米，系东魏天平四年（537年）所造，风格古朴，法相庄严，极其精美。龙洞佛教造像自东魏天平年间开始雕凿，至隋朝达到造像鼎盛时期，而后历经唐宋元诸朝代，皆有延续，是济南地区造像年代延续最长的。同时，龙洞和黄石崖为济南地区佛教石窟造像中最早的两处。龙洞造像的保存状况也是济南地区早期造像中最好的。从小洞口出来，可沿着小道右拐继续上行，从三秀峰的缝隙中爬到峰顶，即看到大天坑口（海拔330米），大天坑口西北方向几十米，可见小天坑口。

这大、小天坑是目前济南境内发现的规模最大的天坑，鬼斧神工，天设地造，令人惊叹。大天坑从山顶垂直20余米直插山体，又倾斜而下约30米，出口就在龙洞内的佛像右侧。2015年9月，三人行户外俱乐部十余名队员在此完成首次垂降，并从中清理出几大编织袋沉积多年的垃圾，随后在洞口挂上“文明户外，带走垃圾”的提示牌。2016年1月，东方又带领三人行户外俱乐部攀岩队员完成了小天坑的垂降与测绘。这小天坑比大天坑更是惊险，分为上中下三段，上段为深约25米的垂直无底封闭筒状，接下去的中段深约25米，三面为石壁，一面开放，落地后为下段，有高约20米的断崖。下来后，就是龙洞的西洞口，就是那个有石刻对联的洞口。

在天坑所在的三秀峰上，眺望对面绝壁，可见锦屏崖上凿有壁立千仞、白云无尽、锦屏春晓等巨字，可谓字如其景，恢宏磅礴。这里还留下了范纯仁、龚易图、柳文洙、王引之等历代文人墨客的题刻几十种，或气势雄浑磅礴，或神韵潇洒飘逸，寿圣院遗址南侧高峰是鹫栖岩，岩巅矗立四角七级石塔，高12米，形如西安大雁塔，名“报恩塔”，建于宋政和六年（1116年）。鹫栖岩上的红叶最美，与古拙的石塔形成完美的组合。

从大、小天坑处，可顺着山脊在浓密树林中踏着厚厚的松针枯叶南行，再西行走过两个山坳，就达到黑峪（36° 35′ 50.91″ N，117° 05′ 23.70″ E，海拔400米）。黑峪是个因交通不便而搬迁后遗弃的小山村，现仅存残垣断壁。

观赏过此处风景和文化后，可从一线天或天梯出藏龙洞，旁边是观景台，居高临下，能够将藏龙洞的最壮观部分一览无余；抬首远望，将峰峦叠嶂收入眼底。根据自己体力，可从一线天北行经葫芦泉、佛字崖、东山到洪山路南头回市区，有 151 路、152 路、161 路公交车；或在葫芦泉左转西行经八仙桌原路返回到浆水泉；或东行经炮楼山至龙鼎大道回市区，有 139 路公交车，全程约 12 千米。

继续徒步者，可从寿圣院遗址南行，约 2 千米，至佛峪。佛峪因般若寺而得名，般若是梵语的音译，意思是“智慧”。般若寺前，有座四柱三楼式木结构彩坊，额题“佛峪胜境”。般若寺是清静禅修之地，曾经“云护岩上佛，泉养厨中僧”，被誉为云殿泉厨。如今，般若寺已成遗址，悬崖披厦下保存有 5 尊隋代开皇七年（587 年）的造像，颜色艳丽，完美无损，是目前济南地区保存最完好的隋代佛造像，堪称佛教艺术的明珠。佛峪内还有龙峪观和观音堂，一佛一道，融洽相处，和谐安宁。丰水季节，佛峪瀑布喷珠溅玉，清泉石上流，人在溪中走。

环翠亭坐落于般若寺遗址旁边的禹登台上，可见峰巅之上有一方亭雄立于群山苍茫之中，置身亭中眺望四周，耳之听处，林涛阵阵，飞瀑雄声；目之所及，五彩斑斓，积翠涂丹。亭子北侧，可见悬崖上瀑布水如纱泻，注入池潭，

此潭名为“浴佛池”，大概是佛沐浴之地吧！此亭东崖畔，林汲泉出。泉水出露之处，汩汩有声，乃佛峪水之源头。盛水时节，涌泉声势浩大，沿石崖漫流如瀑布，与“浴佛池”上瀑布遥相呼应，堪称奇绝。佛峪沟中，有林汲泉、露华泉和茶壶泉，其中林汲泉位列济南七十二名泉，长年不涸，得名于林汲山人周永年。周永年是《四库全书》编修之一，是我国第一个公共图书馆创议人，曾在佛峪建林汲山房，读书修身。当时在济南泺源书院攻读的书生也效法林汲山人，在佛寺旁筑精舍、勤读书。露华泉在般若寺遗址西侧石壁上，水如甘露，漱玉泄玑，因水香如甘乳，又名“乳肖泉”。佛峪般若寺遗址处有饭店，可驻足打尖。

佛峪是备受文人雅士青睐的地方，他们来这里凝神调息，摹写山容，赏林壑之美，寻岩泉仙境，倚石看红树，感受佛峪绚烂的色彩。

从般若寺遗址登南灵台，就到了佛峪瀑布的上方，可继续登山，约半小时，至去往马蹄峪的垭口，然后下行进入马蹄峪南沟。马蹄峪林茂境幽，植被极其丰富，既有挺拔树木，也有缠绕藤蔓，还有浓密百草，呈现着立体的绿色走廊，是采集植物标本的地方，更是天然的氧吧。从马蹄峪南沟出来，往北翻越马蹄岭，就是龙鼎大道南头，至此，驴行路线大约 15 千米。

佛峪瀑布上方，东南行，依旧是佛峪沟的延伸。沿峪沟上行一千米，左转上山，半小时后可到垭口，也是个三岔口，旁边有个高高的铁塔作标志，东南行，是朱凤山方向，那里有乡义寺，再往南是黑龙寨；东北行，是白云山方向。仅从名字包含的黑、红、白来看，这三座南北相连的山就给人美好的想象。

东北行，回家的路越来越近，上上下下翻越几个小山包，就来到了白云山（36° 36′ 18.20″ N，117° 07′ 52.28″ E，海拔 493 米）下。这段路的特点是左手边是树林，右手边光秃秃。白云山是济南近郊较高的山，山势险峻，山崖陡峭，因山腰常有白云缭绕而得名。岩壁间布满茂密的松柏树，将整个白云山点缀得更加秀美壮丽。站在白云山顶，可看到远处的华山和鹊山。

过白云山，可登顶翻越，可从山脚穿行，也可从左右两边绕行。到了白云山的北面，可右走山丘，也可从左边下行，走山腰，不远就可在途中看到白云洞，旁边有白云泉。

沿路前行，至垭口，从垭口顺着林荫驴道西北行，过小白云山，就到了扁石山，顺着山体修复扩建的山道下行，到簸箩顶，此时可看到城市中的楼房，听到城市中的喧闹。从簸箩顶下山后是锦屏家园小区，再西行几百米，就到了龙鼎大道。

垭口西边是马蹄峪的北沟，沟的北侧是马蹄岭。如果不喜欢山体新修的水泥路和石台阶，就选择顺着马蹄岭一路西行，翻过几个树木葱茏的山头，经过仙境，抵达距离山岭尽头不远的岔路口，与马蹄峪上来的路会合。从此，右转往北下山，即是龙鼎大道南头，再走一段公路，即是 139 路公交车的站牌。

至此，徒步结束，行程大约 20 千米。回望一天走过的路，正是：闻声寻龙迹，贴壁听梵音。绝崖林啸处，止水众仙歆。洞中东西色，佛著天地吟。杖叩青阶远，落叶惊鸟心。但有长风在，起舞峰尖锦。与我同歌唱，筋骨全然新。

路线 3

黄河—鹊山 洛口浮桥→黄河北岸→京沪铁路桥→王士栋烈士纪念地→鹊山→扁鹊墓→鹊山惨案纪念地→鹊山水库→坝上草原→黄河北岸→济北浮桥→黄河南岸→大拐弯→母亲河公园→洛口浮桥

作　　者：侠客行、全慧、高峰

路线简介：

起点（终点）：洛口浮桥下游 300 米处（36°　43′ 28.96″ N，116°　59′ 33.39″ E）

路线：全程约 18 千米，用时 6 小时左右，最高海拔和累计爬升均不足百米；从济北浮桥行至黄河东岸后，部分路段被水冲刷后易塌陷，务必远离，注意安全。

本路线轨迹　　本路线照片　　本路线视频

本篇作者之一

侠客行，本名潘克侠，理学硕士。先后参加三人行户外俱乐部组织的黄河漂流、泰山、黄河鹊山徒步、三娘子山穿越等活动。

泰山巍巍，黄河汤汤，山水相济，文明滥觞。“遥望齐州九点烟，一泓海水杯中泻”。浩荡黄河孕育了中华民族的根和魂，也滋养着济南这座千年古城的一草一木。本路线集河、山、林、田、湖、草于一体，变化多样，精彩纷呈。这里文化底蕴丰厚，黄河文化、鹊山文化相映生辉，红色文化、工业文明闪烁其间，农耕文化、乡土气息浑然一体，可谓泱泱大观、气有浩然。这里风景优美，妙趣横生，黄河落日，彩霞彤彤，树木丛生，岸河夹柳，让人流连忘返；深秋季节，层林尽染，叠翠流金，更是美不胜收；这里风情万种，宜游宜乐，傍河而行，穿林过冈，上下雀跃；登高远眺，黄河之水，滚滚东流，奔腾不息，鹊华美景，尽收眼底；穿行其间，思接千载，视通万里，可触摸千年印记，可感悟历史沧桑。

游记与攻略

说到黄河，每一个中华儿女无不备感亲切而又心生敬畏。上下五千年，纵横八万里，黄河情结早已成为中华民族的基因传承，深深融入华夏子孙的血脉。

为了下午在大拐弯处能欣赏到壮丽的黄河落日和晚霞，我们约定 12：00 在洛口浮桥下游 300 米处集合，这里属黄河百里风景区的东区，也是每年三人行户外俱乐部黄河漂流的起点，停车方便。需提醒的是，几乎每年 7 月 1 日前后，国家黄河防总都会联合调度万家寨、三门峡、小浪底水库的蓄水，形成人造洪峰，最大水流量达 4000 立方米 / 秒，为期 15 天的调水调沙，可冲刷被淤积抬升的主河槽，进而提高行洪能力和过沙能力，这期间，所有浮桥都要拆除。

人员到齐，向洛口浮桥进发。在浮桥中间位置，凭栏东望，汩汩河水，浩浩汤汤，气势雄浑。观此景此情，不禁感慨：岁月不居，时节如流，逝者如斯夫！世间事，从来急，一万年太久，只争朝夕。浮桥叮叮作响处，一朵浪花一首诗。

过浮桥后右拐，从浮桥管理站院后折回黄河北岸沿河边东行。黄河岸边，是松软的泥沙，靠近水边的尽管有些露白，但还是富含水分，踩上去，一会儿就出水。这些沙土，仔细想来，也许已经奔波了万里，那踩出来的水，经过激情跋涉，也变得温顺了许多，正含情脉脉地向你诉说着昨天的故事。谁能说，这片片沙粒里，不是一个又一个美丽的传说呢。那岸边的丛丛芦苇，迎风摇曳，冲你频频点头，也都那么令人动情。愈是空旷寂寥的河岸，愈是让人感悟生命的真谛。

黄河铁桥

东行 1 千米许，有座大铁桥横跨黄河南北，天堑变通途，这就是已有百余年历史的津浦铁路桥了。这座桥，见证了百年沧桑荣辱。它起于民族微弱之际，凝结着“中国铁路之父”詹天佑的智慧；它历经北伐战争、中原大战、日军侵华的炮火。如今，它已成为人们凭吊历史、感悟黄河风情的一处景观。

沿铁桥北行 800 米，至一处三岔路口。此处右转至一牌坊回转，在铁路大桥东邻，是王士栋烈士纪念地。

从纪念地返回，或直接南行再左拐下石坡，回到三岔路口，沿路西北行，出“鹊华烟雨”石牌坊，就来到赫赫有名的鹊山脚下了。鹊山南端有石阶步道，可轻松到达山顶。

鹊山，是黄河济南段北岸的唯一一座石山，与东面直线距离 6 千米的华山遥相呼应，都属“齐烟九点”。其海拔不过百米，无主峰，自南向北呈南北转东西的“7”字形，山顶路线长约 1 千米，但行走起来野味十足，妙趣横生。

立山脚远望，如翠屏横陈。山上巨岩叠嶂，怪石嶙峋，突兀矗立，岩中杂灌丛生，满山葱郁，漫山灿然。相传每年七八月间，乌鹊群翔，遍布山巅；又传山坳中有炉灶，为卢医扁鹊炼丹处，时有缕缕青烟袅袅上升，隐现于绿荫之中，人称"翠屏丹灶"，被列为旧时历下十六景之一。扁鹊去世后，葬于山西，故此山得名"鹊山"。唐宋时，山下一片汪洋，旧称"鹊山湖"。鹊山的美名还与传世名画《鹊华秋色图》有关：七百多年前，赵孟頫为了慰藉祖籍济南、出生在南方的挚友周密的思乡之情，创作了此画。画中矗立两山，右方双峰突起，尖峭的是"华不注山（即华山）"，左方圆平顶的是"鹊山"。《鹊华秋色图》还与乾隆有关，因画中鹊山方位在黄河之南，与实际不符，险些被他付之一炬。《鹊华秋色图》现收藏于台北故宫博物院。

余秋雨先生说："大地默默无言，只要来一二个有悟性的文人一站立，它封存久远的文化内涵也就能哗的一声奔泻而出；文人本也萎靡柔弱，只要被这种奔泻所裹卷，倒也能吞吐千年。"用这句话来说鹊山恰如其分。北宋著名文学家曾巩的名句"一峰孤起势崔嵬，秀色挼蓝入酒杯"、明朝刘敕咏的"西北开青嶂，无峰山自奇。丹炉还历历，明月故迟迟"，明朝王象春的"秋高乌鹊翔何事，霄汉空疑斗女寒"等传世名句，精道地点出了鹊山的秀丽奇特、医脉的源远流长与博大精深。

鹊山顶上共有三座人工凉亭，路线起点、中间和终点各有一座，分别称为

鹊山

南亭、中亭和北亭，为徒步健身者提供了驻足休息、遮阳避雨的地方，一条若隐若现的小路贯穿其间。立山顶，极目四周，视野十分开阔，华山清晰可见，只是“鹊华秋色”的韵味稍稍差了些。近处的黄河水道因华山和鹊山的夹峙，在两山间拐了一个大弯，流向由西东变成了南北，加上秋日鹊山下的层林尽染和鹊山北邻的鹊山湖，演绎出山水相济的风情雅韵。

鹊山与黄河的相遇，就是这么令人意想不到又在情理之中。鹊山，从地理意义上说，有着非常之美妙，如果少了鹊华烟云，华山将孤独几十万年；泰山余脉若不是有黄河北岸的鹊、华惊鸿两点，似乎总感觉韵味差了些；再譬如，以济水之南的地势，老是让人有反背弓向的联想，少了一些王侯将相之雄浑大气，可是，正是有了鹊、华这两位大将军把守泉城北大门，这座千年古城就倏然显得霸气雄浑、神韵十足。当年，康有为提出建新城于华山的遐思，这足见鹊华地理位置之重要。

人间沧桑，往事如烟。自然总是曼妙的，无论是鬼斧神工抑或是机缘巧合，山水总是演绎着震古烁今的传奇。鹊山之文、鹊山之仁、鹊山之慈，源于自然而又反馈自然，这不是与黄河母亲庇佑之情一脉相承吗？鹊山之文，在于它确实是当之无愧的中华医学之高山、圣山。扁鹊采药炼丹，创望闻问切之法，开万代之慈祥，连司马迁也由衷地感慨：天下言脉者，皆言鹊也。鹊山之慈，在于它让齐鲁医脉绵延不息，翻开煌煌二十四史，济南名医辈出，圣贤代有，仅著书立说有史可查的医者仁人就多达两百余人，“北协和，东齐鲁，南湘雅，西华西”，齐鲁医学，宛如一颗璀璨明珠，震古烁今，也让黄河熠熠生辉了。举足左右，便有轻重。水至柔，柔情万丈，山至柔，慈悲为怀，这不是山水相济的另一番韵味吗？

也许，上苍就是这么眷恋济南，故意安排万里黄河在入海前，巧妙地温柔地摆了一下尾，以大手笔守护这平地涌出的小山包，让它得到庇佑，而增添了无限的仙气。不是吗？朝霞晚霞，霞光万道，总是一以贯之，将黄河最柔软处给予鹊山，这也是铁汉柔情抑或是剑胆琴心吧。从某种意义上说，上游那些壁立千仞的大山高峰也是望尘莫及了。这不得不让人顶礼膜拜，这也许是大禹对济南的恩赐吧。君若不信，您且看大禹治水，在济南的纵横捭阖、挥斥方遒吧。山水相济，鹊山与黄河，确也值得抚卷沉思。

扁鹊墓

从北亭沿鹊山北山西脉下山，途中可观鹊山之全貌，中亭下面山腰石壁上雕刻有一条巨龙，昂首摆尾，龙身圈绕，整个图腾形成“2000”字样，此乃跨世纪之作，喻义中华民族昂首跨入21世纪。下至鹊山西村村北公路，右拐北行不远，路右侧就是扁鹊墓。历史上，鹊山古迹很多，有鹊山寺、万善寺、扁鹊祠、鹊山亭、黄桑院、二郎炕等。可惜的是，历经世事沧桑，这些均已不复存在。扁鹊墓原为一土丘，史载为康熙三年（1664年）立，上刻“春秋卢医扁鹊之墓”八字，近年多次重修，现墓前正碑字迹已无法辨认，右侧于1995年12月立济南市第二批重点文物单位“扁鹊墓”碑，左侧2015年6月立山东省第五批文物保护单位“扁鹊墓”碑。

出扁鹊墓继续北行300米，道路左侧有“鹊山惨案纪念碑”。大家聚集在碑前，东方讲述了那段悲惨的历史：1937年11月15日，日本侵略者向济南的北门户——鹊山发动进攻，当地抗日志士进行了顽强抵抗，但终因力量悬殊而失守，随即日军开始对鹊山村进行了灭绝人性的屠杀，不论男女老少，只要被日军看到，远者开枪射杀，近者用刺刀刺死，在疯狂屠杀的同时，还肆意蹂躏残害妇女，至15日下午6点左右，鹊山村被日军屠杀或被迫自杀的就有百余人。整个鹊山村到处漂浮着尸体，湾水被染成红色，其状惨不忍睹。为记下这段沉痛的历史，牢记祖辈的血泪，特立此碑，教育今人，激励后人，团结奋进，矢志报国。

鹊山惨案纪念地

队伍默默地离开纪念地，继续前行。沿鹊山北坑坑洼洼的硬化路面东北行约 900 米，穿过铁路桥，来到黄河西岸大坝。大坝斜坡，草长没膝，绿地如茵，野花点缀，延展远去，整齐的草穗随风飘摇，像一条绿飘带镶嵌于黄河岸边，与黄河、防护林相映生辉，形成一道靓丽的风景线，感觉就像来到了乌兰布统大草原，故赋名“坝上草原”。

沿大坝左行，可走坝上公路，我们直接冲进这片“草原”。爱美的姑娘们嬉笑着、欢呼着、雀跃着，争相在花草丛中拍起照来，或蹲或立，或卧或躺，或跳或转，或在草丛里打个滚，或拈朵花在花丛中微笑，风情万种，各领风骚。

沿坝上草原走上约三四百米，余兴未尽之时，走上了一条下切土路，沿此路右转，东行七八百米，就到了黄河岸边的防洪公路，再一次地亲近黄河之水。

沿此公路向左东北行约 1.8 千米，来到此行的第二座浮桥——济北浮桥，浮桥再下约 600 米是济南黄河大桥，该桥于 1978 年 12 月破土动工，1982 年 7 月建成通车，总长 2023 米，是当时亚洲跨径最大的桥梁、济南第一座北跨公路桥。

过济北浮桥后，可沿公路直接上黄河东大坝，沿大坝公路一直回到起点，但这样走一是过往车辆较多，二是相当枯燥无味。所以我们过浮桥后就右转，沿河边循路行走。从过浮桥开始这段约 1.5 千米的路程，是路线当中最难行走的一段，几乎无路可走，要么是庄稼地，要么是密树林，要么是蒿草灌木，但生态原始，野趣横生，妙不可言。几处路段被黄河水冲刷后形成悬空或塌陷，一些几十年的大树被冲倒，树冠淹没在水中，存在一定安全隐患，行走时务必检视清楚，探究明白，原则是远离河水。

强行穿越这段难以行走的路段，黄河水在一个拐弯处让出一大片空旷的淤积沙地，这里正好与鹊山隔河相望，鹊山上的三个亭子历历在目，大家在这里集结，玩了会儿“老鹰抓小鸡”的游戏，东方进行了航拍。此处河岸很缓、水很浅，地面也硬，可以安全地去触摸黄河之水，洗去一路风尘。

沿岸边沙地前行 1 千米后，走上堤坝，即到黄河大拐弯，这里是观赏黄河落日晚霞的最佳地点。此时已是 18：00，天空飘着几团“淡火”，粉红粉红的，西方的天空好像一张画布，任晚霞这只奇妙的画笔在上面任意挥洒。霞光映在黄色的水上，散为金光，而红霞中欲下沉的日光，也幻成异样的色彩。一层层的光和色，相击相荡，闪闪烁烁，映现在眼底，挥洒成了“大漠孤烟直，长河落日圆”的唯美画卷。过了一会儿，夕阳慢慢从地平线上消逝，周围的光也慢慢地被黑暗代替。照耀大地一天的太阳也似乎累了，一切回归宁静。此刻，晚风徐徐吹过，连河道里奔腾的黄河水也似乎变得温柔起来，在这水草丰美的河滩上，我听见了自己的心跳，安详而宁静，仿佛我也化身成了岸边的一株杨柳，永远不愿离去。

大拐弯的南岸是母亲河公园，公园下的河边也是一大片开阔沙地。来这里游玩的市民很多，有玩沙的、戏水的、放风筝的，还有几处流动的小吃摊，人多，环境就差，垃圾遍地，这不禁让人感慨：生态文明和精神文明建设永远在路上。

从母亲河公园循岸西行，有明显的林荫小路相接，走起来相当惬意，天色渐暗，一丛丛金黄色的洋姜花盛开在路边，开得那样热烈，使人忍不住停下脚步去闻一闻，捧在手里仔细端详。

行约 2 千米，来到津浦铁路桥南端，此处可上大坝公路或沿坝下林中小路再行 800 米，就回到了出发地。正是：跨黄河，蹚丛棘，上鹊山。抒怀畅意，轻看危径惢谐漫。近掩翠屏丹灶，远隐莲湖舟帆，卢医枕泉眠。牵梦鹊华韵，奇景尽揽全。

黄河落日

路线 4

华山 **华阳宫→华泉→华山南门→功德林→龟石→蛇石→文昌阁→吕祖祠→华山览胜→华山顶→龙椅凤床→钓鱼台→北峰顶→仙聚台→卧虎洞→醉石→天梯→一线天→防空洞口→碉堡→东环山路→华阳宫**

作　　者：爬山、小河

路线简介：

起点（终点）：华阳宫（36° 43′ 30.00″ N，117° 03′ 50.00″ E，海拔 26 米）

路线：全程约 4 千米，用时 2 小时，最高点海拔 197 米，适合半日穿越。

本路线照片　　本路线视频

本篇作者之一

爬山，笔名冬天，本名部十伟，理学硕士，世界五百强外企北方区经理。现定居济南，爱好读书、运动。六次完成全程马拉松比赛，曾经环海南岛骑行，重装行走腾格里沙漠，攀登太白山等。

济南华山，又名金舆山，为历史名山，有华山湖环绕四周，古名“华不注”，意为此山如花跗注于水中，形状如未开放的莲花，素以奇秀著称。山阳有济南规模最大的古建筑群——华阳宫，宫前有华泉，半山腰有吕祖祠。元代书画大家赵孟頫曾绘《鹊华秋色图》，流传至今。“鹊华烟雨”列为济南八景之一。

山南有石砌台阶，二十分钟可直达山顶。你别小看了华山，除了这条台阶登山路线，其四周隐藏着十几条路线可上下，这些路线大多山体陡峭、乱石横亘、藤攀蔓连、蹊径芜塞，爬之令你乐趣横生，玩味无穷。最为惊险刺激的南北大穿越路线是其典型代表。

游记与攻略

如今，一个恢宏大气的华山公园正逐步向世人展示着它的华丽蝶变。自驾车、骑行或乘公交车到达附近后，穿越公园到达山南华阳宫。

该宫始建于何时不确定，但至少是汉晋时代或更早。目前该宫是儒、释、道三教共处，里面供奉的既有玉皇大帝、碧霞元君，也有地藏菩萨，还有孔子，甚至还有关羽和龙王。他们在这里和平相处、共享香火，充分体现了中华文化的包容性。

华泉位于华阳宫前，因临华山而得名。唐段成式《酉阳杂俎》有“华不注泉，方圆百步”的记载。华泉经历了喷涌、淤塞、复涌、再淤塞的过程。2001年，进行清淤挖掘，修砌泉池，池长15米、宽9米、深2米。一池清水，平明如镜，孤山及古庙倒映其中，与鱼池、荷塘相互映衬，别具风姿。

华阳宫中最值得一去的是忠祠和孝祠，忠祠祭祀的是逄丑父，孝祠祭祀的是闵子骞。逄丑父是春秋时期齐国的大臣，公元前589年，齐国与晋、鲁、卫、曹四国联军会战于鞌，齐师败绩，三周华不注，眼看齐顷公就要被晋军追上，此时逄丑父临危不惧，与齐顷公换衣，假扮齐顷公被晋军抓获，而齐顷公佯装去华泉取水而得以逃生。此为至忠也。此事发生的地点即在华山脚下。闵子骞是春秋时鲁国人，是孔子“德行”科中最为出色的四个学生之一，“鞭打芦花”的故事就不必赘述了吧。闵子骞墓是在华山脚下发现的，后迁到了百花公园旁，现为济南孝文化博物馆。

离开华阳宫就开始爬山了。华山并不高，海拔197米，净高170余米，但却是泰山余脉北部最高点。一路往北，至德州，再至沧州，向东直至渤海，都是一马平川的大平原。它孤峰独立，雄伟峻峭，乃“齐烟九点”之首。一般从华山南面的台阶上山，相传一共有840级台阶，大家不妨数一数。但来此徒步，要边走边看边听故事。

首先，我们注意到华山上的山石和济南南部山区的完全不同，南部山区的山石是灰白色的石灰岩，华山的山石是青黑色的岩浆岩。华山在2007年被定为省级地质公园，地质特征极为典型和稀有。1.8亿年前的“燕山造山运动”时，济南南部山区沉积的石灰岩随着泰山一起从海底上升，而北部的岩层发生断裂，地下深处的岩浆从断裂处向上侵入，冷凝后就形成了“齐烟九点”这些在济南散落的岩浆岩孤山。由于石灰岩较为松散、易风化，形成很多空隙，于是水就从空隙中不断汇集，从南部山区这个“水塔”向北部济南市区流动，在流动中遇到了北部的岩浆岩，岩浆岩质地坚硬，不易风化，因此水在这里就被挤压了上来，形成了济南的众多泉群。

拾级而上，沿途两侧灌木丛生。脚下的路当年郦道元、李白、曾巩、张养浩、蒲松龄、康有为等都曾走过，是否有种想和诸位大家畅谈、畅饮的感觉？

华山北峰

一路上，根据标示牌很容易看到龟石、蛇石这样的象形石。蛇石最像，它隐卧于文昌阁下方，透过树丛就能看到一个巨大的蛇头引颈伸向山顶，蛇嘴、蛇眼、鳞片栩栩如生。另有龙石在华山的东麓、虎石在西麓山涧中、猿石在华山北峰的东侧、蛙石在吕祖祠上方，如果你有足够的兴趣和时间，还会发现更多的象形石。

文昌阁

过了蛇石，再往上就是文昌阁和吕祖祠了。这两个建筑连在一起，雄踞华山山腰，俯瞰泉城全貌，是山上现存唯一的古建筑。文昌阁供奉文曲星，吕祖祠供奉吕洞宾。

吕祖祠里很值得一看的是一处明代石刻《游华山漫记》，记载的是明嘉靖八年间（1529 年）八位游人在华山的所见所感。此八人皆为三四品高官。文中道："造其巅，闻有诵经者危坐窝中，不知何许人也。"说的是几位高官员爬到山顶，见一人正在山中危石间读书诵经，几位高官没去打扰读书人，读书人也没有理睬高官，相敬而过，可谓布衣亦可傲公侯啊。文中又道："因叹此月之明，此山之高，始

登山步道

天地而始焉，终天地而终焉。吾人者，寓形两间，能几何时？而欲与造物者相为不朽，则必有道矣。”此文的作者是八人之一的袁洪愈，据记载，他时任山东提学副使，后来做到了南京礼部尚书，为官四十余年居宅不增一椽，出入徒步，卒年 74 岁，是一个有政声的清官。在华阳宫北面的一巨石上还刻有《续游华不注峰记》，是《游华山漫记》的续篇，为上次八人中时任山东布政使的亢思谦所写。距离上次的游览还不到三个月，八人中就有五人调任外地或出差远行不能再次同游，仅余三人参加了本次端午节的游览。亢思谦还邀请了徐光启等外地来出差的三位同僚，六人一起进行了第二次游览，写下了这个续篇。续篇中感慨“胜会难常，良朋易失”，不过这里的徐光启不是翻译《几何原本》的那个徐光启，那个徐光启 10 个月后才在上海出生。

过了吕祖祠，左侧有一陡崖，可攀爬上山，但一定要量力而行。出吕祖祠下几个台阶左拐继续上山，石阶愈窄陡，有几处小平台可以驻足休息，并可俯视整个泉城的新貌，远眺南部山区的层峦叠嶂。如果你是一名户外爱好者，不甘于直接登顶的寻常无趣，可寻左侧一明显岔道而上，途经“华山览胜”，钻一狭窄石缝，翻越数块大山石到达山顶，可谓妙趣横生，殊途同归。

山顶是二十多平方米的平台，北侧有一块一人高的尖形山石，站到上面才算到了华山最高点。山顶上原本有座真武庙，院内有一棵古柏和一座石碑，现在山顶还能看到大青方砖地基和残存的碑座。

清代诗人王初桐的《携大晋、大仪登华不注绝顶》诗中有“尖峰一席地，小小金舆寺”一句，可以得知他登顶时山顶有一个“金舆寺”，显然是来自华山的别名“金舆山”。

华山北坡

站在山顶，峰巅倚天卓立，长风啸啸作声，紫烟缭绕，白云卷纾，齐烟九点，远近点缀。每当秋日，天高云淡，大雁南飞，层林尽染。往南看，泰岱连绵，云气苍茫；往北看，蜿蜒黄河恰如一条飘带嵌于天际，座座大桥飞架南北；环顾四周，数十个村庄已被新时代城市化的发展大潮所湮没，幢幢高楼拔地而起，条条马路纵横交错；望西北，黄河北岸宽阔平顶的便是鹊山，没错，就是赵孟頫《鹊华秋色图》中的那个鹊山，山后有扁鹊墓。西南方，是你熟悉的老城区，车水马龙，繁华如斯，大明湖、千佛山尽收眼底。东看是齐烟九点之一的南北卧牛山和驴山。卧牛山曾是韩信屯兵之地，郦食其说服齐王田广降汉之后，韩信从卧牛山出兵拿下齐国七十余城。东南方，可以看到济南的核心商务区正在日新月异地成长。华山顶真可谓是济南最好的观景平台，360 度无死角，能让人静下心来去思考如烟的历史，也可以让人畅想未来。

从山顶可以向西面走“滚石沟”，从东面穿灌木林下山，也可原路走台阶返回。其实，来华山徒步，最大的魅力和乐趣在于北面后山的这条路线，不信就跟我去体验一下吧。翻过山顶北侧的几块大岩石，在灌木石丛中寻路继续前行。经“龙椅凤床”，穿越百余米鞍部到达北峰。站在此处回望，巨石层叠，怪石嶙峋，乱石穿空，千姿百态。北峰西面有个钓鱼台，你若小心攀

华山西坡

爬上去能找到凌空而立、天外来仙的感觉。每年八月底至九月，山上到处都能摘到酸甜可口的酸枣儿，华山顶上的酸枣肉厚，味道比其他山上的更好。

从北峰顶沿山脊继续往山尾方向下行，路线越来越不明显，还有多处断崖。你可在层峦叠嶂的岩石上或左右腾转，或上下挪移，或推拉扶拽，身体展现出各种动作，或夸张，或好笑，或步步惊心，妙趣横生，其乐无穷。一路两侧均有人上下攀爬过的痕迹。提醒大家，如果没有足够的经验和能力，您就不要去冒险了。

就这样，一会儿就来到山腰的一处倾斜的大石台上，上面写着“观日台”三个大字。石台正北就是新建的华山珑城小区，石台下方是悬崖，不能通行。在此小憩后，从石台右侧寻径攀爬缓缓而下。在陡峭的乱石中，会看到一个洞口，旁边写着“卧虎洞”，洞内有块怪石像只伏卧的老虎。卧虎洞一旁是“天井”，是巨石堆叠形成的一个数米深的坑洞。攀爬中一定注意手机等随身物品，小心滑落。继续下行，经“天涯”“醉石”“天梯”“劈石”“羊会洞”“减肥洞”“卧龙涧”“栈道”“恐龙蛋”，就到达山底了。

山底有一处防空洞的入口和一个碉堡，据说是当年国民党部队在日军原

华山风景区牌坊

有工事的基础上进一步加固和完善的。当年，王耀武依托鹊山、华山、茂岭山、砚池山、千佛山、马鞍山、腊山、药山一线构筑阵地。解放军华野九纵在攻占茂岭山和砚池山后进攻济南城区，渤海纵队经王舍人庄和甸柳庄后攻城，北面的渤海军区一部占领鹊山后渡过黄河，攻向济南，因此，华山周围并没有发生激烈的战斗，这些工事没有起作用。

我们沿环山路右行一段后，取山底的一条灌木丛小道，绕山半周就回到了华阳宫，结束了本次华山南北徒步穿越。

水绕华山

路线 5

玉函山 **领秀城→泉子山→月老峰→断层崖→极顶峰→青草坡→圆球堡→三教堂遗址→透明峰→西佛峪→防空洞→分水岭村→领秀城**

作　　者：倚天、紫媚、京龙

路线简介：

起点（终点）：领秀城森林公园（36°35′23.42″N，117°0′26.00″E，海拔160米）

路线：全程约10千米，用时4小时—6小时，累计爬升600米，最高点帅旗峰海拔523米。

本路线轨迹　　本路线照片　　本路线视频

本篇作者之一

倚天，本名李晨灿，植物保护学士，三人行户外俱乐部专业领队，中国登山协会户外指导员、营地指导员、山地救援员，红十字会与AHA急救员，拓展训练师，绳索教练，高级心理咨询师、心理引导师。曾登顶贡嘎雪山那玛峰，重装徒步狼塔线、鳌太线、巴丹吉林沙漠、库布齐沙漠，以及大五台六台连穿。

玉函山上

唐代段成式《酉阳杂俎》记载："齐郡函山有鸟，足青，嘴赤黄，素翼，绛颡，名'王母使者'。昔汉武登此山，得玉函，长五寸，帝下山，玉函忽化为白鸟飞去。世传山上有王母药函，常令鸟守之。"从此，此山便有了"青鸟衔玉函"这一美丽的神话传说，故名"玉函山"。

玉函山北临领秀城，交通便捷，徒步路线半天即可完成，多处可下撤，路线、时间可长可短，与大佛头、藏龙涧、华山并称为济南市民家门口的四条经典徒步路线，为南部山区"三横六纵九环"徒步路线中的"三横"之一。

从卫星地图上看，整个玉函山主脉呈东西走向，横亘于济南主城区正南端，扼守103省道要冲。主脉南侧阳面为多层陡坡的崮形地貌，呈波浪形平直地势，北侧阴面以东西主脉为起点，延伸出七条南北向支脉，主脉与支脉交接处形成五峰，由西向东分别为鼓楼峰、透明峰、帅旗峰、行龙峰、鹅头峰，支脉之间形成西佛峪、柏石峪、花山峪等多条峪沟。

这里，春天连翘金黄，夏天绿树成荫，秋天红叶尽染，冬季白雪皑皑。峭壁雄伟壮观，山高视野开阔，泉池洞穴遍布，历史古迹众多，文化底蕴深厚。

游记与攻略

自驾车或乘506路、K164路、K66路公交车至领秀城森林公园大门口集合。沿小路向东南方向登上泉子山顶，有一石块铺成的大圆形平台，此为养心台，站在台上南望，山峦起伏，雄伟壮观，苍松翠柏，绿意盎然，沿山脊向正南方行约 800 米，过鱼鳞坡到一个山头，此为月老峰。这条上山路线起伏错落，地貌多样，视野开阔，野趣横生。再沿山脊岩石前行约 700 米，有一处断崖，为断层崖（海拔 363 米），断崖侧面有小路可绕行，也可直接从断崖攀爬而过。

极顶峰

过断层崖不远就是极顶峰，一般人可不用绳索就能安全上下，也可绕行。再前行又有一较高断崖（海拔 429 米），可从西侧小路绕行。此处可右拐下山。继续前行，再爬上约十几米的山坡后就是绿草茵茵的青草坡。

青草坡南头就是行龙峰山顶（海拔 490 米），有山顶公路。左侧向东有块平坦硬地面，是滑翔伞训练场。此处向东 600 米的山头为鹅头峰，再向东行约 1.5 千米可到砧子山，再向东为兴隆山，鹅头峰东侧峪沟为花山峪，砧子山东南有九女山。可沿花山峪东侧山脊下山，经足球俱乐部出山至南外环。

从行龙峰山顶沿山脊向右行 500 米，有一个灰白色球形建筑，为圆球堡，圆球堡大门两侧有对联，联语为："举目东岳，俯首泉城"。大门里面就是玉函山最高峰帅旗峰（36° 34′ 18.13″ N，117° 00′ 20.11″ E，海拔 523 米），帅旗峰正北为柏石峪。

断层崖

山巅之上有王母池。据说唐代僧侣曾在玉函山顶建造兴隆寺，亦名卧佛寺。史料记载，明朝时山顶之泰山行宫改为碧霞元君祠，后又筑南天门和三大殿，香火旺盛，此南天门与泰山南天门遥遥相望。该祠原貌峻拔雄伟，现仅存南天门和三大殿中的三教堂遗址。

现存三教堂遗址为一座 4 丈见方的无梁殿，其形似塔，全用巨石砌成，匾额写着"三教堂"，东墙上有一块石碑，上载：三教堂始建于元朝，民间称其为"二奶奶”庙，其间供奉神灵为“兴隆山二奶奶”，相传其姐妹三人，另外两人为“泰山大奶奶”和“峨眉山三奶奶”。继续向西是南天门，穿过南天门左转下山是大涧沟村。南天门沿山脊西行见路右转下山，见路口再回拐东行，可至西佛峪，西佛峪下面是安息园。

从三教堂遗址北行下山，一路绿树成荫，微风轻拂，惬意舒畅，美中不足的是生活垃圾到处都是，大煞风景。从帅旗峰西北的透明峰山脊一陡崖处左拐而下，至山坳的西佛峪，山路是由石板铺成的台阶，据说是300年前修成的，路边林茂草香，阳光透过树冠洒下金色斑点，伴随鸟鸣阵阵，身心俱醉。深秋季节，这里红叶遍地、层林尽染。

西佛峪，在玉函山西部透明峰的崖间，因在龙洞佛峪之西，故称为西佛峪。此处三面绝壁峭立，北临深谷，山腰崖壁间有十余米宽、自然凹陷形成的月牙形石窟，石窟崖壁上有摩崖造像，为隋开皇四年(584年)至开皇二十年(600年)所刻，为济南市第二批重点文物保护单位。摩崖造像有佛、有菩萨，有站有坐，上下分五层，共95尊，还有5座大型石龛及17则题记石刻，其中12则为隋代所刻，2则为唐代所刻，3则为元代所刻。清人马国翰曾赋《游佛峪》诗：“一径野花深，羊肠道逼窄。岚气浮长空，白云去咫尺。精庐出半岩，香界更幽僻。檐悬飞溜寒，墙借曲峰碧。松荫铺满阶，鹤梦足闲适。”

西佛峪

遗憾的是，这些有1400多年历史的造像在十年浩劫中惨遭毁坏，多数造

像面目全非。石窟下有佛峪寺遗址，已不明显，北侧山门内的石窟下有几间简陋房屋，住有一位老和尚和一位徒弟。因条件艰苦且老和尚年高体弱，天冷时一般住山下，只剩徒弟和一条狗看门。雨多时节，西侧岩壁下会有泉水自石壁渗出，淋漓如雨，汇成一泓清潭。远远望去，如珠落玉盘，名为蕊珠泉，和尚平时就吃这蕊珠泉之水。

鼓楼峰，是西佛峪西侧的山峰，远看峰顶像一面大鼓置于山梁，这种山形地貌称作“崮”。与喀斯特地貌、丹霞地貌、张家界地貌、嶂石岩地貌并称五大岩石造型地貌，是由距今约 5 亿年前的古生代寒武纪浅海沉积，经过漫长年代的侵蚀、溶蚀、重力崩塌和风化等多重地质作用而形成。

沿西佛峪北侧山门的小路前行约 150 米，右上方有处很大的人工防空洞口，出口在柏石峪村西南山，现在，政府为了安全考虑，将两边洞口封堵了。

沿防空洞口向右上行约 40 米有木栈道，前行 800 米后左拐到达分水岭村的爱都小学。可以走出分水岭村，到英雄山路分水岭站，乘 17 路、65 路、67 路、88 路、142 路公交车回市区；如果是自驾车，可以沿木栈道前行约 700 米，再右拐向上到山脊，一直向北，到靠近漫山香墅西 3 区时下到小区公路，回到上山地点即可。

小怪兽

路线 6

斗母泉 **锦绣川水库→黄钱峪→四姑娘山→青铜山→齐鲁第一大佛→斗母泉→天井峪→波罗峪**

作　　者：**知远之家**

路线简介：

起点：仲宫镇锦绣川水库（36° 30′ 13.10″ N，117° 08′ 49.49″ E，海拔 245 米）

终点：仲宫镇波罗峪景区大门（36° 32′ 20.35″ N，117° 04′ 38.70″ E，海拔 290 米）

路线：全路线长约 23 千米，可自由调整，如大佛、斗母泉、天井峪，均可以不去，以节省时间或体力。最高点海拔 745 米，累计拔高 1300 米左右，全程强度比泰山登顶还要大些，徒步时长约 8 小时。

本路线轨迹　　本路线照片　　本路线视频

本徒步路线从锦绣川水库起步，在翻越一个又一个山头的同时，寻找位于高山和深峪中众多甘甜清冽的名泉，考察齐鲁第一大佛洞窟中的圣水龙潭，观赏济南七十二名泉中海拔最高的斗母泉，探寻深藏在深沟绝壁之下的天井，造访同为济南七十二名泉之一的甘露泉。此路线中途可在斗母泉补充水和食物，但全程路线较长，起伏大，拔高多，须视季节带足饮水和一顿路餐。

游记与攻略

本条路线较长，需早出晚归。早六点，从济南市区乘坐 65 路公交车，至仲宫锦绣川站水库大坝下车，就开启了此次寻泉访古徒步穿越。沿着泉脉水系，追寻泉水进入泉城的踪迹。

下车后沿锦绣川水库大坝北行，水面烟波浩渺，好似江南水乡。大坝北首，一座高大的影壁墙扑面迎来，上书“江山如此多娇”，红底金字，遒劲飘逸，最恰当地描述了眼前的风景，无数驴友到此，脚下顿时生发无尽力量。

行进途中

影壁墙所在的村子是黄钱峪村，村以泉名，依山傍水。黄钱峪泉在村北，水自崖缝涌出，四季不涸，流入锦绣川水库。据传说，黄钱峪泉曾经往外流淌着金黄色的铜钱，勤劳的百姓过着富足的生活，因而得名。

往北穿过村庄，左转上山，然后北行。山脚下的土质是红色的，夹杂着细碎薄石片。

眼前的这个山头看似并不高，当你爬到山顶想松一口气时，却发现上面又出现一个山头，可谓山连山，就这样，会一连爬过四个山头，当地百姓称之为“四姑娘山”，虽然其险峻无法与四川的四姑娘山相比，但也别有一番景致，大姑娘山敦实厚重，二姑娘山玲珑娇小，三姑娘山丰满飘逸，四姑娘山环佩叮当，此情此景会让你的脚步有不同的感受。

越过四姑娘山，就到了青铜山的山脊。山脊上有丁字路口，左转西南行通往霹雳山，也称刀片山；右转西北行通往青铜山。平缓宽大的山脊上是一个大草甸，大片灯芯草深可及腰，春夏之时，芳草萋萋，顾盼生辉；秋冬之季，草穗金黄，随风摇曳，风情万种。因为草木，山才能成为青山，只有青山，才能滋养绿水。

红叶满山

青铜山（36° 32′ 30.80″ N，117° 07′ 41.10″ E，海拔 750 米），据说西周时此地生产青铜，因而得名。山是大地的脊梁，而水是大地的血脉。济南是单斜构造区，岩层总体以大约 30° 的角度由南向北倾斜，岩溶裂隙发育的巨厚石灰岩层为水系的形成提供了良好场所和通道。

在青铜山这片东西长 5 千米、南北宽 3 千米的区域内，有知名泉池 19 处，分别是南甘露泉、百花泉、灰泉、柳泉、老泉、道士泉、清泉、老庄泉、斗母泉、杨家泉、边庄三泉、南圈泉、西坡山泉、南岭泉、寄宝泉、白花泉、小泉、东井泉、咋呼泉等。可以说，青铜山由众多泉池环绕拱卫。

青铜山西麓有几个山脊，东西走向，最北面的那座山远看就像一头大象，其半山腰就深藏着齐鲁第一大佛（36° 32′ 10.60″ N，117° 07′ 12.80″ E，海拔 440 米）。从青铜山西麓左转西行，沿大象山山脊下行，蜿蜒行至山根，有一凉亭。顺着林中小道上行，不过几百米，就到了一个平台。平台上有 6 棵古柏，都挂着古树的编号。平台一侧崖壁上有个天然洞窟，里面就是齐鲁第一大佛。如果走石阶，则需要走 365 个台阶。石窟所开凿的位置恰恰在大象的眼睛部位，堪称“点睛之笔”。当然，如果时间和体力不允许，也可以不下山去参观

大佛而直奔斗母泉。

“齐鲁第一大佛”窟高 9.25 米、宽 5.4 米、深 5.1 米，主佛通高 9.05 米，是济南最大的古代石刻佛造像，1977 年被公布为山东省第一批重点文物保护单位。大佛躯体伟岸，结跏趺坐，身着 U 形通肩袈裟，衣带飘然下垂，面部丰满且上宽下收，颈部略长，肉髻高耸无螺发，是典型的隋末唐初风格，早于神通寺千佛崖造像和千佛山兴国禅寺唐代摩崖造像，约建于 7 世纪，主佛两侧还雕有 9 尊造像。

在大佛和菩萨间的窟壁上，半悬着一个石孔，泉水自石孔内潺潺而出，在佛座上形成了一个天然泉池，称“圣水龙潭”，让人不禁感叹大自然的神奇。

如今，第一大佛所在地已经扩建成风景区，修建了玻璃栈道，新塑了佛像等。如果你感觉疲惫，可在此乘坐区间公交 809 路至仲宫，然后转乘 88 路公交车返回济南；或往南徒步 6 千米，至 327 省道，乘坐 65 路公交车返回市区。

参观完大佛后，再次来到山脚，在氤氲着泉水气息的峪沟中北行，在第一或第二个峪沟岔口处右转，沿山路上行拔高至山顶，再左拐西行不远，山的背面就是斗母泉村和斗母泉（36° 32′ 45.00″ N，117° 06′ 50.70″ E，海拔 548.7 米）了。

斗母泉村因泉而得名。斗母泉是济南七十二名泉中海拔最高的泉，原名“窦姑泉”，后来人们按其谐音而称为“斗母泉”，泉水自山半坡崖壁喷涌而出，长年不息，因为水量大，又称“大泉”。此泉水晶莹碧透，清洌甘美，济南市区的市民也常来打水。泉池正面有碑，碑上刻“斗母泉”三个大字，下方小字记载：康熙十五年（1676 年）重修斗母泉与斗母宫。

泉边墙上，有著名作家书法家刘桂成题写的《念奴娇 · 斗母泉》半阕：“苍崖云树，甘霖泻，斗母宫门前。牛头岭首，人道是，晚唐黄巢剑泉。泰山瑶池，岩通罅窦，有老龙垂涎。”

斗母泉边，还有济南市最大的连根同生、状如虬龙的车梁木和刺楸。车梁木树冠呈伞状，盘曲悬卧在悬崖上，树龄 500 多年，胸径 120 厘米，树高 13.6 米；刺楸树冠呈平顶形，树龄 400 多年，胸径 72 厘米，树高 11.3 米。

斗母泉东北向逐级而下，行走 30 米许，便来到斗母宫。院内三间大殿，青砖黛瓦，云檐飞挑。殿内有斗母圣像，壁上绘有彩画。就道教来说，斗母就是北斗之母，全称为斗母元君，是北斗众星的母亲，也是道教崇拜的女神。

从斗母泉村可以往东北下山，走几千米，来到王家村，乘坐 121 路公交车返回市内，至此，徒步里程约 15 千米。

从斗母泉村左上西行约两千米，可看到一个又高又细的铁塔，那是通往天井峪、波罗峪或是红头山方向的标志。铁塔左侧西北行，一路下山，绕着天井峪的外侧，约半个小时，可到天井峪谷底。当然，此处亦可不下天井峪而直去波罗峪。

一捧山枣

天井峪里的村子叫天井峪村，被誉为山川怀抱的最美石头村，如今开发了山村民俗文化，让人体验原汁原味的石头文化和山地生态。村里的房子全是用石头砌成的，几乎每户的院子里都有一个由黄泥、米汤、黄草建成的粮囤子，这也是这个小山村最独特的风景。所谓天井峪，指的是这个峪沟的周围有群山环抱，被高山阻隔，整个村庄有如坐于天井之中。峪沟中有一井，取名为“天井”。天井在峪沟的尽头，起初，通往天井的路是水泥路，到了深处，就是简陋的台阶路和石板路了，而且峪沟越来越狭窄，崖壁越来越陡。崖壁上有当代人书丹的石刻“宁静致远”“人间仙境”“天井”。天井在悬崖之下，有一个圆形的口，深不见底，据说有 20 多米，自然天成。井水流出，泽润八方。天井峪尽头，周边看似绝壁，有要把人挤压出去的感觉，但左右两边有小路可以走出。

左侧北行拔高上山，经灌木丛，到达草盛树稀的山顶；左拐西北行 1 千米余，经一片秋叶似火红的黄栌林，在一岔路口左转下山，就进入了波罗峪。

下山的地方是青桐山，与齐鲁第一大佛所在的青铜山音同字不同。这座山没有青铜，但有桐木，因此而得名。青桐山的山腰崖壁上，有当代人建的四尊大佛，每一尊都比齐鲁第一大佛高大宏伟，只是比较粗糙且风化严重。

青桐山大佛

佛峪有个般若寺，这里则有波罗峪，形成很好的呼应。早在唐贞观年间，青桐山就有佛像，这条峪沟就取名为波罗峪。

波罗峪是条峪沟，两侧都修了台阶道路，景区内空气清新，负氧离子含量极高，被称为“天然氧吧”。这里环境清幽，生态完美，恰似世外桃源。这样优美的去处，主要得益于泉水的滋润。波罗峪里有甘露泉、不老泉和金泉等，汇成一清池、二龙潭和三叠湖，自上而下，潺潺而流，为大山提供充沛的水分，也增添了大山的灵性。

甘露泉也是济南七十二名泉之一，泉水清冽，如果沏茶，清香四溢，沁人心腑。旁边曾建有甘露寺，几度兴废，现已成遗址。清代诗人王初桐诗云：“泉泸庄与野云平，甘露犹存废寺名。庄外试从樵者问，空中可有木鱼声？”

波罗峪里还有众多人文古迹，比如香山寺遗址、三圣佛洞、降龙洞、伏虎洞、八亩地、月亮地、卧虎岭等，每一处都有古老动人的传说。尤为特别的是，这里还曾经有一个知青村，村外简陋的木架子上竖着两个长条木牌，上面写着：广阔天地大有作为，立志山区扎根农村。这些字和房舍上斑驳的彩色墙画，会带你走进 20 世纪六七十年代那个不太久远的青春无悔的岁月。

知青村旧址

青桐有幸，波罗无尘。这是本次长途徒步的最后一站，就像下一盘围棋，进入了收官阶段。在这个泉水叮咚、碧水荡漾的宽阔波罗峪中，你可以舒缓脚步，放松心情，用清新的空气把自己的心肺洗个透彻，洗个澄明。

从后山徒步进入波罗峪，可以从景区大门出来，会看到邓石如写的“波罗峪”三个大字，古朴厚重，刚健雄浑，字体为隶书，大气磅礴，给人纵横捭阖的感受。

显得大气的还有波罗峪景区那朱红大门，四柱三间，两边各有飞檐斗拱，四个柱子上有楹联两对，内联是：云阶月路，引人来登而观之，随处襟怀随处畅；湖光峦影，邀友至临亦戏也，自家园林自家亲。外联是：罗峪风回，九岭松涛连翠霭；青桐霞染，双龙潭漪映华岩。

至此，徒步结束，行程 23 千米余，可乘 60 路公交车返回市区。此一路，有张有弛，起起伏伏，走的是山路，观的是泉景，山一程，水一程，风一更，雨一更，总是心向泉林行。

部分编委探此线后合影

路线 7

太甲山—四门塔 **南泉寺→太甲山佛造像→油篓寨→透明洞→露水岭→八里峪→金銮殿→金象山→黄石崖→四门塔**

作　　者：**知远之家**

路线简介：

起点：仲宫镇东郭而村（36° 29′ 41.45″ N，117° 02′ 07.04″ E，海拔 160 米）

终点：柳埠镇苏家村四门塔（36° 27′ 09.86″ N，117° 07′ 43.21″ E）

路线：长度约 20 千米，可自由调整，最高点海拔 616 米，累计拔高约 1000 米，徒步时长约 8 小时。

本路线轨迹　　本路线照片　　本路线视频

太甲山

这是一条位于济南南部山区的兼具历史文化和地貌风景的徒步路线，与玉函山—佛峪线、红头山—青铜山线并称为济南南部山区“三横”（西东向）穿越路线。途中可聆听遥远的商朝传说故事，欣赏精美的隋代佛像佛塔，领略世界地质史上独具特色的岱崮地貌。此路线大多沿山脊行走，山脊草密树稀，因此最适合秋冬在温暖的阳光下或者漫飞的雪花中尽情迈开自己的脚步。此路线有拔高、有平坡，节奏跌宕起伏；春有连翘，秋有红叶，自然风光美不胜收。长度和难度中等，南有 103 省道通往柳埠，北有 327 省道通往西营，中途可随时择路下撤。此路线无处补水和食物，6 月—9 月，天热，出汗多，至少带上 3 升（6 瓶）水，其他季节酌减，需带路餐一顿。

游记与攻略

从济南市区乘坐 65 路公交车，在东郭而村站下车，就看到了南面的太甲山。

太甲山因商王太甲而得名，济南的很多山都有关于太甲的传说，太甲山的传说最为久远，说的是 3000 多年前，太甲死后葬在了这里高高的山顶。据说，太甲看重的是山下的风水，不过他死后葬在哪里，得听儿子安排，而他的儿子很“拧巴”，平时总是与老子对着干。于是，太甲便嘱咐儿子把他葬在高山之巅，心里想着，儿子不会听话，一定会葬在山脚下，从而遂了自己的心意，哪知儿子这次良心发现，竟遵循了父亲的嘱咐，就把一心想葬在山下的太甲葬在了山顶。

南泉寺钟楼

太甲山海拔 520 米，虽不算高耸入云，但扼守锦绣川、锦云川、锦阳川这三大川，地势非常险要。济南以泉闻名，水自南方泰山山脉而来。太甲山在济南以南，泰山北麓，当然有泉水，南泉就在它的脚下。山下还有座古寺，就在泉的南边，所以得名“南泉寺”。

下公交车后，顺着“梨园山庄”的指示牌往南走约 1.5 千米，经过太甲亭，就来到南泉寺。佛寺所在，山环水抱，形势绝胜，只是早已废圮，仅存一个石构四面凉亭，曾为钟楼，挂钟铁钩犹在。这个钟亭颇为独特，无论立柱、横梁还是斗拱，全由粗大的精磨石条构成，历经千年岁月，既古朴又华美，残存的双鸱吻吐水石雕件尽显盛唐风韵。钟亭的附近还有一组石碑和一些巨大的石柱础，仿佛在诉说着曾经的辉煌。钟亭上的字用笔厚重，意蕴深远。两边的对联联文是：“声偕六律达三界，韵叶五音彻九霄”，横批是“赞和”。

寺有废兴，泉无绝续。许邦才所作《重修南泉寺记》载：“寺迤南出泉三四泓，冬夏不涸，寺以泉名。”许邦才擅诗文，为明中期“历下四诗人”之一，另外三位是李攀龙、殷士儋、边贡。南泉是济南七十二名泉之一，甚至被道光年间的《重修南泉寺碑记》称为七十二泉之首。如今，南泉泉池镶嵌在一石拱门内，有一米见方，泉水清澈甘冽，顺着水槽流到下面的四清池。

从泉池沿左前方小路逶迤向上，在海拔 300 米左右时，脚下拔高的路开始平行向右。一边是崖壁，一边是深渊，小心行走几十米，就可看到崖壁上的唐代摩崖造像。共三尊，下一上二，一立两坐，一大两小，呈倒品字形，下面的佛像有两米高，上面的佛像有一米高。三尊佛像体态多姿，端庄丰满，呈现着唐代早期佛造像的典型风格，能够经历千年岁月的剥蚀和动乱而保存完好，实属难得。正因为佛像完整而精美，前些年曾遭不法分子觊觎，佛头险遭盗窃，幸好被行走于此的驴友发现，将嵌着铁钎的佛头照片发出来，引起有关部门重视，公安部门介入，才使得佛像免遭厄运。如今，这几尊佛像旁边安装了电子监控设备。

太甲山佛造像

观赏佛像后，继续拔高左上行，坡度较陡，但没有危险，途中的树木可以脚蹬手扶。一二十分钟，就可到太甲山顶。举目四望，群峰起伏，山川蜿蜒，美景尽收眼底。太甲山整体大略呈东西走向，从南泉寺上山的路线比较靠东，还可以从西边上山，乘坐 67 路、88 路、65 路公交车在仲宫鸿福路或龙山路下车，一路南行，经过仲宫大桥，到上太甲山的路口后，连续翻越三个小山头，就到了太甲山的山顶。这条路线更远一点。

顺着山脊左方东行，一会儿穿树林，一会儿踏草丛，路很平缓，很松软，起伏不大。行走约 1.5 千米，就可在左前方看到油篓寨。从外形上看，油篓寨是一个突兀的山头，很像一只老式藤编油篓子。油篓寨山势秀美、奇绝，寨顶有树林，周边是陡峭的崖壁，白厉厉的，连棵草都不长，崖壁下面，逐渐有灌木草丛，也有了坡度，油篓寨可以登顶，不过需要转着圈上山。

油篓寨往东约 1 千米，左边有座山，叫透明山。透明山拔地而起，奇峰兀立，整个山体如同一面巨大的屏风呈南北分布，其垂直的崖壁上有一个山洞，洞口呈半拱形，洞东西贯穿，是相通的，所以被称为透明洞。洞内东小西大，呈喇叭状。洞高七八米，宽约十几米，阳光透过山洞直射山阴，形成一道道金红色的光柱，斑驳陆离，如梦如幻，仿佛能洞察一切凡尘俗世。体力好的可以左行下山去透明山看个究竟。但需要原路返回上山继续前行。透明山可以登顶来个小穿越，很是惊险刺激，让行程倍添乐趣。透明山东西两侧均有

油篓寨

下山路线可以下撤，到省道后乘 65 路公交车返回市区。

继续沿山脊东行，翻过几个起伏不大的山头，一路尽是柏树林或齐腰深的草丛，9 月—10 月，沿路有很多酸甜不同、口味不一的山枣，你随手可摘，边走边享用。这个季节还会有很多蝈蝈在草丛中争鸣咏唱，甚是欢快热闹，置身其中，不禁令你脚下生风，劲足疾步。

在秋冬季节来济南南部山区徒步，除了五彩斑斓的红叶秋色，那一片片的萋萋芳草同样让人迷恋心醉。再往前，一座细而高的通信铁塔映入眼帘，露水岭（36° 28′ 27.80″ N，117° 04′ 45.27″ E，海拔 540 米）就要到了。此时，如果你体力不支，无心前行，可从露水岭左侧下山，走八里峪，经砧子寨，从刘家庄出山，行程约 12 千米。

从露水岭下山后继续向右前东南方，平缓的路变得崎岖起来，山头也密集起来，一个挨着一个，而且盘桓延伸，脚步也随着山峰起伏上上下下，对体力、耐力和毅力都是个大挑战和考验。疲惫中，只见三个崮形山头一字排开，像是三座宫殿，被称为金銮殿，其山腰处有一个如同屋檐的石棚，里面还有天然的石凳、石桌，走到这里，午时已过，可在此野餐。

稍做休整，继续前行。弯曲的路逐渐平直，右边是树林，左边是荒草，泾渭分明；右边山下是北峪村，左边山下是金象山游乐园，明晰可辨。爬上一个长且陡的大坡，就到了黄石崖（36° 27′ 54.24″ N，117° 06′ 53.88″ E，海拔 600 米）的山顶。黄石崖是此条路线中最高的山，位于四门塔所在峪沟金舆谷的尽头。

若从黄石崖去四门塔，可从山顶继续东行，下一个小断崖，再走一个小山腰，然后右转向南，经过一个天然的石壁墙，一路缓坡下行，就到了四门塔风景区。也可不登黄石崖顶，从山腰的岔路口循路右转，从树林中穿行至垭口，左转顺着陡峭的崖壁下行，至金舆谷的谷底，沿峪沟中的路出来，经过泉子峪村，就到了四门塔风景区。

四门塔是中国现存的唯一的隋代石塔，也是中国现存最早的单层庭阁式石塔，四面皆为方形。每面各有拱门，故称四门塔，塔内有石砌粗大的中心柱，柱四面各安置石雕佛像一尊。塔檐下出挑叠涩五层，檐上叠筑 23 层，逐层收缩至顶部，构成四角攒尖式塔顶。整个塔形体雄伟浑厚，虽然线条简约古朴，但精美绝伦，是单层塔的范例。

与四门塔比邻的是一株古柏，生有九大主枝，九顶苍秀，被称为“九顶松”。据专家测定，九顶松的树龄已有两千多年。此树历经朝代更迭和战火洗礼而巍然不倒，不得不说是个奇迹！

四门塔的两边是青龙、白虎二个山头，山上有小唐塔、小宋塔和龙虎塔等佛教建筑以及千佛崖摩崖造像等。四门塔西侧不远处是神通寺遗址。神通寺是山东境内最早的寺庙，是山东佛教的发祥地之一。因为开山祖师是僧朗，所以当时叫朗公寺。神通寺几度兴废，如今遗址上只剩模糊不清的石碑和石块，还有墓塔林。那些墓塔有密檐式、阙式、幢式、亭阁式，造型各异，被古建筑学家誉为古塔博物馆。

在遗址的南边，是 1985 年重修的神通寺，殿堂高大，楼阁宏伟，周围深壑幽谷，树高林密，空气清新，山涧飞流，建筑与景色融为一体。

当年，梁思成和林徽因专程来考察四门塔，如今，热爱户外和自然的驴友循着前辈的足迹前来，风华绝代的林徽因似乎在轻声地吟诵着她的诗句：我说你是人间的四月天。

新修建的神通寺靠着乡间公路，旁边有公交站牌，乘坐 67 路、812 路公交车可返回市区。

四门塔

路线 8

红叶谷 丁家峪→青龙山→白云观→和尚头→汪家场→李家庄→楼斗岭→马头山→红叶谷东山→红叶谷南山→山门轿子→红叶谷西山→西南峪→麻池

作　　者：知远之家、宇航

路线简介：

起点：西营镇丁家峪村（36° 31′ 26.45″ N，117° 12′ 48.70″ E，海拔 333）

终点：仲宫镇西南峪村（36° 29′ 31.05″ N，117° 09′ 09.86″ E，海拔 300）

路线：长度约 13 千米，可自由调整，最高点海拔 595 米，徒步时长约 7 小时。

本路线轨迹　　本路线照片　　本路线视频

黄栌

济南秋天最有魅力的景色当数南部山区的红叶了。每年 10 月初至 11 月初，寒露刚过，秋意渐浓，降温加快了黄栌及枫树树叶变红的速度，就像秋风吹倒了老天爷的调色盘，只见群山翠谷之中，层林尽染，漫山红叶如霞似锦，点缀在色彩斑斓的山色之间，摄人心魄，撩人心扉。

济南山区红叶季能持续一个月左右的时间，赏红叶可去红叶谷、丁家峪（西营）、三王峪（章丘曹范）、百丈崖（章丘垛庄）、莲台山（长清张夏）、龙洞、九如山等地。本路线将丁家峪和红叶谷两条经典路线连在一起，长度中等、张弛有度，无难度和险度，也可分成丁家峪和红叶谷两条路线单独穿越。欲休闲者可在绚美景色和淳朴乡情中闲庭信步，“强驴”可在峭壁深沟和山峦跋涉中挑战自我。本路线适合乘大巴车或公交车出行，不适合自驾车。

红叶谷

游记与攻略

在济南看红叶，首选去红叶谷。去红叶谷，驴友们习惯从秦口峪或石佛峪开始登山，走四指山、老驴背一线。当地老乡说，红叶谷的黄栌是从丁家峪移栽过去的，因此，本路线第一站先去丁家峪。

从济南市区乘大巴走鸭西线或坐 312 路公交车在丁家峪站下车，就开启了此次休闲愉悦的红叶之旅。

秋收后的农闲日子，老乡们会在路口摆上核桃、南瓜等山货售卖。下车后，沿路西行不远处的小山村就是丁家峪。出村西行里许，就到了丁家峪峪沟，沟口朝东，一路拔高，尽头是青龙山。可走沟中修好的水泥路，也可走沟两边的山脊山路。丁家峪的深秋是容颜最绚美的时候，这绚美，就是红叶绽放出来的。

红叶是有灵性的，有的性子急，有的性子慢，它们好像有约定，有次序地轮番上场。如果你来的是时候，那么看到的将是一幅以红色为主调的浓墨重彩的油画，整条峪沟成了一个红色海洋，深红、火红、猩红、橘红、赤红、杏红、艳红、绯红，各种情调的红叶扑面而来，各呈红姿，美不胜收，风韵无限，

令人目不暇接，就像一位艺术大师将一桶红色油彩从山顶泼了下来，顺势涂抹，成为一幅传世佳作。眼目移动处，皆为自然天成，美不胜收，妙不可言。

走到青龙山半山腰，可依次看到白云观的几座大殿，最上面的大殿与白云洞修建在一起，有楹联，联语为“白云依稀归去，玄鹤想象飞来”。白云洞内，崖壁生出片片碳酸钙堆积物，状如雪花，水自岩隙渗出，流落至天然池中，故称“雪花泉”，泉水清澈碧透，四时不竭，顺洞穿山而过，汇入云河。

除了红叶，青龙山上还有很多题字，皆笔力雄健深厚、遒劲有力，题写者都是书法大家、学界硕儒，还都是高寿之人。白云洞内的篆书“甘露”二字，由张颔先生题写，他是侯马盟书的认定者，著名古文字学家，享年97岁。说起国学泰斗，有“南饶北季”之说，饶指的是饶宗颐先生，饶先生在这儿题写了“上善若水”四个大字。其他题字，有著名红学家冯其庸先生题写的“福地洞天”；有一代鸿儒、著名书法家姚奠中先生题写的“道法自然”，姚先生是章太炎先生的学生，对道家文化的研究有很深造诣；有著名诗家、书法家周退密题写的“瑶台仙境”；有中国书法家协会原主席、当代著名书法家沈鹏先生题写的“弘道立德”，风格别具，神采飘逸；有著名诗人、作家田遨先生题写的“广种福田”；有著名书法、篆刻家王运天先生题写的“抱元守一”；有著名文字语言学家、书法、篆刻家蒋维崧先生题写的“眉寿”；有书画家叶子先生题写的“高寿”，等等。这些丹书，文化厚重，椽笔点睛，与红叶相映生辉，在红叶谢幕、绿叶登场抑或山野昏黄的时候显得愈加夺目。此景为丁家峪独有。

青龙山山顶有条南北向的山路，往北通向轿子岭，往南通向汪家场，也可越过山脊下行，顺着沟底去云河村。我们沿山梁正南行。一路上，草木参半，山势起伏，山路蜿蜒，偶见一两株红树孤标独步，煞是扎眼，彰显着超拔高洁、风姿绰约的独特魅力。

沿山梁正南行约四千米，过六七个小山头，路过一处有崖壁的山，山名为和尚头，此山从北侧崖壁可绕。乍一看，此处崖壁陡峭，无法越过，但走近你会发现有自然天成的台阶。小心谨慎地从山上下来，回首望去，崖壁的确陡峭，但看不出“和尚头”的样子。和尚头两边的山分别是驴脖子和石柱子，大抵是当地百姓因形赋名罢了。下山的路上有很多羊屎蛋，看来这山下的汪家场村靠放羊为生的村民真不少。据说，这里的羊多是黑山羊，靠啃食山中的青草长大，羊肉纯正，没有膻味。到此，可割上二斤羊肉，让附近的饭店清炖一下，是难得的乡村美味。

如果你初涉徒步，脚力不逮，或已心满意足，可在汪家场乘坐 65 路或 326 路公交车返回市区，此时徒步里程约 6 千米。

从汪家场南头穿过 327 省道，跨过锦绣川河桥，往李家庄方向公路行约 500 米，见路右侧有三幢蓝顶别墅，其院后有一条硬化小路，从此右拐上山。沿山脊前行约 2 千米，爬上前面那个最高的山头——楼斗岭（海拔 618 米）。再沿山脊西南行约 2 千米，就到红叶谷景区正东方向的马头山(36° 29′ 21.60″ N，117° 10′ 07.07″ E，海拔 595 米)。此山高耸突兀，雄奇险峻，巨石林立，西侧为绝壁，在景区方向看酷似高昂的马头，且“马”有灰白的唇齿、棕毛及奔跑中微微向上翘起的马尾，非常逼真。

马头山是观赏红叶谷的制高点，虽然峭拔，但也不可不爬。从东北方向爬这座马头山，坡较缓，只要亦步亦趋、从容应对，就能比较顺利地登顶。马头山的峭拔主要体现在南崖的上下途中，既陡且窄，只容一人通行，除非绕行，在这里下马头山，需要“蹬脸下鼻子”，沿着额头、鼻梁、马嘴一点点往下走。这匹看起来桀骜不驯的“马”从来没有发过脾气，总是配合驴友，所以只要胆大心细，手抓脚蹬，借助“马鬃”，关键时刻使用“腚刹”绝技，都可以有惊无险地下来。马头山一峰独秀，山巅逼仄，站在上面，向西南俯视，整个红叶谷景区尽收眼底，绚秋湖、万叶塔、风情谷、蔷薇园、天趣苑等景点历历在目，在这片火红的海洋里格外显眼。红叶谷为国家 4A 级旅游景区，占地 4000 余亩，于 2001 年建成开放，旺季门票价 100 元。马头山正东山沟内坐落着秦口峪村。

过马头山，沿山脊正南行，来到红叶谷东山，你会迫不及待地钻进那大片的红叶灌木林，尽情地享用这美色。那些与你擦肩而过的红叶啊，热烈者灼灼

如火，温婉者欲红还羞。或扑面而来，似红的海洋；或悄然独立，如一抹晚霞。作为户外爱好者，穿越在红叶谷景区外围山脊，居高临下，更能全方位地欣赏红叶壮观的美、极致的美。这种美，远观胜于近看，不识红叶摄魂美，只缘身在此谷中；我看红叶惊奇绝，画不成图口难说。

与丁家峪相比，这里的红叶规模更加宏大，布局更为广阔，颜色更为浓烈，浓墨重彩，斑斓绚丽，对视觉具有更强的冲击力。

红叶谷东山的另一侧，有一个三面环山的小山村，叫石佛峪村，村因石佛峪而得名，石佛峪因石佛而得名。石佛有三尊，被雕凿在同一块天然巨石上。那块巨石呈馒头状，高约 3 米，顶置宝葫芦，东、南、北三面各凿有一个约 1.5 米高的石龛，每龛分别雕刻有石像。石佛峪村东的山上，原有一座寺庙，名叫孤峰庵。传说孤峰庵中有两只“金鸡”，一南方人在此村以雕刻石佛造像为掩护，将金鸡盗走，于是，留下了这三尊石佛。

红叶谷东山尽头右转，来到红叶谷南山，换一个视角，透过红树间隙向下看，峪谷两侧，有如满山的火焰，熊熊燃烧；又如夕阳时的晚霞，赤红妖娆。红叶林中夹杂的白蜡、刺槐、侧柏、黄荆等树种，有的树叶还是青绿，有的树叶已经泛黄，这更显得漫山红叶姹紫嫣红，生机盎然。这妖娆的红叶景色，不禁让我们看得神醉心迷。在红叶烂漫的山谷中，耸立着一座高高的万叶塔，特别醒目。此塔高约三十米，八角七层楼阁式，用钢筋水泥建成，仿古挑檐，塔顶置石制宝珠相轮塔刹。万叶塔下方，那方碧水被红叶环绕，这就是绚秋湖，岸上的亭台楼阁、山坡上的红叶倒映水中，呈现出绚丽多姿的山水美景。

万叶塔

深秋时的黄栌更加旺盛，树干伸展，枝叶繁茂。树叶有的是半绿半红，有的是微绿浅红，而树顶冠头上的叶子则都已变成大红，有的竟是紫红。仰头望去，紫红的叶子在阳光的照射下，反射出晶莹的炫光，有如彩虹。微风一吹，红叶便变换了角度，整个树冠就像是一个多彩的炫灯，五光十色，令人目不暇接。

枫叶

秋天是感怀的季节，红叶是感怀的景物。徜徉在林里，置身于这红叶之中，不免使人生出“欲飘魂落，梦断奈何间”的感想。

听得一阵雁鸣，抬头仰望，一队大雁呈“人”字形在红叶林上空飞过，正是：落落青天月上后，萧萧红叶雁初来。

沿红叶谷南山走到尽头，有一个山头平台，此处叫山门轿子。从山头右侧下山西行，再爬上对面那个山头，即见龟山，绕过四指山，通过惊险刺激的老驴背，右转下山，经两家峪、大泉，可到 327 省道商家村上车返回。

我们从山门轿子右转北行，沿景区铁丝网外围行走至红叶谷西山，继续领略这幅让人陶醉的晚秋红叶图。放眼望去，绯红、浅红、深黄的颜色遍布山野，还未褪去的绿色点缀其中，一层层，一片片，红肥绿瘦，构成一个妙不可言的童话世界。

走过红叶谷西山，再沿白菜滩村的东山脊下到白菜滩村，向北行约 1 千米就来到西南峪村。如果是乘大巴车出行，可从此上车返回。如果是乘公交车出行，可沿公路经黑豆峪村，行程约 15 千米，到 327 省道的麻池村乘 65 路公交车返回市区。

老驴背

路线 9

三娘妇山 **穆家村→杏园→小龙脊→山顶草原→穆柯寨→石佛→西佛寺山→夹驴沟→将军守关→无名洞→三媳妇山→定风石→东老泉村**

作　　者：**山客、子龙**

路线简介：

起点：仲宫镇穆家村（36° 28′ 24.55″ N，116° 59′ 39.11″ E，海拔 156 米）

终点：仲宫镇东老泉村（36° 27′ 34.44″ N，116° 58′ 42.37″ E）

路线：全程约 12 千米，用时 5 小时，累计爬升 550 米，最高点海拔 530 米。

本路线轨迹　　本路线照片　　本路线视频

本篇作者之一

山客，本名逯冠军，工艺美术师。好使枪弄棒，贯不拘绳墨，更喜游山乐水，多独行。重装穿越过库布齐和腾格里沙漠、太行山，独步武功山、五台山，徒步环青海湖 360 千米，数十次登顶泰山。常行吟山野，乐山乐水乐逍遥。

三媳妇山

济南南部的仲宫镇处于群山环绕之中，可谓一块风水宝地。这一带的山是泰山余脉，东西排列，南北纵横，其中许多山体峭拔俊秀，巍然耸立，景色奇绝，三媳妇山便是其中一座。三媳妇山位于卧虎山水库正南约 5 千米，济南驴友无人不晓。此路线的特色之一是开始和结束两段路途中，要经过穆家村和东老泉村的千亩桃园和杏园，3 月下旬可赏杏花，接着是桃花、连翘花相继开放，花的海洋持续半月余。此时漫山葱翠，山花烂漫，野芳幽香，杏花、桃花遍山环绕，成片金黄连翘花点缀于山间，令人眼花缭乱，目不暇接，心醉忘归；特色之二是穆柯寨至三媳妇一线，山峰奇特危绝，壁峭高崖耸立，怪石星罗棋布，形态别致，或大，或小，或人形，或鸟兽，争相竞秀，意趣无穷，形象地诠释了“横看成岭侧成峰，远近高低各不同”的诗句。这是一个探幽猎奇、寻胜访古、踏青赏花的好去处。

游记与攻略

去三媳妇山有多条路线可供选择：一是由营而村南行上羊鼻子崖，经穆柯寨、西佛寺山奔向三媳妇山；二是从东老泉村南头左拐上山直登而达；三是经北道沟村由普门寺登穆柯寨山而去；四是从上水泉登杨家寨，经火焰山、天马寨而至。在市区乘 65 路、67 路、88 路公交车至仲宫镇后转 888 路、816 路、812 路公交车可达。根据不同路线也可自驾车、骑行或租车出行。

本次赏花路线是由市区乘 88 路公交车至终点站，换乘 816 路，坐六站到穆家村下车。穆家村在穆柯寨山阴、卧虎山水库的南岸。卧虎山水库也称锦儿湖，锦绣川、锦阳川、锦云川三川汇流，集泉泸河之水入库，出库后称为玉符河，汇入黄河。

乘坐 816 路公交车者到穆家村站下，自驾车者可到村东头路边的一处空地停车。然后沿村东街南行，穿村，从一个已干枯的池塘左侧拐进一条东西向较宽的生产路，即进入了连片的杏园。似乎昨天还是光秃秃的树枝，一夜之间却开满了雪白的杏花，人在其中，仿佛置身于仙境。那娇媚的杏花，洁如雪，繁若星，朵朵相连，相互挤靠，棵棵杏树宛若穿着白色纱裙的仙女，簇拥在一起争艳比美。一阵微风吹来，带来些许新翻泥土的气息，还夹杂些许青草的清

穆家村杏园

香和杏花的幽香，微微湿润的空气，轻轻地吸一口，香喷喷的，甜丝丝的。

继续东行，大片花海接踵而至，放眼望去，远的、近的，山上的、山下的，十里杏花，连绵不绝，白里透粉，人站在杏树下，仿佛自己就是一朵杏花，这般迷人的景象就像是一幅美丽的画卷，让人不禁沉浸在这花海里。

杏花的花期很短，只有7天左右，而且每年因气候的差异，花期或早或晚，所以，要看到它最美丽、最动人、最壮观的样子并没那么容易，每年到了这个季节就要经常打听着点花信，有时也要凭些运气。短暂的盛会过后，无可奈何花落去，像一场雪，又像一场梦，更是一个孕育果实的开始。

沿生产路缓缓东行，穿越杏林，经一个小石屋，上一个缓坡，到一条山底的环山路后右行，再沿环山路一直往南、往西行走。在路线设计上，之所以加了一段反方向东行路程，而没直接南行到达这条环山路，就是为了让你从不同角度、以不同视野来欣赏景色。我们边走边玩边赏花边拍照，还可以挖挖野菜。山路两旁，杏园旁边，有很多苦菜、蒲公英、荠菜、白蒿等等，已经长出肥大碧绿的叶片。这些纯天然、无公害的绿色野菜现已成为人们餐桌上的佳肴，苦菜蘸酱是山东人很喜欢的一道菜。苦菜还可制茶，新鲜苦菜洗净去根，切成寸段，加三分之一的清茶（龙井茶最好），两者混合轻揉，待苦菜水分融合茶叶后，上锅小火慢炒，微黄即可。蒲公英别名婆婆丁，可清热毒、化食毒、消恶肿。将其晒干切细，可当茶饮，有强化肝脏、降低胆固醇等功效。需要注意的是，要尽量挖远离果园的野菜，以避免农药影响，采挖时尽量连根拔起，根的功效最佳。

走过1.5千米，来到环山盘道的一个三岔路口，路边立有一块刻有“国家农业综合开发，世行三期项目区”文字的标志石。在此向左登山，沿岭坡穿越两三百米长的松树林，抬头看，一块巨石挡路，这就是途中比较险要的路段——小龙脊，此处便是“龙头”了。龙头高不过三米，但是垂直陡峭，大家可相互提醒观察，彼此推拉捧拽，抱石柱、扒石缝，手脚并用从“龙头”左侧鱼贯而上，攀上大约十几米的陡崖。上面还算平缓，再看走过的路，只见块块巨石犬牙交错向远方延伸过去，如同一条巨龙，从山顶飞跃而来，甚是壮观。站在小龙脊背上回望，雄立在水库北岸的卧虎山，如同猛虎昂首望东长啸，大有龙争虎斗之势。传说水库南岸的北草沟村是唐将秦琼的第二故乡，秦琼与好友常聚在山上豪饮，故又称聚仙山。

走过小龙脊，出一片小松林就是一道山梁垭口，远处的山峰若隐若现，山梁西面崖壁陡立，断石开裂摇摇欲坠；仰视天空，成群的鸟儿展翅高飞。一阵阵微风吹过，张开双臂，你能感受到大自然的神奇和壮丽。垭口东南方山下是东老泉村，四面环山而抱的小山村，小溪穿村而过，村舍历历在目，鸡犬之声不绝于耳，今天探访的三媳妇山就耸立在该村的东南。此处可右拐下山至东老泉村。

沿山脊继续左前行，翻过一个不高的山峰，眼前危崖耸立，阻断去路，山崖呈倒 V 字状，崖壁高高翘起，8 米有余，就如同一双巨人的大脚，横在面前，站在下面有被压迫之感。崖壁嶙峋，无路可登，我们只能迂回到山谷中，沿着山崖右侧的涧沟谨慎而上。山崖岩石部分已经风化剥蚀，有些岩块疏松破碎，脚下碎石如卵，要时刻提醒自己加倍小心。登上山顶，南望三媳妇山还隔着

六七个山头，远山近岭迷迷茫茫，萋萋荒草随风飘摇。

从此处右向南行，过西佛寺山即达三媳妇山；左向东去一千米左右，可探访穆柯寨遗址。穆柯寨（36° 27′ 31.51″ N，116° 59′ 49.03″ E，海拔 475 米）山顶有一处大石平台，平台上凿有石锅、石槽和插寨旗的石孔。四周悬崖峭壁陡立，无处可攀，只有北侧岩石自然堆砌，形成一米多宽的悬路可以攀爬，人称“羊鼻子”崖，地势险要。传说这里是当年穆桂英驻军之处，故名穆柯寨。遥想当年，女将穆桂英大破辽兵，“豪酒入肠，三分剑气，七分月光”，是何等的英武。穆桂英原本是传说中的人物，那么，所谓穆桂英屯兵自然也是子虚乌有，到底是谁人在此盘踞有待考证。山寨附近还有一枚“仙人”足印，深深印在大青石上，隐逸松树林间，有缘者方能找见。

穆柯寨山阳有寺，曰普门寺，位于仲宫北道沟村、西佛寺山东麓。西佛寺山又称圆通山，南北走向，南与三媳妇山相接，北接穆柯寨。远看西佛寺山如同一尊熟睡的大佛，头南脚北，安然而卧，实属罕见。据记载，普门寺建于北魏时期，历经唐、宋，毁于金，至明后历代重修。现仅存遗址，遗址上有历史碑刻多处，其中保存完好的有明代“重修普门禅寺记碑”，该碑立于圣水泉附近，字迹隐约可辨。

短暂休整后，继续前行。凝神仰望，峰峦起伏，重叠环绕，山路蜿蜒，满山葱翠，时而鬼斧神工，时而云遮雾罩，时而断崖隔阻，但没有什么能阻挡我们坚定前行的脚步。脚下碧草如茵，如同覆盖在山顶的一条绿毯，驴友们称之为“云顶草原”。走过一座山峰后，首先会看到左前方山崖边一大石佛静立在那里，靠近悬崖就看到了高大的石佛身躯。石佛面目慈祥，眼睛微眯，身躯比例匀称，气势恢宏。形态逼真的佛头、佛身好像被人用巨斧劈削过似的，惟妙惟肖，堪称天然绝妙奇观。前方山顶左行沿石壁裂缝可至普门寺。

沿云顶草原走到尽头，有一个下坡，下坡末端是一处悬崖断壁，中间一条天然石缝，接近垂直，只容一人通过，且需手撑两侧石壁，俯下身子慢慢往下蹭，驴友戏称这种下山动作为“腚刹”，此处也就有了“夹驴沟”之名。下来夹驴沟，到达一处两峰相连的垭口平台，此处一边是翠柏密林，一边是连翘花海，回首可见有一山柱如笋，岿然耸立，气势凌然，被誉为“擎天一柱”，驴友凡经此处，无不驻足拍照留念。驴友们通常会在这个风景独秀的地方吃午餐。

从此处，可以拔高上山继续前行，能领略更多风景。上山的路狭窄陡峭，路口悬崖边耸立一人形巨石，七八米高，远观若身披战袍的威武大将军在把守关隘，称作“将军守关”。山上有一无名竖洞，深不见底。峰顶南头是几十米的悬崖，常人难以徒手下去，只能左切下山，汇入正常路线。在此处一般会选择从垭口左侧小路绕行，无须半个时辰，到山林尽头，可见右侧三座高耸的巨石并排矗立于峭壁之巅，这就是三媳妇山（36° 26′ 32.30″ N，116° 59′ 25.38″ E，海拔 530 米）了。从北往南依次是大媳妇、二媳妇和三媳妇，两侧分别是“公公”和“婆婆”。山虽不高，但却是断壁悬空、孤峰入穹碧，天梯幽壑俱存。

整个山崖通体呈灰白色，寸草不生。纵横交错的石纹结构，昭示着它的冷峻与沧桑。三媳妇山是天成之作，大自然在造山运动中，这处山脉不断抬高，岩石崩裂，山崖经千百万年风吹雨淋，唯有三个石柱巍然屹立，形成了这一独特景观。

“拜”过“三位媳妇”，前行几十米，即是“仙人桥”，“桥”的西侧是绝壁深渊，中间悬挂有一方形石柱，是为“定风石”。驴友们走到这里，总想做出用力推的动作来拍照，有一人的、两人的、一串人的，一边拍一边哈哈笑，给行程带来很多乐趣。

仙人桥尽头有一明显路口，左前南行通往天马寨。天马寨西连九重天，南接火焰山，寨下有北天门，是传说中穆桂英大破天门阵的地方，也有人说是穆桂英和杨宗保谈恋爱的地方。据好事者说，“恋爱”一词出自咱济南。相传，北宋之前没有“恋爱”一词，就在穆桂英痛哭杨宗保殉难的滴泪崖下，破土生长出

定风石

今天的恋、艾两种草本植物。“艾”叶片呈碎花状，且具有浓重的中草药香味，“恋”叶呈柳叶状，怪就怪在凡生长艾草的地方保准有恋草陪生，艾与爱同音，故“恋爱”之词由此而生。

继续右向西行下山至东老泉村，东老泉村是本次徒步的终点。山路两侧灌木丛生，有很多山枣，初秋硕果累累，可以随意采食。春天则开满了连翘花，极目所至，一簇簇，一丛丛，黄花怒放，满枝金黄，灿若金色云霞。连翘果是我国临床常用的传统中药之一，有清热解毒、消炎散结之功效。正是：吐蕊柔枝染袖襟，傲占春意恣芳林。

山下就是东老泉村。这个古老的山村被大片的杏园环绕着，没有樊篱和栅栏，杏花尽情地在旷野怒放，开得那么奢侈，那么无所顾忌；夕阳下的小山村，呈现出一派热烈欢快的勃勃生机，田园野外，纵横交错，鲜花盛开，惠风和畅，芳香四溢。我们忘记了一天的翻山爬坡的疲劳，争先恐后地钻入花下，摆出各种姿势，欢快地按动快门，用镜头记录下美丽的笑容，留住快乐的时光。

如果你意犹未尽，还想到南部山区赏花踏青，还可以在三月下旬去张夏黄家峪、五峰山明陵杏园看杏花；四月上旬去彩石捎近村、青龙峪村、东泉泸村、港沟朱凤山赏桃花；在三至五月去梯子山、麦黄山看更大规模的连翘花；去长清区双泉、槐荫吴家堡看油菜花；四月上中旬去仲宫镇门牙、邱家、八里峪、杨家看梨花。

沿着村南的水泥生产路穿村而过，村中老井、石碾历历在目；卵石垒墙，碎石铺路，溪流绕村，偶尔能遇到年长的村民，可以与他们聊聊三媳妇山的传说故事。天边的红霞、向晚的微风、归巢的倦鸟与宁静的山村勾勒出一幅绝妙的山水画。春天把小山村打扮得如此美丽、迷人。

至此，结束了大约 12 千米的赏花探幽之旅。村口，816 路公交车正缓缓驶来，乘车返回市区很是方便。

路线 10

三姑娘山 石庙岭→瓦子岭→天门关→三姑娘山→耙头山→金子山→张良墓→子房洞→铜壁山→普山→南石门→门牙村

作　　者：山客、飞扬

路线简介：

起点：石庙岭（36° 21′ 51.9″ N，117° 3′ 48.55″ E，海拔 425 米）

终点：门牙村（36° 27′ 41.28″ N，117° 3′ 3.13″ E，海拔 170 米）

路线：全程约 20 千米，用时 7 小时—8 小时，累计爬升 737 米，最高点海拔 661 米。

本路线轨迹　本路线照片　本路线视频

本路线为济南南部山区“三横六纵九环”之“六纵”的典型代表，从地图上看，穿行的轨迹基本是一条从南到北的直线。

本路线特点：一是距离较长，有多次拔高和穿插迂回，要翻越大小十几个山头，需要有较强的体力，属于南部山区强线；二是山体高大，山形奇峻，特别是三姑娘山，突兀而立；三是这条路线群山环抱，全程在深山里，孤僻幽静，风景奇绝，奇从险中生，快自艰余获；四是途经扑朔迷离、众说纷纭的张良墓和子房洞，有丰厚的人文底蕴；五是有张有弛，20 千米的路线有 2 次分队机会，强弱兼顾，安排合理。

去时可乘大巴车或在市区乘 88 路支线公交车、6 路公交车，终点站为石庙岭。返程在大门牙村公交站乘车。本路线不适合自驾车。

游记与攻略

从市区乘车走 103 省道，至仲宫大桥南首右转走 055 县道，沿锦云川经高而乡奔药乡公园方向，一路崎岖，尽是盘山公路。来到石灰沟村上面的山肩顶处，此处路两侧有几户民宅，左侧房屋有“石庙岭”标牌。公路直行去泰安或药乡国家森林公园，左行 A16 县道去泥淤泉、闫家河、柳埠镇驻地。

我们沿屋前盘山土路上山，向正北行，绕过眼前的小山包，转到山包东北方向下山，再沿前方山的右侧山腰爬坡到达山顶，抬头就隐约看到正北面群山环绕中高大突兀的三姑娘山了。朝着三姑娘山方向，沿草丛中小道一路蜿蜒北行，翻过瓦子岭，三姑娘山已经清晰地映入我们眼帘了，中间最大的为大姑娘山、最右侧的是二姑娘山、眼前最近的就是小姑娘山了。

离小姑娘山百余米的山脊平坡上，有一大片在冬季开花的藤类灌木，只见每根藤条上错落排满了一串串“花朵”，每朵“花”有三个金黄色、亮灿灿的花瓣，用力地向外张开，中间怀抱着一个血红色、红艳艳的球状果仁。这种植物叫“南蛇藤”，它根、藤、果、叶均可入药，根、藤可祛风活血，消肿止痛；果实可安神镇静，用于治疗神经衰弱、心悸、失眠、健忘等症；叶子有解毒、散瘀之效，用于治疗跌打损伤、多发性疖肿、毒蛇咬伤等症。

往前走百余米，一处垂直陡崖，像一个高大魁梧的巨人挡住了我们的去路，眼前就是小姑娘山了。有人说，此处陡崖名为“天门关”，自古以来，只有有胆量爬上天门关的英雄好汉才有资格与姑娘们相会。听罢此事，大伙蜂拥而上，鱼贯登顶。传说小姑娘喜欢躺在这里晒着太阳，听大姐二姐讲故事，所以小姑娘山的山顶是平的，也是最矮的。山顶有百余米长、三五米宽，两侧为悬崖，尽头有几米高的“小天梯”，与大姑娘山（36° 23′ 23.43″ N，117° 03′ 51.90″ E，海拔 620 米）相连。小天梯可绕行。

三姑娘山的 3 个山头，远望圆润挺拔、高壮风韵，近看则巉岩高耸、巨石危立。登高远眺，会看到东北方十余千米外的三媳妇山，瘦小而单薄。这时有人问：这三姑娘和那三媳妇有什么关系啊？有女驴友笑答：当姑娘时都是爸妈的心头肉，心宽体胖，珠圆玉润，嫁过去以后成了媳妇，相夫教子，伺候公婆，忙内忙外，就累瘦了，媳妇难当哪。虽是笑谈，道理不虚。当地百姓也称三姑娘山为纪儿寨。

接近三姑娘山不是那么容易的。这一带在地貌上属于碳酸盐岩夹碎屑岩

及变质岩组成的侵蚀低山亚区，一般形成南坡陡、北坡缓的单面山或方山，崖高壁陡，沟谷深切，三姑娘山就是典型代表。三姑娘山奇峻壮丽的全貌，只有借助航拍才能一览无余。

过小天梯后，紧贴大姑娘山山根右侧前行，一定要留意左手一处石壁，上面有一个天生拱门，高约 8 米，因岩石风化而成，从里往外看神似象鼻，也称“母子象”，好似一头母象在慈爱地照顾一头小象。这天，恰好从石缝中看到冉冉升起的太阳，光影如花，令人心醉神迷。此处风景虽美，但不宜久留，因为岩石风化严重，须快速通过。来到大姑娘山另一端，有一处崖缝垭口，攀缘而上是一个长条状平台，两侧是深渊。

此平台处可往回拐登大姑娘山山顶，南望泰山，北眺黄河。平台下来是大姑娘山和二姑娘山中间的垭口。大家可把背包放在此处，轻装攀登二姑娘山山顶，“无限风光在险峰”的诗句在这里能得到完美诠释。古代山水画有所谓“高远、深远、平远”的构图取景方式，自山下仰望山巅，谓之高远；自山前而窥山后，谓之深远；自近山而望远山，谓之平远。三姑娘山便给你提供了这样一个全面立体的视角，在真实的山上，更能切身体会这三种角度看山的妙处。

饱览三姑娘山风景，从垭口处沿二姑娘山左侧连翘谷往北穿行，不禁想起了当年我们几人首开此路时的艰辛勇猛。站在连翘谷北端，可清晰看到正北方向的耙头山，根据它的外形，我们称之为“绣花鞋”，更为贴切好记，这就是指引我们前行的下一个地标了。

从连翘谷末端沿一陡坡小路下行至山腰后左侧而下。前行同时，一定别忘了回头看看风景。站在此处回看，会有新的发现和惊喜。此时的三姑娘山

龙头神印（左）
狮头神印（右）

已连成一片，起伏不平的山头下面是一道整齐的崖壁。大姑娘山山顶极像一个头东尾西的神龟，作伏地状，尾巴翘立，是为“定海神针”；往下看，神龟正下方绝壁处挂一天然山洞，是为“虎魔洞”，几年前东方曾率人试图从下攀登而上，无法入内，只能从上垂降而至；再往左看，一尊如来佛祖石像赫然依山而立，法相庄严，宽袍大袖，头部、身躯、手臂、莲花宝座一一分明，栩栩如生；其正前方有两根长条形石柱，一直一斜，靠在一起，神似玉玺，是为“封魔神印”，分别为“龙头神印”“狮头神印”，其中狮头神印压在一只老虎脖子处。只见这只老虎五官尽显，龇牙咧嘴，满脸的不服气。

从三姑娘山下来后沿山间小路左行，绕过一条大沟后右行，直奔耙头山。翻越一座稍高的山头右下行，再从耙头山左侧山梁穿越到黄草坡。此时已是中午，徒步三小时，行程仅为全程的三分之一。大家在黄草坡草丛中休整并野餐，队长再次强调防火事宜。

饭毕，还有三分之二的路程，大家系紧鞋带，整理背包，朝下一个目的地加速进发。从黄草坡出发，就会看到正北方向有一个高高的金字塔形山头，即为“金字山”，这就是我们要到达的下一地标。沿山梁穿越几个起伏不大的山头，前进约 3 千米，就来到金字山下。金字山也是驴友因形而名，当地人称攥头山、尖头山，山东村庄叫里石村。沿山左侧柏树林边缘上山至山腰，此处可切山左腰绕到山后，我们发挥见顶就登的驴友精神，穿过树林，直达山顶。山顶是一处 360 度景观小平台，层层叠叠的横向岩石结构，乍一看酷似一座人工古建筑。站在平台回望我们走过的路，耙头山、三姑娘山历历在目，穿越的起点已隐没在群山之后，“万水千山只等闲”的成就感由衷而发。

从山顶左侧而下，沿路北行约 1 千米，到达一个山脊垭口，在这里就能看到北面的子房洞、应天门和张良墓了。此处可分队，可沿山脊直奔应天门，也可右转而下去张良墓，最后两队在应天门会合。山下杏园路边，有三座长方形

张良墓

石砌古墓，一座在前，为塔顶，两座在后，为拱顶。据说三座古墓中，左为张良墓，右为尹宗墓，中为黄石公墓，但墓中所葬之人是否真是张良有待考证。

根据司马迁的描述，张良足智多谋但体弱多病，功成不居而道引轻身。至于张良死后葬在何处，争论频多。张良墓在全国有 10 多处，我省就有 5 处，其一在石匣村，其二在微山岛，其三在郓城县侯咽集镇子房墓村，其四在沂源县张家坡镇下河疃村东，其五就是该处。《史记》记载，当年张良圯下拾履，拜黄石公为师并得到兵书后，黄石公曾和他有个约定："十三年孺子见我于济北，谷城山下黄石即我矣。"又记："后十三年从高帝过济北，果见古城山下黄石，取而葆祠之。"谷城山位于平阴东阿镇，石匣村距谷城山不足百里，张良与黄石公最终相会，终老于此，也能说得通。

张良墓旁边有两块石碑，一大一小，大碑题为"金天眷元年（1138 年）泰山元阳子张先生坐化碑记"，为《金石录》所收录。据碑文载，原来三个墓中有一个号为元阳子的张姓道人，他不贪名利，活到 100 多岁，最后得道成仙，其他两个墓冢里是否有张良就不得而知了。这块碑为清代光绪年间所立，详细记载了张良墓祭祀大殿的重修细节。在张良墓西侧几十米处，还有一口古井和一棵巨柏。张良墓附近还有子房庵一座，曾盛极一时，现仅存痕迹，唯有村前杏花，年年开落。荒村古冢，真假莫辨。

凭吊完张良，西上爬坡至应天门会合，这是一座仿古牌坊，从此可沿公路下山至子房洞景区，我们北行沿山脊土路前进，到一石房子（36° 26′ 28.41″ N，117° 3′ 23.57″ E，海拔 393 米）处左拐，下至景区台阶，尽头右转，过太玄门，即到子房洞。

子房洞被誉为"泉城第一仙人洞"，洞深约百米，自然天成，传说是张良隐居修炼的地方，位于铜壁山山腰。铜壁山据传是因为当年张良在此屯兵百万、固若铜壁而得名，也称扶山。子房洞洞门由青石券成，较为规整，额嵌着"汉留侯子房隐仙洞"八字，镌刻于清光绪三十二年（1906 年）正月。洞东西两侧各有碑碣，年代为明、清。进入洞内，迎面是一石龛，供奉有张良骑龟

神像。借助手电光前行，逾石阶三级，转向右侧，山洞豁然变大，宽约 7 米，高 5 米余，有如穹窿，四壁平展。左右壁为小洞，传昔为仙人卧室。洞室内怪石甚多，似锣鼓，似蛤蟆，似蝙蝠。以石撞击，有的若锣鼓之声，铿锵有韵；有的若蛙虫之鸣，咕咕嘤嘤。继而向前约 30 多米，洞穴各异，深邃幽远，逐渐潮湿，洞穴越来越小，行走困难，最后只得匍匐前进，里面仍有几十米深，穷尽而返，已是满头大汗。子房洞深约百米，前宽后窄，蜿蜒深邃，似一条巨龙，据说洞内深处有一地下河，水流淙淙，堪称龙脉。

《历城县志》记载："扶山，一名南扶山，有洞三：曰子房，曰潮音，曰华阳。子房洞深里许，下有地河，好奇者每探之，闻水声潺潺，则不敢渡矣。"不过我们爬进去后，并没有看到所谓的地河。子房洞之西的莲台山（又称张山）上，有一个南北贯穿的娄敬洞。娄敬和张良是同时代人，都是汉初功臣，在朝时互相支持，隐居时也可能互有往来。

子房洞西侧山崖石壁上有一龟形浅洞。相传张良成仙后，神龟从石壁中破壳而出，张良便乘神龟成仙而去。后来神龟思乡下凡，原来的石洞已盛不下，遂化为三姑娘山山顶的石龟。子房洞景区还有山神庙、三仙台、黄楝古树、双白虎泉等景点。

从子房洞出来右转西行，出灵虚门，右上即到一座仿古凉亭，凉亭左下不远至一山梁处，队长根据队员体力情况进行第二次分队：体力较弱的从正北下山至宝峪村，出村即到 103 省道小门牙村路边，在此可乘上大巴车返回；强队继续西行，向最后一个大山坡——普山（蒲山）进发。普山（36° 26′ 53.30″ N，117° 02′ 35.20″ E，海拔 480 米）山高路陡，大家一鼓作气爬到山顶。在夕阳中远眺，左手是杨家寨、三媳妇山优美连绵的曲线，右手是北石门长长的崖壁；向南回视，可遥望三姑娘山，两点之间，正好是一条纵贯南北的直线，但走过之人才知道其中有几多曲折起伏。南部山区群山有着温柔优美的曲线，除了山势以外，还因为那些柏树和荒草的奇妙组合，天然去雕饰，使得山林的景色不再那么单调。

普山之巅右行直下，再翻越两个小山头，即到南石门山，未及山顶，见右手有一条下山小路，沿路下山即到小门牙村南的盘山公路，穿过村庄到玉符河，过一石桥就到了103省道路边，在此可乘公交车回家。103省道沿玉符河修建，南面普山上有南石门，北面木梨寨山上有北石门，两个“石门”遥相呼应，因形似门牙，所以村以门牙为名。

登山途中

路线 11

袁洪峪 袁洪峪→苦苣泉→韩复榘别墅→钻山洞→溪溪泉→南田庄→藏宝洞→和尚帽子→老虎窝→风动石→剑龙背→灵鹫山→软枣峪→九顶塔

作　　者：山人、大兵

路线简介：

起点：袁洪峪大门（36° 23′ 32.58″ N，117° 6′ 50.54″ E，海拔 320 米）

终点：九顶塔大门（36° 25′ 19.81″ N，117° 7′ 37.02″ E，海拔 253 米）

路线：全程约 12 千米，用时 5 小时左右，累计爬升 576 米，最高点海拔 842 米。

本路线轨迹　本路线照片　本路线视频

本路线位于柳埠镇正南，融秀丽山水、厚重历史、淳朴人文于一体，有名泉古塔、战场遗迹可资参观凭吊，有古代藏宝洞和现代防空洞可供探险寻奇，能感受春华秋实之美、享受泉源绿肺之益。

柳埠地处古齐鲁两国交界处，早在隋唐时期就是山东地区的商埠重地，是最早的齐鲁佛教文化中心之一，文物古迹荟萃，历史遗址众多。本路线上的九顶塔和附近的四门塔、龙虎塔、千佛崖并称“三塔一崖”，闻名中外，均为国家级重点文物保护单位，另有黄巢起义纪念地、将军庙等文物古迹，还有众多古村和历史传说。从地质上看，本条路线恰好处于由石灰岩地带到页岩花岗岩变质岩地带过渡区域，植被多样，变化分明。

去时可在市区乘 885 路、88 路（支线 5）公交车，去卧龙池方向至李家站，下车步行 600 多米即到袁洪峪度假村，用时约 2 小时。自驾车者可沿英雄山路、103 省道向南，过仲宫大桥，沿柳埠方向南行至袁洪峪度假村。

游记与攻略

在一个雪后初霁的早晨，我们乘车来到柳埠镇袁洪峪度假村大门口。这里山环水抱，植被茂密，名泉汇集，名列泉城七十二名泉中的有苦苣泉、避暑泉、琴泉、试茶泉四处。新鲜的空气、悦耳的鸟鸣、清澈的泉水让每一位生活在都市里的人流连忘返。袁洪峪因寺得名，相传，隋唐时期，齐鲁大地佛教昌盛，九顶塔南的山峪内又兴建了一寺，该寺由袁洪主持修建，建成后便命名此寺为袁洪寺，而袁洪寺所在的山峪便被称为袁洪峪。明洪武年间，作为神通寺下院的袁洪寺，与神通寺一起，均遭焚毁，而袁洪峪的峪名则沿用至今。

从大门进去不远，在右手边的一个院子里，有苦苣泉和韩复榘别墅。苦苣泉又名苪苣泉，金《名泉碑》、明《七十二泉诗》均收录。泉口位于景区北侧崖下，呈井形，内径 0.5 米，深 4 米，现已为石板覆盖。泉水潜流至度假村院内出露地面，由假山上跌落池中，经院中泳池，最终注入茶臼河，为锦阳川源头之一。苦苣泉名虽冠以“苦”字，但由于此处地质结构为木鱼石，故水质甘美，泡茶醇香。该泉一年四季水势涌泄均衡，并有灌溉之力。明晏壁《苦苣泉》诗云：“泉名苦苣一河清，万事咸由清苦成。寤寐不忘冰蘖操，菜根咬得见高清。”

苦苣泉

苦苣泉边，立有当代文字语言学家、书法篆刻家蒋维崧先生题写的“苦苣泉”碑。相传苦苣泉之名源于唐代农民起义领袖黄巢的女儿苦苣。当年她随父亲一起起义，南征北战，英勇顽强，立下了赫赫战功。起义失败后，她率领一部分义军转战到济南南部山区继续斗争，后被官兵包围。苦苣率领义军誓死苦战，全军覆没。性情刚烈的她为避免被俘，一头撞死在这片山崖上，不久这里涌出一股清泉，人们说那是苦苣姑娘所化，于是就叫它“苦苣泉”。

袁洪峪度假村是个充满神秘色彩的地方，据说当年曾被济南的一陈姓大资本家买下，后被大军阀韩复榘占有并修为私人别墅，中华人民共和国成立后成为一座军工厂。1976 年此地划归济南铁路局，先后兴办铁路司机学校、铁路公安学校和工会干校。1996 年学校撤离，改为罗曼山庄，2001 年更名为袁洪峪度假村。度假村院中 2 号楼下面即是韩复榘别墅。

从院中出来，沿路上行，再爬一段台阶，即到远望亭。其旁有拓展营地，在营地东侧半山腰的荒草乱石中，有一个不起眼的拱形水泥洞口，这是 20 世纪六七十年代修建的防空洞。该洞呈 T 形，长约 1500 米，大体呈东西向贯穿整个山体，由钢筋水泥浇灌而成，非常结实。洞中设有房间、厕所、蓄水池、下水道等生活基本设施。洞高约 3 米、宽约 2 米，洞内房间长约 6 米、宽约 2.5 米，有几十间。这样的防空洞在济南市区和周边山上有很多，有的已废弃，有的被改为民用了。穿行此洞一定要带上强光手电，用手机照明看得不远。如果不钻洞，可翻山而过。

防空洞出口在山体东侧，出来后眼前豁然开朗，对面可以遥看山根村。从洞口沿路右转开始上山，去往南田村方向。一路只见蓝天白云、黄草黄土、黑树红柿、青柏翠松，点缀着薄薄白雪，起伏连绵，好像走在一幅水墨画中。如果在秋天，这一路的风景又会是一幅色彩浓艳的油画，漫山遍野的山楂、柿子，硕果累累，将山体渲染得秋意浓浓。

沿崎岖山路走过约 1 千米，经过溪溪泉，就来到了南田村(36° 23′ 24.00″ N，117° 07′ 39.30″ E，海拔 520 米)。南田村依山而建，错落有致，号称济南最高的古村，周围群山连绵，层峦叠嶂，村庄东南方两座高山突兀挺拔，此即为和尚帽子和麦穰垛，海拔高度均达 800 米。村里有两株千年老槐树，其中一株已枯死，仅剩两米多高、一抱多粗的树干，倔强地屹立在村中路边；另一株也枯死一半，但剩下的一半仍然生机盎然，气势不凡。有很多红红的柿子挂在枝头，像一个个被点亮的小灯笼，惹人喜爱。南泉村有 5 眼泉水，分别是恩泽泉、双龙泉、大峪泉、静心泉、溪溪泉，均由木鱼石泉层渗流而成，富含多种有益人体健康的矿物质，现在都已经得到保护。

从南田村南上行出村，踏上一条水泥公路后左行几百米，再到一断崖处右转上山，沿草丛中不明显的小路，直奔和尚帽子山方向。田间地头，一棵棵落光了树叶的大核桃树，枝丫纵横、奇形怪状、直插蓝天，也是冬日里的一道亮丽风景。

穿过梯田，又走上山腰间的水泥公路，沿路右行几十米后，再左转上行是一片茂密的黑松林。济南南部山区以柏树居多，但从此处往南，则以松树居多。经查，这和地质构造有关，和尚帽子山以北是石灰岩地貌，适合柏树生长；从相邻的麦穰垛山往南则是花岗岩地带，适合松树生长。“岁寒，然后知松柏之后凋也。”冬日山林，若缺松柏，则无精神。

在黑松林中穿行，抬头望去，突然看到右前方灌木丛中有阵阵白烟冒出，这里就是传说中的黄巢义军藏宝洞(36° 23′ 3.45″ N，117° 7′ 54.51″ E，海拔 756 米)了。洞口略呈

藏宝洞

椭圆形，约 2 米长、1 米宽，竖直深入 2 米后分左右两个岔口，倾斜着往里延伸。洞口周边是枯草败叶，寒意凛凛，洞内却暖意融融，长满绿草苔藓，冰火两重天，相当神奇。这冒出的阵阵白烟，乃洞内暖湿气流上升后，在洞口遇外界零度以下气温后瞬间凝结成雾。好事者，可抓住洞壁一臂粗小树，下到洞中，一探究竟。洞内四壁遍布钟乳石，再往里钻，还能发现成群的蝙蝠倒挂于洞壁。传说，黄巢义军兵败后，其大量金银财宝下落不明，官兵奉旨搜寻，曾在此洞挖出小部分散落金银。后人认为附近仍有大量宝藏未被发现。

据历史文献记载和实地查证，和尚帽子山南黄巢水库一带，便是黄巢屯兵、作战和殉难的地方。水库北岸现存将军庙，供奉黄巢像。明、清两朝所编《历城县志》里所称的“黄草庄”，就是现在的“黄巢村”，黄巢村现存“三官庙”碑文可证。周边仍能找到黄巢起义军驻扎和作战的遗迹，如水库周边的黄巢村、小黄巢村、裁缝峪村、车子峪村、菜峪村等，均与黄巢起义军有关。黄巢村、小黄巢村就是当年黄巢在此安营扎寨的地方，裁缝峪村是为义军做军服的地方，车子峪村是为义军做战车的地方，菜峪村是为义军种菜的地方。水库北岸的山岭称为交战岭，曾为决战战场。交战岭下的山谷叫死人沟（也叫狼虎谷），这里曾尸骨成山，血流成河，现改名为“黄巢谷”。再远一点的炒米店，因黄巢兵马在此无水做饭，只得炒米充饥而得名；饮马庄，因黄巢行军途中，兵困马渴，在此饮马而得名。

和尚帽子

从藏宝洞往东走不远，就来到了和尚帽子山下，和尚帽子山其实是一个山崮，因远看形似一顶和尚帽子而得名。此处沿山根左行可经老虎窝、剑龙

背、灵鹫山到九顶塔，右行可经麦穰垛山、罗泉崖、莱峪、黄瓜峪到黄巢水库。我们穿过灌木丛，沿山顶右侧边的山脊径直登顶和尚帽子山（36° 23′ 3.56″ N，117° 8′ 3.6″ E，海拔 840 米）。和尚帽子山山顶是座 360 度无死角的绝佳观景平台。登高望远，环顾四周，群山连绵，苍茫雄浑，朔风忽来，空气通透，北国风光，历历在目。向南可一览药乡、黄尖子顶、泰山群峰之雄姿，向东可观天马顶、梯子山之高耸，向西北可直视耙头山、三姑娘山（纪儿寨）之险峻，向北可遥望四门塔、黄石崖之沧桑。登高望远，豪迈之情顿生。近处看，西南方相连的麦穰垛山连绵起伏，东南方群山环抱的黄巢水库形似巨龙。

关于和尚帽子山，还有一个历史传说：当年黄巢率领义军来到此地，因山上没有水源，黄巢甚是焦虑。一天，营门外有神通寺朗月和尚求见。黄巢请他进帐，讨教灭唐大计。僧人告别时，拍着黄巢肩头说："将军拔山擎鼎，有文韬武略，何愁大事不成！"黄巢顿觉神力附身，攥起拳头使劲一挥，竟将身边悬崖打出一个洞，泉水从洞内哗哗流出。平坦的山顶上也长出一个两丈多高、几丈方圆，像和尚帽子似的大石丘，中军帐就被托在了石丘上。黄巢决定在此竖旗招兵，很快就聚集了数千人马。如今，和尚帽子山顶的圆丘上还留有碗口粗的石洞，俗称"旗杆窝"。山顶泉水汇成的水湾，当地仍称"饮马湾"，此处还有宽阔平整的"跑马场"等。山顶矗立着一个信号塔，可沿信号塔左侧小道下山，朝正北九顶塔方向继续穿越。

沿山脊钻灌木一路往正北行，攀上一个小断崖，翻过这座南北狭长的山头，又到了那条盘山公路，穿过公路，迎面又见一山，此山就是老虎窝了。此时已是中午 12 点许，我们在山前选择了一处背风向阳的平地路餐兼集结队伍。饭后稍做休整后拔高登山。老虎窝山顶柏林直耸，密不透风，光线阴暗，林间小路，曲曲折折，白石出露，高低错落，似有猛虎环伺。下山后途经一片荒芜废弃的农田，荒草肆虐生长，类似的状况在南部山区随处可见。这些祖先们辛辛苦苦在贫瘠的山顶上开垦出的良田，曾经养育了当地人，如今，随着城市化进程的推进，它们也就完成了历史使命，逐步退出了历史舞台。思绪随着脚步起起伏伏，不觉来到一处下行的山崖，左手边很容易看到"风动石"——一块一米多高的长方体巨石，孤立无依，斜立在石

风动石

台上，岌岌可危，风吹可动。大家在此争相摆出各种造型，拍照留念。

过风动石不远就是剑龙背。这段百余米的山脊很窄，巨石嶙峋，犬牙交错，连绵不断，远处看酷似一条巨型剑龙俯卧，故名为“剑龙背”。两侧荆棘丛生，无路可寻，只能在其“脊背”上面腾跳挪移，小心通过。继续前行，山路两侧都是高可没腰的连片黄草，此时夕阳斜照，微风轻拂，草穗浮动，似大海波浪翻涌，闪烁着点点金光，人如在画中行，不由得心旌摇荡。这荒野蔓草的苍凉之美，只有驴友才能看得到、体会得到。

经过山顶一座废弃的水泥屋，穿越一片火炬树林，十几分钟就来到九顶塔景区上面、灵鹫山脚下的护林小屋，一位老大爷受雇于景区，在此看守。我们在此收拢一下队伍，从右侧切山腰绕灵鹫山往北行。穿过一片果树园后继续直行，再经过山后几块农田，路不明显，一定要沿山顶走，把握好方向，行走半个小时左右，就发现一条左拐下山的山路。下山即到软枣峪村，从村中公路左拐，不远处就是九顶塔停车场，我们的大巴车就停在这里。

九顶塔，位于灵鹫山九塔寺内，相传为唐初名将秦琼为纪念其母亲所建。塔北侧有观音殿，殿前有两株有故事的古柏。九顶塔塔身通高 13.3 米，塔基呈八角形，单层，为水磨对缝青砖砌筑而成，其上有一大八小九个塔顶，故名“九顶塔”。九顶塔远望似满塔花朵，又有塔林之势，造型优美，结构奇巧，为国内独例。1962 年，在著名建筑师梁思成的指导下，本着“修旧如旧”的原则，对九顶塔进行了修复，1988 年国务院公布其为全国重点文物保护单位。现在的九顶塔景区已改名为九顶塔中华民俗欢乐园。

至此，一天的徒步旅行结束。大巴车缓缓开动，大家迫不及待地分享着照片，述说着一天来有趣的经历和发生的故事。此时此刻，闭眼神游，眼前犹见白雪皑皑，耳畔尚听松涛阵阵，伴随着一丝疲倦，带着满满的收获回家了。

剑龙背

路线 12

梯子山 **梯子山村→梯子山北顶→黑松林→梯子山主峰→水帘峡→跑马岭→梯子山村**

作　　者：高峰、挽风

路线简介：

起点（终点）：梯子山村（36° 25′ 48.43″ N，117° 13′ 51.65″ E，海拔 510 米）

路线：全程 8 千米—13 千米，长短强弱可自由调整；用时 4 小时—8 小时，累计爬升最高 950 米，最高点海拔 976 米。

本路线轨迹　　本路线照片　　本路线视频

本篇作者之一

高峰，本名魏灿，中国户外探险联盟济南站负责人，济南金沙湾滑雪场营销总监，人保部户外领队师（中级），中国红十字会急救员，获 Kingcamp 露营体验师称号，2015 优秀泉城志愿者。致力于引领家庭户外新时尚，倡导健康户外新生活。

梯子山又叫云梯山，位于济南东南端，南临泰安，东望莱芜，主峰海拔976米，气势磅礴，是济南最高的山。来梯子山驴行，最佳季节要数四月中旬前后。

春天里，放眼济南南部山区，怒放的金黄色连翘花点缀于锦绣山川，漫延向整个泰山山系，无疑成为春天的主角和这片山区的一大亮点，而梯子山的连翘花海成为其中最有表现力的杰出代表。四月的梯子山，青松滴翠，黄花怒放，大地披绿，山川葳蕤。极目所至，那漫山遍野的连翘花灿若金色云霞，闪耀着生命的灵动，焕发出勃勃生机。

这里交通便利，乘坐公交车或自驾车都很方便，可以一日徒步，也可两日露营。路线可长可短，因人而异。

游记与攻略

从济南市区乘K65路、K326路、K312路公交车到西营桥，再包车去梯子山村，自驾车者可行至梯子山村停放。食物饮水，丰俭由己。

走进梯子山村，从墨林古井（传说此井为唐太宗李世民东征，途经山东驻扎西营时挖掘的一口古井，至今已有一千多年的历史）出发，沿着硬化的村中小路南行，经过村中小池塘，跨过山溪小石桥，行三五百米就来到了村南头。此处有云梯山庄的木牌，紧挨其西侧的是寒泉的指示牌。站在此处，抬头远望，只见山势层叠高峻，雨雾天气时常见山中云雾环绕，浮动飘散，似层层的阶梯，“云梯山”因此得名。云梯山庄不远处就是水泥路的尽头，此处有三岔路口：东沟、北山脊、南沟，都可以到达云梯山顶峰。

我们左拐选择视野较好的北山脊上山，这是一段长 1 千米多，持续拔高 350 米的山路，也是本路线最艰难的一段，往往会给“弱驴”或“新驴”一个下马威。由于爬升较快，筋骨、心肺功能还未进入相应状态，不一会儿，就会心跳加速、气喘吁吁、大汗淋漓、腿脚垂钝，是为正常状态，此时你可以随时休整调节，并掌握自己的步幅节奏，更要心生定力，克服惰性，坚定前行，胜利就在前方！此类持续拔高的山路，建议大家使用登山杖，而且最好是双杖。

这段路持续拔高，其间有三处较大的平台空地，就像梯子一样直通山顶，每到一处平台，你都可以放下背包，脱换衣服，补充水分和能量。但须注意的是，一定要带走你的矿泉水瓶子、食品包装等。

一阵微风袭来，不知不觉已经登上了山顶。此处右拐南行，有一处天然石台，是为最佳观景和拍摄地点。此处直行爬上一个缓坡，即达梯子山北山顶（36° 25′ 13.04″ N，117° 14′ 16.14″ E，海拔 616 米），此处往北，可至孟姜女祠、藕池、千条沟，直至四界首、七星台一线。

我们往右南行，下来山头即到黑松林。只见一片密密匝匝的黑松树，从眼前一直延续到山巅，碧障遮日，阴森寒凉，松涛阵阵，飒飒有声，那苍穹挺拔的身姿，使山谷秀丽中透着庄严。松林右侧是一片开阔草地，地势平缓，是一处得天独厚、环境优美的露营地。在此安营扎寨，与草木为伍，听虫鸣鸟叫；闻清风起于山林，抱宇宙于胸怀。看北方，远处泉城灯火辉煌，望头顶，苍穹群星闪耀。三五好友围炉而坐，坐品香茗，对酒当歌，欢笑畅言。天为庐，地为席，好事寻于周公，安然酣睡。待旭日东升，洒万千光芒，冷雾迭起，填群山万壑。人生最快乐之事，莫过于此。

继续南行，下坡后再上一个缓坡，到达对面的山坡鞍部，此处也有一处平台空地，这里就可以看到西面山沟里的水帘峡景区了。因行人多在此驻足观

梯子山北顶

黑松林

望，故地面裸露。此处右行，可至跑马岭后右拐下撤至起点，其间还有两处可选择右拐下撤，从梯子山南沟回到起点。

我们从裸露空地处选择左行上山，到达山顶，就到了梯子山主峰（36° 24′ 45.80″ N，117° 14′ 00.22″ E，海拔 976 米）了。西南方向是麦黄山、天马顶。置身此处，极目远眺，四月的春风令山峦泛绿，天公的画笔将漫山遍野涂抹成鹅黄嫩绿。怒放的连翘，一簇簇、一丛丛，那黄澄澄、金灿灿的花朵缀满纤细柔韧的枝条，绚烂得一塌糊涂，彰显着生命的激情与活力，与初春荒芜的山体形成了强烈的视觉对比，着实令人精神振奋。连翘花虽没有牡丹的雍容华贵，也没有月季的绚丽多姿，但它却是有一种别样的朴素和艳丽，不仅如此，它还是一味人们常用的中药材，有清热解毒、增强人体免疫等功效。

很多人把连翘花误当成迎春花，现在教你两招来区分，一是数花瓣：连翘属于木樨科连翘属，四枚花瓣，叶子是单叶对生，既开花又结果；迎春花属于木樨科素馨属，六枚花瓣，叶子是羽状复叶，只开花不结果。二是看枝条：连翘的枝条向上伸展、再弯曲下垂，是黄褐色的，基本是圆形的、中空；迎春花的枝条向下垂，基本为绿色的，有明显的四条棱、实心。记位这两条，以后就再也不会傻傻分不清了。

从梯子山主峰山脊沿一明显山路西南行后右转下山，再翻越一座山丘，右行，穿越一片松树密林，到一倒伏的木牌处右拐下山，钻进一大片连翘灌木丛，下至沟底，就到了水帘峡景区最上方。

水帘峡为 4A 级风景区，占地面积 6000 余亩，济南第一大峡谷九十九峡坐落于此。高山深峡成就了泉城第一大瀑布，石画天成造就了济南唯一泰山石画园，神泉圣水铸就了“泉城之巅，趵突之源”的美誉。这里是山东第一桃花水母发现地，被誉为泉城原始植被保存最好的原生态风景区。

在水帘峡景区游玩，根据时间和体力状况可选择不同的玩法。小循环：主

水帘峡

要景点有水帘飞瀑、水母天池、药王庙、天然石画园、泰山石博物馆等。中循环：谷深径幽，地貌奇特，沿途主要景点有唐王亭、试剑石、龙虎泉、迎驾石、仙人桥、猛龙回头石、九顶松、云洞等。大循环：为古齐国旧道，唐王李世民征战皆由此率军而行，主要景点有猛虎上山石、饮马泉、公主泉、袍子圈、万丈崖、观澜亭等。

从景区天池至公主泉山涧之间，有三条可以北行上山的明显山路，可直接拔高至跑马岭。因为我们此行的主题是赏连翘花，所以选择了一条连翘花多的路线。

大家在景区内自由活动，队长指定在公主泉上行约 400 米的一处小广场内集合、就餐。大石块铺成的小广场北侧立有三座石雕像，中间是唐王李世民，秦琼、尉迟恭分立两侧，虽因日晒雨淋而残破，但仍气势凌然。

大家在此晒晒太阳，稍做休整，嬉闹一番，高峰队长提醒大家带上自己产生的垃圾，随后一声令下，带领大伙取道正北，径直上山而去。沿山涧乱石行至山腰，见有一处左转陡坡，此处如果继续直行，就是返回来时经过的山头了。我们左转沿陡坡直达山梁顶部垭口。

此处可分队，体力差一点的队员可从此直接下梯子山南沟，这条路线钻连翘花海，走一段乱石沟，顺沟底明显路径不用一个钟头就到达起点。强队继续沿山脊西北行，几经小的起伏后，再上一个大高坡，就到了跑马岭（36° 25′ 27.60″ N，117° 13′ 25.73″ E，海拔 870 米）。重要提示：这段约 1.5 千米的路程上，有两处可以右转下撤的明显路线，均可以分队下撤，也都可下到梯子山南沟，殊途同归。

梯子山上

跑马岭，以唐代武德年间李世民率军东征在此操练兵马而得名，周边留下了许多脍炙人口的传说。这里距济南城区约 40 千米，林木茂盛，风景优美，山川秀丽，森林覆盖率达 90% 以上，自然风光让人流连忘返。清代《历城县志》载："两岸之上，峭壁云峰，俨若花屏；松柏掩映，生于石罅；禽鸟飞鸣，如在镜中；春涧野花，秋林红叶，望之如锦。"

跑马岭野生动物世界于1999年9月建成开放，曾名噪一时，2015年搬迁，现在遗留的园区被改造成野生动物繁殖培育研究中心。重新修葺的御马亭焕然一新，原先破旧的亭顶被拆除，重新修建的屋顶上被精心涂上彩绘。站在御马亭内，远处的山脉连绵不断，近处的树木郁郁葱葱，下面的黄氏梁沟深不可测，景色十分壮观。

石猿

值得一提的是，跑马岭景区正北方向约2.5千米，有个小山村叫杜家坡，近几年因为一块天然的大岩石酷似猿人的头像而突然火了！人们为其取名曰"石猿"，它成了济南几年来较火的网红打卡地。村庄西面方向沿山腰行约2千米，到达一条山沟内，从沟底或对面山腰看，这块大岩石像一只蹲在那里的石猴，又像一尊北京猿人头像，还像埃及的狮身人面像。它的整个头颅和面部造型与猿人几无二致。它有浓密的头发、突出的眉骨、凹陷的双眼、厚厚的嘴唇，鼓出的嘴巴微微地张开着，神情镇定地注视着远方。真是鬼斧神工，天地造化。如果你有机会也到现场去一睹其真容，定会咋舌。

游完跑马岭，从园区东北向右转下撤，半个多小时就下至起点。这条路坡陡路滑，1千米多的路程要连续下降300多米，一定注意脚下碎石，小心崴脚。

顺便说一下，膝盖损伤多是下山不当造成的。上午上山时，大家体力充沛，腿部肌肉收缩有力，而且上行膝关节承受的冲击力较小，此时不用佩戴护膝，戴护膝反而费力。下午下山时，大都疲惫不堪，腿部肌肉松弛，人体重力转移到膝关节，同时，下山膝关节承受的冲击力约是自身体重的5倍—8倍，如果是快速下山，再加上负重下山，后果可想而知。所以从事户外运动要有科学意识，要循序渐进、量力而行。户外运动，要保护好膝盖，让它陪你去更多、更远、更美的地方！

路线 13

拔槊泉 **虎门村→空心山景区大门→三棵树→空心山→财神庙→二十四孝洞→无底洞→卧虎洞→观景台→拔槊泉→玉河泉群**

作　　者：叶子、一哥

路线简介：

起点：历城区彩石镇虎门村南空心山景区（36° 33′ 32.01″ N，117° 18′ 12.22″ E，海拔 322 米）

终点：玉河泉停车场（36° 33′ 10.76″ N，117° 17′ 30.65″ E，海拔 361 米）

路线：全长约 11 千米，历时约 4 小时，累计爬升 1300 米，最高处拔槊泉村海拔 750 米，此路线起伏较大，拔高较多，途中有几段险崖、深谷，但强度较低、难度不大，路线可扩展、变化，强弱皆宜。拔槊泉可补水，拔槊泉上边的小广场有个小集市，村中有农家乐。

本路线轨迹　　本路线照片　　本路线视频

本篇作者之一

叶子，本名张存叶，生物学学士，从事过企业管理、记者、编辑等工作，现任刊物执行主编，喜好旅行、写作。曾在《中国妇女报》《陕西工人报》《森林与人类》等媒体上发表过散文多篇，获陕西省新闻工作者协会优秀散文奖、陕西省新闻奖等奖项。2009 年开始涉足户外，怡情山水，追求原生态之美，足迹遍及长城内外、大江南北。

拔槊泉

济南七十二名泉中海拔最高者为斗母泉，七十二名泉之外海拔最高者则为拔槊泉。自驾虎门村，探险寻幽空心山，翻越连绵起伏的山峦，溯源南山拔槊泉，访古玉河泉群，可以收获炎夏难得的清凉与惬意。沿途是葱郁迷人的原生态风光，春可赏连翘花海，夏可摘脆甜野果，秋可赏灿烂红叶，品美味酸枣，冬可赏冰清玉洁的峡谷冰瀑。徒步节奏可紧可缓，可在山顶野餐，也可在拔槊泉村农家乐聚餐。

游记与攻略

徒步起点为彩石镇虎门村，可自驾、可包车，也可坐 K303 路公交车到达（中途换乘）。我们在虎门村小学对过的空心山景区入口处空地停下车，便开启了泉水穿越之旅。

空心山与虎门村隔河相望，中间有简易砼预制板石桥相连。山中多洞窟群，系地壳变动挤压，山顶石灰岩塌陷出现裂隙，又经亿万年降水岩溶作用而形成的复杂多变的天然洞穴，号称“江北第一空心山”。2003 年，当地村民在空心山天然独特的地貌基础上，集资建设了啸月亭、四季平安路、红叶坡、灵芝亭、弥勒佛献宝、姜太公钓鱼、神虎泉、白蛇洞、弥佛谷、卧虎洞、天街、无底洞、洞府茶社、二十四孝洞、财神殿等景观，曾红火过一阵，但后来运营不力，人气锐减，直至荒废。笔者曾在 2012 年冬天游过空心山，印象不是很深，只记得下山时从山南侧一条小路下切，走到山谷，沿羊肠小道回到大门口。现在再游空心山，山谷已变了模样，多了一条宽阔的水泥路。因此，这次登空心山，过了小石桥后有两条路可选：

一是在临河的三岔路口处向左，有一核桃园，园中有小路下拐至养蜂场。沿养蜂场旁的废弃公路曲折上行 300 米许，在海拔 352 米处的道路拐弯处有一金虎雕塑挡住去路。此处可兵分两路，“弱驴”左转继续沿公路前行，“强驴”可以直行进入林中小路，拔高至 405 米海拔时与公路会合到一起。此条路线，公路雏形已形成，但一直未用水泥硬化，野草横生，路面被页岩风化后的

碎片覆盖，下雨时登山走此条路线为佳，不泥泞，防滑易行。从此向上是石阶路，向左有一条无名小路，通往弥佛谷、卧虎洞、无底洞洞群。前行百余米向右是红叶坡。如果从此石阶路直行向上（西北—西南方向），则经过二十四孝洞侧壁，再前行左拐（西南方向），进入无底洞洞口（36° 33′ 21.16″ N，117° 18′ 18.31″ E，海拔 447 米）。从无底洞前背对洞口左转（东南方向）下行，经过一无名洞（从走向推测应为卧虎洞出口），再从此背对洞口向左前方（东北方向）绕行，又回到弥佛谷、卧虎洞入口。行经此处，有驴友们系的红锦带指引，不用担心迷路。如果没有带手电筒、头灯之类的照明装备，千万别冒险探洞。

二是在三岔路口右拐沿水泥路入山谷后，左转继续前行 2 千米许，看到一机井房旁的另一三岔路口后左拐上山。此路口有三棵树，其中一棵是柿子树，此处就称之为三棵树吧。上山的小路是蜿蜒曲折的田埂小道，道旁杂草丛生，野果艳红。田埂小路串起一块块梯田，梯田中栽有桃树、核桃树、花椒树，还种有花生、谷子等，硕大的桃子熟得正好。核桃树茂密的枝叶间坠挂着鸡蛋大小的“绿宝石”。生机盎然的田野，让人觉得我们生存的世界是如此的鲜活美好。沿着这梯田间的小道一路左拐，约 400 米后右转进入长满荆棘、刺槐的杂木林。再沿草木丰茂的沙土小路继续前行百余米，进入石头垒成的地界。茂密的树丛在地界处主动让出一条道，沿此道前行百余米，进入了侧柏林。侧柏林是人工林，郁闭度高，林下鲜有草木生存。棕黄色的侧柏落叶沉积地面，仿佛铺上了一层厚地毯，行走其上，十分舒服。林中有条石砌古道，一路把我们引到了空心山的主景区，这里分布着卧虎洞、二十四孝洞以及财神殿等景点。

第二条路既让人感受到现代科技文明的气息，还能闻到泥土芬芳的气息，树荫森森，适合晴天徒步。夏季雨后，万物疯长，旱了半夏的草木遇到及时雨，滋意生长，驴行野道隐没在野草丛中，要仔细辨认。沿途田野果茂粮丰，登山途中莺飞草长，野趣横生，田埂边野生欧李果已经成熟，红得诱人，摘了几颗尝尝，甘甜可口。松鼠在树枝上跳来跳去，机灵的野兔听到脚步声，早已蹿出老远，转眼就消失得无影无踪。

空心山是一座名副其实的空山。整座山的腹部就是一个天然的岩石洞穴。洞窟九曲回环，复杂多变，洞套着洞，洞连着洞，像个迷宫。大洞像广厦，小洞似猫耳，有“江北第一空心山”之美称。没有专业探洞设备和探洞经验的人慎入。财神殿左边是二十四孝洞入口，借着手电光，能看到廊壁上刻有二十四孝图。此洞看来已很久无人光顾，洞内阴暗潮湿，有点湿滑，要谨慎小心。穿行百余米，洞庭变得开阔，一侧开有窗户，向右有一狭窄的缝隙，从此处可以下行到卧虎洞。蝙蝠在洞顶集结成群，受到惊动，在洞内盘旋飞舞，有些阴森恐怖。

出财神殿，向左有一条石板古道，一直通向红叶坡。走出红叶坡，是一个岔路口。西南角是车王神庙，已废。西北丛林中有一条不起眼的小路，沿此前行，能到灵芝亭、弥佛谷、卧虎洞。弥佛谷是典型的喀斯特地貌溶洞，洞顶塌陷形成一条峡谷，曲曲折折，借着山体雕刻的弥勒佛活灵活现。从弥勒佛献宝处拾级而上，前行数米，隔着铁栅栏，能看到卧虎洞，洞中阵阵凉气透出，在峡谷形成极强的对流风，十分凉爽。洞内空间封闭，说话有回声。卧虎洞和二十四孝洞是相通的。从卧虎洞进入，沿架设的铁梯能下到 20 余米深的山腹部，此处有一块巨石平台。从平台再下探 10 多米到一木板铺就的小桥，桥下深不见底，小心过桥后进入巨石夹成的一线天，即前面提到的二十四孝洞狭

潘河崖水库

缝，艰难爬行几十米后就到了空旷大厅，从此前行，有一平缓甬道，宽阔处隔成多个茶社小间，清凉宜人，乃避暑佳地，但现已荒废。

出二十四孝洞，从财神殿右侧的古道一路上行至空心山山脊。山脊由几座石灰石板岩结构的山峰组成，呈典型的锯齿状。每座山峰顶部平缓，行进虽然容易，但两侧是近乎悬崖绝壁的陡坡。山上遍植柏树，十分茂密，带给人些许安全感。沿着起起伏伏、天然生成的石阶在山脊梁上一路攀缘而上，约 500 余米，就到了空心山的第三个制高点。这里是极好的观景台，东北望，朝阳笼罩下的青龙峪村如世外桃源；西南望，隔着重重山峦是高山村落拔槊泉村。脚下是幽深、碧绿的大峡谷，一条生产路在谷中贯穿而过，直通到山谷尽头。谷中层层梯田间种有谷子、核桃树、桃树等，荒芜的山丘覆盖着茂密的绿树藤萝。从观景台下行，进入一个垭口，小路隐没在灌草丛中，齐胸深的荆棘枝头开满紫色的小碎花，散发着淡淡的清香。

出灌草丛，小路变成青石古道。古道由一节节青色条石构成，青石宽约 1 米、长约 0.9 米。古道向上一直延伸到山顶，约三四千米，向下通往青龙峪，地处平缓的古道已被山坡上冲刷下来的泥土覆盖。这条石条古道修于何年、起何作用已无从考证。正值初秋，天气潮热，知了在树林中嘶鸣，蝈蝈在灌木丛中欢歌，少有人迹的山野成了昆虫的乐园。

过了山头，山路拐入东邻山谷尽头的崖坡，依坡就势，凹凸不平，有些是由天然山石组成，有些有明显的人工开凿痕迹。路左侧是乱石坡，长满连翘、酸枣、柏树等杂灌草木，右侧是深不见底的峡谷。山坡上随处可见鲜嫩的野韭菜，山顶有土的地方都被村民开垦成梯田，栽着桃树、核桃等果树。茂密的连翘枝条更是架起一条长长的绿廊，弯着腰才能勉强通过。这段路也就500米左右，因为难行，让人备觉漫长。一座座山丘在绿谷中犬牙交错，像怪兽的巨齿。

小路尽头是山垭，一条公路在这里画出一道优美的弧线，向左通往西营，向右直达拔槊泉村。拔槊泉村位于跑马岭山巅的北崖头下，归西营镇管辖，是以泉出名的古村落，也是济南市海拔最高的行政村，俗称“小关东”，村落最高点海拔750米。

沿公路向拔槊泉村行进，路两边是密不透风的柏树林，酸枣树、火炬树生长在林子边缘。沿着这条绿廊徒步，时不时摘些野酸枣解解馋，倒也没觉得枯燥。当然，也可取道右侧山梁上的林中小路。天高云淡，空气清朗，大约行进一千米，就到了拔槊泉村西北角的三岔路口。沿公路直行能达山顶，再绕行至西营，拐向西南则通往拔槊泉村。

前行400余米，就到了拔槊泉村的小广场，广场北侧停满了私家车。广场类似于小型集市，村民们在此兜售自产的五谷杂粮、山鸡蛋、野山菌以及应季果蔬。沿小广场北侧小路下行百米，就到了赫赫有名的拔槊泉（36° 32′ 11.66″ N，117° 17′ 0.37″ E，海拔646米）。

从拔槊泉返回到小广场，沿村道向西北行不远有向西北方向的下山小路（36° 32′ 13.56″ N，117° 17′ 58.79″ E，海拔639米）。沿此路下行至山谷内，再继续向东北方向行进约三千米，即可到玉河泉村。此村因由著名的响呼噜泉、龙泉和玉河泉组成的玉河泉群而得名。

这条下山小道野趣十足。出拔槊泉村下行没多远，就看到一个天然巨石平铺而成的晒谷台，上面有个粗糙的石碌碡，诉说着拔槊泉村的农耕史。小道越向下，坡度越陡，树也越来越密，野草越来越深。路边坡地上植物种类繁多，有大片珍稀檀林和野葡萄藤，林下生长着柴胡、远志、地丁草等中药材。途中不时能遇到形状怪异的火山石，嵌在泥土路上，有的路段被雨水冲刷成深深的沟壑，下山须格外谨慎小心。

山路左曲右拐，盘旋而下，通向大峡谷。勤劳的先民们在峡谷中开拓出层层梯田，沉甸甸的谷穗压弯了谷秆，充满丰收的希望。快出山口处有大片桃林，桃子熟了，落得满地都是，甚觉可惜。

玉河泉村

在阵阵犬吠声中，迎着扑面而来的凉潮气息，就来到了玉河泉村。这是一个依山而居的古村落，位于河道西岸的玉河泉位列济南七十二名泉，玉河泉水位平稳，少见喷涌奇观。东河沿是龙泉，泉水从龙嘴喷涌而出，常年不涸，泉水水质甘洌纯净，可以直饮。玉河泉最早叫榆科泉，与山顶的拔槊泉为同一泉脉。明朝时，朱元璋征战山东，三户人家逃避战乱到此，在挖除榆科泉井底淤泥时挖出三条小鱼，于是改名为鱼河泉。后逐水而居的人越来越多，形成了小村落。到了清朝，村民已发掘出八处大泉眼和不计其数的小泉眼。一泉成河，一泉养村，众多泉水汇成小河，像一条玉带环绕着村庄，滋养着人们，于是村民又将其改称为玉河泉。玉河泉泉群水量丰沛，汇集成溪，如同一条玉带绕村一周，最后汇入巨野河。

玉河泉村西南方崖下有一泉口棚盖的泉池，即为响呼噜泉，系巨野河之源。泉池呈瓮形，口小内阔，水自石壁岩孔流落池中，叮咚有韵，常年不息。北魏郦道元曾对响呼噜泉声做过形象描述。如今的响呼噜泉已被村民呵护起来，三面有半米多高的围栏，围栏上刻文曰："北魏郦道元，观水到此泉。耳听呼噜声，品尝水甘甜。目睹情与状，出自大自然。历史有记载，名曰呼噜泉。"此泉是一眼季节泉，旱时为井，雨季为泉。雨量丰沛时，汩汩的泉水从井中如沸水般喷涌而出，高达半米。每逢雨季，玉河泉、响呼噜泉和龙泉等泉眼撒了欢似的争相喷涌，泉满水溢，流入巨野河，汇集到徐家场水库，再下泄至潘河崖水库，然后一路奔流经过下游的中泉村，最终汇入狼猫山水库。

玉河泉村相邻的青龙峪村还有个青龙泉，属玉河泉泉群。该村被评为"山东省美丽乡村"，盛产桃子，是济南远近闻名的桃花源。青龙泉也是季节性泉，位于山路尽头的一处小悬崖上。

回返途中，可到潘河崖水库、柳泉、中泉一游。潘河崖水库狭长清澈，水边景物倒影入湖，如梦似幻，如诗如画。丰水期，水流漫过大坝，形成壮丽的飞瀑景观，灵动十足。在柳泉村的路标处向西南方向伸出一条水泥路，一直通往柳泉村。村子位于两山夹出的斜坡型山谷中，一条小河将村子一分为二，民房都依山临河而建。村道旁有一株古槐，树荫下的深井就是柳泉，旁边有块石碑，上书“亘古柳泉”。柳泉海拔 318 米，井水清流，井壁青苔斑驳，低头观井，人影清晰可见。中泉村也是一处拥有悠久历史的村落，“中泉澎湃千秋涌，砧子崖下铁砧腾。东楼西轿鬼神斧，提水石站夺天工。村南悬崖高万丈，庄北月牙桥一孔。皂角树奇擎天盖，流水穿村蛙自鸣。”这首诗形象地勾勒出中泉古今八大景——中泉、砧子崖、东楼西轿、提水站、撇石崖、月牙桥、皂角树、巨野之源。相传“中泉”之名亦为唐王李世民所赐，泉水自岩缝中涌出，岩壁上清晰可见“忠泉”二字。后因道路拓宽，泉水改为地下伏流，穿过公路，流入新建泉池。

泉是大地的眼睛，泉水更是济南的文化与灵魂。清清泉水，荡涤我心，正鉴我影。“齐多甘泉，冠于天下”，泉城济南与泉有关的地名多不胜数，雨后初晴，更是随处可遇“清泉石上流”的美好景致。穿越南山，访古空心山，寻幽名泉群，可以更深地体味到济南泉韵中的乡野灵气。保泉护泉，让我们从了解泉水开始，用我们的行动解读济南的泉文化。

响呼噜泉

路线 14

七星台 **七星台宾馆→岳滋村→索道站→东岭氧吧→古齐长城→鹊桥→新长城→瑶池→四界首→大高尖山→葫芦峪→九如山景区大门**

作　　者：苗子、铁哥

路线简介：

起点：七星台宾馆（36° 29′ 24.98″ N，117° 19′ 18.20″ E，海拔 675 米）

终点：九如山景区大门（36° 48′ 94.65″ N，117° 29′ 07.72″ E，海拔 333）

路线：强度中、难度低；有长度、无险度；长度 13 千米，可自由调整。最高点海拔 855 米，累计爬升 550 米，累计下降 730 米，用时 6 小时。

本路线轨迹　本路线照片　本路线视频

本篇作者之一

苗子，本名苗子云，教育学学士，爱好徒步、潜水、绳索技能；2014 年开始先后重装徒步大五台、南太行、武功山、年保玉则，长穿库布齐沙漠、腾格里沙漠，曾登顶四姑娘山大、二、三峰，多次参与执裁国家山地户外运动赛事，现为中国登山协会山地户外裁判、中国登山协会高级户外指导员、中国登山协会营地指导员、中国登山协会山地救援志愿者、中国红十字会急救员、国际野外医学协会高级急救员、美国 NOLS 学校初阶讲师、山东省登山运动协会理事。

七星台位于济南章丘区垛庄镇，距济南市中心约40千米，是中国首个星光公园和星光保护区。本路线将七星台与九如山两大风景区的山地丛林巧妙连接起来，设下撤点多处，行程长度可自由调整，可单日轻装徒步，也可两日重装露营，因人而异。一路山野林密，草丰花盛，人迹罕至。此路线四季皆宜，若五月中旬来此，可见成片槐花盛开，满野清香，溢人心脾。

路线多沿山脊林间穿越，前段为景区观光，后段为山野驴道。路线中有距今2500多年的古齐长城遗址，有仿都江堰样式建造的鹊桥，有“齐鲁第一门”武圣门，有“一脚踏四地，一步跨两国”的四界首，有神话传说中的青龙寺，还有山泉争涌、群瀑齐飞的九如山，可谓是精彩连连、惊喜不断。

游记与攻略

走省道103线从仲宫转327线或从邢村立交转港西公路至西营镇，沿327省道东行约13千米，导航直至七星台景区，行程约1.5小时。

武圣门

景区大门在327省道南侧的武圣门。武圣门是为纪念武圣孙武而建，相传孙武曾在此聚兵操练，演绎兵法。武圣门长99.9米，高27米，飞檐斗拱，造型独特。其规模之宏大、设计之精妙，在山东省内的旅游景点中是独一无二的。

车辆从武圣门继续前行约1千米至七星台宾馆，从宾馆大门东行200米，见一向南（右）路口，在此下车。下车点东北方向可见有两座挺拔的山峰，分别为大寨、小寨。队长带领大家进行简单热身活动之后，整理行装，启程出发。

行约百米，路右侧可见一半圆形房顶，便是七星台地震台，该台是集测地震、观天象、科普教育于一体的综合台站。

走到路南头是七星台索道站，索道全长860米，吊箱为16人往复式，南连“东岭氧吧”，北接七星台宾馆，单程40元，不过只有节假日才开放，平时基本无游客。

在七星台索道站广场向南眺望，群山连绵，峰峦层叠，怪石嶙峋，卓异多姿，跌落为深壑幽谷，隆起成高巅峭壁，远处的鹊桥与新长城交相辉映，令人心旷神怡。从此右转不远，见一左转下山小路。这段下坡路约有400米，落差约130米。一般路线开始基本都是拔高上山，今天却是先下山，大家不免感到新奇。

下山路陡且滑，要控制好步幅，收好重心，控制速度，膝关节弯曲缓冲，用“小碎步”行走，最好使用登山杖来分解重力，以减轻膝盖和脚踝的重力负担，避免损伤膝盖。

下山后左转来到村村通公路上，绕过一座山根，即到岳滋村（36° 28′ 52.23″ N，117° 19′ 09.10″ E，海拔550米）。该村属章丘区垛庄镇，处9条富泉山峪的汇集处，虽然只有200余户人家，却布满200多处泉水（杨宝生先生调研数据），故又称“百泉村”。多数泉水四季不断，雨季时，泉水和山涧溪水汇流，一派生机，灵秀之气，贯穿上下，森林氧吧，弥漫四周。纯净的原始生态孕育了峡谷、奇峰、丛林，山泉、溪流、深潭，云蒸霞蔚，交织出绚丽的自然景观。村入口处是西峪，长约5千米，西峪上面又分出软枣沟、西岭峪、直沟三条小山峪，《济南名泉录》收录了夫妻泉、玉堂泉、岳滋南泉等，玉堂泉水汇成的瑶池坐卧于直沟上游深处。

从岳滋村村后一处民房前向南右行上山，这段路没有草木，土石裸露，坡度较陡，长五六百米，拔高约150米，即到索道下行站。此处有公共厕所，我们在此休整，收拢队伍。从这里开始，就进入七星台景区了。

沿景区步道徐徐前行，进入“东岭氧吧”，这里丛林蔽日，山径通幽，植被茂盛，空气清新，空气中负氧离子极高，与对面的“西岭氧吧”遥相呼应。地面绿草如毯，山坡松林翠绿，成片的槐树林连绵无边，眼看着彩蝶轻舞，耳听着林鸟奏鸣，手扶着古树垂藤，那种回归自然的感觉便会油然而生。在这里，可以尽情触摸大自然的原始肌肤，感受原生态的正常体温，领略人与自然的完美融合。

从索道站沿山脊步道南行约1.5千米，就会透过树林看到右手侧的鹊桥。此处可分队，如果继续东南行，可去云顶草原，下蒿滩村，再上山，来到鹊桥西头，接上本路线。云顶草原上有个“三界首”，是济南、泰安、莱芜三地交界，下面山峪里有济南乐沃自驾游营地设立的2号营地。此路线需多行5千米。

齐长城标志石

我们从岔路口右转下行，可见左侧有一堵由风蚀斑驳的石块垒砌的墙体，高宽均有米许，这就是古齐长城遗迹，景区在此设有标示石。伸手抚摸着齐长城的石块，心潮有些激荡，历史的沧桑感油然而生，远古气息扑面而来。眼前的齐长城是如此之平凡，可在两千多年前的齐国，这是一项伟大的工程，现实就是这样，伟大也终将归于平凡。

古长城尽头是鹊桥，一桥飞架峡谷，全长 280 米，桥面到桥底最深处达 50 米，大气凌然，宏伟壮观。桥头有卖山货的村民，售卖灵芝、核桃、辣椒、松蛾等，还有矿泉水。

拾级而上，跨上鹊桥，山风吹来，颤颤巍巍，行走其上，战战兢兢。桥北头有联曰："卧龙雏凤借得银河鹊桥来，织女牛郎阅尽七星春色去。"另一头有联曰："银河渡鹊桥缔结人间情缘，北斗耀星空普照七星锦绣。"大家纷纷在鹊桥上拍照留念，希望这鹊桥的美好寓意能给自己带来好运。

鹊桥这头相连的是一段新建仿古景观——新长城。当年七星台景区在原有古齐长城遗址上大兴土木，建成了现在这条长 2000 米的高大城墙，蜿蜒穿梭于高山丛林之中。

走下城墙，沿城墙右侧的水泥公路前行六百米，即看到右侧两山夹峙峡谷中有一座水坝，水面清澈湛蓝，形如弯月。两岸松林点缀，山水相映，美景滋生，这就是瑶池。公路边有一老式溜索站，因年久失修已停用。瑶池蓄水量约 3 万立方米，传说是西王母沐浴净身之处，湖中立有王母娘娘的雕像。

此处可分队，体力好的可下沟走大坝，再沿天梯拾级而上，跨过天门，过

鹊桥

蟠桃峰、通天谷、天街、聚仙亭、接仙亭，从“西岭氧吧”左切回到公路；不愿下沟再爬坡的沿公路行走，两队在“人间仙境”石碑处会合。

此路口处继续沿公路北行 1 千米余，可至青龙寺，再行不到 1 千米即出武圣门。青龙寺有个传说，瑶池里有条小青龙为非作歹，祸害百姓，一次，在它正兴风作浪时，被赴瑶池参加蟠桃盛会的托塔李天王看到，李天王一气之下把小青龙压在这里。自此以后，小青龙皈依佛门，改邪归正，用龙泉灌溉方圆几十里的田地。后人为纪念它，就修建了这座寺庙，名曰青龙寺。

这段公路两侧是成片的槐树林。每年五一前后持续半个月的时间，这里是一片白色的花海，串串洁白的槐花缀满树枝，空气中弥漫着淡淡而素雅的清香，沁人心脾。槐树作为一种乡土树种，无论环境多么恶劣，土壤多么瘠薄，亦能傲然挺立，健康生长，象征着人们自强不息、顽强拼搏的创新创业精神。在物质短缺的贫穷年代，尤其是青黄不接的时候，槐花、槐叶还是救命的口粮，帮助人们度过饥荒，被老百姓称为“救命树”。

我们沿石阶向西而上左转，不远即到四界首（36°28′19.19″N，117°18′3.07″E，海拔 830 米）。当年秦灭六国，推行郡县制，这里是泰安、莱芜、章丘、历城四县交界处，故名“四界首”。为纪念这一独特地理位置，在此处设立了四界台，对齐鲁两国和四个地域进行划分，立足此处，可谓“一脚踏四地，一步跨两国”。

四界首

从四界首出发，沿山脊明显林间小山西行，奔大高尖山。沿途古齐长城遗迹时隐时现，齐长城至大高尖山转而向南，经南天门、孟姜女祠，去梯子山、天马顶、长城岭方向。这一路段相对平缓，山脊北阴九如山方向以松林为主，南阳蒿本村方向是连片的槐树林。

行走七八百米，见有明显岔路口左转下山，可至九如山景区，从景区大门出。九如山景区是国家 4A 级景区、国家森林公园，是泉城七十二名泉的发源地之一、锦绣川水库源头，有泉城新八景之一的“九如听瀑”。景区内群山环绕，峰峦连绵，深潭含翠，碧水荡波，冬季冰瀑雾凇随处可见，让人目眩神摇。

不下九如山，沿山路继续行 1 千米余，来到大高尖山下，此处可分队，弱队可沿山脚下小路右切前行，从山东侧直插山西侧，与本路线会合；强队直行登山顶。大高尖山不虚此名，不仅山高，而且灌木丛生，几个山头上下起伏连接，立于顶峰（36° 28′ 35.91″ N，117° 16′ 54.85″ E，海拔 830 米），极目远望，山峰逶迤，白云缭绕，心旷神怡。西南方是藕池、千条沟，再远处是南天门、梯子山、跑马岭，正南是蒿本村，西北是算盘岭，岭南山下是算盘村，北面就是九如山景区，能见度高时，可极目泰山极顶。

算盘村现有四五十户人家，马家庄园坐落在算盘村南的山坡上，由清代章丘韩仓地主马家耗巨资修建。现在生活在马家大院里的就有 20 多户，其祖辈多是地主家的长工。1941 年至 1946 年间，中共泰山军分区曾在这里建立革命根据地，是济南军民抗日战争、解放战争时期的“后勤部”，马家大院不仅修造过大批枪械，制造过大量军鞋、袜子、毛巾、肥皂等军需品，还医治过部队伤病员，储存过粮食。

下山路坡度很大，尘土飞扬，几乎得用半蹲的姿态来降低重心，从灌木丛间钻下去。到达山底，与另一队人马会合。这段路上有几处都可以右转下至九如山景区。再穿越过一个小山丘，有一三岔路口，左直行可去算盘岭、小高尖山，从此右拐，沿野河沟东山梁下山，行约 1.5 千米即到山下葫芦峪村。

清乾隆年间，崔氏先祖由崔家庄搬迁于此，该村所处山峪形似葫芦，故名。1943 年中共山东分局决定重建济南市工作委员会，并建立济南抗日民主政府办事处，武中奇为主任。由于当时局势不稳，为利于隐蔽，就将办公地点选在葫芦峪村。村中尚有北屋三间，砖瓦草木结构古式建筑，原为崔家祠堂，1943 年—1944 年为原历城县长武中奇、吴建章办公地点及住所。

从村中穿过至村中公路，右转上行不远就到了九如山景区停车场，我们的大巴车就停在这里，这次美妙的旅途就结束了。面对群山，不禁感慨：东西一脚踏齐鲁，碑涵绿水亦称奇。

路线 15

药　乡　黄巢村→风门子口→齐长城遗址→黄尖子山防火站→小水场→老虎窝→曲流美沟→神泉→天池→南台→讲书堂→长峪村

作　　者：知远之家、永恒

路线简介：

起点：柳埠镇黄巢村（36° 21′ 01.61″ N，117° 08′ 12.74″ E，海拔 540 米）

终点：长峪村（36° 21′ 01.89″ N，117° 06′ 59.02″ E，海拔 540 米）

路线：全程 10 千米—15 千米，强度低、难度低，无断崖、风险小，最高点黄尖子山海拔 956 米，路线长度可自由调整。

本路线轨迹　　本路线照片　　本路线视频

药乡国家森林公园

药乡国家森林公园是山东省林业局直属林场，位于济南与泰安交界处，距济南市区 33 千米，与泰山主峰直线距离 8 千米，属泰山山脉。药乡以盛产药用植物而得名，除了被誉为泰山四大名药的何首乌、紫草、四叶参、黄精，这里还有赤灵芝、穿山龙、冬虫夏草等名贵药材 180 余种。传说药王孙思邈曾在此种药、采药。

每年 5 月中下旬，这里六千亩槐树林槐花盛开，槐香浓郁，一片片白色花海簇拥山野；深秋时节，这里蓝天如洗，各类树种的树叶相继变色，黄的夺目，红的撩人，五彩斑斓，如梦如幻。这是来药乡徒步的两个最佳季节。

游记与攻略

从济南市区乘 883 路公交车到黄巢村，沿村南一条通往泰安方向的水泥公路上行一千米余。建议自驾车者到长峪村停车，沿长峪—斜峪村东山梁（或走沟底）爬上山头就与本路线相接，这样下山后取车方便。

黄巢村，因唐末农民起义领袖黄巢而得名。黄巢村西南就是占地一万八千亩的药乡国家森林公园。

若自驾车前来，下车后，沿公路南行六百余米到一垭口，这里叫风门子口，是泰安和济南的交界。过界牌后右转沿一陡坡上山，就钻进了槐树林。五月中旬，市区的槐花早已凋零，而这里的槐花才刚刚进入盛花期。漫山遍野的槐树竞相吐出一串串洁白的槐花，好像是绿色海洋中涌动着的白色波浪。恣意绽放的槐花是本路线中最靓丽的风景。

爬上山梁，沿左侧继续上行。细心者会发现脚下隐约隆起一条土石混杂的线状突起带，石块或石堆明显增多，并且沿着山脊向上延伸而去，这就是齐长城遗迹。这段齐长城遗迹比较明显，冬季更加清晰可辨。它从黄尖子山山顶右转西去，奔牛山口、钉头崖方向。行走其上，像是翻阅一部厚厚的历史书，从中可遥想远古的历史，耳畔仿佛传来劳动人民搬运石料时的号子声或战场上士兵们的厮杀声，也可感受管仲“通货积财、富国强兵”的治国思想。

沿齐长城遗迹一路向上，在槐树林中穿行，与近距离的槐花亲近，一串串洁白的槐花缀满树枝，嗅闻初夏清风送来的淡淡的素雅清香，沁人心脾。

行进间，驴友们不时驻足采些槐花装进备好的口袋里。年龄稍大的“60后”“70后”多数有儿时生吃槐花的经验和情结，他们顺手撸上一把就塞进嘴巴里，边嚼边吆喝着：“真好吃！”

一路拔高，风景并不为槐花独占，还有山苜楂、藿香、蒲公英、何首乌、地丁草、筋骨草、蕨菜、野韭菜等，都出落得肥肥嫩嫩、叶厚片大。还有开着白花的树莓、开着紫花的鸢尾，更有大片的闪着灰绿色光泽的“爱意满满”的艾草。浓郁的藿香气味弥漫山野，让人神清气爽，忘却了登山的疲惫。

过了半山腰，槐树将主角的地位逐步让给麻栎树，地面上铺满了去冬积的枯叶，踩上去嚓嚓作响，棕黄的叶子在阳光下泛着古铜色的光泽。从山底拔高约 250 米登上西南方向的最高山头，就是前面提到的沿长峪—斜峪村东山梁上行的会合点。此处左转正南行五六百米，就到了药乡国家森林公园的水泥公路了。

公路左行就是黄尖子山护林房，此处东南方那个最高的山头就是黄尖子山山顶。它海拔 956 米，与泰山主峰玉皇顶遥遥相望。唐代诗人杜甫曾写下千古名句“会当凌绝顶，一览众山小”，“众山”里边想必定有这个黄尖子山吧。

此处可进行第一次分队，有三种路线可以选择。

林间小道

神泉

一是短线：经过护林房沿公路继续前行，在山腰拐弯处公路右边可看到一块巨石，从此右转下山，行约 800 米，下降约 140 米，即达药乡国家森林公园内的“小药乡”。

二是中线：到巨石处不下山，继续前行至公路尽头，再沿山脊南行下山，经小水场，到山底老虎窝村，再沿村前公路上行，沿曲流美沟，经锦绣谷、神泉，到达小药乡。

三是长线：过护林房后择公路左侧土路上山，直达黄尖子山山顶。山顶有个小亭子，还有座信号塔。下黄尖子山后往南走峪沟，或到对面山头后走山脊下行，均可到达窗户峪村。村中有农家乐，可补充饮用水。由窗户峪上行 1 千米，即达老虎窝村。再沿曲流美沟，经神泉，达小药乡。在天池下行 400 米，山路西侧石壁下有一处泉水，水质甘冽，四季不涸，此泉叫“神泉”，是徒步者补水的好地方。

小药乡有几处开阔平地，可以在此集体野餐。小药乡北面峪沟内有祭祀孙思邈的药王庙。沿景区公路西南行 300 余米是被称为“天池”的药乡水库。它海拔 750 米，排在徂徕山海拔 820 米的龙女湖之后，是全省海拔第二高的水库。它在黄前水库上游，是泰安市区生活用水的源头。站在天池边，一侧是波光粼粼的水面，一侧是挺拔的松林，人仿佛置身画卷中。翠绿的池水放眼望去有一种深邃的美，波动的水面又透露出某种灵气。

水库大坝南头是一个丁字路口，路口南行 1 千米即是药乡国家森林公园南大门——望岱门。此处向正南方向看可远眺泰山极顶。门内约 50 米，有个东向下行的小路口，通至“天梯”。这是一段垂直落差约 200 米的人工台阶，因地形限制，每个台阶高度 30 厘米—50 厘米不等，且两侧没有栏杆，攀爬难度较大，需格外小心。沿天梯下至沟底，就来到野味十足的锦绣谷了（曲流美沟的一段）。置身此处，可远看古木参天、峡谷壁立、石径萦回、古松垂阴，近观巍峨树冠、匝地浓荫、流泉飞瀑、奇花异草。在壁立万仞的峡谷中间有一座木桥，与潺潺流水、烈烈赤松搭配起来，是那么的和谐美妙。沟底对岸就是小药乡至老虎窝村的盘道。

丁字路口处可进行第二次分队：

休闲队沿水库边景区大道向西北行，右侧是天池碧波，左侧是青山绿林。水库北头是大药乡村，村里有十几户原住人家，村民最初靠护林采药为生。随着近几年户外运动的兴起，这里逐渐成为驴友们休整补给的集散地，几家饭店也随之开张营业，一度生意红火，一桌难求。继续前行可到林场办公区，此后，可沿公路一直西行至景区西大门，也可偏离公路走林间草坡，约 2 千米后，就可以和另一队在公路上会合，一起下山。

另一强队过丁字路口后，左转沿明显小路上山，沿扇子面山脊拔高而上。沿途是大片金钱松林，成串的松果挂满枝头。深秋，松林变成红黄色，煞是好看。从天池拔高约 130 米、行约 500 米即到扇子面山顶，山顶建有一座信号塔。小憩后沿山路右转西行，奔南台。一路环境清幽，风景旖旎。

穿过大片橡树林，翻过南台，向右侧药乡景区公路方向前行。前方有一下行路口，此处右转沿山脊北行直插公路。山下有一小山村，叫讲书堂，相传是孔子讲学的地方。

从讲书堂上面山坡北行，不久即到景区公路，此处两队会合。下一步就是下山到长峪村，也就是路线的终点。下山的路有多种选择：一是从会合点向前西行 300 米有条新修的下山公路，从此右转下山，沿公路直至长峪村；二是从会合处直接下山，走沟底直接插到村前公路；三是从会合处回拐 200 米，有一向北下行的防火通道岔路口，从此北行至第一个山脊，在此左转北行下山；或下此山脊至山垭口处，沿沟峪北行下山；或再行至第二个山脊，再左转北行下山，都可到终点长峪村。

下山途中，路边、山坡上，到处是绽放的槐花，撸下一把，吃上一口，清甜的花香溢于唇齿之间，仿佛咬住了整个初夏。“玉渊潭洋槐花盛开，像下了一场大雪，白得耀眼。”这是汪曾祺笔下的槐花。相比之下，药乡六千亩的洋槐花，气势更加恢宏，绽放时节，漫天飞雪，是一场大自然和勤劳的人们共同打造的视觉盛宴。

来到长峪村，穿村而过至村头健身公园，我们的大巴车已在此等候凯旋的队员们。

路线 16

莲台山 **西老泉村→五彩岭→老鹰崖→白云洞→老虎沟→背阴佛→摩崖石刻造像→老虎洞→黄草岭→立剑峰→娄敬洞→莲台山景区→王母洞→大娄峪村→牛角峰→刀刃背→鸡冠山→飞来石→老仙岭→九重天→西老泉村**

作　　者：**传奇、火药**

路线简介：

起点（终点）：仲宫镇西老泉村（36°27′40″N，116° 58′ 28.00″ E，海拔 240 米）

路线：全程约 18 千米，用时 6.5 小时，累计爬升 1447 米，最高点海拔 632 米，路线长度可自由调整。

本路线轨迹　　本路线照片　　本路线视频

本篇作者之一

传奇，本名刘瑞国，山东登山运动协会副部长、中登协户外指导员、中登协营地指导员、美国心脏学会 AHA 救护员、山东三人行户外俱乐部核心领队。爱好徒步登山、户外探险，多次组织带队重装穿越库布齐沙漠、腾格里沙漠、鳌太线，攀登四姑娘山。

九重天

济南有七十二名泉，莲台山有七十二洞。莲台山位于济南长清，以“幽洞遍崖”著称，自古就有七十二洞之说，“奇峰环围如城廓，古洞毗连似仙府”是其形象写照，探洞寻幽，首数莲台山。在万仞绝壁之上，苍松翠柏掩映之中，洞穴处处，幽绝深邃，洞中有洞，洞中有山，洞中有景，个个都有故事。当然，莲台山还有险要的山势，还有繁多的植物，有万亩杏林，3 月可赏花，6 月能摘杏。这里有“江北第一天然植物园”之称，到了秋天，漫山红叶，分外妖娆。

本路线翻山越岭，探寻各种奇洞异穴，贯穿老虎沟、莲台山、九重天、鸡冠山等峰峦，是一条难度适中，融挑战性、探险性、观赏性、历史性于一体的经典路线。驴行此路线需携带一顿路餐，冬天带两三瓶水，夏天则需加倍。

游记与攻略

徒步去莲台山，有东进和西进两条路线。东进路线以仲宫西老泉村为起始点和结束点，西进路线从长清张夏镇娄峪村穿娄敬洞而入，或从丁家庄下车奔鸡冠山进山，走莲台山环线，适合自驾车或乘大巴车前往。

从济南市区坐 65 路、67 路、88 路公交车到仲宫换乘 816 路公交车可直达西老泉村，自驾车或乘大巴车更是方便。到达村口一个大牌坊后，沿村中小巷穿村西去出村，上山后就看到村西山顶有座垂直的山峰。它昂首挺胸，气势凛然，直插云霄，因有老鹰建巢于此，常盘旋于空，故名“老鹰崖”。我们朝着老鹰崖的右侧行进，爬上一个小坡，看到右前方有个小山包，裸露的山体一层暗红、一层黄白，五颜六色，层层叠叠，这里就是五彩岭。路过此处的驴友，如果留意脚下，经常会发现一种海螺状拳头大小的石头，像是化石。几年前我曾捡到过一个，外壳、斧足俱备，栩栩如生。一路拔高之后，就来到了老鹰崖的右侧，再沿一条隐藏在灌木丛中的小道一路往西。当你到达这片崖壁中间位置时，抬头远望，在垂直崖壁底部，可隐约看到“白云洞”三个字。

白云洞分七层下降，共约八十米。洞小乾坤大，洞深风景妙，从三层往下都是形态各异的石笋和钟乳石，可谓风情万种、气象万千。

走到老鹰崖西头，可直行到对面山左拐上山后下至老虎沟，也可左拐爬一陡崖上山，直达黄草岭，去莲台山。两条路在山顶一座高大铁塔处会合。

这座高大的铁塔西面深壑就是老虎沟，因沟底有老虎洞而得名。到了此处，你可沿右手方向继续前行直奔莲台山，也可沿老虎沟密林下至沟底。值得注意的是，到沟底这一段路很窄，灌木丛生，两侧崖壁高耸，沟内还无序地堆放着大量碎石，并有一个个断崖，行走时需要手脚并用，最好有绳索辅助。如果是夏天雨后就比较危险，而对于“老驴”“强驴”来讲则是惊险又刺激，充满了乐趣。

在老虎沟入口屹立着一块巨石，它高昂着头，目视远方，或是在迎送来往的游客，或是在思念自己的故乡，这便是老虎石。

快到谷底时，在山的背阴处，会遇见第一尊一米多高的观音菩萨石刻像，叫“背阴佛”（大部分佛像坐落于阳面）。造像中，观音菩萨一腿盘曲，一腿下垂，右脚踩莲花，左手触座，右手扶膝，头戴卷草纹宝冠，下身系羊肠裙，身躯直挺，发披双肩，目含微笑，慈祥恬淡。菩萨造像周边还刻有几尊小型菩萨，并有百姓、武士、动物等造像，生活迹象明显，此点与长清虎头山隋唐时期石窟造像风格类似。

王泉摩崖石刻造像共有六处，按我们找到的先后顺序分别是：背阴佛、朝阳佛、五十三参佛、道士像、看水佛和钱库单佛。这些摩崖石刻的内容讲述的是义净取经的故事。

览毕摩崖石刻群，返回背阴佛，从此右行沿山底爬上小断崖，会看到山腰处的一个三角形天然洞口，即为老虎洞下层洞。可入，须有手电或头灯，先下一几米断崖，进洞后往里探二十余米，再缩身钻进一狭小洞口，进里洞。内外两洞高约十米，洞壁布满水晶状物，闪闪发光，洞内有成群蝙蝠栖息、盘旋。出洞后上一小断崖就是老虎洞上层洞，从隐藏在一巨大岩石下的小洞口弯腰进入，紧贴右侧石壁往里走，借助光照可知此洞宽若门庭，高数米，能容纳百余人。据当地老人讲，很久以前，此洞曾窝居老虎，故名。当年日军进村，王泉村全村人就在此躲过一劫。上层洞里角处有一竖直洞，与下层洞相通。

与入洞口相对有另一洞口，从此出洞下山，迂回至对面山坡。山沟里还散布着很多果树，如杏树、梨树、桑葚树等。王泉村因偏僻闭塞，交通不便，年轻人多外出就业，在外落户，村里多剩老人，无力打理这些果木，任凭杂草、灌木、藤蔓疯长。每年6月10日前后，三人行户外俱乐部都会组织大家来摘杏，也算是物尽其用了。因杏树生长地点和品种的不同，每年6月上中旬后持续三周的时间内，驴友们都能在这里吃到可口的杏儿。不过，若想带回家与亲朋分享，可别忘了带个饭盒之类的工具，否则回到家鲜杏就成杏肉泥了。

一种叫葛藤的蔓类植物几乎霸占了整个山坡，与树木纠缠生长在一起，简

直成了一片绿色的海洋，既壮观又令人心生恐惧。除了一条踩出的驴道之外人们无其他路可走。这种葛藤的根还是一味中药呢，学名叫葛根，习称野葛。秋、冬二季采挖，趁鲜切成厚片或小块，晾干。葛根味甘、辛。性凉，有解肌退热、生津止渴、升阳止泻之效，还可煲汤、鲜食，是老少皆宜的滋补品。

穿过杏园，左行上山，在山顶和东向而来的山路相接，沿山脊西南行约 1.5 千米就来到莲台山景区东台顶。一路上下起伏，黄草连绵，如同茫茫大海之波涛，周边山体形似海星张开触角，向下延伸，形成条条山峪，一个个小山村坐落山底，层层梯田由山村曼延至山腰，美不胜收。

眼前这个山山相连、山峦叠翠、环抱如城、俯瞰山体有如佛座莲台的宝地就是莲台山景区（36° 26′ 41.55″ N，116° 56′ 16.80″ E，海拔 350 米）了。从东台顶处可右拐西行 300 米后再左拐下山，直接到娄敬洞；也可左拐西南行沿山脊去立剑峰。立剑峰有如一把利剑横立于莲台山景区东侧，山体耸立，两侧壁立千仞，气势非凡。山体左侧就是娄峪村，往左前方可遥望张夏石店水库。走到立剑峰尽头悬崖后，再折回从山的西侧下山，至山腰右转，沿山势穿密林蜿蜒前行至尽头，就看到娄敬洞了。

娄敬洞

娄敬洞是莲台山洞群最大的洞，天然洞穴贯穿立剑峰东西，也称透明洞。据记载，其“深约里许，宽近二丈，高十余丈”。洞内阴森黑暗，洞中有洞，两侧崖壁上有很多造型各异的巨石，如同一尊尊雕塑。相传汉初谋臣娄敬曾在

此隐居。当年，张良与好友娄敬辅佐刘邦打下天下，刘邦称帝后，封张良、娄敬做大官，但他俩谢绝后隐退江湖。张良就住在山下的张仙祠，娄敬就住在山上的透明洞，俩人时常在一起喝酒下棋。

娄敬洞西洞口右侧崖壁建有主佛殿，叠涩式建筑，殿内供奉依山凿刻的释迦牟尼像一尊。沿洞口台阶向下，右侧先见三清洞，洞内有神龛，供三清天神石雕像，额书“古今独尊”。过南天门到玉皇殿，前行是八卦洞，传说因仙人在此炼八卦神丹而得名。不远处是火龙洞，又名玉皇洞，火龙洞的洞口有《重修洞碑记》，其中载：“火龙洞冬暖如炉，八卦洞夏凉，居之可置丹炉。”火龙洞北 10 米处是仙姑洞，因曾有道姑在此修炼而得名。洞内如悬宝盖，奇秀非常。行至山半崖间，有一洞名叫朝阳洞，险居峭壁如悬空。朝阳洞分内外双洞，外洞如屋，中设神龛；内洞口小腹大，深 24 米，有钟乳石。出南天门，走下梯子崖，路口崖壁下有口水井叫卧龙泉。卧龙泉西北悬崖峭壁之上是老君洞，崖上砌有石阶盘道，可拾级而上到达洞口。老君洞内供石雕老君像，可惜石像已毁。

卧龙泉往南百米就是莲台山最为奇特的王母洞了。洞口面西，两侧镌刻“壶中灵药山中采，宴内蟠桃洞中寻”，洞额刻“西望瑶池”，洞内有一武士石像。洞有上下两层，洞中有洞，最深处 30 多米，最宽处 7 米。洞中间有一井筒式竖洞，岩壁凿有石磴，直通上洞，上洞又称为鹞子翻身洞。王母洞下山坡处有青龙洞。

穿洞而过至东洞口，遥望东面，数座独立山峰耸立，那就是我们下午返回要穿越的地方。俯视山下绿树红房，宛若世外桃源。下至娄峪村后，再朝村子东北方向的牛角峰前行，路过玉皇庙。牛角峰（36° 26′ 33.70″ N，116° 57′ 26.88″ E，海拔 610 米）由两座并列山头组成，如同两只尖尖的牛角，故名，也叫双尖峰、双子峰。

过牛角峰右转东行不远，东西两山之间为一线天，南有山涧，北为石崖，这可算九重天第一险关。九重天并不是某一座山的名称，而是以九重天风景区命名。其一，用以表明山之高。用“九重天”命名该景区，说明这一带的山很高，有直插九霄之势；其二，用以表明路之远。这条徒步路线道路曲折迂回，峭壁悬崖和幽谷深涧九九连环，走过一重，还有一重，重重相连，故称“九重天”。

过了一线天，沿着贴崖小路绕行向上，前面就是险峻无比的刀刃背。刀刃背形似斜放的刀刃，东西长 500 多米，最窄处不足一米，南北两侧是近百米深的悬崖，行走于崖顶，如踩刀刃，战战兢兢，真是山不在高，有“险”则名。

过了刀刃背，穿过一片柏树林，眼前一座尖山兀立，山体四周悬崖林立，侧面看更像元阳梯田，这就是鸡冠山。鸡冠山西，一座孤峰从谷底拔地而起，山顶平坦如砥，一块巨石危立其上，宛如飞来之石。

过了鸡冠山，沿着向下的小路走过老仙岭，就到了九重天景区。它位于仲宫与张夏交界的垭口处，现为开放式景区。在东西两山交界的山口，建有一座既简洁又颇具特色的山门，横梁为树形，就像东山的一棵老树被狂风连根拔起，向西山倒伏，树干横跨两山，西山一侧矗立着一块高大的岩石，上刻“九重天”三个大字，这就是九重天的标志性建筑。山门往东，是天马寨、杨家寨以及穆桂英大破天门阵的北天门遗址，通往三媳妇山和东老泉村。我们由山门左拐往北下山，行约 2 千米，就回到西老泉村，至此，环形徒步结束，行程大约 18 千米。

牛角峰

路线 17

灵岩寺 檀抱泉→卧佛山→狼牙寨→小刀山→明孔山→石板桥→朗公石→一线天→灵岩寺→白云洞→红门大佛→饮虎池→锯齿崖→北风口→灵岩村→观音院→滴水崖→檀抱泉

作　　者：苍狼、山人、东方

路线简介：

起点(终点)：济南长清区万德镇第四峪檀抱泉(36° 21′ 5″ N，116° 57′ 25″ E，海拔 256 米)

路线：全程约 16 千米，用时约6.5小时，累计爬升 520 米，最高点海拔 582 米，强度中，难度较大，有数段悬崖，需要一定的体力和攀爬能力，有恐高症者勿挑战此路线。

本路线轨迹　　本路线照片　　本路线视频

本篇作者之一

苍狼，本名梁全东，毕业于山东体育学院，现居济南，从事户外领队工作。爱好徒步、登山探险、摄影。2016 年开始进入户外圈，先后重装徒步大小五台、武功山、库布齐沙漠、狼塔 C+V、贡嘎山等路线。

本路线将号称“济南第一险”的小刀山和“泰山最幽处”的灵岩寺串成一线，既有户外的惊险刺激，又有灵岩圣地的佛教文化加持。行走此路线，一路披荆斩棘，克服小刀山、明孔山的艰难险阻，勇往直前，最后到达灵岩胜境，多处断崖为驴友增加了挑战，众多民间传说和历史典故为路线增添了趣味和底蕴。行走此路线以春秋季节为宜，夏天烈日当空，一路植被稀少，容易暴晒致伤；冬季穿着较多，攀爬起来束手束脚。一定要三人以上结伴同行，而且需要携带绳索，能绕行就不要强攀。务必做到走路不看景、看景不走路，时刻把安全放在第一位。恐高者、心脏病史者、无攀爬经验者禁行！

此路线需要租车或者自驾车前往，无直达公交车。从济南出发可沿 104 国道到灵岩广场，转义灵路、灵岩南路到达徒步起点檀抱泉。

游记与攻略

小刀山被驴友称为济南最险之山，是恐高者的禁地，许多人对其望而生畏。早晨七点从济南市区出发，约一个半小时车程到达檀抱泉。檀抱泉又名东檀池、檀井，位列济南七十二名泉第 67 位。泉池上面长有一株胸围两米多的千年古青檀树，盘根错节的树根将泉池团团抱住。它南靠大山，北临村落，檀因泉润，泉因檀名，泉水旺涌，终年不息。关于檀抱泉还有一个美丽的传说，相传东海龙王赴王母蟠桃会，路过此处，看上了这块风水宝地，就抛下一颗龙珠和一枝海桐花，龙珠落地的地方就成了现在的泉眼，而海桐花则变成了青檀树，护卫着泉水。

游览完檀抱泉后，沿公路西行100余米，山沟处有一条向左的山路，沿路向右侧卧佛山山腰西南行，走过一条盘山路，沿小山沟直登卧佛山山顶。岔路口有一棵高大的核桃树，树梢有一喜鹊窝，以此为标志，非常好找。上山小路碎石多，坡陡易滑，一路拔高，十分考验体力，当我们到达山顶垭口时都已气喘吁吁、大汗淋漓。山顶垭口正南为卧佛山山顶，卧佛山因远观形似卧佛而得名。在上山小道起点或站在盘山路上往东南看，都能较好地观赏卧佛。卧佛山下有一座卧佛寺，据了解，是一家东北人于1999年修建。卧佛山西南相连的是鸡鸣山，由四个连环山坳组成，景色秀丽，为灵岩十二景之一。山上有一个麻衣洞，相传为麻衣先生李坚栖隐处。

在山顶垭口休整片刻后，南行400余米，一绝壁挡道，须从山顶东南爬下，过一个山涧沟，惊险刺激的穿越就此拉开序幕！大家手揪树枝，脚踩石缝，战战兢兢，如履薄冰，小心下移。下到沟底，接着攀爬上对面山头，然后再下一断崖，过一深涧，爬上另一个山头。大家上拽下扶，彼此接应，安全通过。这才仅仅是开始，后面路段断崖更多、更险。在此提醒几点：一是攀爬前要适当热身，保持身体的柔韧性和灵活度，检查好衣物、背包，系好鞋带，收起登山杖和手机、相机等物；二是攀爬时最好背向外侧，防止背包影响动作，不要戴全指手套，必要时互相传递一下背包；三是注意观察前后队员的攀爬位置，保持安全距离，抓点、踩点要先探虚实，身体重心尽量贴近崖壁，多用腿脚承重；四是断不可勉强，感觉不能确保自身安全，就要果断原路返回或绕行。此类路线穿越，最好有攀岩速降经验，这样在心态、动作、技术等方面能有更好的安全保障。

登上第二个孤立的山顶平台，眼前就是怪石林立、高低纵横、犬牙交错的狼牙寨（36° 20′ 38.20″ N，116° 57′ 24.00″ E，海拔470米）。举目远望，小刀山两侧壁立千仞，直如斧削，恰如一条巨龙蜿蜒盘踞在山脊之上，煞是雄伟壮观。下一大陡崖，纵穿狼牙寨，在大大小小巨石岩堆中穿梭，手扶脚蹬、腾转挪移、

“上蹿下跳”，可谓是五步一小崖，十步一大崖，崖崖相连。应接不暇的险象时刻刺激着你的神经，激发出你的肾上腺素。映入眼帘的巨石、山岩，或如书生坐读，或如牛马蛇龟，或如僧侣观音，或如擎天一柱，或如宝瓶孤立，千姿百态，活灵活现，让人不由得感叹大自然的鬼斧神工！

狼牙寨

通过狼牙寨，下一垭口，就来到小刀山（36°20′42.80″N，116°57′33.45″E，海拔490米）跟前，眼前要攀爬的是此路线中最凶险的一处垂直高度约20米的悬崖。大家抬头看看几近垂直的崖壁，为安全起见，一半人员从左侧绕行而上。

小刀山，又称魏王寨，呈东西走向，西头为断崖，两侧为悬崖，山顶西段有柏树林，东段全为裸露岩石，总长六七百米，最窄处仅一米多宽，东首与明孔山通过垭口相连。从山下村庄南望，小刀山像一把刀刃向上的大刀架于天际线。据民间传说，此山乃穆桂英的大刀所化。山顶沿路还发现有多处旗杆孔和舂米臼等人类活动和居住的遗迹。

上了小刀山之后就比较好走了。穿过一片柏树林没多远，有一处单边悬崖，长十余米，宽约半米，左侧崖壁光滑，右侧悬空高十几米，驴友称之为“磨肚崖”，很是形象贴切。通过此处，须手扶崖壁，身体紧贴，全神贯注，小心通过。在山尖上继续攀爬二百余米，即到小刀山东首垭口处，前面就是形似鸡冠的明孔山（36°20′46.30″N，116°58′07.40″E，海拔475米）。

在此处左拐可下山至起点檀抱泉，或左下再东行绕过或翻越明孔山。明孔山，又名透明山，因山上有一个南北相通的透明洞而得名。此洞位于山体中央，距悬崖上下各有数十米，很难接近，也无法近观，只有从山下北侧公路远望才能看到。古时有栈道自山南与洞口相接，洞内有佛像，山巅有亭，现今已了无踪迹。“明孔晴雪”曾为灵岩胜景之一。相传法定禅师初来灵岩，为山壁所阻，徘徊不得前，乃面壁七七四十九天，感动天神，日光破壁，光照数里。法定自洞入，循光至方山下，始重建灵岩道场。是否某个时刻某个角度能刚好看到阳光自洞中穿过，还待有心人继续考究。

山顶和山腰两路队员在明孔山下东首灵岩寺景区铁丝网处会合，沿铁丝网右行，穿过一片密林，朝正东方向出。此处容易迷路，一定仔细辨别方位。出密林即是宽阔的防火隔离带，约两千米，一路坦途，中间路过一个检查站，会有护林员

出来询问。秋冬季节天干物燥，防火是重中之重，驴友都应该是义务的护林防火宣传员，这既是对社会负责，也是对自己及后代负责。沿路回望明孔山山顶，但见其挺拔耸立，直插云际，傲视群山，令人啧啧称奇。沿山脊大路继续前行，到达山坳中的一处四合院，左侧北行转入林间小路。行约四百米，忽见一排天然石板，方方正正，横于路间，南北走向，长几十米，大家甚至不敢相信自己的眼睛，连连称奇，直呼妙哉，即兴将其命名为"石板桥"。已是中午十二时许，大家在此吃午餐。

石板桥前行几十米有一岔路口，左转下山可至灵岩寺景区或至灵岩南路的白杨沟水库。我们右转上山，行约1千米，在一山坳又见分岔路口，右转可去山另一侧的老公寨；左转下山可进灵岩寺景区。我们沿左侧山谷平行走灵岩寺后山，走过一片古松林，到山顶一片空地处，此处右行下山可至花岩寺村。朗公石就在跟前的山腰上，只缘身在山林中而不得见，欲见其真面目，可把背包放在此处，前去一看究竟。继续沿山顶左侧平行路前行，一路密林古树相伴，右侧崖壁石缝中有许多千年古柏，树影婆娑，造型美观。

石板桥

前行约300米，即达一线天。一线天是狮尾峰和灵辟峰中间的夹缝，"两峰矗立，狭通一线"，好似用巨斧劈开的一般。顶部还夹有一块巨石，两侧岩壁平整，穿过后可到另一侧的花岩寺村。此处还有一条隐蔽的上山路，登顶后沿山脊西北行，经公子顶，翻山越岭，可至五老神。从一线天沿石阶下行，可入灵岩寺主景区（需要购票进入）。

一线天

一线天西行不远即到白云洞，洞内西侧墙壁嵌有两块乾隆皇帝题的诗碑，因年代久远，有的字迹已模糊不清。出白云洞继续向西几十米，可见石壁上赫然刻有“日观近可攀”“壁立万仞”，此乃明万历年间石刻，今尚完好。由此向东南回望，远处一倾斜的悬崖下面有一块巨石，上长有一古柏，酷似一位老僧拄杖伫立，这就是著名的“朗公石”。

顺路前行就到了红门大佛。此处崖壁上题有“灵岩观音道场”六个大字，系北宋政和年间张劢题书。崖壁最高处为悬星岩，俗称功德顶。下方有一红墙石室，内奉释迦牟尼。红门西下有一山体断口，从此处右行而下，右侧悬崖下有“饮虎池”，水自岩壁缝隙淌至圆形天然小石盆中，不见外溢，旱季会枯竭。在饮虎池北约 20 米的岩壁上有一处泉名曰“上方泉”，清《长清县志》中有记载。从此处左行绕山顶可下山。我们继续北行，再沿山势左向西行，朝左前方三个并排陡立山峰而行，此山形如锯齿，名为锯齿崖。

沿锯齿崖左侧前行，再从山顶右侧下山，看到一排铁丝网，尽头有一垭口，是为北风口。北风口左下山坡间有一简易茅屋，有位七十多岁的老大爷在此值守，估计是为阻止由此上山者。笔者借机向他核实了几处山名、地名，老大爷一一作答。

从护林茅屋右侧的铁丝网出来，可沿左侧稍宽的山路下山，直达灵岩寺景区大门，可让大巴车前来接应。因为我们此行是专门踩线，故自驾而来，车停在了檀抱泉，所以我们选择直行向南，沿灵岩村西的山底树林，顺一单位大院外墙而出，至义灵路，沿公路西行里许，左拐南行 300 米，即达位于沟底的新建成的观音院和伽蓝院。

登山途中

观音院里有一尊约三十米高的金色观音像，该观音像相貌端庄慈祥，手持净瓶杨柳，观音像背后的山崖就是传说中的滴水崖。史料记载，乾隆皇帝曾数次驻跸灵岩寺，每次都要在滴水崖前驻足欣赏。曾挥笔写下“雨花岩”三个大字并镌刻石碑嵌于岩壁之上，石碑现已无存。滴水崖常年水流不断，春、夏、秋三季滴水如洒，水花四溅，在崖壁前形成一道水帘。冬季形成自然冰挂，晶莹剔透，也是一道奇景。

沿滴水崖左侧东头小路绕行上山，直插灵岩南路，沿路西南行，拐过一个弯后，抬头即可看到正南偏东明孔山山体中间的透明洞。此处是观赏透明洞的最佳位置，伙伴们纷纷驻足拍照，啧啧称奇，感叹大自然的奇妙。

继续前行，经新立“灵岩大佛风景区”牌坊，再走 200 米，即到檀抱泉。至此，一天的徒步圆满结束，整条路线一步一景，一景一典，环环相扣，惊喜不断。每个人都时刻保持着高昂的兴致，既欣赏了壮美风景，又收获了很多知识。小刀山山下修建了灵岩大佛山景区，山顶西段部分已经建设为景区，修建了栈道，悬崖路段由玻璃栈道或吊桥连接，难度和危险系数大大降低。东段尚未开发，依然为原始风貌，可以体验攀爬的刺激。归途中，大家意犹未尽，热烈讨论着当地的人文历史，分享拍摄的照片，暮色四合，不知不觉间已返回济南市区。

路线 18

马　山　**望山亭→圣母影壁堂→马山东崖→蛤蚌洞→鬼谷洞→守门神→马山西崖→胜境牌坊→马尾→飞来石玺→西天梯→西山门→马山圣母殿→玉皇殿→马头→车辙口→东山门→东天梯→圣母影壁堂→桃园→北李庄→104 国道桥头**

作　　者：山客、晨风

路线简介：

起点：马山望山亭（36°　22′ 20.60″ N，116°　45′ 03.46″ E，海拔 188 米）

终点：马山镇 104 省道桥头（36° 23′ 12.15″N，116° 46′ 02.00″ E，海拔 90 米）

路线：长度 12 千米左右，最高点海拔 512 米。

本路线轨迹　本路线照片　本路线视频

马山位于济南长清马山镇，是泰山西北麓最峻峭的山峰之一，海拔 512 米。马山古为道教圣地，同泰山、五峰山并称为“三姊妹”，自古就有“千里泰山，百里马山”的说法。每逢农历三月三庙会，方圆百里的百姓多会到这里来赶大集，已有近千年的历史。马山重峦叠嶂、主峰兀立，万木参天、景色宜人。仲春季节，桃红柳绿，油菜花环山开放；金秋时节，山绿泉欢，硕果满枝，香飘碧野。山顶有古庙宇建筑群。马山步步皆传说，洞洞有故事，它的沧桑历史、险峰奇洞、神奇传说，让世人争相探觅。春暖花开之季是去马山踏青、赏花的最佳时机。全程徒步登山约 12 千米，是驴行入门级路线，可备路餐一份、水一升，山顶有简单食品和水可补充。

游记与攻略

去马山景区交通便利，可在济南市立五院乘坐直达马山镇的中巴车，也可以租大巴车或自驾车沿 104 国道或 G35 高速公路至马山镇或双泉镇。

登马山可从山东侧马山镇或山西侧双泉镇而上，两条路线都有盘山公路修到山脚下。东线可赏桃花，西线可看油菜花。为一睹入选吉尼斯世界纪录的巨幅植物标语，人们通常选择东线。

车可直接开到马山脚下的观山亭前，一下车，扑面而来的是万亩盛开的桃花，绿色的田野和山坡上的苍松翠柏，也直向我们眼前飞奔。抬头可见马山脚下由百万株柏树组成的“毛主席万岁”巨幅标语，五个大字气势恢宏、字体苍劲，平均每字长约 235.2 米、宽 142.6 米，南北总长 764.8 米，总占地面积达 270 余亩，是于 1959 年 3 月栽植。观山亭是一座四角凉亭，亭柱上两边有“南鲁北齐一山似骏马奔腾，东岱西河长城如卧龙盘踞”的竖联。亭内立有吉尼斯之最标志和说明石碑一方。

马山

在此可观马山全貌。马山主峰呈南北走向，两端弯曲呈月牙状，山脊轮廓极像一匹奔腾的骏马。长约数里的山脊均由直上直下的绝壁组成，状若刀锋，其险峻可与西岳华山媲美。

在观山亭合影留念后，我们开始徒步登山。沿盘山公路西北而行，时而穿行于山野小道，时而徘徊于桃园树下。从马山脚下的上山路到山北侧的崮头水库，近十千米的环山路两侧，花海成片，有如大地披上了粉色的外衣，瑰丽迷人。

一路赏花，走到了上山的石阶盘道旁，整条盘路虽没有泰山十八盘那种“拔地五千丈”的雄伟气势，但在两侧柏林掩映下，构成了山、树、路之间的和谐美。

拾级而上，路旁有路牌，上写“烧饼石”三字，低头发现地上有很多棕灰色扁圆状石块，形似烧饼，大概其名字就是这样得来的吧。

走过“烧饼石”，台阶拐弯处建有圣母影壁堂。据传，马山奶奶常在跑马场练功，其影子映在了一面墙壁上。这祠堂原本在跑马场以西，后迁于此地。

继续沿盘道蜿蜒而上，行至半途，见有左转穿进树林的羊肠小道，路边有“穿心洞”指示牌，直通山底崖壁之下，遂取径而上。

爬坡上行至马山主峰东侧山根，不远就到蛤蚌洞，因其洞口形似蛤蚌而得名，也有人称为情侣洞。洞口很小，隐于树后，洞内却很宽阔。据说最里边有一口深井，扔下一块石头，回音悠长持久，深不可测。还有人说马山有大蟒，就藏身于其中，所以极少有人敢去一探究竟。

穿心洞

贴万丈崖壁右侧前行不远，即到穿心洞。此洞乃马山十大洞穴中最大的山洞，贯穿马山东西，笔直走向，全长百余米，高处七八米，低处两米许，洞上为壁立千仞的车辙口。洞外右前方不远立一巨石，上凿半米见方水槽，以取雨露。洞内上午西北风穿洞而过，下午东南风穿洞而返，冬暖夏凉。洞壁光滑，鬼斧神工，可谓神奇至极。东侧洞口外观呈龟形，高宽各丈余，深入数步后洞口变成矩形，再入数十步，靠洞壁左侧有尺宽丈长条石，状若床帮，内里宽数尺，中空，填有软土，便是睡炕，相传古代著名纵横家鬼谷子隐居时就睡在这里。

透明洞贯通山体，是自然形成的横向洞穴。能形成透明洞的山体多崖险壁峭，其附近一般都存有一定的人文景观。济南境内目前发现的此类洞穴有莲台山娄敬洞、马山穿心洞、仲宫透明山透明洞、彩石透明洞、柳埠透明洞五处。

穿心洞出洞即到马山的另一侧。西洞口右侧有危岩高耸并列对立，中有石隙可通，曰“一线天”，在此仰观可见“一线三天”之景。岩壁上刻一佛像，浅线浮雕，技法粗犷，线条刚劲，称作“守门神”。佛为半身，盘坐于莲花之上，颇有唐宋遗风，年代无记载。过一线天可沿崖壁右上攀爬，为高约二十米的垂直崖壁，身手敏捷之人可徒手或借绳索攀缘而上，峰顶即是“马脖子”处的车辙口，但不建议从此登顶。

在此选择左下沿马山右侧向北行，路迹明显，穿行于山底林间，不久就来到西线登山的盘道台阶。拾级而上，至马山主峰北首垭口马山胜境石牌坊，大家在此休整，收拢队伍，卸下背包集中存放，带上相机，去牌坊北面的“马尾”观看。

“马尾”山脊有如块块巨岩垒垛，两侧绝壁深渊长里许。“马尾”端部有马尾泉，泉流不大，浅可见底；“马尾”西有马尾洞，仅一人高低，内可容数人；“马尾”前沿有“老鼠洞”；“马尾”前有马尿泉，泉水呈微黄色似马尿；“马尾”西侧，旧有马泉院，也叫马湾庙，曾是道士聚居之所。抗日战争初期，长清县抗日游击队成立并驻扎于此并在这里发展壮大，因此，马山又是大峰山抗日游击队诞生地之一。站在“马尾”最高处西望，马山西麓的一处古城遗址——学城清晰可见。学城据说是鬼谷子授艺之所，相传历史上的“马陵之战”就发生在马山西边 4 千米的地方。

游罢“马尾”，返回马山胜境牌坊，沿石阶再向上攀登。

来到西天阶下，其对面有一块巨石独立于石台之上，状似印台，又似官帽，

名为“飞来玉玺”，石台称为“印台山”。巨石比人高，三人合围大小。传说此处为当年鬼谷子送学生下山时赠别之地。原来巨石上写有大大的“玺”字，如今在“玺”上面又刻了草书的“龙”字，不知有何用意。

过了印台山就是悬崖上人工开凿的108级石阶，即为“天阶”。东、西天阶是通往马山山顶的唯一道路，依山势而建，陡峻险要。天阶尽头是东、西两座石砌天门，造型古朴，坚固异常，均建于唐代前，据说从未整修过，是马山保存较完整的原始建筑之一。石阶只有半脚掌宽窄，又高又陡，上山者近乎爬行。

进了山门，即达山顶。山顶宽阔、平坦，青石地面。天门内青石上有线刻莲花和道士图样，雕刻粗劣，不知年份。不远处地面青石上凿一长方形水池，长三四尺、宽两尺余、深尺许，可盛水数十斗，曰“天马池”。有记载说山顶凿有大小水池两方，系古时道士“凿岩蓄雨水以备饮者”，大池距小池不远，可盛水数百斗，名曰“天泉”。此时已到午时，东方队长让大家在平台上集体野餐，餐后可自由活动。饭后，东方进行航拍，让马山全方位、多角度地展现在我们眼前。

马山古为道教圣地，山顶最宽处六丈有余，最窄处三尺不足。马山寺庙群就建在相对宽阔的地方。读山顶遗留“重修碑记”，可以确认，此处建筑始建于春秋时期，至唐宋时期达到顶峰，我们现在看到的马山寺庙多为近年民间重修。

山顶分东西两个建筑群。西建筑群由西至东依次建有灵官殿、真武殿、王母殿等。东建筑群规模宏大，其正门为南天门，坐北朝南，两侧建有钟楼，院内现存古碑22通，其中残碑3通、御碑两通，均为唐宋以来重修寺庙的碑记。院内主要庙宇有马山圣母殿、玉皇殿、三官庙、碧霞元君祠等。马山圣母殿又名丰施侯殿，始建于春秋时期。碑文记载：唐贞观十九年（645年），山西龙门人薛仁贵奉旨东征被困马山脚下，后获救，薛登山朝拜时见马山圣母神像貌似其母，回朝后禀告太宗皇帝，皇帝遂封马山圣母为丰施侯，并拨银重修殿堂，再塑金身。马山主建筑玉皇殿为两层楼阁式建筑，一楼为三官庙，供有天、地、水三官，神像下有三块珍贵的浮雕；二楼为玉皇殿，供奉有玉皇大帝的神像。

"马尾"

玉皇殿东侧是碧霞元君殿，又称泰山圣母殿。

过寺庙后继续南行，山顶越来越窄，不及数米，两侧深渊万丈，直叫人双腿发软，不寒而栗，恐高的人断不敢继续前行。走到车辙口就是路的尽头了，抬头远眺，右前方马头峰高高昂起，整个山顶像刀锋一样在山上甩开，弯成一道美丽的弧线向东南方延展。一棵棵崖柏，从悬崖绝壁的缝隙里探出身子，盘根错节，苍劲舒展。

返程时，出东山门，沿东天阶下山，直达上山时路过的圣母影壁堂。在这里，自驾车者可直接下山至停车场，也可以下到山腰的水泥公路后左拐去桃花源赏桃花。

沿这条山路下到水泥公路后左行，拐几个弯，就看到了一大片桃花。满山遍野之中，盛开的桃花显得妖娆多姿，再次扑进桃花花海里，身临其中，神迷意醉。

出了桃园，沿一条东西向的生产路下行，经北李庄村头，不一会儿，就到了 104 国道桥头，在桃花余香的送行中，我们登上返程的大巴车。

桃林

路线 19

齐长城—大峰山（长清区） **齐长城起点→齐鲁渠→齐币雕塑→陡岭子→张大路→岚峪北山→大峰山→三教堂→望明门→峰云观→灵官庙→屯兵营→南城门→孟姜女问路石→岚峪寨→大峰山革命根据地纪念馆→大峰山大门**

作　　者：王蕊、东方、藏 R

路线简介：

起点：齐长城起点（济南长清区广里村与三义村中间，220 国道边，36° 21′ 30.40″ N，116° 34′ 5.08″ E，海拔 40 米）

终点：大峰山革命根据地纪念馆（长清区大峰山林场，36° 20′ 35.26″ N，116° 37′ 27.07″ E，海拔 160 米）

路线：前半程行走在古老沧桑的齐长城遗迹之上，后半程感受大峰山革命根据地的红色文化，是历史遗迹与革命圣地结合的穿越路线。强度低，难度低，无断崖等危险路段。全程约 10 千米，用时 5 小时 ~ 6 小时，累计爬升 342 米，最高点屯兵营海拔 364 米。

本路线轨迹

本路线照片

本路线视频

本篇作者之一

王蕊，网名 QQ，教师，文学博士，中国当代文学研究会校园文学委员会常务理事，"叶圣陶杯"全国中学生新作文大赛专家评委，"文心雕龙杯"全国校园文学艺术大赛专家评委。其专访在中央电视台新闻联播、CCTV4"两会进行时"播出。有数十篇论文发表于核心期刊，多篇文章刊登于"央视网新闻"、《天津日报》《天津教育报》《每日新报》等，编写、辑、校多部图书。

齐长城起点

大峰山

本路线以齐长城为主线，所经泰沂山脉诸山是山东省徒步资源的重要组成部分。包含以大峰山、钉头崖、药乡、天马顶、梯子山、七星台、锦阳关、原山（博山）、大崮（沂源）、穆陵关（临朐）、马山（诸城）、马耳山（五莲）等为主题的山地徒步路线，在户外圈中久负盛名。

大峰山位于长清区孝里镇境内，长清、平阴、肥城三区县交界处，于 1998 年 6 月被批准为省级森林公园，也是进行红色教育和党性教育的重要基地，当年，中共泰西抗日游击根据地为中国共产党领导的众多敌后抗日根据地的组成部分。

游记与攻略

现存齐长城遗址主要有长清段、肥城段、泰安段、莱芜段、临朐段、五莲段和胶南段等。其中长清段遗址又分东西两段：西段是齐长城起点，由孝里镇广里村，经大峰山、阳干山、石小子山、马山、狼顶寨、夹子山、莲花盆山至万德镇长城村；东段从长城村向东、南延伸，经长城岭、大寨山、北顶山，至泰山西麓将山脚下的钉头崖。钉头崖下长城至今城墙高大雄伟，有羊肠山道南北相通。

本路线的起点是长清区孝里镇广里村北面，220 国道西侧的齐长城文物碑。乘大巴车或自驾车至此，国道东侧有停车区。下车后，先去路西看看“齐长城遗址”和“齐长城起点”两块碑，碑文记载着齐长城起止地、年代、长度和保护范围等。之后，爬上碑后面由素土夯筑成的垒台，走到尽头返回。

穿越 220 国道，沿“齐鲁渠”左侧田间小路东行 200 余米，向左上一小土丘，在一座高约 3 米的石筑平台之上，雄立着一尊由六个大型古刀币雕塑组成的“齐”字状雕塑，四币成四足鼎立状在下，两币成“人”字形坐其上，总高度达 20 米，远远望去，古劲厚重。刀币是春秋战国时期的铸币之一。

“齐”字雕塑

离开齐币雕塑，从 G35 高速公路下的涵洞穿过，东南行，左前方的山岭即为陡岭子。从农田地头左插，至陡岭子最西端，仔细寻找到由风化石堆组成的齐长城遗迹，沿此上山。在长约 1.5 千米的陡岭子山脊上，长城遗迹很是明显，在卫星地图上也是清晰可辨。本路线人迹罕至，“路”上长满山枣荆棘，领队最好带把剪刀开路，队员们必须穿长裤长袖，戴好手套，否则十有八九会被扎伤。8 月底 9 月初来此，一路上又红又大、品种不同、口味各异的酸枣任你享用，这也是本路线的鲜明特色之一。

陡岭子山上多桧树和柏树，各种灌木塞满其间。齐长城为片岩拼搭而成，时而向左，时而转右，随山就势，绵延曲折，有的地段还存有高约半米的墙基，断断续续。走在这两千多年的古老“文物”上，眼前的长城残垣、古道沧桑，耳边的松涛风啸、乌啼鹊鸣，一下子把人带入历史的长河之中，有一种难以言说的沧桑。沿着小道穿林而去，寻觅长城残垣，回忆古道岁月，抬眼便是遗迹，闭眼就是思索。吊古思今，感受的是自然与历史的沧桑变迁，流转的是青山丛林的绿色心情。

走至岭子尽头，能看到对面正东方的岚峪村北山的长城遗迹。此处要左转下山，越过一道又宽又深的废弃水渠，走上宽阔的东西向张大路。这条公路建在两山之间的平原上。据悉，这里原来的夯土长城高 3.4 米、宽 10 米左右，后被推平改为农田。沿公路行约 1.5 千米，经过路右侧的一处农家乐，直奔先前看到的齐长城遗址而去。

途经岚峪村头，不得不说说这“岚峪村”的来历：据明朝万历年间大峰山“重修泰山行宫”碑记载，这里因自古缺水，地懒田惰，被称为“懒峪”。后来有个叫燕阳秀的道士来到此地，东望大峰山，淡岚薄雾，升腾缥缈，梦而生井，泉出其间，遂改其名为“岚峪”。

岚峪北山上的这段齐长城为土石混筑，多已塌陷，但遗迹尚存，静听风雨，承沐日月。沿坡而上，又进密林深处，一路苍岩古道，奇树怪石，鸟语花香，大有身处世外桃源之感。夏秋至此，路迹难觅，不时有蜘蛛网扑面而来，让你躲闪不及。

齐长城在岚峪北山上绵延千米余并向东北方向缓缓而下，山北有一深沟，当地人称之为“仙人谷”。沟口处新建一观景台，站在台上，环顾四周，苍松翠柏，峡谷幽深，三山并列，浑然天成，一幅美妙的画面展现在你的面前。仙人谷下有一支沟，为自然形成的季节性山谷排水沟，是孝里清水沟的一个组成部分，下游同黄崖村清水沟的水在孝里镇相汇合，并入黄河。

齐长城越过仙人谷，继续北上，“爬”上阳干山，向凤凰山、梯子山延伸而去。我们的路线则在岚峪北山北端处右转而下，来到两山垭口最高处的公路上，路边有块刻有“世外桃源”的石碑。至此，本路线的上半段——齐长城访古穿越即告结束。

山垭口处的这片农田间蝈蝈很多，你可以逮几只回家哄孩子玩。

从“世外桃源”石碑处横穿公路东南行，便进入了大峰山。

沿小路在荫蔽的山林中穿行，一座一人高的石碑迎面伫立，石碑左侧是一座小巧的石砌庙堂，即是已废弃的三教堂（36° 20′ 56.60″ N，116° 37′ 32.84″ E，海拔 250 米），是大峰山古四景之一。石庙坐东朝西，石砌单层石塔结构，券门方窗，叠涩收顶，上置石刹，券式门楣上书“三教堂”，落款为：明嘉靖三十五年（1556 年）正月十七日吉立。堂内有塑像：老子居中危坐，释迦与孔子分坐左右，两旁分列其弟子。这些塑像比例适中，做工精细，形象逼真，颜色饱满鲜亮，和破旧的建筑形成了鲜明对比。庙右有一方民国二十六年（1937 年）的重修碑记，南边乱草中又有一碑仆地，刻于清乾隆三十一年 (1766 年)，也是座重修碑。碑文斑驳，仔细辨读，大意为：三教堂为大峰山胜景，因年久失修，甚为荒凉，附近几个村的村民集资重修，岚峪村出资最多，等等。附近草丛中还有一口古井，长约 80 厘米、宽约 60 厘米，泉水清澈见底，长年不断，清冽甘甜，涌势很旺，据说这方泉池就是燕阳秀道士梦到的泉水井，即大泉。

离开三教堂，从南侧小路上行，山色更加清幽，山路逐渐开阔，踏着地上厚厚的腐叶，软软的，很舒服。山顶是一段平直路面，路的左侧有一堵看不到尽头的高高的石墙，弹痕累累。我们在林荫小道中吹着口哨，正走得有兴致，一座高大石垒城墙豁然映入眼帘。城墙南北横亘，高十余米，中间寨门高大雄立，寨门右下有块石碑，上刻“望明门”（36° 20′ 50.28″ N，116° 37′ 56.80″ E，海拔 320 米）三字。进门后，发现是一座宏大完整的防御工事，其为全石建筑体，石梯、垛台保留完好，从其射击孔布局和设计来推断，应该是现代的军事堡垒。

走上高高的石墙，眼前一片开阔，顿有“荡胸生层云”之感。站在城墙南头向下俯视，群山怀抱中是大峰山革命根据地纪念馆、大峰山烈士陵园和“不忘初心，牢记使命”教育基地——初心广场等。我的思绪瞬时回到那个烽火连天的抗日战争年代，回想起那些可歌可泣的战斗故事，不禁荡气回肠、热血澎湃。

我们脚下的这片土地，一草一木都传承着红色的基因，这不正是一次进行“不忘初心，牢记使命”主题教育活动的机会吗?

怀着缅怀之情，沿景区台阶下行，约 800 米后就到了峰云观。峰云观建于汉朝，是一座具有悠久历史的道教名观，也是济南较大的道观。它红墙碧瓦，气势巍峨，周围山峦叠翠，泉水潺潺，自明朝起就香火旺盛、游客如云。其山门面南，石墙青瓦，三开间，拱券门，大门两侧悬挂一副对联，联语为：祥云紫气神倦景，幽谷清泉道人家。观内现保存有明洪武帝和清雍正帝的御碑，千年古槐、黑檀和百年古柏直入苍穹，主要有云根、月窟、回月楼、青龙潭、待月泉、关帝庙、玉皇殿、泰山行宫、神慧圆通、坐化神宅等景点，殿内所塑神像形象逼真，形态各异。

峰云观沿台阶再往下是灵官庙。奉祀王灵官的殿堂一般都在道观山门处，为镇守山门之神。

参观完灵官庙，原路返回至山顶，由方才下山的路口向东行，台阶右侧是高高的石垒城墙，左侧则是连绵 500 余米的“屯兵营”。屯兵营为古代演兵场，是古老的叠岩式建筑。大峰山山顶尚存有此类遗迹六十多座，保存比较完好的有十四座。其金字塔式的屋顶没有任何梁柱和外力支撑，简约而不简单，简直就是一座座经典的艺术品。

屯兵营尽头右侧有一个城门，城门外石碑上写有“南城门”三字。逐级而下，到一平坦处，有块刻有“孟姜女问路石”的大石头，从此处向右西行下山，可至大峰山景区内；向左东行，下山再回拐，有小路通向一处弯月形的山谷中，璇玑洞就坐落于山谷中的崖壁上。小路尽头有一座近年修建的二层石楼，上二层到山谷前一处宽阔平台，站在楼梯口处望去，数个大大小小的洞窟分布于弯月形的山崖之上，有圣父圣母洞、石窟造像洞、连通洞等。最南面有一处高十余米的狭长洞口，此洞即为璇玑洞。璇玑，星名也，指北斗的前四星，即“魁星”。璇玑洞内最高处 25 米、宽 16 米。“圣父圣母洞”洞门为拱券形，洞内高宽各 2 米，内有石刻的圣父圣母像及仙童像，旁边崖壁上有崖刻碑记两方。其北侧山崖上还有一人工洞窟，洞内有石窟造像七尊，其中佛一尊、菩萨二尊、力士四尊，保存完整。

我们从孟姜女问路石处向南，沿山脊直行不远又遇到一块大石头，刻有“孟姜女下马石”。

岚峪寨

伴着蝉鸣一路缓缓而行，石阶路变成碎石路又变成石板路，最后是若隐若现的密林小道。沿大峰山东面山脊右侧东南行，约一千米后，山顶又见一堵高大石筑城寨，穿过中间两层寨门，寨门正对十几米开阔处立一巨石，上刻“岚峪寨”三个大字。

从岚峪寨下山，有一段石板路，路上林木茂盛，浓荫蔽日，蝉鸣阵阵，好

齐长城

不惬意。沿山路右行至山底，经过一片果园，就来到大峰山景区内的大路上。

左行百余米，路右侧有座一进三厢的小院，即为当年大峰山独立营办公旧址，石砌建筑经整修后以展室形式向世人介绍着大峰山的历史。再前行是初心广场，来此接受党性教育的党员们，都会在这里重温入党誓词。前方路北是于 2019 年 4 月揭牌的大峰山革命根据地纪念馆，馆内有四个展室，以图片、影像、实物、浮雕、塑像等形式，介绍了我们党在长清的重大活动，真实再现了“红心向党”“不怕牺牲”“党群一心”等动人场景，深刻诠释了“信仰如山、一心为民、不怕牺牲、勇往直前”的大峰山精神。

馆内雕塑

从纪念馆西行 300 米，就到了大峰山大门口，乘大巴车出行的可让车辆在此等候，自驾车者可到岚峪村内探访一下古村寨。

大峰山革命根据地纪念馆

路线 20

大寨山 **丁泉村→护林房→北寨门→望夫崖→挂天橛→北寨顶→扪心桥**（第一层）→**南寨顶**→（第二层西段）→**鸽子洞→西寨门→天乳泉**→（第二层东段）→**石人像→透风崖→刘公墓→大寨庙→灵官庙→南寨门**→（第三层）→**回音壁→情人洞→太岁石→石雕屏→劈雷洞→滴水崖→北寨门→护林房→丁泉村**

作　　者：景婷、山人

路线简介：

起点（终点）：平阴县洪范池镇丁泉村（36° 10′ 33″ N，116° 34′ 14″ E，海拔 136 米）

路线：全程约 12 千米，用时 5 小时—6 小时，累计爬升 500 米，最高点大寨山北寨顶海拔 494.8 米。

本路线轨迹　　本路线照片　　本路线视频

本篇作者之一

景婷，现居济南，有 7 年电商行业经验，爱好读书、驴行、滑雪、健身、游泳、烘焙等；2013 年参加户外运动，2019 年任三人行户外领队；多次重装行走大五台、小五台、贡嘎环线、库布齐沙漠、嵩山、泰山等。

大寨山位于平阴县范洪池镇丁泉村东南侧，距离平阴县城约 30 千米，距济南市城区约 80 千米，最高点海拔 494.8 米，为平阴县最高峰，属泰山余脉。清咸丰年间，当地居民因躲避战乱，于山上建房扎寨，此地故名大寨，现今石室、寨门尚存。此山古名“大壏山”，因山脚有狼泉，狼溪河发源于此，故又名“狼山”。相传，古时洪水泛滥，大地上一片汪洋，唯独此山露于其面，故亦称“浮山”。大寨山重峦叠嶂，横列如屏，山上怪石嶙峋，巨岩嵯峨，山顶两峰，南北对峙，壁立如削。登至峰顶，放眼四野，林木繁茂，生机盎然，气象万千。

本路线可概括为“三层环绕、立体穿越”，将高山密林中自然风景、地质奇观与人文古迹一网打尽。行前一定要事先规划好路线，否则不能走完全线。春夏秋冬皆可前往，四时美景各有其妙处。

本路线强度、难度不大，危险系数低，但扪心桥处要心无旁骛、专心通过，恐高者更要格外谨慎小心。携带路餐一顿，水视季节带 1 升 ~ 2 升，山上无饮水补充。

游记与攻略

大寨山徒步起点通常有二，一是东线：自济南走 G35 高速公路从孝直互通立交下，转 33 县道、演旧线、大寨山路到丁泉村开始登山；二是西线：自 G35 高速公路从平阴下转北郑线、谷城路、洪范池路到东峪南崖村，从村中左转上山至山下停车场开始登山。

西线起点东峪南崖村值得一看。它坐落在东依大寨山、西靠云翠山的东扈峪中，故古称东扈峪村，春秋时期的古扈国遗址就在这里。村中现存多条古街巷，明清建筑居多，古桥、古井、古树、古城墙、古庙、古祠、碑刻、石雕等遍布其中，是江北为数不多的古村落之一。文昌阁是东峪南崖老村的标志性建筑，周边是一派原汁原味的古代景象，长长的青石板路、石桥、楼阁、拱门等尽在眼前，环视四周几乎看不到任何现代元素。文昌阁南侧有一古老建筑，坐北朝南，是高家祠堂，堂前立有清光绪八年（1882 年）“高氏祠堂碑”，碑上刻《高氏祠堂碑记》。据说高家为“孔门七十二贤”之一的高柴的后裔。

因修路，我们只好改变造访古村、西线上山的计划，大巴车辗转行至丁泉村北 33 县道大寨山路的一个限高杆处停下。丁泉村因丁泉得名。丁泉，位于村东首，华盖山西脚下，又名“丁兰泉”。相传此处为古代二十四孝人物之一的丁兰的故里，故而得名。

下车后由北往南穿村至村庄西南，沿一条盘山公路继续向西南行约 1.5 千米，至山根一处十字路口，左行上山。山路两侧开始是农田，再往上是柏林，行走 500 米到达一处石头垒砌的护林房，门前有岔路，直行，山路更加崎岖，植被更加茂盛，高有松柏，低有青草，曲径通幽。

一路拔高，直行约半小时即到北寨门。拾级而上，跨过寨门，路两侧陆续出现座座石屋，有些完整，有些已塌。石屋无柱无脊，全用石块石板塔积而成，各成院落，房内布局清晰可见，有单间，有多室。继续拔高，抬头可见密林上一巨岩凌空，像在昂首俯瞰山下，气势非凡，是为挂天橛。队员们咬紧牙关，艰难地爬到挂天橛下进行休整。挂天橛由数块巨大岩柱组成，并排屹立于山顶，错落有致，造型美观，高耸入云，直挂青天。休整之时，已有几名喜欢攀岩的队员爬了上去，朗朗笑声，回荡山谷。这里也是集体野餐的好地方。

从此处沿平行山脊南行百余米，又有一处石屋建筑群。这里有个十字路口，左右都通，后面我们还要经过。如果要走全线，根据规划路线，此处必要直行上坡，否则就会走乱而完不成全程。直行爬坡百余米即至本路线最高点——大寨山北寨顶（36° 04′ 52″ N，116° 19′ 30″ E，海拔 494.8 米）。寨顶路左侧又见一处石屋建筑群，屋体较大，保存完好。再前行三五分钟，柏林尽

头，就是大寨山标志性景点扪心桥了。站在“桥”北头的层层崖顶，环视四周，群山逶迤，如涛如浪，林立断崖，层峦叠嶂，南峰一侧，峭壁陡立，气势恢宏。向西俯视山下东峪南崖村，瓦红柳绿，鳞次栉比，西南对面的云翠山、油篓寨翠柏如墨，梯田环绕，简直就是一幅天然水墨画。

扪心桥

扪心桥实际上是一道南北向的狭长石梁，连接起大寨山南北二峰，又称“天门观”。石梁蜿蜒曲折，长约 50 米，顶宽仅 2 米余，最窄处不足 1 米，两侧至底均有几十米，为角度达 90° 的悬崖。此处景色怪异，如遇阴雨天气，一侧云雾弥漫，将一切景物隐去，另一侧则一草一木清晰可见。人行其上，心惊胆战，为大寨山之最险绝处。相传心地不善者难以通过，故称此处为“扪心桥”。据说明代于慎行于此经过时，提心吊胆，冷汗浇身，过后甚为庆幸，遂写下“阿弥陀佛”四个大字刻于岩顶，每字约 15 厘米见方。历经 400 余年风雨剥蚀，字迹至今仍清晰可见。

关于“阿弥陀佛”刻字作者，说法不一。《平阴名胜古迹》中认定是于慎行所书，但另有资料介绍这四个刻字为北齐僧安道一所书。现在一般认为，参照于慎行和安道一所题写的其他石刻及拓片，从字体上看，“阿弥陀佛”题刻应是安道一所书，由后人镌刻于扪心桥中间的大石上。

我们是从北峰踏上扪心桥的，北峰也是大寨山主峰，景观众多。

穿过扪心桥继续前行即到达南寨顶，寨顶有岔路口，选择向右西行，下南寨顶，过一山腰垭口右转，开始第二层西段的穿越。沿山腰小路前行，约半小时即到鸽子洞。鸽子洞是一处天然溶洞，洞口宽约 2 米、高约 3 米。进入洞中可见洞高递增，最高处达 10 多米，深约 20 米，可努力向洞内攀爬、探洞。洞内潮湿，有钟乳石分布，洞内石壁上还有很多小溶洞，有鸽子宿栖其中，故名。

探完鸽子洞，出洞口沿石阶下行约 300 米，即到达西寨门。石砌寨门及城墙保存完好。我们在寨门内石岩平台上休整片刻，收拢队伍，右转北行。上坡处又可见一处古石屋群，与前面我们去北寨顶时所见的为同一处石屋群，路线在此有了第一次交合。

由此十字路口右行上山即是扪心桥，左行是挂天橛。路线从此直行东去，进入第二层东段路。行走不远即到天乳泉。此泉在高十余米的崖壁之下，天然形成。相传洞中有天然石乳，状如乳房，泉水沿此滴下，常年不绝，故称“天乳泉”。天长地久，泉水把地上凿出了一个盘形，称为“滴乳盘”。夏天，这里流水潺潺，清脆悦耳，冬天则结一冰柱，洁白如玉，晶莹剔透，煞是好看。

继续前行约百米，见右侧崖壁，高十余米，有乱石探出，从侧面看，状如人脸，鼻梁高挺，表情严肃，神情坚毅，十分逼真。

石人像

沿石人像崖壁前行，即到透风崖。透风崖由两块高约 20 米的石崖组成，状如一对相拥的恋人，中间有一缝，缝宽不足半米，从一侧看去，仅见一线蓝天。爬到透风崖下，四面有山风吹来，呜呜作响，似海浪汹涌，又似龙吟虎啸，让人毛骨悚然。如赶上下雨，云雾出其中，袅袅升入天际，当地有“大寨吐云，大雨倾盆”之说。寨山出云与归台遗井、洪范浮金、黄石仙踪、鱼山闻梵、狼溪春水、虎窟秋风、扈泉涌雪合称为平阴古八景，有兴趣者可一一探寻。

刘公墓

从透风崖前行约百米，在扪心桥北端东侧悬崖下、山道右侧有一宽数米的陡立石阶，共 32 级。拾级而上，迎面石壁上刻有刘公墓三个描红大字，字高约 1.6 米、宽 0.7 米、深 0.16 米，下面有一塌陷山体墓，墓身坐西向东，南北长约 30 米、东西约 10 米。该墓依山打穴筑墓，以崖刻碑，整座墓从底座到山崖顶有 52 米，是一座少见的山体墓、凿崖碑。

过刘公墓前行约 500 米，即到达林密荫蔽、曲径通幽的一处人文景观——大寨庙（奶奶庙）。大寨庙坐西向东，西依山崖，供奉着泰山老奶奶的三妹妹。传说泰山老奶奶姊妹三个，老大在泰山，老二在东阿镇的少岱山，老三在大寨山，各保佑一方生民，享受一方香火。奶奶庙从碑文上看又叫升月庵，因受地形限制，建筑面积不大，小巧玲珑。庙院内建有正殿三间，料石砌垒，拱门方窗。南北侧各有配房三间，为二层建筑。庵西北的山崖下有一进深约 2 米、宽约 1.5 米的斜扇形山洞，洞内原有一尊卧姿菩萨，人称睡奶奶，可惜现在没有了。庵院内有石碑 6 通，记载了清康熙到光绪年间对庵堂的重建与维修过程。正殿门前左右各立一石柱，一副浮雕对联大气精美，上联：紫竹坐清风吹开霞雾千年晓；下联：玉瓶注法雨洒遍乾坤万户春。

行至此处，大家在庙前短暂休整，重新规划时间，有余力者可攀上庙左端悬崖下的奇石柱洞中探奇，别有洞天。短暂休息后再次上路，脚步果然轻快不少，快步前行不一会儿又看到一处古石屋群。石屋群前有一座一人多高、占地不足 2 平方米的小庙，木匾上书“灵官庙”，建于 1999 年。从此处右转上山可至南寨顶、扪心桥。我们左转下行，不远即到南寨门，石砌寨门、寨墙保存完好，出南寨门左转东北行，就进入第三层穿越。

如果说第一层穿越的精华在"险"，第二层穿越在"仙"，那么这第三层穿越则在"奇"。穿行中要紧贴高几十米的断层崖檐而行，崖壁下生长着丛丛野菊花，虽已是初冬季节，由于向阳背风，野菊花仍未凋谢。

第三层穿越令你惊喜不断，可谓是"移步易景"。最先看到的是回音壁，是一处高几十米、长二十余米，呈弧形内凹的悬崖，土黄色的岩石经雨水冲刷，斑驳陆离。行至此处，队员们振臂高呼，声音清脆，跌宕回环，不绝于耳，好不逍遥自在。

回音壁

回音壁往前走约 5 分钟，见崖壁下有一心形天然洞穴，距地面约 1.5 米、宽约 2 米、深约 3 米，为便于标记，我们为它命名为"情人洞"。洞内地面平整，可扎帐露营，放个小桌，三五好友，在天然氧吧里沐浴清风，品茗赏景，不亦快哉。

再前，就到一段洞缝遍布、凸凹奇异的崖壁，是为石雕屏（锦屏崖）。其上密布的石灰岩石笋似巨龙望海、金蟾守宝，又似群蟒出洞、祥云贴壁，又似神鹰探头、蘑菇倒挂，动静结合，争奇斗异，惟妙惟肖。巨龙之威严、金蝉之憨

态、群蟒之威猛、祥云之兆瑞、神鹰之泰然，让人目不暇接、浮想联翩，整个石雕屏有如挂在岩壁上的生灵王国。此时夕阳斜照，本为土黄色的岩壁变为金黄，美轮美奂，雄丽多姿，让人不由惊叹自然的神奇力量，大自然才是最伟大的雕刻家。

石雕屏不远处有一极像被雷劈过的洞穴，即为劈雷洞。直径约 1 米的洞穴上方有一条由粗及细、弯曲向上的焦黑色缝隙。

再前，远远看到有一处下凹岩壁上水滴自天而降，上有青苔，下有水洼，汛期形成水帘，非汛期滴水不绝，冬季形成冰挂，故曰滴水崖。

从滴水崖沿崖壁走向回转，钻出一片灌木丛，就到了我们上山时的路上，第三层穿越也就此结束。右拐下行不远即重回北寨门。

到达山下，为了不走重复路，我们选择走上山路北临的那条路返回丁泉村。此时，夕阳西下，婀娜多姿的霞光云影，弥漫大半个天空，呈现一天之中色彩最丰富的画面。晚霞之美，令人动情，让人心醉。晚霞烧红了天，人间万物、大地风景，无不反射出耀眼的光亮。大巴车在原地静候，一天行程圆满结束。

坐在车上，大家虽有些许疲惫，但更多的还是余兴未尽。辛弃疾词云：“我见青山多妩媚，料青山见我应如是。情与貌，略相似。”人与山，岂不正是这种两情相悦的关系吗！

路线 21

胡　山　**龙门客栈→牤牛峰→神鹰台→落鹰石→天梯→悬道→朝阳洞**（太平古村）**→一线天→山街→老君祠→老君洞**（东石门）**→北观景台→珍珠胡同→神仙洞→惊心桥→白泉**（白泉村遗址）**→五峪顶**（胡山林场公园）**→朱家峪景区**

作　　者：华宝、海哥

路线简介：

起点：章丘区横沟村东头停车场（36°38′23.25″N，117°32′57.08″E，海拔320米）

终点：章丘区朱家峪景区大门（36°39′23.80″N，117°35′00.10″E，海拔220米）

路线：全程6千米—9千米，最高点海拔693.8米，路线长短可选，强弱皆宜。

本路线轨迹　本路线照片　本路线视频

本篇作者之一

华宝，本名田继宝，龙山文化传承保护中心副研究员。历任龙山文化博物馆馆长、书记，龙山文化研究会副会长，中国博物馆协会史前分会副主任，中国陶瓷协会理事，齐鲁师范大学、山东财经大学、山东艺术学院等大学特聘教授，章丘区健身协会主席。发表论文数十篇。

本路线是公认的章丘区后花园之经典免费路线。紧张的工作之余，可来这里登山遛腿，放松休闲。悠悠古韵，好景相伴；访奇探险，刺激攀岩；强弱兼容，远近自选。每年十月一日前后为景色最佳季节。可按一日低强度行程进行装备。夏秋适当防晒，春冬注意保暖。途经白泉可以补充饮用水，备简单午餐一份，在朱家峪景区可品尝豆腐脑、菜包、馅饼、煎饼卷大葱等当地农家特色美食。

游记与攻略

胡山，据史料记载，因山多槲树，故名槲山，后沿革为胡山，当地又称大胡山，以别于西北方向的小胡山，是胡山国家森林公园的主景区。主峰海拔693.8 米，地处泰沂山脉北麓，横亘于济南市章丘区中南部，北临济南经十东路，西临章丘东外环路，建设中的章丘南外环从大小胡山中间穿过，章莱路可直达其佳境，交通十分便利。胡山巍峨挺拔，山势险峻，雄奇秀丽，古迹众多，有神鹰台、落鹰石、天梯、悬道、朝阳洞、太平村旧址、一线天、山街、老君祠（洞）、东山门、神仙洞、珍珠胡同、白泉、朱家峪等景点，素有“小岱岳”之美誉，是章丘的自然风光和历史文化名山，近年来各地徒步爱好者纷纷慕名而至。

驱车在章莱路北首东拐进横沟村北街，沿路东行到村东头后向南（右）拐，走到尽头再东（左）拐，后沿水泥路一路东行约 1.5 千米到水泥路尽头，即到达登山起点。抬首远望，左前方的最高山头即为大胡山。途中若遇防火队员，例

行登记即可。登山地点有两处可供选择：一是村东停车场；二是继续向东 150 米的龙门客栈（森林防火办）。沿明显山路径直往牤牛峰顶行进。

这段山路较缓，适合热身，进入山谷，林壑清幽，一路上伴着鸟鸣笑谈江湖趣闻。若夏日初到，蝴蝶蹁跹翠草间，快意充溢心田。登攀于劲松翠柏下，聆听阵阵松涛，令人物我两忘，陡增游意。举首望山顶，抬脚踏石梯，愈走愈陡，愈陡愈走，心系景致不肯息，约半小时就可以爬上牤牛峰顶。登高望远，南北通透，景色一览无余。继续向东行约 5 分钟就来到了胡山的西山门遗址，沿石阶向上约 20 米右侧有一平台，即为神鹰台。驻足此台，胡山标志性景观——落鹰石全景尽收眼底。落鹰石并不是一块石头，而是一片孤立突出的山壁。落鹰石高约 30 米，整座石壁直上直下，从半山腰斜插出来，像一把利刃，让人无法攀越。其下端怪石嶙峋，多奇孔异穴，上端有一天然拱门，不时有飞禽穿越。

此处可分两队。体力弱或恐高的队员可在此逗留片刻，拍拍照，而后沿山脊穿林东行。山脊两侧树木千姿百态，或树冠扁平开张，或枝干旁逸斜出，饶有情趣。整个山脊宛如一个巨大的盆景，令人叹为观止。途中还会偶遇小松鼠在树梢跳跃撒欢。约 20 分钟至胡山最高峰，依次游览老君祠、老君洞、地道、石碑等遗址，东行 10 分钟到山腰游览东石门，返回休息、午餐，等待与强队会合。

强队沿山街东行 50 米右（南）拐进林中小径，来到落鹰石的正上方悬崖处，可徒手沿崖壁向下，也可拴绳保护下行，崖壁上有若干牢固的抓、踩点，这期间需要前后队员互相提醒，约 15 分钟下降至落鹰石近前，此处有一大一小两洞，可参观拍照。提示大家：落鹰石风化严重，须防范落石，切勿大吼，不宜久留。

离开落鹰石，向东南方向走，下约 10 米高天梯。须前后拉开距离，踩实抓牢，小心下行至呈东西方向的山腰悬道。沿着蜿蜒曲折的小道东进，夏秋季

节山花杂草相间，美不胜收，约 15 分钟来到朝阳洞。此处相传是明朝“嘉靖八才子”之一的李开先罢官回乡后读书和休息的场所，因此又被称为“李开先书斋”。书法家雪蓑得知李开先被罢官后，经常来这里，此洞也成了李开先与雪蓑探讨诗文戏曲的地方，所以又被称为“雪蓑洞”。洞内十分宽敞，现在里面仍有石床和石座。

离开朝阳洞，有两条路线可以选择：如果国庆节前后来此处，可直接右下至太平古村。这里原先居住着李氏家族百余人，1987 年，在政府帮助下，全庄 9 户 40 余人迁至官庄乡驻地建立新村。

走进古村，昔日的房屋早已坍塌，在空旷寂静的山林中，但见断壁残垣，荆蒿枯木。庆幸的是方石基础、土坯墙壁、木棂窗户、石板房檐基本还在，让人可以想象昔日太平村日暮闻狗吠、晨曦听鸡鸣的山庄农家生活情景。可喜的是，当地政府正重修房屋，相信在不久的将来，一个原汁原味的太平古村将重现光华！来到村西南头，左手边可见有几块清光绪年间的石碑。继续东行，有一处山楂园，秋日，红果个大无虫害，绵甜爽口。沿大胡山东石阶上山，途中游览东石门（位于大胡山东山腰上，保存比较完整，石门上方长有野韭菜，可采摘品尝）后直至山顶老君祠处。

其他季节建议走第二条路线。沿西侧悬崖攀岩而上，此处略陡，约 15 米高，“强驴”先上，拴绳助其他驴友依次而上。继续沿山腰小道斜上，来到一线天。此处有约 3 米高的陡壁，驴友们需小心互助，侧身上行通过，然后沿着明显的驴道即可到达胡山山街，右拐约 80 米就到达胡山最高峰。李开先少年时曾多次登胡山，在峰顶吟出“昂首依稀红日近，别有天地非人间”的对联。嘉靖十八年（1539 年），在翟銮的帮助下，李开先在胡山顶峰修建了中麓堂。两年后，李开先被罢官回乡，中麓堂便成了他读书写作之处。在此，他写出了

东石门

《宝剑记》等大量的文学名著。李开先去世多年后，中麓堂被改造为寺，现遗址只留下几块基石。此处松柏常青，鸟语花香，山林相映。在最高处藏有一道观，名曰“老君祠”。

据当地老人介绍，原先这里有一座建于唐代的翁婆庙，宋时在其遗址上建了天公地母祠，民国时又建了老君祠。胡山道教历史悠久，据考，自唐代始，远近百姓都有前来上香祈愿的。庙宇曾由僧侣和道士交替住持，自清康熙年间开始，一直为全真教龙门派住持，胡山是山东宗教文化的重要发祥地。

午餐后休息时，也可以东行去参观东石门（往返需时约 20 分钟）。东石门位于大胡山东山腰上，保存比较完整，石门上方秋季时节长有很多野韭菜，10 月前后来时可以采摘品尝。

午餐后从老君祠西 60 米处北（右）拐，沿明显驴道下山，到一岔路口左拐西行下山，约 20 分钟，就来到北中天台。置身其上，任习习凉风吹过面颊，听阵阵松涛撞击耳鼓，目光所及，崖青壁绿，章丘城区一览无余！缺憾之处是观景平台面积略小，一次仅能容纳六人，建议依次欣赏后，陆续下撤。前行不远就是珍珠胡同，两面是陡崖峭壁，脚下是碎石坡，需前后拉开距离，小心安全下行。过了珍珠胡同右行约 60 米，就来到了神仙洞，其高 2 米、深 1.5 米，洞上有碑，古称古月洞，俗称神仙洞。据考证，神仙洞始建于明万历年间，清康熙、光绪年间又先后续建，有康熙海州黄炳题石：“阳丘转胡山麓，有圣水峪，四面环抱可容纳五百余人，山峰奇秀、草木繁盛。”而后沿驴道下至大胡山东北山脚下一条东西水泥路上，此处向东不远为大胡山与猪鼻子山之间的一个垭口，至此完成了大胡山的穿越。此时可能有队员出现腿部痉挛、体力不支的情况，建议分强弱两线继续前行。

弱线则沿水泥路过垭口，一路向北约 800 米，在一个发卡弯处要向右拐（此处容易走错），顺驴道直奔朱家峪景区文峰山即可。这里也是电视剧《闯关东》拍摄基地。

惊心桥

强线沿西南山坡登上猪鼻子山，此时体力不支的队员也可右拐沿明显驴道下山，与“弱驴”会合奔向朱家峪景区。继续北行至惊心桥，此“桥”是用石头堆积起来的一座长约 5 米、宽约 30 厘米、高约 2 米的石墙，走在上面，步步惊心，可以尝试一番，也可从右侧绕道而过，约 40 分钟后左（西）拐下山就是白泉。泉水长年不断流，躬身喝一口甘泉，洗一把脸，顿感神清气爽。旁边立有“白泉”石碑，“百牛饮尽白泉水”是唐朝开国元勋李勣题句。由此推断，当时村东山间石崖下泉水众多，一年四季皆喷涌，泉水洁白如练，故取村名为“白泉村”。游览完白泉，向北沿路直行约 3 千米即可到达白泉村。此村在唐朝时就已建村，据史料记载，当时被称为白泉古镇，明朝时期，古镇非常繁荣，清朝设镇，民国时期号称章丘八大镇之一。因章丘区旧城改造，该村现已拆迁，拆迁时发现了刻有“汇泉”字样的石碑，现保存下来的古建筑有北极台、举人楼、绣楼、张氏祠堂等，另有许多年代较近的典型北方四合院。

不去白泉村的话，可从白泉向北约 20 米右（东）拐沿缓坡上山，然后左（北）拐到五峪顶，西北方向有多条道路可下山，进入胡山林场度假景区游玩。此处为章丘市民晨练、休闲、娱乐之地，有诸多餐饮小店，既可以走走转转，也可休憩小酌。此时站在五峪之巅，回首走过的路、爬过的山，立刻会有一种无比自豪的成就感，接着向（右）东下山奔向朱家峪。

朱家峪村，原名城角峪，后改称富山峪，被誉为“齐鲁第一古村，江北聚落标本”。明洪武初年，朱氏家族自河北枣强迁到该村，距今有 600 多年历史。该村历史悠久，至今仍完整地保存了原来的建筑格局。古村为梯形居落，上下盘道，高低参差，错落有致。古村面积达七千亩，有祠庙、楼阁、石桥、故道、古泉等大小景点八十余处。

浏览完朱家峪，出景区大门，即为本路线之终点。我们的大巴车已在此等候。为期一天的胡山—朱家峪穿越活动，就在我们欣赏着美不胜收的美景、流连忘返中圆满画上了句号。有一种美丽，只有身临其境方能体会；有一种陶醉，时间过后依然久久回味！登山是一次放松心情、亲近大自然的经历。每一次登山，你可能会有不同的感受、不同的收获、不同的心境，但是，相同的是爬上山顶后你内心的舒坦与踏实，你总能看到更精彩的风景，也总能有更多、更不一样的感悟。

朱家峪

路线 22

九鼎山 **东八井→九鼎山→石龙山→**（银猴顶→枣黄峪→拇指山→金猴顶→产子峪）**→石龙寨→笔架山→神仙门→头枕山→西八井**

作　　者：海哥、李顺清

路线简介：

起点：官庄街道办事处东八井村（36°34′50.11″N，117°37′00.64″E，海拔 381 米）

终点：官庄街道办事处西八井村（36°34′47.15″N，117°36′23.69″E，海拔 405 米）

路线：长度约 11 千米，可分强、弱两线，自由调整；最高点海拔 833.5 米，强线累计拔高 2784 米，徒步时长约 6 小时。

本路线轨迹　本路线照片　本路线视频

本篇作者之一

海哥，本名张守海，中学教师，现定居章丘明水，章丘三人行户外队长。热爱户外、乒乓球等运动。2008 年 4 月接触户外运动，足迹踏遍大江南北，曾重装穿越秦岭—太白南北。

九鼎山又称九顶山，属泰沂山脉的一部分，其主峰海拔 833.5 米，为章丘区内高峰之一。其原名莲花山，因九个大山头被一条大岭连接成一体，故名九顶山。九鼎山素有“天然氧吧”“济南之肺”的美称，森林覆盖率达 85%，泉瀑长流，鸟语花香，空气清新，负离子含量极高。去九鼎山徒步的最佳时节为春暖花开季或秋高气爽时，可踏青、赏花、戏水、品尝野果。全程徒步约 11 千米，可分强、弱线行走，是驴行初级路线。需备路餐一份、水两升，途中无补给水源。

游记与攻略

去九鼎山的交通极为便利，驱车沿经十东路来到章丘区官庄街道办事处，到 309 国道与 302 县道红绿灯十字路口处向南拐，再沿 077 乡道南行即可到达东八井村。

据《章丘市地名志》记载，该村于明代建村，以水井取名，上边的叫上井子，下边的叫下井子。附近的九顶山形如“八”字，清末遂以方位和山势改名东八井村。村民称，本村的八眼古井还都有水，还在使用，如遇丰水年，井水自井口溢出，平时从井台下流出成溪，汇入村中小河。

在村北口下车后，首先映入眼帘的是路东边的一座村寨石门(36° 35′ 03″ N，117° 36′ 51″ E，海拔 366 米)，门洞呈拱形。门下以前是村中古道，现已废弃，新修的公路从门旁绕过。拱门的门楣上刻有“福德门”，门北是一座影壁。阁门南侧东照壁上有清光绪十四年（1888 年）的石碑一块，碑文上记载，东八井村为了防止河流直泻，在村北修建阁门一座，并于上方建文昌阁。可见这座阁门已经经受了 130 多年的风雨侵蚀，如今，它仍巍然屹立，默默把守着村口，见证着这座古村寨的沧海桑田。

沿着贯穿村子南北的大路继续前行，一排排石屋错落有致，一条条石巷各具特色。该村是建在一处较平缓的山谷之中，南北狭长，东西两侧是山。村舍顺河依山而建，墙体就地取材，用山石砌成，起脊的红瓦屋顶，层层叠叠，极具原始古朴之气息、自然和谐之情趣。

谈笑间来到村南九鼎山原生态风景区。该景区为山丘型自然风景区，景区内古树参天，奇峰突兀，山泉、瀑洞分布其中，至今保持着原始风貌，区内还盛产各种天然中药材，有全蝎、柴胡、黄芩、远志、何首乌等。

从景区大门东面一个小山坡沿驴道上行，途中有缓缓的上升，偶尔也会手脚并用地攀爬，但大多是平缓的路段，可以适当地调整体能，做做爬山前的热身。起初是在松林中穿行，约半个小时后便到了一片开阔的山脊。一路南行，很快就来到九鼎山的最高处，极目远眺，群山竞秀，层峦叠翠，绵绵延延，蔚为壮观。

稍事休息后下坡，向西南再走一小段砂石路，当看到山顶有一个风力发电机时右拐上山，横切山腰西行5分钟就来到了龙山的东侧。站在一平台之上，只见山石高耸，崎岖巍峨，怪石嶙峋，突兀而立，它像一条巨龙俯卧在此，驴友们把它叫作石龙山（36° 33′ 36″ N，117° 37′ 17″ E，海拔727米），而当地人却称它为“龙龙山”。来到此处，建议驴友从石龙山峰的南侧绕行而下，下的过程中需要面朝崖壁，背包朝外，手脚牢牢地抓踩岩石谨慎而行。

走过石龙山，地势略变平坦。顺道前行不远右转来到北侧悬崖边（36° 33′ 56″ N，117° 36′ 47″ E，海拔672米），鸟瞰下方，有三座东西方向排列的山头，西为金猴顶，中为拇指山，东面是银猴顶。拇指山从外形上看极像人的大拇指，微微上翘，形象逼真。据说，当年，玉皇大帝为了怕金猴银猴打架，便伸出自己的大拇指挡在它们中间。

沿着山顶北侧西行不远，有条小径可直达金猴顶。站在金猴顶上放眼四望，群山莽莽，梯田层层，好似丹青高手绘就的一幅精美水墨画，让人心旷神怡。金猴顶的西侧还有一道山沟，叫产子峪。据传说，唐王李世民带队东征时，随军的一位皇妃在这里生下一位皇子，李世民便将此峪取名为产子峪（又称产子岭）。这里山峰林立，植被茂盛，是探幽访古的胜地。

从金猴顶向北有路径可以直接下山，继续前行不远有两条岔路，分别通向东、西八井两村。“强驴”向南返回山顶，继续西行，沿途会遇到几段人工砌就的石墙，到达山峰之上还有貌似营房之类的建筑遗迹，据当地人讲这是石龙寨，过去，它或是土匪强人聚集之处，或是乡民暂时避祸的地方。

右转接连翻过两座山头，在气喘吁吁、大汗淋漓之际，映入眼帘的就是笔架山（36° 33′ 53″ N，117° 36′ 15″ E，海拔 750 米）了。笔架山山石高耸，错落有致，如同一个大大的笔架，气势非凡。它三面是悬崖，怪石嶙峋，断壁陡立，极难攀爬。来到此处，有两条路径可选：一条是捷径，从笔架山的东南山脚下向北绕过，很适合“弱驴”行走，可直奔神仙门；另外一条沿着笔架山下方向西直走，在其东面半山腰处，有一南北通透的空心洞（36° 33′ 54″ N，117° 36′ 17″ E，海拔 697 米），可攀上观赏拍照。继续前行，便来到了笔架山的西南侧，为一个难度不大的小崖壁，小心翼翼攀岩而上，折返向东，临近峰顶的北面筑有一道石墙，中间有一个下宽上窄的石门。据说这里曾是一个山寨，上、下山者只有从山寨门方能进入。

神仙门

出山寨石门下行约 1 千米，便到了大名鼎鼎的神仙门（36° 34′ 07″ N，117° 36′ 01″ E，海拔 625 米）。神仙门之所以出名，一因险，二因奇。神仙门位于一堵长约 200 米、宽约 1 米，天然形成的石脊中部。石脊状若墙壁，中间是由大块的岩石堆砌而成的一线长墙，两侧是悬崖绝壁，下面是万丈深渊。细看石脊，乃是由石块层层堆叠而成。石块有棱有角，如同人工切割，那错落有致的“垒砌技术”绝不输于技艺高超的工匠。神仙门呈英文字母“n”形，只是上半部稍有倾斜。

游览完神仙门后，回撤 50 米左右有条小路可直接下山到西八井村。“强驴”继续前行，不远就是头枕山（36° 34′ 09″ N，117° 35′ 56″ E，海拔 639 米），其形状好似一个石枕，石脊又长又窄，两侧均为悬崖峭壁，类似刀刃。沿羊肠小道右切盘旋而下即可到达西八井村。西八井村静卧于苍山翠柏之间、群山环绕之中，漫步其中，满目皆石，不论山坡上、溪涧边、老井旁，还是老房子、新房子，皆以石为基、以石为墙；再加上石桥、石巷、石井、石碾、石磨、石阶，是名副其实的石头村，这里的一切都透着悠悠古韵，蕴含着丰厚的文化底蕴。如果秋季来到此地，驴友们可尽情地挑选自己所需的花椒、无核软枣、柿饼、红薯等乡村土特产，保你满载而归。

在西八井村北口，有一座在山沟中就势而建的小水库，传说有人无意间投到水库里一把稻谷，几天后竟然在百脉泉涌出，如此说来，这里便是百脉泉的源头了。在小水库西北侧的山崖崖壁上有摩崖造像，济南市考古研究所副研究馆员、石刻造像研究专家王晶说，通过观察 5 尊造像的形态，初步判断这是一组唐代晚期造像，中间的 3 尊为佛像，两边的 2 尊为弟子像。这样的佛教造像很少见，也是章丘地区除了赵八洞造像之外的第二处野外摩崖造像，它的发现，对研究章丘地区佛教文化的演化和传承具有重要意义。至于造像是何年建造，村民说法不一，有的说它有几百年了，有的说它有上千年了。

看完石刻造像，倘若你还不尽兴的话，也可以继续沿着水泥路东行一段，领略一番西八井水库别样的风光。

西八井石刻造像

路线 23

九天大峡谷（莱芜） **莱芜朱家峪→山门→高苯沟→香山庙→香山主峰→野鹤岭→张坡→石屋子村→官梁子→九天大峡谷→九天画廊→九门大峡谷→天潭→野桃岭→老沟→朱家峪**

作　　者：小珠、雅慧

路线简介：

起点（终点）：莱芜莱城区朱家峪村（36°　24′ 40.65″ N，117°　23′ 18.45″ E，海拔 557 米）

路线：长约 13 千米，长度和难度中等偏下，可分队。最高点海拔 920 米，累计拔高约 800 米，徒步时长约 6 小时。途经的石屋子村和九天大峡谷内有山泉水可以补充。需注意的是，天潭前有一处高约 4 米的坝墙，如果攀爬，须绑安全绳，以确保安全。

本路线轨迹　本路线照片　本路线视频

本篇作者之一

小珠，本名宋艳红，现定居济南；爱好健身、读书。2018 年开始户外徒步，先后重装行走南太行、武功山、北京灵山等路线，单人自驾额济纳、河西走廊、甘南、川西、青海等地。

九天大峡谷

九天大峡谷地处济南莱芜区境内，全长 20 千米，民风淳朴的古村落王石门缀嵌在蓝天白云下的高山之巅，有如云中山寨、人间仙境，是山东省海拔最高的村庄（海拔 620 米），故被誉为“天上人家”。

九天大峡谷西南 2 千米的最高山为香山，是莱芜区境内第一高山，主峰海拔 891 米，因山中盛产香草而得名；向西北依次有犁铧尖、鸡爪顶、七星台等徒步路线；正东 2 千米有黑龙潭水库上游的黑龙潭大峡谷，东北方 3 千米处有房干旅游区的九龙大峡谷，构成山东省乃至华东地区最大的峡谷群。区内山地切割强烈，层峦叠翠，沟壑纵横，规模宏大，尤其是由九龙、九天两条大峡谷组成的“二龙戏珠”景观，气势恢宏，谷内怪石嶙峋，溪水潺潺，连绵曲折，既有北方山水的粗犷，又具南国园林的柔美，是旅游观光、峡谷探险、避暑度假和民俗体验的理想之地。

本路线以春秋两季徒步最佳，春季清明前后可观赏野桃岭漫山野桃花；每年 8 月底至 9 月上旬可尽享满山成熟的山桃，还有成片野韭菜花可供采摘；深秋，这里更是五彩缤纷，美轮美奂。

游记与攻略

本路线的起点在莱芜区大王庄镇的朱家峪村（不是章丘的朱家峪）。下车后，沿村中河沟右侧水泥路向南行，沿途可看到“十八大”以来新农村建设给这个偏僻的小山村带来的巨大变化。公路缓坡行约 1.5 千米即达山门。此处有已经废弃的香山旅游景区停车场，还有两个指示牌，指明了各处景点名称和方向。此处可分队，短线直行过山门下山可经上石屋子村直达路线中的石屋子村（中天门），长线右行沿高苯沟盘山公路可达香山主峰顶，两队人马可约定在石屋子村集合。左拐的山顶公路可达后面的老沟沟顶，但来此徒步的不会向左拐，因此路去不了九天大峡谷。

笔者选择了长线，就是右拐上山，奔香山主峰，因为每一位驴友都有一颗攀登高峰的心。

沿高苯沟中盘山公路一路拔高而上，至公路尽头变成了石砌台阶，由缓变陡，草木愈加茂密，野菊花黄了，它是秋天最美的配角。

登上山顶，就看到了香山庙。香山庙明显建于近年，坐北朝南，北高南低，依山而建，庙前门可罗雀，杂草丛生，主庙梁楣也未悬挂匾牌，正门中上挂一红布幅，上书“香山庙”。一位神情孤寂的看庙老者见我们到来，热情地招呼我们，估计是有几天没看到外来之人了。香山庙后有座信号塔，伫立在香山峰顶（36° 23′ 31.11″ N，117° 23′ 13.06″ E，海拔 920 米）。

忽略这凋敝的人工建筑，香山茂密的植被和丰富的色彩才是看点，它凝香集萃，含英咀华，香草、香花、香果、香茎，看见的或看不见的，认识的或不认识的，众多富有浓郁花香的植物就生长在那里，岁岁年年，自由自在。

野鹤岭

从香山庙返回，沿一条隐藏在密林灌木中的小径向右（南向）横切，穿越松林东行下山至一条东西向的山脊，沿山脊行约 500 米至野鹤岭（36° 23′ 32.08″ N，117° 23′ 39.17″ E，海拔 733 米）。此岭为“人”字形，行走至此，发现一条山岭分成了两条，分别向东北、西南延伸而去。

野鹤岭山顶平台是一处绝佳的 360 度观景平台，正西仰望主峰香山全貌，向东北越过山下石屋子村可俯视九天大峡谷、如意亭、玄天门停车场，正东可见防城崮、黑龙潭等三座高山并列，东南可见香山旅游区大门、停车场和黑龙潭水库，正南鸟瞰山下七郎峪。

我们选择左侧山岭下行。坐落在左前方山下峪沟中两个安静的小山村就是上石屋子村和石屋子村。这条横亘于村南长约 1.5 千米的山梁叫张坡，因村中居民多为张姓而得名。下山路上多灌木，有几段是需要手脚并用才得以过的山顶岩石，巨石的外貌与泰山石类似，为这段路增添了多许情趣。有几处地方路边长满了野韭菜花和黄花菜，每每遇到就会驻足采摘。

下至石屋子村正南面的山梁处，惊喜地发现路边有几棵山桃树挂满了熟透了的桃子，摘一个尝尝，居然又脆又甜，接下来的好事就不用说了。原来在山上也遇到过类似的山桃，不过多是皮薄核大，而这山桃虽然看起来是青中带红，但肉厚核小，酸甜可口，解渴又解馋。

再下行 500 米，到了山顶上面的一片平整的空地，地上长满又高又整齐的狼尾草。空地右侧也有一棵很大的山桃树，硕果累累，个虽大但不如刚才的甜。从“空中草原”向左北行下山，再行约 500 米，就到了石屋子村村头公路。

象形石

石屋子村，由上石屋子和下石屋子两个自然村组成，共 81 户、205 口人。据记载，明朝末年，有张姓兄弟二人迁此分建两村，居上的名为上石屋子，居下的称下石屋子。抗日战争时期，八路军及抗日游击队常在此地活动，并在村北设有兵工厂。板栗、柿子、核桃是本村的特产。

沿公路向东下行约 500 米，在公路的一个大拐弯处，分出一条左行土路，路左山崖下有个旧指示牌，标示前行是“官梁子”，沿此路绕过山头回拐北行，就进入了九天大峡谷，沿谷底乱石择路溯溪前行，渐入佳境。

前行不远，在沟左侧的石崖上刻有“九天大峡谷”几个描红大字，崖壁下一潭清水，清澈碧绿。脱掉鞋子，走进水中，洗去一脸的汗水，暑意全消。从此处再行约百米，有个岔路，可右拐上山，沿山顶去如意亭、行云阁，达玄天门停车场。走上面视野开阔，走下面曲径通幽，各有春秋。夏天与初秋，阳光高照之季，走下路比较清爽。

沿沟底前行，移步易景，曲径通幽，渐入“九天画廊”佳境，在沟内杂草巨石中循路走过一段无规则的野路，穿过一处巨石与崖壁天然搭成的“石门”，即至景区步道，依次踏过更天桥、从天桥、羡天桥、中天桥、云步桥等数座人工石桥，至红石双瀑。

沿步道右转上行，进入一段山崖栈道，栈道挂壁，可凭栏远观，右侧深谷内的红石双瀑可沐浴情怀。至景区步道中端，右转再上至玄天门停车场，直行向西进入九门大峡谷。

沿九门大峡谷沟中丛林野路行约 400 米，向北右拐过一个弯，就看到一道高约 4 米的石墙封住沟口，此为天潭石坝。

攀爬能力强的队员可直攀而上，登上坝顶，一湾碧水映入眼帘，潭水平静地嵌在群山之中，有如一块无瑕的翡翠。必要时可借助绳索，以确保安全，无十足把握者断不可冒险，可返回，从石坝右侧爬上山头，来到野桃岭。

如果是枯水期，可沿水坝右岸前行进入沟底，行约 300 米见一向西左拐沟口，从此处西行再 300 米，即与本路线交合，这显然是一条捷径。如遇盛水期或野桃成熟之季，自然要选择走野桃岭顶。绕过天潭，也可从岭顶左转下插至沟底，走前述路线。

野桃岭有笔者见到数量最多的野桃子，都是肉厚核小的那种，你可以边走边摘边品，想必在春暖花开时节，这里定是桃花烂漫、花海一片。

野果

野桃岭顶有座高高的信号塔，从信号塔左侧山坳翻过，穿过一片花圃，即到 049 乡道的水泥公路。可沿公路下面峪沟回折西南行再至沟底，来到天潭上游，与上述路线重合。也可沿公路左行 200 余米，再向左切入公路下面的一条盘山土路，行约 500 米，再向左出土路，下至九门大峡谷谷口。

从谷口沿一西行峪沟行是一段爬坡路，沟内有荒废的农田果木，杂草丛生，树木繁茂，其中有条小路若隐若现。缓坡上行约 700 米来到盘旋在山顶的公路上，这条盘山公路向西南与刚进山时的山门相连。此处沿公路向右行，可至香山槐花谷。

穿过山顶公路下行，进入朱家峪村的老沟，再沿老沟沟底山路下行约 1 千米，就回来了路线起点朱家峪村。

路线 24

雪野湖 鹁鸽岩隧道→背羊石→山神庙→半边崖→屋脊岭→三生石→岩臼群→伏虎岭→三山卫→大山→五道沟→天绿湖（小三峡景区）**→通天峡→长寿桥→龙王庙→景区停车场**

作　　者：李布波、紫若

路线简介：

起 点： 雪野湖鹁鸽岩隧道顶（36°20′19.72″N，117°56′43.12″E，海拔 333 米）

终 点： 小三峡景区停车场（36°41′09.68″N，117°55′22.23″E，海拔 320 米）

路线： 全程约 12 千米，用时约 5 小时，累计爬升 500 米，最高点海拔 675 米，强度低，难度低。

本路线轨迹　本路线照片　本路线视频

本篇作者之一

李布波，本名李蕾，创意写作硕士，媒体记者，现定居济南，爱好户外运动；曾出版励志合集《总要为梦想疯狂一次》，作品散见于《成才与就业》《意林》《美与时代》等杂志。

雪野湖片区位于济南市城区东南 46 千米、莱芜区西北 20 千米处，区内山水生态资源丰富，是游山玩水、避暑纳凉、休闲亲子、徒步穿越的好地方。

目前户外圈来雪野湖游玩，多选择在 6 月—9 月，上午去小三峡半日徒步穿越，中午在湖边品尝湖中鲜鱼，下午在水上乐园玩水纳凉。纯徒步路线主要是西线鹁鸽岩至小三峡和东线马鞍山线。本篇带领大家走西线，以金泥湾景区为中心，在其周边高山上画了个半圆，一路山险、石怪、水秀、树茂，移步易景、野趣盎然。因起点与终点相距 4 千米余，最好有大巴车接应。

游记与攻略

从 G2 高速公路雪野湖出口下高速，右行后沿湖西 242 省道南行，至雪野湖水库大坝西头北百余米处，有一个回折上行路口，右侧有一个“雪野绿道（南片 B 路口）”的褐底白字大指示牌，由此上行，见路口左拐上坡，上路前行约 2 千米，到达 G2 高速公路鹁鸽岩隧道正上方，盘山公路拐弯处有个红瓦大院，我们就在院大门前下车，伴随着犬吠声，我们沿一条明显的山路上了山。

若是 5 月前后来此，这里定是槐花竞放，香气扑鼻，一片白色花海。循小道前行，右侧有一铁制四角小凉亭，锈迹斑斑，小亭左行不远，有一排废弃的护林房，破败凋敝，门窗全无，一间房内还供奉着六位仙人的牌位。

从护林房后左切南行上山，到达垭口，垭口正东即为鹁鸽岩，再南依次是大寨山、雀山。山下的雪野湖尽收眼底。湖色与天光争辉，绿水共青天斗碧。此处有一巨石独立，似一位驼背老妪，背上驮着一只羊羔往山上行，此石取名为“老妪背羊石”，惟妙惟肖。

老妪背羊石

沿山脊西行再上山顶，即达山神庙（36° 23′ 22.63″ N，117° 33′ 28.51″ E，海拔 520 米），山顶最高处就是在山下看到的那座古庙了，此庙年久失修，房顶坍塌，两扇庙门塌落于庙外，神去庙空，只剩一“文昌老爷”牌位孤零零地立在一旁。古庙东岩顶上有两处古人遗留下的捣米臼，岩顶东南山沟为长岭沟，沟下是西土屋村。站在山顶西北看，有一孤立圆形山头，这就是著名的悬羊吊鼓山，山下为金泥湾景区。

从山神庙西侧小路下山，走一段平坦山脊公路，再上山，山腰处遇一断崖，从下向上望，看似无路可走，手扶崖壁，单脚立稳，还是可以安全通过的，此处为半边崖，算是整个路线中最具危险性的地方。

通过半边崖，爬上屋脊岭之巅，视野豁然开朗，前行中向右望，只见伏虎岭横卧东西，虎头处断崖叠生，整个山岭酷似一只猛虎伏卧，伺机而跃。抬头看，只见岭顶竖立一堆巨石，其中三块最大的垒叠而立，这是路线中的一处重要地标——三生石（36° 38′ 98.66″ N，117° 54′ 85.56″ E，海拔 585 米）。

只见三块巨石错落垒叠在一起，看似分离，但又紧紧相依，像极了前世今生相聚的恋人，情侣们到此一定要合影留念。

离开三生石继续走，你可能还沉浸在一些奇思妙想之中，却被前方驴友的惊呼吸引了过去。循着伙伴们的欢呼雀跃声跑上前去，一块憨态可掬的金猪

金猪石

石正趴在草丛中，猪鼻子被肥硕的小圆脸挤住，眼神温顺，就像那萌萌的“佩奇”。小猪身边还有两块元宝形的石头，是一处寓意吉祥的景观，摸摸金猪，祝福路过的诸君诸事如意。

金猪石旁边，一片裸露平坦的花岗岩顶面上有十几个大小形状不一的天然石坑，即为岩臼群。个个如盘如匙、如盆如锅、如臼如缸，形状不规则，大小深浅不一，多数口小肚大、底部较平，是极其独特的地质奇观。

从岩臼群右转而下，再西北上伏虎岭，穿过茂密的草丛，从“虎背”走向“虎屁股”。这段路上，漫山遍野的朽木横七竖八、张牙舞爪地充斥着你的眼帘，碗口粗的古松“尸横遍野”，满目疮痍，几棵幸运躲过此劫的松树孤零零地立在那里，像在诉说着什么，又像在思念着什么。这一切，就是震惊全省的“4.16”火灾的事故现场遗迹。

惨痛的教训就在眼前，成千上万棵生长了几十年甚至上百年的松树就这样毁于一旦，本当古松苍翠、漫山绿野的自然风光不复存在，实在是令人痛心。必须警钟长鸣！再度呼吁驴友们一定不要携带火种上山。

走到了伏虎岭的“腚”部，抬头西南望，天际边那座最高的山头名为大山，海拔 823 米，为周边最高峰，只是山顶有座白色建筑有些煞风景。收近视线，眼前有三座大小相近的圆形山头呈“品”字形排列，拱卫在大山脚下，故名三山卫。西南方山下的水库是址坊水库，水库另侧群山是华山林场。三山卫正西山腰有九阳宫，再西为大舟山。伏虎岭北侧山下是金泥湾景区，景区内建筑物清晰可见。

金泥湾景区内山清水秀、万物葱茏，有八处中小型水库镶嵌其中，如同绿色绸缎上点缀的八颗宝石。湾内有五泉，大泉居中形似金元宝，其余四小泉分列四方。抗日战争时期，中国共产党领导的抗日武装曾在此设兵工厂，人民群众在山中安设石碾、石磨三十余盘，现遗址尚存。

下伏虎岭西北行上山即到三山卫，翻过第一个山头右下，来到一条盘山土路上。沿公路朝大山方向行走，山回路转，起伏不大，蜿蜒前行 2 千米余，来到大山脚下的水泥公路。此处回退三百余米的山顶最高处，可右转上山，沿山脊一路向东北下行，可直至小三峡景区通天峡的顶端，与本路线相接。强驴们可以横穿水泥路直登大山顶。

我们沿水泥公路右转而行，约 1 千米的拐弯处右转下山，若沿公路继续前行可至大山北面的孔雀山景区。景区内常年流水潺潺、绿树红花遮天蔽日，主要景点有仙人亭、长寿林、朝阳洞、情人屋、兵工厂遗址、山泉亭、一线天、鹿场等。

右转下山，经过一片板栗林，枝繁叶茂，绿树成荫，每年 8 月 15 日前后，板栗成熟时节，就会有金黄的板栗掉落下来。沿明显山路行约 200 米到达五道沟沟底。沟内藤蔓遮蔽，草木丰盛，峭石嶙峋，卓异多姿，涓涓细流，跳跃于山体罅隙之间，喷珠撒玉，不绝如缕，彰显的是灵动，送出的是畅快。

沿沟底循径而下，行约 1.5 千米进入小三峡景区最大、最上面的水库——天绿湖（36° 24′ 38.27″ N，117° 32′ 39.86″ E，海拔 360 米），它俗名叫龙湾子水库，高峡出平湖，蔚为壮观。两侧青山峻岭，鳞次栉比，水库两岸修建了观光步道，可沿左岸行至景区大门，路程短，但会错过几个景点。我们沿右岸前行，不远右侧山中有一条狭长深沟，直通山顶，沟内建有台阶，长百余米，垂直落

差近 70 米，此为通天峡，又称天梯。

攀上天梯到达山顶后再沿步道左行而下，你会注意到此地的石头也有了变化，除了青石，还有一段红石谷，由一大片火红色岩石构成，与幽深碧绿的潭水交相呼应，美不胜收。

进入水库大坝下面的青龙峡，顺流而下，有一座横跨涧沟的小吊桥，是为长寿桥，钢丝吊拉，木板铺成，全长 10 米，桥下水流中有一岩石，酷似一只神龟，故有“灵龟捧寿”之说。吊桥旁边一巨石，上题刻“飞来石”。前行中，沿“情侣石”指示牌向沟内看，在一瀑布岩顶，溪流对岸的光滑石壁上，有两块长条形石头并排竖卧对靠在一起，酷似一男一女紧紧相依，山洪、溪水终年从石上流淌，但这对同舟共济的“夫妻”，无论遇到多大风雨，仍然岿然不动、紧紧相依，四季长流的溪水祝福着千百年来绵绵无绝期的爱情。

情侣石下深潭为青龙潭，卧在苍翠环山之中，潭水幽深碧绿，清凉四溢，最深处有五六米，青间白灰色岩石与潭水形成蛟龙欲出之势。潭边建有龙王庙，灰瓦红墙，四角飞檐，四柱顶厦，依山傍水，守护着上面的天绿湖大坝。

沿步道行至下面水库，岸边几家农家乐正在兴建，取左岸行，上坡后即至景区大门，出大门再走 300 米，就到了景区停车场，我们来时乘坐的大巴车已在此等候。

古人云：世之奇伟、瑰怪，非常之观，常在于险远，而人之所罕至焉，故非有志者不能至也。挑战自我，看非常之景，这大概就是徒步的乐趣了。

岩臼群

金猪石上

二、泰山区 7 条徒步路线

概况

本书划分的泰山区，是指泰安市行政辖区内，以五岳独尊的泰山为“龙头”，泰山东南直线距离 20 千米是它的姊妹山——徂徕山，两处山脉以牟汶河为界，隔河对望。徂徕山正东与莲花山连为一体，以省道 103 为界，徂徕山主峰太平顶（海拔 1027 米）与莲花山主峰天台峰（海拔 965 米）相距约 30 千米。莲花山再东与鲁中山区相连，共同形成“龙身”，一条东方巨龙就这样盘踞于山东省腹地。本书在泰山山脉 20 余条成熟路线中，从东南西北四个方向布局了 4 条最经典穿越路线，覆盖整体九成区域；从徂徕山山脉东南西北 4 条路线中，选择了最具代表性的 2 条；加上新泰新甫山的 1 条，共收录 7 条路线。

泰山为东方文化的一个缩影，中华五千年文明史每一个重要阶段在泰山都有遗存，其证据就是数千年来在历史演变中留下的大量文化遗产：古建筑群 22 处、古遗址 97 处、历代碑碣 819 块、历代刻石 1800 余处。如此丰富的历史文化遗产，为研究中国古代历史、书法等提供了重要而丰富的实物资料。

徒步泰山，登临世界级的自然遗产与文化遗产双重遗产、地质公园，是一件令人向往的事。

拱北石

路线 1

泰山南北线 岱宗坊→红门宫→万仙楼→经石峪→壶天阁→回马岭→中天门→云步桥→五大夫松→十八盘→南天门→天街→碧霞祠→唐摩崖→青帝宫→玉皇顶→后石坞索道站→桃花源索道站→蛤蟆腚→老平台→卖饭棚→天井湾→天龙水库→沙岭村→周明堂遗址

作　　者：好钢、春章、东方

路线简介：

起　点：泰安市区岱宗坊（36°20′01″N，117°12′44″E，海拔164米）

终　点：沙岭村明堂园（36°29′39″N，117°11′74″E，海拔409米）

路线：全程22千米，行约10小时—12小时，最高点海拔1532.7米，累计拔高1500米。强度中上，难度低，需要较好的体力与毅力。

本路线轨迹

本路线照片

交通提示

上山：泰山火车站下车，乘3路公交车至红门；泰安高铁站下车，乘37路公交车至林校操场，或乘61路“高铁泰安站—泰山景区”旅游专线直通车直达红门。泰安市有两个火车站，购买火车票的时候要注意“泰山站”和“泰安站”的区别。

下山：在沙岭村中的螭霖鱼园区、泰山周明堂、天龙河等处乘坐30路车（末班车20：00）至泰安汽车东站，再转车至泰山站或泰安高铁站。

史家考证，历代帝王封禅泰山，除汉武帝到中天门是走东御道外，其他都是从山阳（南）的岱庙出发经中天门登顶祭天，从山阴（北）下山祭地，在泰山东北麓的明堂宣布礼成并接受群臣朝贺。本文所介绍的这条穿越路线，上山部分即通称的“中路盘道”，下山则是“秦御道”“周御道”各走一段。它既能展现泰山的历史、文化与古迹，又兼顾泰山自然风貌，是徒步泰山最经典的路线之一，又称泰山御道。没走过这条路线，不算真正意义上游览过泰山。

游记与攻略

（1）至中天门

登山路线的起点可以选择岱庙、岱宗坊或者红门，本文定在岱宗坊，因为这是泰山的正山门。它初建于明嘉靖四十二年（1563 年），于清雍正八年（1730 年）重修并篆额。

从岱宗坊上行约 1 千米，到达一组长约百米、红彤彤的古建筑群，道路在此收窄并出现盘道（数蹬石阶加一平台，为之一盘）。起点处为关帝庙，它由明代在泰安经商的山西商人所建，院内有一棵据传是汉武帝亲栽的柏树，号称“汉柏第一”。街两旁是进山前最后一个综合商贸区，可以在此补齐登山物品。

街道尽头，喧闹的世间突然安静下来。首先映入眼帘的是称为“一天门”的跨道式石坊，“一”是万物的起点，这道门算是“天梯”的开始。随后是一座修建于明嘉靖三十九年（1560 年）、上刻“孔子登临处”的四柱三间门式牌坊，纪念孔子曾登临泰山。紧接着是一双柱式石坊，建于明嘉靖四十三年（1564

孔子登临处

年），额题的“天阶”像是一则告示，提前告诉你此后的登山路堪比“登天”！这三个牌坊两边还有“天下奇观”“登高必自”“第一山”等多块古碑刻。

古牌坊两侧是庞大的红门宫，左侧曾是佛教的弥勒院、右侧是道家的碧霞庙，后因道教兴盛而佛道合一。两院间有名曰“飞云阁”的高阁相连，阁下为拱门，额题“红门”二字，登山道穿门而过。

过红门后右侧豁然开朗，清溪碧潭，风景秀丽，那是源自中天门东的中溪山、一路汇集了众多溪水的中溪，至中天门的登山盘道就是沿此沟涧顺山势而建。北行约 400 百米，是一跨盘道式门楼——万仙楼，它又叫望仙楼，建于明万历四十八年（1620 年），1959 年进行了翻修。据传，这儿曾是王母娘娘召集泰山万仙聚会的地方，故名。目前是进山购票的场所。过万仙楼记得回望一下，楼洞上方有一蓝底红字的额题“谢恩处”。为何谢恩，向谁谢恩？一传古时香客登泰山归来后到此叩头谢恩，感谢碧霞元君保佑平安；又传古代帝王登泰山时，地方官员送驾至此而止，众官员叩谢皇恩。

登山初始就看到了如此多的、有数百年历史的古建筑物，而且个个还有典故，彰显着泰山历史文化的深厚底蕴，这在国内的名山大川中并不多见。沿依山傍水的盘道拾级而上，行走于红墙灰瓦间，徜徉在青松翠柏里，聆听着溪水叮咚声，让人慢慢地有了渐入仙境的感觉。

随着盘道两侧挂有“泰山古树名木”铭牌的侧柏越来越多，山景越发清秀起来，古人曾题刻“渐入佳境”“蔚然深秀”“肤寸生云”来表达心情；此情此景，再读一遍路西巨石上，清光绪年间金石学家吴大瀓用小篆书刻的杜甫名作《望岳》诗，能进一步领悟出“造化钟神秀，阴阳割昏晓”的意境。

盘道西侧一处写有“虫二”两字的摩崖石刻引得游人纷纷驻足并拍照留念。直至 20 世纪 60 年代，郭沫若先生游览泰山时才解开其中之谜。此二字为“風月”去掉边框，意指此处风景“风月无边”。

龙泉峰下的斗母宫是泰山最古老的道观之一，供奉着北斗众星之母，故称“斗母宫”，又名“斗姥宫”。它还有一个只可意会的别称“妙香院”，因为清代光绪年间，这里尼僧众多、陈设豪奢，刘鹗曾在小说《老残游记续集》中生动地描述了这里尼姑们的风流韵事，塑造出逸云这个人格严重分裂的悲剧女子。这处院落在外面看看也就罢了，倒是其西门对面的卧龙槐值得品味。此国槐树栽植于明朝，树干平卧山坡，侧枝再生树根，南北相距 8 米余，宛如一条卧龙。据说此树主干曾一度枯萎，侧生出的小槐树便把自身的养料输送给母树，使它重获“新生”，如今“母子”两树枝叶依然茂盛。

徐徐前行，走过盘道上的第一座石桥——高老桥，不远处是三官庙，供奉着天、地、水三官，对应尧、舜、禹三帝。还有一株汉代的千年“五指柏”，粗壮的枝干伸向空中，有如巨手的五个指头，民间则称它为“五指招财树”。庙旁有一相对宽阔的平台，东临中溪的“飞龙涧”，山涧溪水在此形成三节小瀑，断层下有因流水常年冲刷渐次形成的三个圆形小潭，故名“三潭叠瀑”，是泰山十大自然景观之一。如果选择夜行泰山，明月高悬之夜，在此还能看到三潭印月的奇观。

继续前行200米许，是“经石峪”石坊。汪曾祺在散文《泰山片石》中写道：“经石峪”是“泰山”不可分离的一部分。泰山即使没有别的东西，没有碧霞元君祠，没有南天门，只有一个经石峪，也还是值得来看看的。沿坊右侧的小盘道前行，通过第二座石桥——漱玉桥，过中溪，此处河床山石充斥其间，溪水顺势而下，水流漱石，水石相激有如玉佩相碰，故名“漱玉”。再过一小山头，又是一条山涧，这就是经石峪了。南北朝时期北齐高僧安道一在面积2064平方米的缓坡石坪上，自东而西刻上了《金刚经》。经书字径50厘米，字大如斗，被誉为“大字鼻祖”“榜书之宗”。此石刻原有2799字，经千余年风雨剥蚀、游人践踏，加之捶拓无度，已磨灭过半，现仅存经文41行、1069字。此处还有建于明隆庆六年（1572年）的高山流水亭和“高山流水”摩崖碑刻，据说是后人为纪念春秋时期钟子期、俞伯牙这两个知音而刻。游览完经石峪后原路返回，虽说往前走也有小道能达中天门，但要翻山越岭，费时费力。

《金刚经》刻字

往回走约 800 米回正路继续北行。过水帘洞、总理奉安纪念碑等景观，来到第三座石桥——登仙桥。这座三孔东西向的石板桥，与中溪垂直，过此桥后，盘道由中溪西侧转到中溪东侧。

拦路槐

过防火检查站（兼查验登山票证）后，盘道两旁古柏夹道，遮天蔽日，酷夏时节也会感到凉气袭人，人行其间，犹入洞穴，清光绪二十五年（1899 年）张玢在此题“柏洞”二字。紧随其后的“四槐树”，传说是唐朝鲁国公程咬金重修泰山盘路时所植，已有 1300 多年的历史。1989 年 10 月，仅存的最后一株古槐被暴风雨刮倒，横卧于盘道，经修整后被命名为“拦路槐”。

从岱宗坊至此已行进约 5 千米，拔高不足 500 米，盘道相对平缓；此后山势渐陡，直至中天门，须在 0.8 千米的路程上，拔高 200 余米，对你体力毅力的考验即将到来。

转过两道弯后，但见一座气势恢宏的楼阁跨盘道而立，遮住了北望视线。此处西临九峰山，东傍十峰岭，北依黄砚岭，南靠“柏洞”，四周翠峰环抱，脚下仅一席之地，恰似壶中窥天，按道家说法，“壶天”为神仙所居之处，故名为“壶天阁”（海拔 650 米）。门洞两侧有清嘉庆二十一年（1816 年）泰安知府廷鏴所题楹联：“登此山一半已是壶天，造极顶千重尚多福地。”门洞上还有两株古柏自墙壁中横生而出，东西对峙，盘旋向上，宛如守护山门的二位将军，堪称奇观。有信徒把这双柏视若神灵，名之“壶天生悲（柏）”，这可能与“柏”在山东方言中念“běi”有关。

壶天阁

壶天阁后是回马岭，盘道愈加陡峭，《泰山纪年》记载，乾隆十二年（1747 年），乾隆奉太后命登岱，山东巡抚阿里衮因泰山回马岭以上山势险峻，“乃倡为天桥之设（即修建栈道），架木叠板，纡折而上，自券台至升仙坊，凡六处，为桥六百三十一

丈有奇。”使登山如履平地。骑马登上泰山的乾隆很是满意，特作《回马岭》诗刻在了岭西的山崖上：“昔人回马地，进马跋岩扃。夫子有明训，功毋一篑停。”他在诗中笑话了宋真宗骑马至此而归的故事，还讽刺他功亏一篑，半途而废。与他俩相比，喜欢登山的驴友们，则是用双脚去征服世界，用自己的努力去获得成功，没有比人更高的山！

爬上“峰回路转”的一连串石阶，就到了药王庙与观音殿，这是泰山现存的唯一一处佛教场所。再行是鹰石涧，因为涧东侧有一块高耸的巨石如鹰而名。溪谷之上建有东西向的“步天桥”，这是走过的第四座石桥。

过桥后是“十二连盘”，又称“小十八盘”，直通中天门。这段仅有 381 米长的路上，有台阶 660 级，拔高 125 米，为至今最为艰难的一段，算是为后面攀登十八盘热热身吧！

中天门又叫“二天门”，双柱式石坊，额书的“中天门”三字拓自经石峪里的《金刚经》。中天门石坊处海拔 847 米，与岱宗坊相对海拔 676 米，与泰山极顶的相对海拔是 698 米，至此拔高正好一半，可见中天门的地址不是随意而选的。

此处岭峻谷阔，观景绝佳：东有中溪山突兀俏丽，可观日出、望晚霞；西有凤凰岭蜿蜒伸展，可远眺傲徕、龙角两峰雄姿；北为巍巍岱顶，可见如云梯般高入云端的十八盘盘道和宛如红宝石般镶嵌在翠岭间的南天门。

中天门还是登泰山的一个重要节点，多条上、下山路线会集于此：与岱宗坊相距 5 千米，与南天门相距 3.5 千米，至大众桥 5.5 千米，至东御道牌坊 6 千米，在此既可徒步上、下山，也可坐车下山或乘索道登顶。如果想增加野趣，可沿坊东北处财神庙东墙，出小铁门沿石阶登中溪山，去看“中华泰山”巨型石刻，到山顶欣赏台胞陈英杰捐资于 1989 年建成的慈恩亭，以及澎湖同胞捐赠的澎湖海石。继续前行至一个叫“四路口”的地方，向东可沿汉武帝曾经走过的东御道下山，向北可沿山间小道经老云寨、甘化泉登顶，向西可至“斩云剑”处上盘道。

（2）至南天门

继续沿盘道登顶，中天门至泰山之巅的这段路程，是泰山景区精华中的精华，其磅礴的气势、雄奇的景色、久远的遗迹，均给人以心灵震撼！

前行不远是一段下行盘道，俗称“倒三盘”。在整个“登天”盘道上，路始终是上行的，这是唯一下行的一段。下行约 40 米，是一个马蹄形的后弯，直至云步桥，道路相对平整，久走盘道，忽逢坦途，倍感舒畅欢快，故名为“快活三里”。中途有名泉“玉液泉”，与山下的王母泉、广生泉并称泰山三大名泉。向北沿石阶而上是增福庙，前方左侧有巨石挺立，似剑凌空，上刻“斩云剑”。此处右（东）侧为高山绝壁，左为小龙峪，峪中石峡飞泉，势若龙喷，常致云雨变幻，因此而名。

如果说一路人文石刻是泰山之灵魂，那么其中的字谜石刻则是耐人寻味的“调味品”。前文道过“虫二”之趣，此处可见民国时期李和谦所书的形似小松鼠的字谜。李和谦原为泰城饭店的伙计，在店主熏陶下略通文墨，借抹桌子之际渐渐练得一手好字。一天，他与几个伙计登山，见此处青山绿水，景色绝佳，便即兴在石壁上狂书一字，此字近看像松鼠，远看似玉兔，宛如在与游人逗乐。此字到底是什么，至今众说纷纭：有的说是如果的“如”字，有的说是“如意”的草书，还有的说是“大好山河”的狂草组合等，不得而知。

过“迎天”石坊，一路品味“云路先声”“曲径通宵”“若登天然”等石刻的意境，突见一条“天河”奔流而下，恰逢壁立如削的悬崖，顷刻间飞瀑生、云化雾，蔚为壮观！此乃通天河流经云步桥断崖而成，称飞瀑岩。泰山上的石刻，除帝王碑刻和南天门额联等贴金外，其余刻石均系描红，唯独此处题刻描绿，非常显眼。

过云步桥（路过的第五座石桥），沿右侧石阶而上是三蹬崖，又称御帐坪，史载，登封泰山的宋真宗曾在此驻跸，至今崖壁上仍有痕迹。再前行是五大夫松石坊，旁边静卧一巨石，上刻“飞来石”。传说当年泰山神黄飞虎见宋真宗在此歌舞升平，十分生气，于是点化一块巨石滚向御帐，想吓他一下。《泰山道里记》（清聂鈫撰，1773 年成书）对此石的来历做了描述。

云步桥

五大夫松坊西有两棵古松。据《史记》载，秦始皇封泰山时中途遇雨，避雨于大松树下，因护驾有功，五棵松被封五大夫。之后暴雨冲走三棵，至明万历三十年（1602 年）又被洪水冲走两棵。清雍正八年（1730 年），钦差丁皂保奉令重修泰山时补植了五株松树，如今仅存的两株世袭了“大夫”官职。

相比五大夫松，五松亭后的“望人松”更为出名。此树高7.4米，背靠陡峭高山，根抓裸岩露石，松枝交错盘曲，主干下垂似躬身招手邀客，故名望人松。虽饱经风雨，历尽沧桑，今仍雄姿如初，苍劲不衰，成为泰山四大标志之一。

望人松西北有朝阳洞。据说当年乾隆在此小憩，望见岱顶白云缭绕，南天门雄伟高大，十八盘又恰似一条天梯垂向人间，东侧飞龙岩奇松迎客，西侧翔凤岭怪石嵯峨，俨如一幅绝妙的山水画。乾隆不由叹道：岱宗穷佳处，对松真绝奇！壮哉泰山，绝好图画，可惜缺了一方印章。于是便写下了《朝阳洞》诗，命人刻在东北方深涧绝壁上，作为这幅“图画”的“印章”。

继续前行五百余米，到达旧称“云门”今名“开山”的地方，东壁上题写有“问心朝山”。登山盘路最险要的“十八盘”由此而始。沿陡峭盘道而上，有龙门坊、升仙坊。自“问心朝山”到龙门坊为慢十八，石阶393级；由龙门坊到升仙坊为不紧不慢又十八，石阶767级；升仙坊到南天门为紧十八，石阶473级。三个“十八”总长度仅0.8千米，垂直高度却有400多米，共79盘、1633级，险要无比。明代诗人祁承业的《十八盘》诗赞云：“拔地五千丈，冲霄十八盘。径从穷处见，天向隙中观。”此段路途虽然险峻，然只要有不达目的誓不罢休的决心，有不畏艰险勇于攀登的勇气，就一定能攀上高峰绝顶。人生之路亦是如此！

还记得前文说过的《望岳》全诗石刻吗？从开山离开盘道向东过通天河，沿飞龙岭峭壁南行百余米，有一处依山就势、典雅古拙的古建筑“梦仙龛”，建于清道光年间。梦仙龛附近有许多摩崖石刻，能轻易找到清嘉庆年间曾任山东巡抚的铁保所写《望岳》真书石刻，此地是感受“荡胸生层云，决眦入归鸟”的最佳处。龙门坊向东为大龙峪，山顶众水归流，雨季更是飞泉若泻。

南天门近在咫尺之时，停下沉重脚步，调整一下呼吸，回望脚下“天阶”悬于天半，顿觉两股战战。不可错过的是，远望右侧翔凤岭，仔细寻找，你会发现，在其中段崖壁上有一块2米高的突出岩石，酷似“佛头”侧影，眼睛、鼻子、嘴巴清晰可见，仿佛俯视着前来祭拜的芸芸众生。

十八盘尽头，飞龙岩与翔凤岭间垭口处，是建于元代初年的城楼式巍峨建筑——南天门（海拔1426米），旧称三天门、天门关。红墙点缀，黄色琉璃瓦盖顶，绿底金字楹联，古朴大气又隐隐藏着一股皇家气势。传说南天门是从人界进入仙界的入口，跨入南天门即登入天庭。其正门的楹联据说为清大学士

南天门

纪晓岚所写，联语为：门辟九霄昂步三天胜迹，阶崇万级俯临千障奇观。

南天门左拐往索道站方向，可去月观峰，上有月观亭，可观赏“晚霞夕照”，天高气爽时可见“黄河金带”，此二景均列泰山四大景观之中。

（3）玉皇顶

过南天门右行，有一座四柱三间式牌坊，上有武中奇题“天街”二字，从此至碧霞祠一段，商店、旅馆鳞次栉比，各类特色小吃应有尽有。此地北依凤凰山，南临深渊，夏秋季节常有浮云自谷底腾空而起，左右群峰若隐若现，似海上仙山，是人在云上还是云在人上？云海苍茫、浮云飘荡，此地便是欣赏泰山奇观“云海玉盘”的绝佳处。

沿天街东行约 130 米，凤凰山山崖下的“仙子流芳”碑是路线上的第三个字谜。该石刻自左至右 4 个大字中套写 4 个小字“仙子流芳”，自上而下四个大字中套写有 4 个小字“莺歌燕舞”，这种表达方式是道家的符篆，为民国二十一年（1932 年）潍坊香客制作的还愿碑。

爬一段长石阶，穿过西神门，就到了碧霞祠，里面供奉着碧霞元君和送生娘娘、眼光奶奶。碧霞祠内外，集中了康熙写的“万代瞻仰”、雍正亲题“福妥海宁”、乾隆所写“赞化东皇”三块御碑，展现出碧霞元君在封建王朝中的至高地位。

出东神门有一岔道，是环绕日观峰的一条环路，一步一景，个个精彩，皆为精华，都值得一去。自碧霞祠左转北行，上百级台阶就到大观峰，也叫“弥高岩”或唐摩崖，是泰山石刻最为集中的地方。最著名的摩崖石刻为唐玄宗东封泰山时亲笔撰文、歌颂其功绩的《纪泰山铭》，石刻高 13.3 米，宽 5.7 米，正文 1028 个字，崖体高大，气势雄伟。大观峰上题刻遍布，重重叠叠，能识者 80 余处，真、草、隶、篆、行书应有尽有，俨然是一个天然的书法展厅。

再上行是道教名观青帝宫，为青帝广生帝君的上庙。青帝宫北面，一座红墙灰瓦的建筑映入眼帘，像是一顶桂冠，那就是泰山极顶玉皇顶上的玉皇庙了。

“五岳独尊”刻石

出青帝宫东行去玉皇顶的路上，一组长长的石头阵自东南向西北延伸，石上刻满不同年代文人骚客留下的“感慨”，充满了灵性和思想，让这些顽石灵动起来。如刻石“果然”，充满着赞叹；又如 1907 年由爱新觉罗・玉构题写的“五岳独尊”刻石，它被印在第五版 5 元人民币背面；最霸气的当属那块“无字碑”，高达 6 米却空无一字，展现出汉武帝认为自己的功德无法用语言表达的心态，上面加个碑帽，意思是高上加高。

进入额题“敕修玉皇顶”（海拔 1532.7 米）的大门，终于可以一观玉皇顶的“芳容”了，至此，行程 10 千米许。最先看到的是院中央的“极顶石”，卧在挂满平安锁的一圈石栏中，高不盈米，上刻“泰山极顶 1545 米”（老数据，尚未调整）。极顶石正北是玉皇庙正殿，内祀玉皇大帝。正殿匾额上题“柴望遗风”，说的是远古帝王们曾于此燔柴祭天，庙西有石刻“古登封台”，指的是封禅的封建帝王们在此设坛祭天。

泰山研究专家李继生考证，这条从红门关帝庙延伸至山顶的泰山古盘道辟建于汉代。十八盘建于宋代，经历代重修，现存大部分为明代修建。中华人民共和国成立后当地政府对盘道进行了 4 次大规模整修。这条从岱宗坊经西神门至玉皇顶，承载着中华历史与文明的古盘道共有 7736 级台阶，沿盘道一路攀登的你，其实是行走在国宝级文物上！

夜登泰山，早观日出，是许多游客的选择。玉皇顶、日观峰、拱北石和瞻鲁台是观日出的最佳地点。秋冬季节欣赏到日出、云海的概率很大。

（4）至卖饭棚

从玉皇顶西面小门出来，逐级而下，不远处的盘道西侧，有巨石陡立，如刀削斧劈，状似老叟，这便是泰山丈人峰。千万不要小瞧了这块巨石，它可以解释为何人们管老丈人叫老泰山或是岳父了。篇幅所限，感兴趣的可百度一下那个发生于唐玄宗年间的故事。下行一百米，左手边一条南北向旧盘道，为明代盘道原貌。下面就是后石坞索道站。如果在下午三点（冬季为两点）前到达此处，按本条路线指引继续前行，可确保天黑前出山。否则，建议从此处右转走后石坞、天烛峰一线，2 小时下山，这是从泰山极顶下山最近最快的路线；或从桃花源索道站用时约 1.5 小时下至桃花源，乘景区游览车出山。

黑松林至天井湾

从后石坞索道站左转西行，至桃花源索道站，再右转沿盘道前行约 1 千米，右手树林中有一大板房（蓄水池），左边一块标示“蛤蟆腚三岔口—铜器行—迎风墙”字样的牌子，从此右转下盘道进小路，不远处有一路口，右手东北方经黑松林、窑子沟，从天井湾出山，左手西行经老平台、铜器行、卖饭棚，从玉泉寺出山。这两条不起眼的小路可大有来头：一条是周成王走过的“周御道”，另一条为秦始皇走过的“秦御道”。离开盘道，就像离开了文明与喧闹，踏入另一个境界。从此处下山，需下行约 10 千米，下降海拔 900 米，耗时三四个小时。

从路口左转西行，小路隐匿于松林间，在地表绿植的映衬下，清晰可见。这一带的松树树种主要是日本落叶松、华北落叶松，于 20 世纪五六十年代人工引种，目前已入中龄，林相整齐，间或混有麻栎、黑松、红松等。穿行其间，松涛阵阵，凉风拂面，听枝头鸟鸣，看脚下野花，犹入世外桃源，神情放松自若，世态炎凉、烦恼忧愁顿时烟消云散，优哉！快哉！乐哉！人生中最大的快乐莫过于此。

松林渐稀之时，眼前一 S 状小陡坡，上去可观前方老平台全貌。经老平台南垭口越上山脊，视野豁然开朗。向东南，可眺望尧观顶北面的明月嶂，向西，桃花源、彩石溪诸山峰尽收眼底，层峦叠嶂，连绵不绝，绿绿油油。左侧是浅沟、仙女湾、井筒峪一线，右边是窑子沟、天井湾一线，是周天子两千多年前下山的路。

沿山脊小路斜插至老平台西侧，自山腰蜿蜒向前，经过一段石头山，山体是大块磐石，为产生于 25 亿年前的泰山杂岩。前行是一处 S 形下坡路，坡下左转可至井筒峪，最后到达桃花源工队的彩石溪环山公路。井筒峪区域沟深坡陡，稍有不慎，就可能误入歧途，必须熟悉路线且要结伴同行，三人成众，互帮互助。

沿老平台西侧油松林一路逶迤前行，途中有两块巨石并肩而立，似一对情侣相偎相依，向世人展示着海枯石烂的爱情，驴友称之为“情侣石”。约 2 千米后又见一山头横在面前，行至山根，沿山右侧小路向正北直行绕过，再上一缓坡，此行的一个重要地标——卖饭棚（海拔 1010 米）赫然出现在眼前。

卖饭棚位于谷山之南，是泰山西北麓穿越路线中的一个重要节点，北通玉泉寺、天牢峪、十八盘、摩天岭，西南接青田口、浅沟、仙女湾、桃花源，东连天井湾、黄石崖等路线。旧时，济南历城、章丘等地朝山进香者多沿这条秦御道登岱顶，于是就有僧人或山民在此搭建草棚行善舍饭或卖饭卖水，卖饭棚因此而得名，现为防火站。

（5）至明堂园

离开秦御道，右拐东行下山走谷底去天井湾，再去体验周御道的风采。这条小路是 20 世纪五六十年代大规模植树造林时工人们沿水系修建。类似的小路在泰山中有很多，形成泰山众多徒步路线的基础。石阶路断断续续、似有似无，但路基仍然清晰，沿此路下行 2.5 千米，约 1 个小时可达天井湾。

《泰山道里记》记载："谷山西北为恩谷岭，两山中峡，俗名雁岭河，水东流汇为天井湾。"据此，这条小路所在的山岭应为恩谷岭。岭南是老平台向东伸出的狭长山体，两山之间的峡谷就应是雁岭河了。岭北是佛峪，有岱北著名景观玉泉寺，又称谷山寺、佛爷寺，寺内有两棵千年银杏及一棵巨大的"一亩松"，旁有常年不涸的玉泉。

连续下坡后再转下一个"之"字形陡坡，道路平坦起来，两旁的油松也逐渐被橡树替代。橡树叶至深冬季节开始飘落，无拘无束，满山遍野，行走其上，仿佛踏在地毯上。走过两条涧溪汇合处，不远处有一栋红瓦土坯房，四周有木栅栏，这里也是一个地标。

沿河道右侧山体继续下行，泰山石越来越多，越来越大，在巨石间迂回穿插，连续下几个断崖，再下一个陡坡，即见一条南北走向的大壑沟——窑子沟。它汇集了来自尧观顶、老平台之间的众多沟涧溪水，由南向北奔流而下。窑子沟就是当年的"周御道"，是泰山北麓村民进山朝拜的捷径。千百年的人来人往，使这条"周御道"清晰易辨，由此登顶，6 千米可至，是天烛峰登顶路线之外的第二条捷径。

谷底左转有一巨大石坪，溪水石上流，从断崖处奔流而下。循断崖右侧小路再至谷底，可见三面悬崖环绕，如同天井一般，这里就是著名的天井湾（海拔 650 米）。来自窑子沟的溪水从西南方流下，来自恩谷岭、南雁岭的溪水从西北一侧奔出，形成两挂从天而降的银瀑。亿万年来，在两股溪水的冲刷下，谷底形成了一个深水潭。盛夏时节，这个水潭是一个天然浴场，驴友们纷纷在

天井湾

此戏水、纳凉。深冬时节，两挂瀑布又冻结成天然冰瀑，成为攀冰者的乐园。天井湾的这两挂冰瀑，高达 30 米，与猴愁峪、沐龟沟、石碑峪、天烛峰、黑龙潭的冰瀑并称为泰山六大冰瀑。需要提醒的是，在此游玩，千万不要到深潭上面的悬崖边上行走，水多时石上有青苔，十分湿滑，结冰时更是危险。

沿护栏外山路下行 1.5 千米，就到了众溪汇集的天龙水库。1 千米外是沙岭村（原自然村明家滩村），村西有古老的周明堂遗址（俗称明堂园）。

周明堂为周成王（？ —前 1021）姬诵封泰山、禅社首山时所建，为周代帝王巡狩封禅时朝会诸侯之所。北魏郦道元《水经注》载，汉元封元年（前 110 年）汉武帝封泰山时，曾在周明堂接受群臣朝拜并颁布诏书，宣布封禅告成。1921 年明家滩村民韩富甲兄弟整修地堰时，曾在此挖出古玉器盘、碗、鼎等 11 件，被济南茹古斋购得，后在战乱中流散到国外。2018 年 12 月起，泰山管委会牵头实施“周明堂遗址考古勘探项目”，以进一步搞清周明堂遗址的确切范围、核心区位置和文化堆积层等情况。

此路线一路奔走在古御道上，感受泰山历史文化的源远流长、自然风光的秀丽多姿，相信你一定会收获满满、浮想联翩、意犹未尽。泰山，宗岳也，山莫大于之，史莫古于之。

路线 2

泰山东线 《中华泰山·封禅大典》演出场地→天烛峰水库→仙鹤湾→望天门→天烛峰→古松园→元君庙→姊妹松→东尧观顶→北天门→玉皇顶→拱北石→瞻鲁台→甘化泉→西马峰→刀刃山→直沟水库→东御道牌坊

作　　者：好钢、东方、金玲

路线简介：

起点：天烛峰《中华泰山·封禅大典》演出场地（36° 26′ 70″ N，117° 13′ 47″ E，海拔 448 米）

终点：泰山东御道牌坊（36° 24′ 87″ N，117° 15′ 83″ E，海拔 231 米）

路线：路线全长 17 千米，最高点海拔 1532 米，累计爬升 1600 米，耗时 10 小时以上，强度中上，难度中等，需要有很好的体力、耐力和胆识。

本路线轨迹

本路线照片

本路线视频

交通指南

1. 在泰山火车站乘坐 2 路公交车到红门公交站，同站换乘 19 路公交车至终点站天烛峰景区。乘出租车约 40 元。

2. 在高铁泰安站乘坐 37 路公交车到天外村公交站，同站换乘 19 路公交车至终点站天烛峰景区。乘出租车约 80 元。

3. 东御道牌坊不远处是泰安城东主干道天烛峰路，可在东御道站乘坐 19 公交车返回城区或去天烛峰景区去欣赏《中华泰山·封禅大典》实景演出。

本路线是泰山东至东南麓之精华、经典，将泰山之雄、秀、俊、险、俏“一网打尽”，“五岳独尊”的气势一览无余。

上山路线，泰山天烛峰至后石坞景区仿佛十里画廊，除登山盘道外，少有人工建筑和人为痕迹，仍保留着泰山的原始和古朴。一路松奇洞幽、云雾缭绕、奇石能言、清泉有声，大小天烛朝天而立，悬崖巨壁夹谷而行，流水潺潺谷幽壑深，古松森森参天蔽日，故此区被称为泰山之“奥区”。

下山路线，从玉皇顶经瞻鲁台下甘化泉，翻越西马峰、刀刃山（恐龙背）至东御道，人迹罕至。一路天高涧深，山空野旷，峰峻路险，野趣横生，可谓山路弯弯曲径通幽，峻岩森森崖壁如削，连翘黄黄艳冠四野，古道幽幽嵯峨秀丽，是户外圈中声名赫赫的“泰山天险之路”。

途经古松园，泰山百年以上古松多汇集于此；又经元君庙，是中国第一部《钦定宪法大纲》草案的起草地，最后转入大直沟，走过汉武帝数次行走的汉御道，在上梨园村的东御道牌坊结束行程。

游记与攻略

（1）至天烛峰

位于泰山东麓大津口乡艾洼村村西扫帚峪（又称天烛峪、溪里峪）的九龙岗南崖上，巨型花岗岩形成的两座独立山峰隔涧相望，形如巨烛，被称为大天烛峰、小天烛峰。它们所在的这条从山下直通岱顶、长达 5.4 千米的山谷，被命名为天烛峰景区，又称“天烛胜境”，是泰山对外开放的四条旅游路线（红门、天外村、桃花峪、天烛峰）之一。

导航到“天烛峰景区”，车停景区停车场。由东向西穿过新建仿古建筑泰

刀刃山

山东街，来到《中华泰山·封禅大典》实景演出场地。演出重现了秦、汉、唐、宋、清五朝帝王在泰山封禅、祭祀的盛况。因古代有“春分秋分、昼夜平分”的谚语，封建社会历朝历代都有春天祭日、秋天祭月的礼制，故此剧选择在每年3月的春分至10月底演出。演出之夜，天南海北的游客汇集于此，通过《中华泰山·封禅大典》领略秦皇汉武等封建帝王封禅泰山的风采，感受中华民族上下五千年的不朽文明。

青灰色的石阶向上延伸着，整洁而有序，看不到尽头。爬上第一个小坡，是为“拜山台”。据说，古时达官贵人登泰山至此，忽见远处大、小天烛两峰高耸，便躬身遥拜，后人也多在此拜山祈福。可惜拜山台的标示牌隐藏在路边草丛中，少有人知道这个小土坡还有故事。

盘道左侧的断崖下方，是修建于20世纪50年代的天烛峰水库，汇集了来自瞻鲁台下九龙峪、日观峰下鹰愁涧、后石坞乱石沟（石河）及东、西马峰以西大沟巷等来水，水质清澈，碧绿幽深。如果是夏季从这条路下山，可在这水库里游泳嬉闹一番。

拔高走上一段笔直的石阶，一座四角木亭赫然入目，匾额上写“声声亭”，两侧楹联联语为“水声鸟声松涛声声声怡人，马峰狮峰天烛峰峰峰摩天”，皆为篆体。此处东临深涧，既有“声声”入耳，又观群峰雄壮，使人怡然。至此已走过1.5千米，爬升130米，爬山刚开始半小时的感觉是最累的，心肺功能需要慢慢调整、适应，于是，在此小憩，补补水，换换衣服，很有必要。此处若择路沿右侧山脊上山，可至天烛峰脚下，再会合到本线。

继续前行，山势越来越陡，山涧越来越深，盘道越来越窄，水声越来越响。路过一个人造观景台，来到仙鹤湾防火检查站。检查站的人认真查验了我们的票证后，还捎带着告诉我们“仙鹤湾”的由来，指引我们去找寻山涧中的那只“仙鹤”。

俯瞰深涧，瀑布跌落处有自然天成的一湾碧水，四季不涸，其形如鹤，头、项、身、腿各部位都十分逼真。这里山清水秀，生态优美，早时常有仙鹤集憩于此，明清时期称此处为“洗鹤湾”。观景台处修建了通往涧底的木质阶梯，可让游客既能近距离欣赏这只“仙鹤”，还能看到壮观的仙鹤湾瀑布。

隔涧南望，正南方高耸似马鞍的山峰是东、西马峰，从西南方向延伸而下的那条长长的山梁叫条子梁。条子梁顶端，一山峰（即小泰山上的“天工开物”，详见下文）突出于松林相间，似一个狮子头，这就是声声亭楹联中所提到的狮峰。丰水季节，溪水沿相对平缓的条子梁飞流而下，长达数百米，恰似一条舞动的白练悬挂山崖，又似银河垂落九天，形成了泰山最负盛名的千尺瀑。又因其呈“之”字形下流，别名“三折瀑”。在这里，水成了贯穿峰谷的灵魂，瀑布成了这把天然大提琴的主弦，山涧的水声和飞瀑的轰鸣交织成了一首天烛峪交响曲。

仙鹤湾上面的河谷上建有一座长约 50 米、宽近 2 米的铁索桥，天堑变通途。从铁桥下面沿溪谷乱石溯溪而上，可直达天烛峰下溪潭，攀上百丈岩，向左可汇入本路线。

过桥后台阶坡度陡增，这段盘道到“龙脊”标示牌处有 663 级台阶，拔高 150 米，一气爬完者堪称好汉。“好汉坡”尽头是一巨型岩坡，光滑裸露，势如卧龙，故名“龙脊”，又因其色泽橘黄、条纹纵横，俗称“鲤鱼背”。此处可左转沿条子梁去小泰山，奔肝华泉。

跨过龙脊下小桥，走上人工就势凿出的石阶，转过一个山口，即看到又长又陡又直的石阶尽头赫然而立的“望天门”。此处为一天然隘口，南靠绝壁，北临峡谷，有“一夫当关，万夫莫开”之势。1999 年，景区在此兴建了这座跨道式门楼以壮景观。此门也称“山呼门”或“三呼门”，当年，皇帝登封泰山，文武百官在此三呼万岁后跪退下山。

走到此处，一定要从门楼处右转登上右侧峰顶，这是一处天然的绝佳景观平台，称“山呼台”，平台有铁链护栏，下面为万丈深渊。凭栏远望，大、小天烛峰拔地通天，玉皇顶、东尧观顶雄峙天边，将军山如大将军披甲，罗汉峰似众罗汉叠立，“其数九，其状龙”的九龙岗南崖仿若一堵巨墙，横亘眼前，气势磅礴。一条山溪从群峰夹涧中折叠断续而出，串潭成链，间杂簇簇苍松，构成了一幅天然水墨画，又如一个巨硕的盆景，浑然天成，大自然的神奇造化，令人叹为观止，风光之绝妙可与黄山、张家界媲美。寒冷冬季，潭水成冰，会形成独特的“天烛冰瀑”，非常壮观。

过望天门沿石阶“倒盘”而下，迎接你的是一片高大挺拔的华山松。这里呈现一派葱郁盎然的绿色，如同一个童话世界，处处充满生命的张力，呼吸着浓郁的负氧离子，令人昂扬振奋。这段长约 3 千米的深山小道又被人称为“森林浴场”。

走过响水河，爬上七“拐”盘道，来到一处二层仿古廊亭建筑——六角亭。隔涧右望，一座俊俏山峰拔地而起，似巨烛耸天，这就是大天烛峰，从这个角

六角亭

度看，此峰更像一个硕大的牛心，故当地山民称之为“牛心峰”，又像是位身披战袍、顶天立地的大将军。峰端遍生的劲松宛若烛焰燃烧，又称“烛焰松”。向东南方看，小泰山峰顶奇石嶙峋，或像人，或像物，形肖神备，尤若天公造化，万物始出，被命名为“天工开物”。

奇松

天烛峰下面的山峪叫溪里峪。《泰山道里记》记载：“岩穴深邃，涌泉不竭，昔有魔女地化此，又名风魔溪。”1987年联合国教科文组织总干事卢卡斯先生到此考察，曾盛赞此峪可与美国的科罗拉多大峡谷相媲美。这风魔峪（下游为天烛峪）让卢卡斯先生对泰山有了更全面的认知，为泰山成功申请世界第一个自然与文化双遗产称号立下了汗马功劳。作为纪念，建此六角亭。此处可左转进风魔涧，沿涧沟乱石和连翘花海，经“三棵树”，通肝华泉、瞻鲁台或后石坞。每年4月—5月连翘花开时，整个大涧宛若如一条黄金谷，极为震撼，也是一条险峻幽奇、群峰竞秀、景观迤逦的徒步穿越路线。

风魔涧口右转，沿盘道继续上行，会遇到一条来自后石坞的涧溪，溪内常年流水潺潺，可夏日戏水或冬日观瀑。再上行，见小天烛峰近在眼前，却又无法接近。此峰形体虽小，但挺拔俊秀，直插云霄，近峰顶处还侧生出一株巨松，随风飘逸，平添了几分秀色。

小天烛之秀与大天烛之雄相映生辉，这段盘道称“双凤岭”。万历十七年（1589 年），明代汝南人吴同春第二次游泰山时来到此地，见大小天烛峰之间，两峰回翔若凤，即兴大书“双凤岭”，摹刻在古松园的崖壁上。

后石坞

（2）至后石坞

过双凤岭，路边古松渐多，即至古松园，自此处至北天门区域统称为后石坞景区。古时按旧制计算，从南天门到后石坞约有十五里，故称“后十五”。亿万年的鬼斧神工造就了岱顶东北这片别具特色的自然风貌，峭壁间古松倒挂，悬崖上飞瀑直泻，松涛云海、路隘林深，尤以奇松、怪石二绝著称，“后十五”也就演变成“后石坞”了。

古松园有“石坞松涛”之称，是泰山欣赏古松的最佳处。不像十八盘对松山上的那些古松高高在上、不可接近，在这里，你可与它们亲密接触，去拥抱它伟岸的身躯，去嗅闻它松脂的清香，去体味它历经的沧桑。这片我国保存最完好、规模最大的天然古油松群，世所罕见，树龄 300 年以上的有 1118 株，平均树围达 1.6 米。

从古松园指示牌前行约 130 米，有一岔路口，右转上山可走捷径去九龙岗、东尧观顶。我们直行，见路边一古松俯卧生长、树干俯探、枝丫苍劲、状若卧虎，为“卧虎松”。除了赏松，这段路左侧地势空悬，视野开阔，崖下大壑深邃，飞瀑溅沫。隔涧对望，群峰对峙，千岩竞秀，万石比奇，为后石坞之“石海”。

前行又遇一路口，是独足盘入口处。刻在石阶上的路标显示，从景区入口至此，已行 4.8 千米，再直行 1.37 千米可至玉皇顶，左行 0.7 千米可至元君庙。自北天门至元君庙的盘路，称独足盘，为明万历年间开辟的岱阴环道，因旧时狭窄，仅容一足而得名，当然现在早就“名不副实”了。

从路口右转，至元君庙这段 0.7 千米的路上，历代摩崖石刻较为集中，初夏时节，这里开满黄花（萱草，俗称“黄花菜”），故路左侧崖壁上有明末清初诗人林古度的题刻“黄花栈”。峰回路转间，石刻“真境”“玉女修真处”等，给人庄严肃穆之感；接下来的“松籁云壑”“青松饰崖”“悬崖积翠”等石刻，情景交融，言之凿凿；而“岱岳钟灵”四个巨字，线条浑厚，结体平稳，题刻于此，堪称点睛之笔。这些碑刻，字里行间讲述着此处的历史演变和传奇故事，表现了人与自然的融合共生，令人感叹。

元君庙俗称娘娘庙，分东、西两院，最早建于明隆庆六年（1572 年），开始为道教庙宇，由道士住持，后改为尼庵，加供佛像。清同治年间改称“青云庵”，成为泰山最具特色的由尼姑住持的道教庙宇，是佛道合一的典型。至 20 世纪 30 年代日军侵入泰安后逐步败落，后圮，1993 年修复并恢复原名。

西院中央正殿为元君殿，内祀碧霞元君。殿前青龙、白虎两棵古松挺拔高耸，冠盖庙宇，郁郁葱葱。透过古松枝丫可看到北侧悬崖上刻有“华盖”两个楷书大字，单字高近 2 米，是泰山单字最大的石刻，与大殿正脊相映，更显神灵威严。庙后为天空山，下有黄花洞，传是碧霞元君学道修行、求得真我、去伪存真的“修真”处。石洞宽阔，天然而成，因洞顶渗水滴珠，叮咚入池，故名灵异泉。

沿东配殿后拾级而上是透天门，这座建于 1596 年的拱形门，由 21 块石头组成，精巧中不乏质朴，是后石坞最为完整的明代建筑。过透天门是元君庙东院，正殿为三官殿，两旁有配殿。正殿门前有一山楂树探出，下有一巨石如老翁端坐，称昊天上帝像。更为独特的是两个配殿的正门都朝外，这在古建筑中是独一无二的。院后山崖下有一石洞，洞顶有石瓣似莲，故名莲花洞。洞内有常年不涸的甘泉，名石乳泉。院东果园内，有清雍正年间建的“元君墓”，传为泰山老奶奶真身所在。

从元君庙向东出院门，去九龙岗。至山顶沿石阶左行西去，此处右侧山下树林中有一条土路接了过来，这是从小明家滩—新泰沟、歪脖树—磨山、封禅大典—九龙岗等线而来，再由此登顶的路线。此处稍东树林草丛中，有一天然椭圆形石窝值得一看，其面积约 6 平方米、深 50 厘米，传为碧霞元君映容梳洗之地，俗称玉女洗头盆。

古松林

前行约 500 米，又遇一步道岔口。此处左转而下，可见两株古松亭亭玉立，俊美嫣然，是为“姊妹松”。姊妹松为油松，高 6 米余，树围 1.52 米，为国家一级古树，有电子监控严加管护。

再向西前行不远是尧观顶，旧称摩云岭，似屏风一样拱卫着南面的玉皇顶。岭东西两端的山头分别称东、西尧观顶，传说当年尧帝登临泰山，曾在东尧观顶晨看日出，在西尧观顶夕观日落。东尧观顶虽突兀而起但山顶平整，视野开阔，是晚间宿营、晨观日出的好地方，这里没有日观峰、瞻鲁台那里的喧闹与嘈杂。

过东尧观顶左转，即至北天门。北天门坊原额题为“元武”，清末已圮。1984 年重立，为双柱单门石坊，额书“北天门”。自坊前顺坡左转东下，可至后石坞、古松园、石海，与本路线上行线相接。至此时已 12：30，“两步路” App 显示行走里程为 8 千米，可在后石坞索道站广场上吃午餐。

（3）玉皇顶上

后石坞索道站南行上山，经丈人峰，就到了泰山极顶——玉皇顶。玉皇顶及周边景点已在“路线 1”中做过详细介绍，本文结合此路线予以补充。

去玉皇庙“打卡”后，绕“五岳独尊”石刻，沿山脊左侧行，在一片危崖上布满历代文人墨客的题刻。在“孔子小天下处”“雄峙天东”两座石碑旁，有不太显眼的“果然”石刻，落款为“康熙，甲午”。

再往前是一座城堡式建筑——日观峰气象台，这是泰山极顶的标志性建筑之一。其所坐落的小山丘古称介丘岩，因适合观日出，被称为日观峰。1932 年冬，竺可桢（中国科学院院士，中国近代地理学和气象学奠基者）登泰山，选定岱顶日观亭为址，提请国民政府出资修建了我国第一座高山气象站，北大校长蔡元培题写了奠基石。1936 年 6 月竣工时，竺可桢又请邵元冲题写了站名。

日观峰气象台

穿过左侧月亮门，远远看到一巨石斜出，直指苍天，是为拱北石，又名探海石，长 6.5 米，上有“绝妙”“船石岩”“醉石”等名人题刻，巨石背面有“拱北石”三个大字。登临其上，远可赏旭日东升，近可晴览山色、阴观云海。现在已用护栏围起，加以保护，登临其上的感觉只能在老照片中去找寻了。康熙年间曾任山东盐运使的李兴祖，也就是因重建大明湖古历亭（后被乾

隆改为历下亭）而备受蒲松龄赞许的那位，登临此石后留下赞诗一首：“才听天鸡报晓声，扶桑旭日已初明。苍茫海气连云动，石上游人别有情。”

沿悬崖边前行，有双石如门状，盘道从中间穿过，《泰山道里记》称其为东天门，再东两石为伏虎门。悬崖下为鹰愁涧，山水沿云河东北流，汇入天烛峪，后入仙鹤湾。途中还能见到杰出革命文艺战士赖少其题写的一首打油诗，豪放，大气，颇有侠客之风。

日观峰南侧，有一巨大突兀平台，面积有数百平方米，曾因孔子在此瞻望鲁国而被后人称为“瞻鲁台”（海拔 1487 米）。宽阔台面上有一巨石孤立，俗称幡杆石，旁有大书“瞻鲁台”三字。倚石俯瞰泰山之阴，峰壑开绽，凌嶒参差，大有“一览众山小”之气势。山峰间云岚瞬息万变，美不胜收。平台东北有一巨石临踞悬崖，称可止台。平台南是舍身崖，旧时常有人为救治父母病灾，来泰山祈求神灵，在此跳崖。明万历年间山东巡抚何起鸣在崖侧筑墙阻拦，并改“舍身崖”为“爱身崖”，劝诫人们要爱惜生命。清康熙年间，泰安州事张奇逢重修围墙，并派出更夫守护。平台东有题刻“哀愚”，是一个与舍身崖有关的故事。瞻鲁台傲立于岱顶东南角，三面陡峻，峭壁万仞，视野开阔，在此可领略孔子当年“登泰山而小天下”的壮志豪情，可纵观泰山之阳千峰争竣、万壑纵横的恢宏气魄。

仙人桥

瞻鲁台

哀愚刻石

瞻鲁台围墙南端圭门外，有两崖陡立，相隔丈许，涧深千尺。两崖之间三石相连，悬于半空中，这就是著名的“仙人桥”。此三石巧接而成奇观，是外力风化剥蚀和重力崩塌共同作用的结果。

仙人桥再西又是一条峡谷，脊峰高耸，下为绝壁，群峰匍匐脚下，明代袁

洪愈留下了“望海”两个大字，故名为“望海台”。崖壁上还刻有李一氓的行书《望岳》。

从玉皇庙一路下来游人如织，与天烛峰幽静、恬然和从容相比，感觉迥异。如果你是第一次登泰山，建议从红门一线登顶体会人文历史，北天门下走后石坞、天烛峰一线领略自然风光，全面感受泰山这一世界第一个文化与自然双遗产。

（4）至东御道

复入瞻鲁台，左侧有《泰山景区徒步登山线路》示意图，走出玉皇顶的喧闹，循此路下山，让我们开启一段探险之旅。

沿指示牌直行绕到瞻鲁台下面，越过一道铁门下行，在峡谷口（瞻鲁台和吓人峰之间）左转，再穿过一处高纵竖崖形成的天然石门，是一丁字路口，路标显示左下方去刀刃山，右转去大平台。大平台又称观日台，还是一处位置绝佳的观景台，20 世纪 90 年代景区修建了从碧霞祠经大平台至瞻鲁台的小环线旅游盘道，曾对游人开放，或许是防火的原因吧，前几年已经关闭。我们离开盘道左转下山去刀刃山方向。

下行百米，右侧高地有一观景台，台上能看到西马峰、刀刃山两座山峰的全貌。因喜马拉雅造山运动而异样凸起，3000 多万年的侵蚀与风化又把原先的覆盖层剥离掉，两座山峰裸露出了 25 亿年前形成的泰山杂岩。这些杂岩形状各异、大小不一，毫无规律地堆在了窄窄的山脊上。东、西马峰是东北—西南走向，刀刃山是东南—西北走向，两条陡峭的山峰交会在一起，组成了一个壮观的“人”字形；更有三条深涧排列，双峰高耸对峙其间，气势恢宏大气，令人惊叹不已！驴友们总结出泰山穿越路线的四大险：东、西马峰与刀刃山、龙山、龙角山。今天我们将攀爬其中的两座，是不是有些期待？

下观景台回原路继续下行，小路变得又窄又陡。经肝华泉观景平台至肝华泉，此地宽阔平整，草木丰盛，是野餐或露营的理想之所。此处驴道交会，交叉纵横，为山野徒步之枢纽。由此向右南去肝华泉，继续往南到老云寨、独秀峰、五大夫松、慈恩亭，至中天门；由此正北行去风魔涧、小泰山、条子梁、打狗峡，至天烛峰；由此东行去西马峰、刀刃山，至东御道。

西马峰

向东沿一条大山沟垂直而降，行约 1 千米，下降约 200 米，到达西马峰观景平台，这是近距离欣赏西马峰与刀刃山的一处场所。但见两峰傲然挺拔，连峰叠嶂，壁立千仞。黄色的山石经过数千万年暑来寒往、日晒雨淋，依然傲立在山巅，强烈地冲击着人的视觉。两条并列的简易护栏与铁索，沿峰底向峰顶曲折而上。两山中间垭口处则是孑然独立的“老妈妈石”，像一位老妪，背对西马峰，面向刀刃峰，拢腿垂臂，端详而坐。头、颈、胸、臂、发髻各部位清晰可辨，神情怡然，不偏不倚地稳坐于石板之上，想必是泰山老奶奶巡游各山至此歇脚吧！将目光再移到刀刃山，右侧的悬崖边上有数石相接，宛若一个身怀六甲的美少妇，焦急地向远方张望。

至此，已行走 12 千米，按计划还有约 5 千米到达终点东御道，且后面要攀爬西马峰和刀刃山，耗时费力。此时需冷静评估一下自己的体力和时间，原则是天黑之前必须出山。如果感觉有点吃力，可在此处沿西马峰山脚右转，沿将沟至大直沟出山，能节省一个多小时。

拽着从峰顶垂下来的铁链，攀爬那些曾经难以逾越的断崖、巨石，已不再让人为难，也安全起来，一刻钟的工夫就攀到西马峰那高高的山脊上。登高望远，视野开阔，四周的美景冲跑了一天的疲倦，大家个个都精神起来。西北方的玉皇顶仍然高高在上，傲视着群山。北面的大沟巷，在两山夹持下愈发深不可测，条子梁上那片石梁像一面巨大的屏风。南面的刀刃山，山势垂直，山脊

沿途风光

窄成一线，像一把“长刀”横亘眼前，形神毕现，好一幅奇险雄绝的壮美画面。

沿西马峰窄窄的山脊行至一处石台，此处继续前行可至东马峰，东马峰“马头”处左转下山至大沟巷，天烛峰水库出；也可在“马头”右转下宰牛沟，东御道出；或绕“马头”取“马尾”方向，下艾洼村出。不建议攀爬东马峰顶，因为风险极大。

我们沿铁链右转，下西马峰，下山这段完全是在岩壁上跳舞。我们沿陡立而光裸石壁中间的缝隙，小心翼翼挪动而下，惊险而刺激。无数驴友曾在此留下终生难忘的经历，时常为之津津乐道。现在有了铁链辅助，难度和危险度降低了不少。

下到垭口，就是我们先前看到的“老妈妈石”（36°15′3.21″N，117°7′14.55″E，海拔1060米），是一处著名地标，可左转沿沟而下走宰牛沟沟底，我们直上刀刃山（海拔1092米）。整条山梁东低西高，两侧悬崖深渊，有如一条游龙蜿蜒奔腾。山脊上罗列着高低不一、大小不等的巨石，嶙峋兀立，断续相连，不按规则地排列着。我们穿插迂回，攀爬跳跃，曲折前进，用尽爬、登、拉、托、钻、蹲、挪等各种姿势，余光扫视两侧，壁立万仞，崖底无边，如临深渊，令人心惊胆战。这种心理压力，无形中增加了穿行的难度，也成就了刀刃山的威名。

过了“刀刃”，走一段长长的慢坡下山，即到宰牛沟和大直沟交会的沟口了。沟口再往下就是直沟水库。原先沟口处设有大直沟防火站，现在防火站迁移至水库坝西的山坡上。徒步者多选择直行越过大直沟，在老防火检查站东侧爬上山坡，沿山脊东行，就是自犁铧尖子下来的小路，约 1 千米即达直沟水库下御泉庄园附近的公路。

大直沟是泰山众多溪谷中一个比较开阔的溪谷。史书记载，汉武帝刘彻曾 8 次到泰山封禅，他选择的登山路线就是沿大直沟骑马至中天门，再沿十八盘登顶，取东为首、气东升、国家昌盛之意，后人称此为东御道。刘彻登封路上看到的第一座险峰就是刀刃山，面对壁立千仞、临之目眩的山峰，曾发出“高矣！极矣！大矣！特矣！壮矣！赫矣！骇矣！惑矣！”之感叹。

沿宽阔的水泥路东行约 1 千米就到了上梨园村，马路中间有一宽大的四柱三门式牌坊，额题“泰山东御道”。至此，10 个小时，17 千米，一天的行程结束。

返程车上，脑海里仍充斥着翻越西马峰、刀刃山的画面。回顾一天的行程，既有“好汉坡”的挑战，又有登上玉皇顶的快感，更有翻越两座险峰的成就。渺小的自己通过努力与坚持又一次放飞着心情，体验着“海到无边天作岸，山登绝顶我为峰”的淋漓畅快。这应该就是驴友们常说的户外运动上瘾的缘由吧！

泰山云雾

路线 3

泰山西南线 泰山天外村→大众桥→黑龙潭水库→长寿桥→无极庙→狮子峰→扇子崖庙→扇子崖→青桐涧→傲徕峰→壶瓶崖→火焰山→松棚→荷香沟→窑边→巴山东沟→樱桃园

作　　者：山客、好钢、东方

路线简介：

起点：大众桥（36° 20′ 65″ N，117° 10′ 16″ E，海拔 205 米）

终点：樱桃园（36° 21′ 37″ N，117° 05′ 58″ E，海拔 235 米）

路线：本路线全程约 17 千米，最高点海拔 997 米，难度中上，强度中等，徒步时间约 8 小时，需备路餐一份、水两升。途中有多处下撤点，体力不支者可随时下撤。

本路线轨迹　　本路线照片　　本路线视频

黑龙潭、扇子崖、傲徕峰、巴山沟一线是徒步泰山西南麓的最经典路线。从黑龙潭水库、狮子峰、扇子崖至傲徕峰，山势高峻，气势拔地通天。傲徕峰、火焰山至巴山沟，一步一奇景，景景有故事，一步一惊险，险险生奇观。这里汇集了谷的深邃、峰的巍峨、松的傲岸、岩的厚重，集泰山“雄、奇、险、幽、奥、妙、秀”于一身。整个路线既有险峰绝壁、瀑布深涧、溪水潺潺，还有竹林幽径、繁茂森林、蜿蜒盘道，更有历史上有名的赤眉军遗址。此路线四季皆可出游，相较于泰山玉皇顶的人声鼎沸，这里幽静而恬淡，惊险又刺激。

游记与攻略

大众桥

大众桥位于泰安环山路与龙潭路交会处西北侧、天地广场东侧，冯玉祥将军隐居泰山期间为方便山民出行，于 1935 年捐资修建。桥为拱形石砌，上有铁栏，下临深涧，横跨西溪谷口。东首有冯玉祥墓，北靠东科学山，松柏苍郁，肃穆庄严。

前面路线中说过泰山主峰主要泄洪河道有两条，一是发源于中天门东中溪山的中溪，泰山中路盘道依其而建；二是汇集岱顶众水、一路顺大小龙峪而下的通天河。通天河流至黄砚岭（中天门所在地）受阻转西再折向南，称黄溪河；下百丈崖后又称西溪，中间建坝阻水形成黑龙潭水库，至大众桥以下称奈河，流经市区后注入泮汶河。中溪的虎山水库与西溪的黑龙潭水库一东一西、一虎一龙，成为扼守泰山南麓两大溪谷的明珠。今天的起始行程就沿西溪曲折而上。

过桥左转，沿青石板路一路蜿蜒上行，右侧山间松柏苍然，左侧依托西溪涧沟而建新景观“石峡园”。行进 600 米，泰山景区中最大的水库黑龙潭水库即入眼帘。水库两岸峰峦叠翠，水面碧波粼粼，相映成趣。夏秋时节，水从坝上溢出，形成瀑布，令人心旷神怡。清澈的溪水还吸引了众多的游泳爱好者，他们无论寒暑都在此畅游，为这方美景增添了灵性。

黑龙潭水库始建于 1942 年，拦西溪之水，于 1944 年建成。水库所在地旧名“馍馍石”，是一片景色奇绝的大石坪，曾有冯玉祥（一说李烈钧）题刻的

黑龙潭水库

《墨子·非攻上》。当年，日军为了不让人们看到像经石峪一样的《墨子·非攻》石刻，故意将其炸毁，用这些石头垒于坝底，修建黑龙潭水库，以掩盖其不可告人的政治目的。

水库北是建岱桥，初建于 1932 年，桥东有巨石题刻，标榜着捐资人的姓名；1964 年，张耀南由山东省卫生厅厅长调任泰安林场场长，他多方筹措资金，修建了建岱桥、天外村至竹林寺的简易公路；1982 年政府又重修（扩建）建岱桥，使这座横跨西溪的大桥更加雄伟壮硕，如彩虹飞架，连通了上山至中天门的旅行大道。

建岱桥东南侧有一小湾曰“香油湾”，因湾中溪水常漂有油花而名。

过建岱桥东检票站，从站前盘山公路斜插至左前方的西溪中，有曾经的著名景观白龙池。白龙池因上有百丈崖悬流下掷，似白龙顺峡越涧直泻入池而名。尤其是夏日雨后，更是形神兼备。“白龙”旁的巨石如舟，上刻“玄圭石”。北为三元石，上刻“白龙池”“龙潭”等大字。自汉唐至清，帝王们遣使至此祈雨数十次。宋元丰五年（1082 年），神宗皇帝封白龙为“渊济公”，并在池畔建神龙祠，后毁。目前原址上看到的“渊济公祠”系新建。

沿西溪旁盘道前行，至盘山公路转弯处，有“高山流水”碑刻。前有朴拙敦厚的“西溪”石亭隐于松林间，三面洞窗，为清光绪年间泰安知府爱新觉罗·玉构所筑，并题联赞曰“龙耀九霄云腾致雨，潭深千尺水不扬波”。这副对联形象地描画出“瀑”“潭”两景之神貌，沟通着今人和古人的共同认知和豁达情怀。

潭北是东百丈崖，瀑布状如飞虹自崖上一跃而出，飞腾翻滚而下，声若雷鸣，状如闪电，直奔黑龙潭，此水又称“天绅泉”。急流常年撞击而成的黑龙潭，口小肚大，形似瓮，水碧清冷，幽深难测，俗称“老龙窝”。黑龙潭潭口虽小，但腹大水深，加之石面易滑，切记安全。潭西有西百丈崖，西南有南百丈崖，每逢夏秋之际，阴雨连绵，三条瀑流有如玉龙从崖巅凌空而降，古称“云龙三现”。

回盘道继续北行，见跨西溪之水的长寿桥横卧于东百丈崖上，桥长 60 余米。长寿桥桥面形如弯月，桥身朱红，两侧置以箭杆式铁栅栏，与两岸青山相辉映。它似龙潭横生一道浓眉，与游人眉目传情，又如山涧跃出一条彩虹，为龙潭增姿加色。人行其上，鸟瞰龙潭胜景，纵观西溪豁达之秀色，步移景换，美不胜收。为方便观瀑赏景，1956 年，在长寿桥东西两头各建石亭一座，东叫云水，西曰风雷。两亭遥遥相对，与长寿桥、百丈崖构成一幅天然图画。

桥下立崖之上，河床整洁宽阔，溪水潺潺流过，为游人濯足戏水之佳处。最为惹眼的是那条宽约一米的白色石英带，自东而西镶绣于峭壁边缘，人若是越过它，稍有不慎就会“升天成仙”，故称之为“阴阳界”。当年冯玉祥将军在此加修了护栏以防不测，后被冲毁，现在的护栏是 1976 年重建的。

过长寿桥，可左转上山，通往西百丈崖、婆婆顶山、小尖子方向，直上山脊可至傲徕峰。我们在此右转北行几十米，即至无极庙。

无极庙

无极庙是 1925 年张宗昌督鲁时兖州镇守张培荣，在给其夫人做寿时收敛地方官吏钱财所建，它坐落在西溪以西，庙前有一片果园，园侧巨石下有一眼清泉，汩汩泉水汇入西溪，是为“长寿泉”。其水质清冽，常年不涸。后人将泉水封顶覆盖，仅留一水管外流，成为泰安市民上山锻炼、取水之处。在此常能听到提桶登山汲泉水者之亦歌亦啸的欢声。

无极庙左侧上行，是去扇子崖景区的石阶盘道。沿路有多处岔口可去泰山西南诸峰。沿盘道上行，到左侧第一条山沟，有小路可通梅峰，由梅峰山脊绕过小尖子山可达傲徕峰。过一防火检查站（在此登记即可放行）不远，也可右转上坡几十米后左转，这里沿山脊经狮子峰至扇子崖的路，或直行山腰沿青桐涧而上可去扇子崖、傲徕峰，或越青桐涧向西北可入八里沟，沿八里沟可达龙傲山梁或走八大尖子至龙角峰。

沿盘道继续上行约一千米是“天胜寨遗址”。天胜寨为西汉末年赤眉军寨址，这里东临深谷，西为绝壁，形势险要，仅有寨门可通，今门旁巨石上还遗留有门框石窝。《泰山道里记》载：“天胜寨地势最为陡险，人必单行，攀藤附葛乃能上。”如今有了盘路，就不必“攀藤附葛”了。入寨门而西开阔坦荡，路右有泉称“锦绣泉”，北崖有“玉皇上帝”洞，中有三处可窥天，俗称“三透天”。洞前为赤眉军当年的演武场和住宅，西南山岗为跑马场。今旗杆石窝、石臼石碾、房基仍存。再北山坳有三洞，其一额题“仙阳洞”，元初僧人结茅于此，民国年间为女道士修行处。

寨西北有一峰雄立，形似雄狮盘卧，名狮子峰。“玉皇上帝洞”右上方有小路可翻越狮子峰至扇子崖东垭口。狮子峰上怪石林立，惊险刺激，攀岩爱好者可一试身手。

继续上行 200 余米即至扇子崖风景区售票处，门票价格为每人 2.5 元，可谓全国最低且最有价值的门票了。扇子崖庙依傲徕峰、扇子崖而建，隐于松柏之中，由穿堂、正殿和东西配殿组成，元始天尊庙、地母宫、吕祖洞、太阳庙，一字排开，正殿内供奉元始天尊，金童玉女侍于两侧，四周塑有黄天化、哼哈二将等 18 尊塑像。正殿门前有一古松，伸枝展冠，叶繁枝茂，遮天蔽日，堪称奇绝。西行有绝壁，壁下有月亮洞，泉自岩壁上滴下，形成月亮泉，泉流终年不绝。

出扇子崖庙上行，几分钟就到了一座如扇似刀、丹壁如削、突兀而生、直插云霄的奇峰之下，此即为著名的扇子崖（36° 13′ 27.28″ N，117° 05′ 12.50″ E，海拔 750 米），正是：松风十里谷飞烟，朝岱千阶不了缘。峦翠峰岚皆脚下，凌空昂首吻苍天。

崖壁东有醒目的明人题刻“仙人掌”三个大字。1990 年当地村民筹资在扇子崖阳面依崖凿阶，修筑云梯，架设扶栏、铁链，建成“天梯”。大家放下背包、轻装上阵，拽着铁索、攀着扶栏，蹬着岩壁上凿出的台阶，相互推拉搀扶着攀爬而上。

崖顶是一处百米见方的天然石台，上凿一眼方池，曰“小天池”，汪着一池浅浅的绿水，不知遗存年代。更为称奇的是，这百丈绝壁之上的小水池中居然发现了史前生物——仙女虾，它的两只黑眼睛圆滚滚，浅黄色身体晶莹剔透，红色尾巴分叉状，动起来像仙女的裙子一样摇曳飘逸。这种小型淡水甲壳类生物已存在两亿多年了，至今仍是三叠纪时的原始形态。仙女虾最多可存活三个月，但其卵生命力超强，比沙粒还小的虾卵有一层坚硬外壳，能抵御高温干旱，一颗卵在百年后遇到水后还能孵化。有人在西面的寨而顶上也发现过仙女虾。

壶瓶崖

立于峰顶，迎八面清风，观满目苍茫，如入光怪陆离的仙幻境界，各种奇石自显灵性，险峰洞壑各有千秋，大有凌空飞翔、纵情山水、快意江湖之感。极目北望，泰山之阳全景尽瞰，龙角峰、九女寨、火焰山、独秀峰、龙泉峰等山峰历历在目。俯视东南，黑龙潭水库宛若镶嵌在西溪的一颗璀璨明珠，熠熠生辉。西面壶瓶崖上镶嵌的玉净瓶形象逼真，定海神针奇石独立，崖底相连的狮子峰昂首俯卧，险石林立错落。抬头西南看，傲徕峰主峰与壶瓶崖一脉相承，叠峦层障，巨石列阵，丹嶂竣空，拔地通天，乾坤朗朗，冠甲天下。

据说，明嘉靖年间，淮安人吴承恩游泰山曾途经这里，这才有了《西游记》中的“铁扇公主”“傲徕国”“玉净瓶”“火焰山”“定海神针”“牛魔洞”等情节，而傲徕峰东南山峦中的“猴子石”即是孕育孙悟空的那块“仙石”。《西游记》中载，孙悟空“祖籍东胜神洲”，泰山古号“神州”，“东胜神洲”即为“东岳泰山”也。不登此山，不了解此事，徒步旅行的重要意义可见一斑！

据说，赤眉军曾在此设瞭望哨，山下的风吹草动尽收眼底。明末，举人王无欲“觉天下将乱，议于泰山寻避兵处”，遂筑室崖巅，攻苦食淡，后又结茅其下，名西山别业。志书上对王无欲无甚记载，不过有心在高崖之上“筑巢”之人，一定是风雅到了极致。正是：举杖凭栏高处坐，人临此，恍升仙。

傲徕峰与扇子崖接合处垭口上面是拍摄扇子崖全景的最佳地点，此处左行上山绕傲徕峰南侧小路可登峰顶，路缓且长。向右下行至青桐涧，沿涧中密林登顶，坡陡路短。我们由此往右下行，再左转上行，攀上一处近十米高的陡崖，即进入青桐涧。青桐涧因多生青桐树而名，明清时山民多在此采青桐树的叶芽制茶，名“女儿茶”。除了青桐树，涧内灌木丛生，藤蔓缠绕，磐石横陈，两侧万仞绝壁扑面压来，小径蜿蜒曲折，幽谷迂回。

上行至壶瓶崖山腰处，在悬崖断层松林间有一右转小路，可至壶瓶崖“宝瓶”上方垭口，再向左下行可至龙傲山梁（龙角山至傲徕峰）的小道上。如果不想登傲徕峰顶，建议取此捷径。

至山顶垭口，可把背包取下，左拐几十米即达傲徕峰顶（36° 13′ 20.90″ N，117° 04′ 58.22″ E，海拔 890 米），也是本路线最高地点。其在岱南傲立凸起，大有与岱顶争雄之势，故有民间谚语：“傲徕高，傲徕高，近看与岱齐，远看在山腰。”站在峰顶，南望泰城，一览无余；俯瞰扇子崖与狮子峰，巍巍赫赫，挺拔俊逸；北望岱顶，巍峨壮丽，气势磅礴；东看盘山公路像玉带缠绕，西面群峰连绵，层峦叠嶂。傲徕峰顶无名观古刹，文人墨客少有涉足。“寂寞”的傲徕峰，坦然自若、悠然自得，静看日出日落，默观云展云舒。约三五好友，席地围坐，扯一片彩云，掬一束阳光，汲一捧清泉，用壶瓶崖上的宝瓶，沏一壶女儿茶，面对空山，遥望岱顶，将是何等享受，岂不快哉、美哉！

返回垭口处，这里可选择经垭口上万仙山，沿万仙山山脊至傲龙山梁，但危险难行，我们选择向西南绕行。下一段陡坡，过鱼脊岩，到达石人山（即大尖子）与傲来峰间的垭口。此处左侧小路通小尖子、扇子崖，可下山。我们右转沿万仙山背面山腰行走，一侧连翘花海，一侧悬崖绝壁，十余分钟就到龙傲山梁，与上面所述两条路相接。沿途可看到崖壁下有一石洞，好事者在洞口朱笔书写“仙人洞”“有蛇”字样，我们未敢前往探究。

来到长长的龙傲山梁，视野顿时开阔。山梁上的防火道，将大山左右分为青、黄两个色彩，延伸向龙角峰。万仙山背面的巨大崖壁峥嵘凸起，松敷崖谷，山顶几块巨石面对面站立，被大家戏称为“千年之吻”“万年之爱”。路右侧树间草丛中，耸立着一块奇特的象形石，近处看酷似《西游记》中杨二郎的“哮天犬”，对面山坡上看，又酷似“擎天一柱”。还有一处酷似沙发床的巨石，美其名

千年之吻

曰“贵妃床”，引得男男女女纷纷上前或坐或躺。路过这里，一定要去找找看。

沿龙傲山脊前行，翻越一片巨石阵，就能看到突露于丛林之上的火焰山（36° 13′ 46.70″ N，117° 04′ 39.52″ E，海拔 820 米）了。山腰树林中，左侧有去牛魔王洞的小路。在平地旁，北侧高大悬崖下露出一条水平天然石缝，缝边垒着石墙，这就是牛魔王洞。

《泰山道里记》对火焰山有记述：“扇子崖西北二里为火焰山，一峰黑飙特异。”因时间关系，我们从火焰山右侧绕行轻松而过。

绕过火焰山到一山脊垭口，此处往北直行沿龙傲山梁可到龙角峰、九女寨、飞来石屋、雁回峰等处。右拐深沟是莨菪沟，也称“大葫芦峪”，通往八里沟、竹林寺等处。左侧下坡有几处已废弃的护林房，为松棚工队原驻地。西面突兀而立的是寨而顶山，满山连翘盛开时黄花点点，在青松掩映下更显俊秀。此处山峪开阔，苍松劲立，绿草盖地，四通八达，是徒步者休整、野餐的理想之所。

自松棚向西上行至山脊，奔窑边，两个工队间有明显石砌步道可循。步道沿山势建于山腰右侧，时隐时现，相对平缓，几经曲折，绕过麦垛子山，横跨荷香沟，通过两处废弃的木栅栏门，不知不觉中，身边的主树种由原来的松树、橡树变为连片的槐树。每年五月一日前后，这里都是漫山遍野的槐花和令人陶醉的清香。

绕过一个大弯，右下一个大坡，一座刚建成不久的小四合院映入眼帘，院墙外那棵熟悉的大银杏树仍然枝叶繁茂，苍劲挺拔，像是在默默地等待着我们的再次相遇。这里就是窑边工队的原驻地，现在成了扼守此三岔路口的防火检查站。

窑边（姚边、腰边）是 20 世纪五六十年代泰山林场为绿化泰山所建的一处工队，此处为巴山东沟上游，与荷香沟共汇入巴山东沟，正北为雁回峰、飞来石屋，山背面是桃花源。从防火站后面左行上山，经栗窝、庞家庄（牛圈），可至巴山西沟，去翻越惊险刺激的五道木梯子。

由于冬季防火形势严峻，我们只好从此左转，沿巴山东沟下行出山。出山的石板路被驴友称为“革命路”，沿此路一个时辰即可出山。如果意犹未尽，可在沟底处进入巴山东沟。沟内地势高差不大，水流潺潺，时隐时现，遇断崖均可绕行。我们经过与巴山西沟交会处，从横岭后一座通往蓄能电站的大桥下面穿过，经后樱桃园，从樱桃园村出，上环山路等车。

若不走巴山沟底，可沿“革命路”爬上一个小山坡，在山脊处右拐下山（此处路不明显），再接蓄能电站大桥下山。

巴山沟，是驴友夏秋季戏水的好去处。来此徒步，有大、中、小三个环线。小环线：攀爬巴山西沟五道悬梯，从沟底翻到巴山山腰石板路，经小黄山，回起点；中环线：从巴山西沟攀爬五道梯子，经庞家庄、栗窝、窑边，沿“革命路”，从巴山东沟回到起点；大环线：走巴山西沟，经水湾沟或庞家庄爬到中山梁，再连接其他路线，或东抵龙角峰，沿傲龙山梁右转下荷香沟，经窑边、巴山东沟回到巴山沟起点。

一天的行程中，山浪峰涛，崖壁如削，曲曲折折，溪水环绕。下山路上，夕阳透过树林温柔地洒在身上，令人心旷神怡，全然不觉一天的辛苦劳累，或许这就是户外的魅力所在。放下世俗，抛却尘扰，游走于山水间，流连于自然美景，简单地感受着平淡与快乐，是再惬意不过的事了。这正是：入龙峰，行溪涧，越岭横。帝王封禅，独尊五岳共峥嵘。还有骚人几许，赏景填词诗赋，留迹喜扬名。都是往来客，笑看千秋轻。

路线 4

泰山西线 **曹家庄→骆驼岭→采石沟→黄崖山→磨肚崖→西灶柱顶→五锁楼→油篓沟口→姜美人→龙山→彩石溪→桃花峪大门**

作　　者：随心、好钢

路线简介：

起点：曹家庄（36°15′ 20.75″ N，117°00′ 53.90″ E，海拔 280 米）

终点：桃花峪景区大门（36°15′ 43.43″ N，117°01′ 20.65″ E，海拔 300 米）

路线：全程 16 千米，最高点海拔 1024 米（五锁楼三岔口），累计拔高 1000 米，行程约 10 小时。强度中上，难度中上，需要较好的体力、毅力与攀爬技巧，初出茅庐者谨慎选择！

本路线轨迹　本路线照片　本路线视频

近几年，驴友们不辞辛苦，披荆斩棘，拔高涉险，探出了一条条踏入泰山“仙境”的小路，曲径通幽，泰山的美也更加立体、丰满。

本路线是泰山西南麓最艰险、最壮观、最浪漫的一条赏石观花之路。一路奇峰怪石，步步惊心，苍松翠柏，相看不厌，野芳发而幽香，佳木秀而繁阴，奇石立而无言，集天地之大美，聚自然之精华。此路线一年四季皆可徒步，4月、5月连翘、丁香花开时节尤佳，5月、6月时沿途还有野桑葚可以采食。

游记与攻略

早起，一路奔驰，车辆停在泰安市岱岳区曹家庄村后、骆驼岭村前的村间公路上，沿隐蔽在板栗园中的一条明显小路，直奔正东方山头——骆驼岭。爬上山顶继续前行不远，就看到泰山林区的封山铁丝网。此处有个铁门，“花径不曾缘客扫，蓬门今始为君开”，因从此处进山的驴友不多，所以铁门一般是虚掩着的，走过此门，就标志着今天的行程开始了。

踏着山脊软软的草地，两侧松林也密集起来，迎着朝霞，徐徐前行，渐入佳境，我们的身心也融入这片如梦如幻的山野之中。在一片开阔平坦的空地上，一堆形态各异的黄色巨石突兀而出。仔细观察，最高的那几块巨石由东而西排列，这不正是骆驼岭上那头大“骆驼”吗，简直是栩栩如生，惟妙惟肖。

清晨的太阳有一种魔力，洒落在哪里，哪里就会发光，这丝丝缕缕黄灿灿的光亮驱散了雾障霜凝的曚昽清晨，近处的骆驼岭被阳光映射得异常温暖，而远处大山的躯体则被阳光分成双色，渐渐地被阳光笼罩。树木沐浴在阳光下，枝条摇曳，光影变幻，而我们的影子在拉长、在缩短、在前行。

驻足回望右侧山下曹家庄水库，那在蓝天映衬下的一湾碧波，让整个画面

灵动起来。水库汇集了来自脐子沟的众多山溪之水。脐子沟南侧是连绵起伏的横岭，横岭再南就是蓄水电站、巴山沟了。曹家庄水库上游二百米余的北山坡上有藏峰寺遗址。该寺现祠宇荡然，榛莽丛生，唯有残碑断瓦诉说着岁月变迁、风云变幻。藏峰寺是泰山六大古刹（神通寺、灵岩寺、玉泉寺、竹林寺、普照寺、藏峰寺）之一，为竹林寺僧定禄于元初始构，至元大德七年（1303 年），由竹林寺僧福岩兴建，于元延祐六年（1319 年）告成，成为岱西一大佛家道场。遗址东侧现存“怡心泉”，为过去僧众的生活用水来源。“创建藏峰寺记碑”现完整保存于岱庙内。

这段路程沿山根往里延伸，起伏不大。前行中，身边的油松越来越密，绿荫小道渐渐融入松林中，伴随着时断时续、若隐若现的虫鸣鸟啼，我们来到第一个沟口——藏峰峪沟，如沿此沟上行，也可至黄崖山，但会错过些许风景。我们越过沟口乱石，沿防火带上一缓坡再左行。原先这条山路草木丛生，不好辨认，今年，政府加大了防火力度，路上草木都被清理，也为我们长驱直入提供了便利条件。

穿行中，脚下小道不知不觉变得宽阔起来，这是改革开放初期上面采石场留下的运输通道。这条道路把我们引导到第二条沟口。抬头望，大大小小尚未运走的石块填满了整条峪沟，从山顶倾泻而下，一眼看不到尽头，大有“飞石”直下三千尺的气势！我们要逆石流而上，登顶即到黄崖山。

我们鱼贯而上。这些石方均为人工开采，未经风化侵蚀，棱角分明，必须心无旁骛，谨慎小心。户外有风险，要一步一个脚印，预防风险，安全比啥都重要！

向上攀爬 200 余米后，忽见头顶一块黄色巨石雄立于眼前，极像一颗大门牙，底部有一个月牙状洞穴。拍照小憩后，从“大门牙”右侧继续上行，接近山顶处有一株十几厘米粗的歪脖松，我们从树下的夹沟里艰难地爬到了山顶。这段持续 200 多米的拔高是今天行程中较为艰苦的，走到这里就算完成了全

登山途中

天行程的一半。

黄崖山

来到山顶，阵阵山风迎面吹来，吹走了刚才挥汗如雨的热气。我们已置身于盛开的连翘花海之中，大大小小、形态各异的黄色岩石从眼前、到身后、至远方，或立，或卧，或侧，或倾，或犬牙交错，或层峦叠嶂，排列开来，延伸而去，真可谓“负土而出，争为奇状”，实乃“无限风光在险峰”的形象写照。现在的位置正处在黄崖山南头，驴行才刚刚开始。

从此处右转北行几十米，来到一个山顶平台，一片平整、硕大的巨石阵列，可容数十人在此休整，补充能量。此处视野开阔，是一处绝佳的天然观景台：北、东、南三面群山绵延起伏，正东方是风门东、风门西顶；顺山势蜿蜒而下的脐子沟、马驹石沟，幽深难测；正北则是怪石嶙峋、满目“黄牙”的黄崖山主峰。在我看来，这黄崖山叫“黄牙山”更为形象贴切。看山有高远、深远、平远之说，此时，大山的深远感浮现在眼前，曲折的山势、厚重的形体、变化的云烟，在苍松巨石的烘托下，雄浑中兼有明丽，静穆中透着神奇，更让人感受到泰山的雄美、奇险与壮丽！

观景台北面垭口向左，可通往藏峰峪沟，但少有人走。我们穿越垭口灌木丛，爬上对面山头，进入黄崖山的精华部分，去近距离接触刚刚看到的那些“黄牙”。登山小路在巨石间螺旋上升，有的蜿蜒在荆棘丛中，有的隐藏于巨石间隙，不时需要你去攀岩抱石，用这种最原始的方式和石头亲近，用手脚与石头交流，会让你真切感受到生命的力量。面对这些历经沧桑的巨石，你或许会感慨人生的柔弱、渺小与短暂，但却给了自己克服困难、挑战自我的快感。当身体的活力和潜力被激发出来，又会转化为自身能力的提升与自信心的增强。当你

黄崖山

一鼓作气站到石崖之巅，举目四望、大声呐喊，相信瞬间会有风物长宜放眼量，登高望远天地宽的感觉。

黄崖山这段路程有 1 千米许，由五个逐渐升高的小山峰组成，峰与峰间有深涧阻隔，爬上一个山头，会发现还有更高的山头在前面等着你，上上下下，乐趣无穷。沿途会发现很多象形石，如巨蟒出海、一柱擎天、鱼跃龙门……最像的当数那块双龟石，昂首向东，朝着对面滴水崖方向，是口渴了还是在等待朝阳？

一路欢声笑语，一路起起伏伏，一路绿草如茵。爬这一段山路时一定不要只顾埋头赶路，在每一个落脚点停驻环顾，都会发现无数的美景和惊奇。沿黄崖山山脊前行，有一块巨石挡住去路，下面是深沟，只能踏着巨石左侧仅一脚宽的岩面通过，这里便是磨肚崖。通过此处需要胆量和技巧——肚皮紧贴巨石，双手展开做拥抱状，手指寻找抓点抠紧，依次向前移动双脚，战战兢兢地转到巨石右侧。过磨肚崖一定先看看别人是咋过的，恐高者切记不要往下看。

过磨肚崖，可左拐下行，再右上行。善攀者也可以直接从面前的巨石丛中攀爬至黄崖山顶（36°25′38.03″N，117°03′86.93″E，海拔 875 米）。此时已行走约 6 千米，累计登高近 700 米。悬崖边有个平台，对面青山翠松，丹嶂峻空，秀色可餐，于是，我们就在这里休整、野餐。人生得意须尽欢，莫使金樽空对山！与知己好友以茶代酒，优哉，乐哉！

离开黄崖山，下陡坡到一垭口，垭口处有棵较大的野生桑葚。此处可左行沿沟下行至彩石溪，也可右行沿马驹石沟到脐子沟，从曹家庄出山。我们直行上山，穿越一片橡树林，登上前方横梁，再右行到西灶柱顶。

西灶柱顶是连接黄崖山与龙山的一段东西向山梁，北坡悬崖峭壁，南坡植被茂密。整条山梁相对平缓，地质地貌较黄崖山有显著不同，土层加厚，林密草盛，野花遍地。向北眺望，龙山山梁群峰秀列，气势恢宏，西侧彩石溪盘山公路蜿蜒曲折，溪水滢洄。

山梁尽头左转，脚下的小路藤萝盘曲、荆丛密布、野花烂漫。这段路上的野生紫丁香花最为集中，紫丁香叶可以入药，味苦、性寒，有清热燥湿之功效。

陶醉中，我们又上一山坡，山顶耸立着一块巨岩，由三块叶状巨石挤在一起排列而成，又像天公把巨岩从中间劈了两刀，从侧面看，像三面旗帜，此处是一重要地标。

再上一缓坡，坡面是一片黄色巨石阵，又见一棵野生桑葚坚强地生长在巨石丛中。翻过这个小山头，在一片高大密静的松林下有一个三岔口。姑且借用附近“五锁楼”这个地名，称之为“五锁楼三岔口”（36° 25′ 59.52″ N，117° 05′ 00.76″ E，海拔 1024 米），此处是一个重要地标，也是本路线的最高位置。

从三岔口左转向北可去五锁楼、姜美人、油篓沟、龙山等地，右转向东可到八方台、脐子沟顶、风门、北列石屋、猴愁峪等地。从五锁楼三岔口到风门，短短一千多米的山路两侧沟壑纵横，汇集了多条登山路线，是泰山西部穿越中枢，顺时针方向依次为：西灶柱顶—黄崖山、姜美人—龙山、麦穗沟—大南沟、梯子山梁、白列石屋峪—猴愁峪、风门东顶—雁回峰、水湾沟、西山梁、脐子沟，等等。

继续下行，绕过一断崖来到一小块平地，左前方对面山梁上那亭亭玉立、风姿绰约的“姜美人”（36° 25′ 96.17″ N，117° 04′ 78.40″ E，海拔 920 米）就进入你的视野。只见“她”颔首挺胸，微微下望，妩媚而淳朴，娇羞而痴情。

姜美人是泰山西麓的著名景观之一，不过只有跋山涉水方得有缘一见。姜美人的美只可远观，不可近赏。我们继续下行，越过油篓沟上口，攀上对面山崖就到了它的跟前，顿时发现美感全无，只是冰冷、坚硬而粗粝的巨石一根。姜美人的美是蒙眬的，给人以丰富的想象空间，让人在欣赏美的同时，言说自己或他人的故事。既然像人的形状，那就把它想象成美丽的女人吧。不见美人，寤寐思服；既见美人，云胡不喜。

站在“美人”身边，回首望去，对面石壁上有众多人形巨石，含情脉脉地遥望着姜美人。相传，有72罗汉被姜美人的美貌所诱，动了凡心，争相前去约会，碧霞元君见状用玉簪在中间一划，山梁上霎时出现了一道深沟，众罗汉不能逾越，却依然不肯离开，便形成了这罗汉崖。玉簪划出的深沟叫油篓沟，因它的形状像个油篓子而得名。此沟深远，约4千米长，两峰对峙，夹岸陡险，乱石纵横，沟内萝藤疯生，植被茂密，翠幄张天，柔茵铺地，可直通彩石溪的三里坝，是一条下山的捷径。行程至此约8千米，如果时间或体力不允许，可取此道。

离别姜美人，沿龙山山脊继续北行。抬眼而望，龙山山脊像一条巨龙，逶迤蜿蜒，气势磅礴，凌空盘旋；山脊之上依然是怪石嶙峋，群岩争奇；连翘花成片成簇，见缝插针，极目所见，是一片黄色的海洋，江山如此多娇、如此壮丽，令人心醉。

沿山梁右侧穿越一片橡树林，上一小坡，来到一山顶，在密林下的黑土之上，端坐着一个形似葫芦的灰黑色麻子石，又像倒着的“马勃”蘑菇，此为“葫芦石”(36° 26′ 32.98″ N，117° 04′ 75.16″ E，海拔905米)。

鹦鹉接吻石

大家好奇地前去端详，想看看葫芦里到底装的是什么药。葫芦，谐音“福禄”，为吉祥之物，走过路过，一定去要抱一抱，沾沾福气。

葫芦石也是一个重要地标，此处几乎无路可循。这个山头上遍布野生杜鹃林，树干上的青苔彰显着它们的古老。从此左插向正西行，穿越密林灌木，继续朝西南方向的龙山山脊行走。下一小断崖，爬上巨石堆回望，可见不远处的鹦鹉接吻石，酷似两只鹦鹉正在热吻。

此前如果说是步步惊心，此后可谓是惊心动魄了！山间不明显的小路在乱石和灌木丛中穿插迂回，不过只要你坚定信念，锐意前行，路，就在脚下。

这段路落差较大，双手要不停地拨开枝杈，以免划伤。几处小断崖要小心攀爬，几近垂直的巨石超过 5 米，手边几无抓扶之物，普通驴友最好借助绳索下降。

下行中，太阳逐渐被彩石溪对岸高大的将山所遮挡，夕阳染红了天际的白云，喷出一道道灿烂的霞光，四周巍峨的山峦，瞬间被涂上了一层金黄色的颜色，格外瑰丽。晚霞的变幻莫测、喷芳吐艳令人如醉如痴、大饱眼福。此景只应天上有，人间能得几回观。

从龙山山脊下至一条横向山沟，沟上是东北—西南走向的高耸山梁，窄窄的山脊上巨石堆立，有的张牙舞爪，有的乱石崩云，有的摇摇欲坠，就像由巨

落日余晖

石随意搭成的一道巨墙，横亘于眼前，向右下方斜伸而去。此时夕阳落山，光线渐暗，眼前景象令人产生一种别样的感觉，仿佛置身于“魔界”。

自“魔界”左转下山，可至油篓沟，右转可至大南沟。天色渐暗，必须在天黑之前下到安全的彩石溪公路上，这是户外的原则之一。时不我待，我们从“魔界”左侧疾行下山，暮色中披荆斩棘，遇到几个断崖，凭着领队的丰富经验和强大定力，一个小时就顺利到达公路。

沿盘山公路逆流上行 1 千米多，经碧峰寺即到彩石溪的核心区域，溪中横卧着刻有“彩石溪”三个大字的标志性巨石。

彩石溪位于泰山桃花源景区内，山溪源自桃花源龙湾，沿山势曲曲折折，缓缓流下，形成“画入水中秀，水在画上流”奇特景象。沿溪可观赏色彩斑斓的带状彩石，这是有十八亿年历史的“五世同堂”的地质奇观。十里山涧，彩石平铺溪底，波光潋滟，奇特的地质地貌，桃花乱落如红雨，有如泼墨大写意。沿途有步游路，曲径通幽，乱石铺阶，浑然天成；随处憩息，石凳石桌，野趣盎然；亲水戏水，舒适惬意，别有洞天。溪水中可见泰山螭霖鱼在碧波中悠然游荡。

彩石溪核心区游览完毕，可视时间沿步道继续上行去天马池、螭霖溪、红雨川、龙湾等地，后乘景区游览车出山。也可沿公路或步道下行，经碧峰寺、钓鱼台、桃花源水库、元君庙等出桃花峪景区大门。十多个小时的惊心浪漫的奇石之旅，就此圆满结束。

行走大自然，融入大自然，收获的不仅仅是强身健体，还有精神上的超越，更有同甘共苦的人间真情！我爱行走，爱由心生，随心而行。

彩石溪

路线 5

组徕山北线 徂徕镇石门村→凉泉子沟→大鹏沟护林站→南横岭→石屋沟→东龙湾景区→宝石沟→将军亭→香水沟→香水湾瀑布→龙女湖→太平顶→栖云坪→上池→罗圈沟顶→中军帐防火站→西龙湾→地坛→元宝石村

作　　者：知远之家、好钢、东方

路线简介：

起点：徂徕镇石门村（36° 07′ 31.37″ N，117° 31′ 92.00″ E，海拔 330 米）

终点：徂徕镇元宝石村（36° 04′ 49.44″ N，117° 18′ 37.88″ E，海拔 260 米）

路线：长度约 25 千米，可自由调整，最高点太平顶海拔 1028 米，徒步时长约 8 小时。

本路线轨迹　　本路线照片

上池

本路线为徂徕山北线，从石门村开始徒步，翻越村正南的山岭，下至龙湾地质公园，沿景区步道，走宝石沟、香水湾沟，到龙女湖，再沿徂徕山景区大公路，直上太平顶。此线野路、台阶、公路相间，森林、草地、乱石并存，但道平路宽，无危险路段，较为全面地展现了徂徕山的美松、奇石和碧水。春花烂漫与秋叶绚丽之季景色最美。途中沟壑纵横，水源充足。

游记与攻略

自驾车或乘 40 座以下中巴车，导航至徂徕镇石门村。石门村在徂徕山北麓山脚下的中段，人口不多，村民有着朴素的石头崇拜，村中路边立着一块圆柱形的青灰石，上面刻着“石人保佑”，下面供奉着香火。

下车后，奔村东南方，到村东水库上面的峪沟，沿沟而上。沟内散落着大大小小的岩石，多呈青灰色或灰黑色，显得厚重。这些石头因多年水蚀、风化，被磨平了棱角，显得很敦厚。

峪沟两边开阔的缓坡上，长着粗大的栗子树。峪沟的下段，叫凉泉子沟，上段叫大鹏沟。顺着峪沟上行，路过一处防火检查站，一位村姑听到久违的人群嘈杂声，出门询问，叮嘱勿带火种。再上行 1.5 千米多，就到了村子正南方向的南横岭山脊，这是东西横亘于徂徕山北部的一道屏障，山梁上密布巨石和槐树。此处右转西上，拔高里许，可至“鹰嘴崖”（又名“佛报平安”），继续西行可至罗圈沟顶，再经上池、栖云萍，到太平顶。此外左转东下，可至康王店。我们由此而下，直插东龙湾景区。

从南横岭下来的这条峪沟叫石屋沟，石屋沟顺沟而下是黄土岭林站，出沟是安家崖村。从石屋沟底右转上行翻越迎面的一道小山梁，山上密布松林，树干挺拔，虬枝如龙，枝叶繁茂，浓荫蔽日，沉稳而昳丽。从山梁下来，首先映入眼帘的是一汪碧水，池水倒影，成镜中龙湾。水坝北侧路边有泰安市政府于2007年3月立的一块石碑，上刻“徂徕山省级自然保护区”字样，标志着已进入了龙湾景区内。这是岱岳区下港乡自己开发的小景区，独立于徂徕山景区之外。

沿景区路上行不远有岔路口，可左行过索桥，也可右行走峪沟，分别绕过一个山包，最后再交会在一起。右行进入宝石沟，里面挤满了各种各样的石头，皆圆润可爱，就像是大自然的宝石仓库。宝石缝隙间，水流潺潺，清澈透明，给这条宝石沟增添了很多秀美和妩媚。顺宝石沟前行后左转翻山，经梯子瀑、华盖（一棵大松树）、海狮拜客（对面山崖上的奇石）等美景，抵达将军亭。如果从宝石沟口左行，过铁索吊桥，先后经天犬迎宾、青龙出洞、神龟探海、福龙湾、禄龙湾、寿龙湾、仙人桥等景点，也可抵达将军亭。

这片区域山势险要，是兵家必争之地，因此有将军亭、点将台、将军岩、中军帐等名称。将军亭扼守三条峪沟，一是宝石沟，二是西南方向的龙头沟，三是东南方向的香水沟。龙头沟还保存着原始的风貌，沟中乱石林立，草木杂生，崎岖难行。将军亭对面山崖几块巨石相依，名曰“点将台”。我们在将军亭小憩后，下亭子，绕过点将台，经过一处废弃的护林房南行，进入香水沟。

香水沟的名字给人以浪漫的遐想，这条沟依旧宽阔敞亮，水流时而细流无声，时而叮咚作响，峪沟转弯处，有碧水一潭，被称为香水湾。峪沟落差处，有水帘落下，似长袖善舞，翩若惊鸿，被称为香水瀑布。如果是冬天，则形成冰瀑，把冬日之美固定下来。

香水沟两边的山坡上，生长着洒脱、修美的黑松和油松。高处的崖壁上，岩石开始显露出来，但内敛、谦逊，一点都不咄咄逼人或狰狞可怕。顺着里面的小道，在香水沟内忽而左行，忽而右行，时时沐浴着香水的气息，让人感到一切都

变得灵秀、娇媚。

沿香水沟蜿蜒而上，来到沟顶，左转可沿公路到达龙女湖；我们不愿回转走公路，便径直继续沿沟而上。峪沟内杂草厚密，矮树参差，驴道似有若无，上行几百米，有一大坝，拦住一池碧水，这就是龙女湖，湖面海拔 820 米，碧波荡漾，山水相依，松柏倒影，相得益彰。高山之巅，有此碧水，归功于满山丰富的植被，是它们涵养了徂徕山的水源。有水，山就有了灵气。就水系的丰富来说，徂徕山甚至超过了泰山，满山的松柏，要归功于山上丰厚的土壤。

沿龙女湖左侧公路行走几千米可至徂徕山顶峰太平顶，也可循着公路走向抄近路。迫近山顶，巨石渐露奇绝，徂徕山的石头大多为二长花岗岩，已经有 24 亿年的年龄了。

太平顶（36° 02′ 8.43″ N，117° 18′ 5.30″ E，海拔 1028 米）是徂徕山主峰，因峰顶有 0.2 平方千米的平坦之地，大有舒展太平、平和仁厚之感而得名。传说由泰山奶奶将峰顶坐下三尺而形成，又有传说，当年张果老欲与泰山碧霞元君比高低，倒骑驴从各地驮众山叠在一起，后因山太高妖精众多祸害百姓，被玉帝降罪，张一气之下挥鞭抽之，形成现在的徂徕山，这一传说倒符合徂徕山沟壑纵横之山貌特色。

太平顶

太平顶有气象台宾馆一处和信号发射铁塔一座，宾馆旁一巨石上立一木牌，上标有“太平顶，海拔 1028 米”。山顶东南、西南均有观景台，可欣赏到情人石、封官石、青云洞、练功台、紫霞洞等景致。其中东南观景台视野尤为广阔，仲春之日，天朗气清，站在观景台，可近看峭石壁立，悬石如珠，奇石岩岩，巧夺天工。远看群峰连绵，曲线起伏，白云飘飘，有如仙境。

太平顶不仅是主峰，也是徒步徂徕山各路线的枢纽和目标。在太平顶上游览一番后，已近 13：00。从太平顶向北走步道下山，经 700 米到达栖云坪。这段不长的小道，两边多槐树，有些台阶，是因地制宜用拇指粗的木棍铺在土道上而形成的，有些台阶，是因陋就简在石头上粗略打凿出来的。

栖云坪，白云栖息地也，名字很有诗意，其实是个停车场。游人少，停车场内鲜有车辆，但旁边有一池碧水，如明镜，水中央还有个小岛，走近岸边，可看到鱼儿在水下悠闲地游弋。

过栖云坪，从池塘右岸土路径奔西北而去，或踩厚厚的草地，或穿密密的树林，翻越两个山梁，就到了上池。上池不仅有水，水面还很大，烟波浩渺，景色不输江南水乡。这里空气清新湿润，土壤肥沃滋养，所以当地建设了省级林木种质资源原地保护库和林场植物园，在周边开辟了苗木繁育保护基地。

从上池和基地办公楼中间继续北行，穿越苗木基地，向正北行，沿山道密林再行近一千米，即到罗圈沟顶（36° 05′ 46.68″ N，117° 29′ 62.70″ E，海拔 830 米）。此处可沿着山脊一路东北行，经鹰嘴崖或“佛报平安”，返回出发地石门村；也可下罗圈沟，经龙湾、地坛，至元宝石村，再回石门村，能少走 5 千米。我们左转西北行，继续翻山越岭，奔望岳峰中军帐护林站方向。这段约有 2 千米的山脊路，尽显徂徕山的山石特色，多是孤零零的大块青黑或青灰石头，其棱角已被风或雨蚀平，或许是在沧海中被海水冲刷，率性地散落或堆积在山坡上，愈是坡顶，愈是密集。

望岳峰上有中军帐护林站，只是这个山头的石头有着不同于其他地方的赭黄色。山下有中军帐，传说吴王伐齐时曾设中军于此，因而得名。

需要特别说明的是，徒步至此，可在望岳峰东山腰左下去游览中军帐庙，再沿拱桥、迷魂沟，进入龙湾沟而出。如果登顶望岳峰，从护林站西下至龙湾沟，这段路时隐时现，坡陡路滑，布满着荆棘、藤蔓、杂树和巨石，一不小心

奇石

就会误入歧途，而歧途上往往就有悬崖。

与东龙湾相比，西龙湾更有气势，虽然峪沟依旧比较敞阔，但有些地段显得幽邃深奥，两边的崖壁峭拔险峻，里面的石头棱角分明，杂乱无章，锋芒毕露，锐气逼人。有的地方的巨石太陡峭，流水下泄，水花四溅，迸珠碎玉，飞瀑连潭，美妙无比，但人是断然不能下的，不过大自然总给人留有生路——一边有天然石梯，艰难地爬上去后，又有人搭的简陋木梯，然后再循路下行。

西龙湾里，不息的水流声是山中最美妙的音符，给人以洋洋兮若江河的感觉。这里的水，与香水沟、龙女湖等地的水最终注入大汶河，大汶河的河水又滋润了大汶口文化。徂徕山的水，可能已流淌了20多亿年了，从大汶口文化算起，也已经流淌了五六千年，今后还要不舍昼夜地流淌下去。

出西龙湾的路，时而在乱石沟中，时而在右边山坡，时而在左边山坡，渐渐地，脚下会出现牛粪，坡上会出现闲庭信步的牛，继而进入视线的是一个小院，柴门虚掩，院前的台阶是在大石头上凿出来的。

经过近2千米的峪沟跋涉，就走出了西龙湾，至公路，旁边有护林房。从此处，可沿公路左行约3千米至东珂珞山村，但此处离我们停车处很远，租当地村民的车需60元车费。我们从护林房处沿公路右转，翻垭口，经地坛，也需要约3千米，到达山另一侧的元宝石村，离我们的停车地点还有约2千米。自驾车者可以从元宝石村租乘村民的摩托去停车点开车，乘中巴车者可以让车到兰家滩村接应。

历经近八个小时的徒步，已到下午晚些时候，太阳西沉，柔和的光线照在两边的山脊上，成为泰安八景之一的“徂徕夕照”。山脊上的石头依旧是仪态万方，在夕阳的照射下，显得更加风情万种，柔美妩媚。红红的夕阳，映衬在水中，构成一幅祥和温馨的画面，使徂徕山显得恬静安宁。走在夕照中，会让人忘记一路的疲惫，留下驴行的美好记忆。

西龙湾

路线 6

徂徕山南线 **黄石崖村→里黄石崖→石柳峪工队→石柳峪→升官路→练功台→林外天→风雨同舟→断头台→情人崖→太平顶→轿顶→饮马泉→大弯沟顶→老洪山顶→张庄工队→竹溪六逸→高胡庄**

作　　者：知远之家、黄忠立

路线简介：

起点：岱岳区良庄镇黄石崖村（36°0′33.99″N，117°15′40.65″E，海拔 190 米）

终点：良庄镇高胡庄村（35°59′55.38″N，117°17′56.61″E，海拔 220 米）

路线：长度约 18 千米，最高点太平顶海拔 1028 米，徒步时长约 8 小时。

本路线轨迹　　本路线照片　　本路线视频

天高云淡

此路线为徂徕山南线，从黄石崖村开始徒步，登顶太平顶，至高胡庄结束，呈一个倒立的 U 字形。此路线长度适中，除欣赏壮美的风景外，还可以感受徂徕山的历史文化，寻找竹溪六逸的名士风流，致敬英勇抗日的革命先烈。徂徕山是一部“岩石书”，记录了华夏政治、历史、文学、书法、宗教、民俗对它的浸润与影响，留镌了文人墨客的逸闻与行迹。太平顶上有餐馆，旅游旺季对外营业，丰俭由人，可就餐补水。

游记与攻略

黄石崖村在徂徕山南麓山脚下中段，村庄北侧的山峦裸露着赭黄色或褐黄色的基岩，成为徂徕山石头家族中一道别样的风景。也许是这个原因，当地的村民对黄石崖这个名字情有独钟，黄石崖村南边的村子叫南黄石崖村，北边的村子叫里黄石崖村。因为黄色的石头，在返回的途中，还会看到黄崖口，经过黄子口村。

自驾车或乘车经过里黄石崖村，沿着山间公路北行里许，寻机在路边空阔地带停车。这段路是 40 座以下大巴车可以通行的水泥盘山公路，公路两侧是茂密的板栗林。沿盘山路前行，上一个坡，拐一个弯，在山腰密林一平整处有一排新建工房，这就是石柳峪工队看山护林的地方，盘山水泥公路就修到这里。从工房前走过，进入长满山花野草的土路。山路左侧的这条山沟叫石柳峪，沟深林密乱石多，一会儿工夫，我们的队伍就消失在沟壑、密林和灌木丛中。

20 世纪 30 年代末，中共山东省委在徂徕山发动抗日武装起义，打响了山东省委独立领导山东抗战的第一枪，给嚣张狂妄的日寇以沉重打击，起义队伍迅速发展壮大成为一支重要的抗日力量。与石柳峪临近的磨山峪和前马头山，分别建有徂徕山抗日武装起义博物馆和徂徕山抗日武装起义纪念碑，碑名由共和国元帅徐向前题写。

徂徕山在军事上具有重要战略地位，徂徕山人民则具有威武不屈的秉性。东汉末年，赤眉军曾据此山发动起义，寨山、女智崮等皆因之得名，今山顶遗迹尚存。北宋末年，山东民众聚义于徂徕山，数度下山与金兵激战。康熙末年，徂徕山爆发了由盐贩组织的起义。

沿石柳峪向东北行，可见一巨石卧于沟底，上面用白漆写着两列字，字面显示，左行通往锯连山，右行通往南天门步游道。我们选择向右行，山路也变得陡峭起来。一路拔高，林中山路时隐时现，途中石头上时有用白漆涂的指示标志，不会迷路。小路蜿蜒，来到一个岔路口，两条路皆可至太平顶，此处已出现石砌台阶，提示我们已进入了景区步道。

沿台阶右行，美景应接不暇，沿途不时有木制景点指示牌。因为地势不断升高，所以脚下的路称之为“升官路”；路旁松树冠盖入云，所以是“大人松”；有洞紫气氤氲，得名曰“紫霞洞”；有巨石，顶如平砥，是操练的好地方，被称为“练功台”；山体崩塌后，巨石堆砌，中空而成为“野人洞”，旁边还有“野人脚印”；树影横斜处，可隐约看到天空，因而是“林外天”。

在“林外天”和“风雨同舟”两个地方，大家不要急着赶路，要离开路线向右深入玩上一玩，能拍出很多值得玩味的好照片。从林外天至太平顶这段路，应该说是本路线的精华，奇岩遍布，四野开阔，苍松翠秀，野花烂漫，徂徕之岩、徂徕之松在这里尽显其美，美至极致。

远望太平顶

“风雨同舟”是山路右侧的一个岩石山顶观景平台，其上巨石林立，造型各异，向上可仰观太平顶之绝巅雄立，向下可俯视百峰秀峙、河川秀色。我们在此逗留了大半个时辰，玩得不亦乐乎，遗憾的是，平顶侧面的松林不知何年何月发生过火灾，被烧焦的树干和黑色的土壤像是在哭诉着那个令人扼腕的悲惨故事，更是在昭示着我们：户外防火，人人有责，严禁火种，警钟长鸣！

继续上行，在步道左侧有个用木栏围成的岩石，上面有五个坑，一个在前，

登山途中

剩余四个两两排列，人趴上去，正好对着双脚、双膝和头颅。

站在太平顶东侧观景台，环顾四周，峰峦如聚，青山妩媚，遮不住各式各样奇形怪状的石头，有的像威武的将军，有的像行走的骆驼，有的像卧虎，有的像卧佛，有的像夫妻教子，还有的像情人私语。

自古名山僧占多，作为泰山姊妹山的徂徕山也不例外，有光化寺、四禅寺、法云寺、青云寺、二圣宫、隐仙观、老君堂、水平庵以及与经石峪刻经齐名的“大般若经”“波罗蜜经”“成吉思汗圣旨”等摩崖石刻。千百年来，在这座山中，僧人建庙诵经，道家炼丹修仙、高士避世隐逸、学者著书讲学，孕育了丰富的徂徕文化。

路线从太平顶往东南下，至轿顶，有两个选择：一是走驴道，下太平顶沿山脊直奔正南虎头山，下虎头山后左行，进入去轿顶山的路；二是走景区水泥公路，两条路线在公路一个大拐弯处会合。

虎头山形如其名，山顶是虎头石，惟妙惟肖，摇头晃脑，威猛桀骜；山下南方是虎头沟，沟深坡陡，荆棘满布。如果是“强驴”，并愿意挑战自己，便可明知山有虎，偏向虎山行，只是，上虎头山容易，下虎头山则需要勇气和担当，密林灌木遮天蔽日，路线很不明显。

虎头山南临的山脊上有一条很宽的防火通道，沿此上山，即达轿顶。山顶上有一座小庙，里面供奉着儒、释、道各路神灵，主神是玉皇大帝、王母娘娘、泰山圣母和道德天尊，两厢分别是增福财神、关圣帝君、送子观音和观音菩萨。

从轿顶山梁沿宽阔的防火道东行，路上草木稀疏，黄沙漫漫，砾石处处，有戈壁滩的感觉，间或有小的起伏，不到 1 千米，就能到山顶公路。沿公路行约 600 米，在公路的一个几乎呈 360° 大拐弯处有一个水泥牌子，由此处直行再入土路。

一路起伏上下，向正南行七八百米，上一山头，至饮马泉；从此左转向东行，不到 2 千米至大湾沟顶；从此右转南行约 1.5 千米至老洪山顶，山顶有座信号塔；再右转下山，行约 1 千米下到张庄沟底的张庄工队。

此段路，途中多奇石，远方山峰更是峭拔俊美，左前方是贵人峰，孤秀刺天，上下如削；右方是黄崖顶和菩萨顶，林木翠绿，黄石点点，如羊数千头，清朝文渊阁大学士赵国麟在《游徂徕山记》中记载：“立者、卧者、跪者、触者、啮者、乳者、舐者、负者、奔者、登者、坠者，大者如瓻，小者如羔”。往远处望，在下午的归程中，可看到汶河如带、徂徕夕照和太平飞瀑的壮美景象。

从张庄工队沿公路下行约 300 米，右拐下沟底走直线，过黄崖口村，再行约 1 千米，左转有二圣宫景区。金代安升卿所题的“竹溪佳境”四个大字刻在一块巨石上，石上天然花纹有如片片竹叶，人称竹岩。此峪沟在乳山脚下，里面杂花生树，竹林森森，溪流淙淙，所以得名竹溪。李白与孔巢父、韩准、裴政、陶沔、张叔明等人曾在此隐居，纵

酒酣歌，举杯邀月，谈诗论赋，啸傲山林，留下了千古佳话，被称作“竹溪六逸”，创造了文坛历史上久负盛名的友情文学现象，给峭拔刚毅的徂徕山带来了闲逸、旷达和风雅的情怀。

登山途中

走入竹溪不远，可看到二圣宫，里面供奉着孔子、老子。传说孔子曾游历徂徕，恰逢老子亦在此卧禅悟道，于是向老子请教有关礼的学问，后人仰慕二圣的贤德，遂建宫祭奉。如今在徂徕山的一座山峰上，两块天然巨石自然形成的“孔子问礼”，把当年孔子的虔诚和老子的坦诚表现得惟妙惟肖。

徜徉竹溪，看“观涛”“卧虎”等题字，听竹喧风啸，遥想历代的名士风流，不禁在这里流连忘返，直把他乡作故乡。

离开竹溪佳境，不远处就是停车场和山中公路。上了车，就结束了徂徕山的南线驴行。正是：远看峰峦嵯峨，近观万千怪石，脚下有奇缘，缥缈似仙境，令我醉悠然。

太平顶

路线 7

新甫山 **黄崖镇灵崖谷→石龙岭→沙谷墩→财神殿→天池→观音像→大堡顶→莲花尖→天台峰→雷达站→木栈道→玻璃吊桥→天成观音→大宫山→袜子铺莲花山机场**

作　　者：山人、紫若、东方

路线简介：

起点：新泰黄崖镇灵崖谷（36° 2′ 10.6″ N，117° 37′ 51.47″ E，海拔 309 米）

终点：袜子铺莲花山机场（36° 0′ 45.23″ N，117° 39′ 1.96″ E，海拔 208 米）

路线：全程约 15 千米，强度大、难度中，用时 6 小时左右，累计爬升 1009 米，最高点天台峰海拔 994 米。

本路线轨迹　本路线照片　本路线视频

新泰莲花山现已恢复古称新甫山，素有“小泰山”之称，耸立于山东省中部，属泰沂山脉中段，为泰山左翼支脉，“东连具敖，西瞻徂岱”，北俯莱芜，南瞰新泰，主体在新泰市。新甫山山脉整体呈东西走向，为新泰、莱芜界山，绵延 15 千米，总面积约 100 平方千米，大小山脉十余条，山头几十个，主峰天台峰海拔 994 米。

新甫山穿越主要有东路、中路、西路三条路线，起点分别是麻峪水库（东路）、袜子铺、灵崖谷（中路）和天井峪（西路），精华主要在中路。本条路线由灵崖谷入山，袜子铺出山，其特色是沿山脊行走约 15 千米，穿越新泰新甫山、莱芜莲花山两大景区的精华部分，可以欣赏到新甫山的奇石幽谷、高山深湖、古代遗迹、青松翠柏，充分感受其作为世界地质公园、国家森林公园和“观音胜境，北方普陀”的神奇魅力。

游记与攻略

从济南出发，经济泰高速，导航至泉沟镇，再走乡道到黄崖村灵崖谷，从这里沿左侧山谷开始上山。灵崖谷右侧有一条盘山道可以通过山顶垭口，这是以前当地村民去莱芜的便道，现在已修成防火路，少了一些爬山的趣味。

我们选择了往左的小道，先是爬上一片大石梁，上面有一座小庙，从这里可以远眺正前方大堡顶的漂亮崖壁和西面的 V 形垭口。之后沿河道上行，里面有很多被山洪冲下的巨石。夏秋季节，清澈的流水使人流连忘返。溯流而上，到巅水汪和映月泉处继续向左，沿山坡上行。这片山坡植被稀少，奇石裸露，各具形态，上面有牧羊小道，走的人较少，我们称之为石龙岭。

沿着山梁缓慢爬升，林木渐多。徒步大约 1 小时，穿过一片松林，到顶就是沙谷墩（36° 3′ 22.2″ N，117° 38′ 15.69″ E，海拔 921 米）。山顶是一块平地，上面有寨墙、旗杆洞、房屋地基等，据说这里是白莲教遗址。东向下山的路上，仔细观察，会发现一些人工打磨过的台阶。除上来的山梁外，沙谷墩其他三面都是悬崖，易守难攻，是为险地。此处向西，可到天井峪，向北可达莱芜，向东通往新甫山主峰。

从沙谷墩东侧小路下山，山体陡峭。小路上下各有一块奇石，远看好似一对熊母子在对望。此处数年前发生过山火，石头都被烧成了黑色，在此也郑重提醒各位驴友注意防火。下到底就是从山下看到的V形垭口，此处建有一座财神殿，门呈圆形，朝北。这里原先是新泰通莱芜的山野近道，当年做买卖的人，要挑着几十斤重的担子翻过这个垭口。

垭口东面就是大堡顶，南面直下到灵崖谷，北面是莱芜莲花山景区，有天池和金身观音像。大堡顶高大雄伟，南侧壁立千仞，西侧是断崖，都无法攀登，山顶有一座四角凉亭。

天池（南海）是山东乃至整个华东地区较高的天然湖泊，海拔860米，蓄水20万立方米，池底有泉数眼，湖面清明如镜，群峰环绕，山明水秀，风光绝佳。天池西北，有一尊金光闪闪的观音铜像，端坐于莲花宝座之上，神态庄严安详，卓然大观。

沿着环湖栈道继续往东走，经过新甫山林场犁铧尖子瞭望哨，这里正在修建向东的台阶路。犁铧尖又叫莲花尖，海拔960米，远处看是一个金字塔形的尖顶，非常漂亮，如莲花未开的花苞尖。此处有两条路，沿着瞭望哨往东，是一条山腰小路，较为好走。我们则“创造”困难，爬上莲花尖，然后下行。从西面看莲花尖，其形状是南陡北缓的两个小山头，登顶后才会发现它的雄伟险峻。莲花尖东面的下行路是一条很窄的山脊，堆满了巨石，满山乱石大如斗，路陡且险，是一条最能体现新甫山险峻秀美的路。

下山后是一个重要垭口，南通黄崖水库，北通莱芜，两侧都是幽深的山谷。

奇石

此时已过中午，我们在此吃饭。这里非常幽僻，如果在5月来，各种层次的绿美得令人心醉。

过垭口走山北小道，经过一处“人面石”，不远即是新甫山主峰天台峰，海拔994米，它东为缓坡，西为陡崖，西北为直上直下的峭壁，周围有望月峰、锯齿牙、犁铧尖、沙崮墩、大堡顶、青松岭等八座山峰环抱，形成了“九峰耸峙、列若芙蕖”的壮丽景观。立于峰顶可西望泰山，所以天台峰又称望岱峰；因东面还有一座独立的山峰——东高峰，所以又称西高峰。

天台峰东面为灵宝峰（东高峰），是景区的东线景点，有盘山公路相通。东北面有一条山谷可以通向莱芜彩石溪（不是泰山西线中的彩石溪）。冬天，这里是观冰瀑的好去处。站在天台峰远望东北方向，可以看到盘山公路。

天台峰南面有一条古老的盘山道，我们沿此下行，经过左手一块巨大的粽形巨石，很快就来到了栈道。栈道是近几年修的，向左是玻璃栈道，向右是水泥栈道，可以通往天成观音，属于景区西线。沿着栈道行走，可以多角度欣赏新甫山秀丽奇伟的丰姿。

新泰新甫山有六大主要景区：行宫景区、太平庵景区、云谷寺景区、北天门景区、响铃碑景区、磨子坊景区。有三条主要游览路线：中路主要景点有汉武行宫、补天石、看天石、云门、古柏、十八盘、南天门、快活二里、云谷飞瀑、圣水瓶、两山排闼、五大夫松、云谷寺、红云洞、白云洞、兴云洞、对松山、北天门、东高峰、西高峰；西路主要景点有初入佳境、老汉推车、风动石、通天河、太公石、姊妹松、奇观、太平庵、青龙潭、五云涧、一线天、水帘洞、子母泉；东路是盘山公路，直达主峰。

沿水泥栈道可直达天成观音。新甫山作为世界地质公园，有两项世界之最：一是天成观音，二是世界最古老的岩石——科马提岩。天成观音是新甫山奇石的代表作，位于观音崖上，酷似结跏趺坐的观音菩萨，是世界上独一无二的趺坐式天然观音。

从天成观音下来不远，右手栏杆下有一条小路，沿之可经河谷到达袜子铺村。可我们今天想走山脊看风景，就选择了左行。经过乌木石顶后，有一个三岔路口，都可以通向袜子铺村：南行可经大宫山顶下达，北行可沿北面山脊下撤，但路都不明显。我们选择向西沿河谷直下，林密沟深，巨石奇树，藤萝密布。夏季水多时节，异常湿滑。走到尽头就是洞口瞭望站，左转即达袜子铺村北的机场。

登山途中

袜子铺村旁的机场为南北走向，机场东面为大宫山，西面为小宫山，北面正对着磨子坊景区，这里曾有一个高泉寺。大宫山东面有一段较平缓的山头，上面有石墙遗址，为禹山寨，是抗日战争时期百姓藏身之地。大、小宫山上多奇石，少松柏，和石龙岭相似。这些奇石，追溯成因，时光可上溯到 25 亿年前，新甫山与泰山相伴而生，经历了历次造山运动，使它保留了从太古界到第四系较为齐全的地层。沧海桑田的地址变迁，自然造化的妙手偶得，便出现了遍布新甫山的奇峰怪石，产生出一种令人震撼的自然美。当它们被慧眼识别，又经文化渲染，便又在奇特的自然基础上呈现出某种人文灵性。这些奇石，有很多至今还养在深闺人未识，等待着人们去发现。

清人张相汉《游莲花山记》云：“尝闻沧桑之所，或近于诞，以今观之，则陵谷变迁，古人岂欺我哉？”今天，当我们行走在山野之中，俯仰天地，游目骋怀，尽看奇峰怪石，饱览风花雪月，既强身健体，又陶冶情操，心里不免会有沧海桑田之感，从而会更加热爱自然，珍惜生命，这也是驴友们喜爱爬山的重要原因吧。

三、蒙山区 6 条徒步路线

概况

蒙山，古称“龟蒙”“东蒙”“东山”，为泰沂山脉的重要组成部分，地处临沂市西北、沂蒙山区腹地，横跨平邑、蒙阴、费县、沂南四县，绵延横亘达 75 千米，总面积 1125 平方千米，主峰龟蒙顶海拔 1156 米，为山东第一大山和第二高峰，素称“亚岱”。

蒙山因其面积广大，有很多地方人迹罕至，洪荒原始，尤其适合户外探险穿越。户外运动在蒙山起步较晚，但发展很快，形成了以“蒙山十险”为代表的经典驴行路线，集中分布于云蒙、龟蒙、天蒙三个区域，在周边省市户外界享有盛誉。“蒙山十险”的确定和排序，主要是根据当地领队和驴友对所爬山峰难度的判断，口口相传而来，一种主流排序为：百丈崖（费县境内）、蛾子崮（平邑县境内）、三崮堆（平邑县境内）、大崮（平邑县境内）、三柱山（费县境内）、林家崮（平邑县境内）、聚宝崖（蒙阴县境内）、大天崮（蒙阴县境内）、刀山—云蒙（蒙阴县境内）、摩云崮（平邑县境内）。

鹰窝峰

路线 1

亀蒙顶—蛾子崮 **蒙阳村→蒙阳峪→骆驼石→拦马墙子→蛾子崮→鳄龟大战→鹰落崖→蛾子崮顶→一线天→九龙池→鳄峪沟→拜寿台→龟蒙顶→三崮堆→秦汉崮→蒙阳村**

作　　者：叶子、山人、东方、清枫

路线简介：

起点（终点）：蒙阳峪村南蒙山步道起点（35° 32′ 59.40″ N，117° 48′ 23.72″ E，海拔 280 米）

路线：全程约 12 千米，强度较大、难度大，用时约 10 小时，累计爬升 958 米，最高点龟蒙顶海拔 1156 米；蛾子崮、一线天、三崮堆等处需要绳索辅助，为蒙山探险的代表路线。

本路线轨迹　　本路线照片　　本路线视频

蒙山之龟蒙景区，位于临沂市平邑县，面积 625 平方千米。主峰龟蒙顶海拔 1156 米，享有“岱宗之亚”的美誉。5 月初夏时节，我们一行五人从济南出发，自驾车前往龟蒙采风。在清枫、翱翔两位临沂领队的协作下，一日穿越蒙山两大险，朝拜老寿星，吸纳蒙山天地之精华，诗意与情怀共升华。

蛾子崮，因山体半山腰上伏着一块突出的巨石，状若蛾子而得名，号称蒙山第二险崮，也是此路线极具挑战性路段。蛾子崮顶海拔约 750 米，崮阳有一段长度近百米的光崖，以 70° 的角度倾向龟蒙顶，拔地通天，三面绝壁，唯有此处稍缓，可勉强攀登。

游记与攻略

导航至临沂市平邑县蒙阳峪小桥。小桥在龟蒙顶西南方向的山脚下，南临蒙阳山庄，往东约 300 米，环山柏油路有个 90 度大拐弯，此处有排房子，我们就把车停在了房前院中。过公路到对过有一条向东北方向的土路，路口是 18 号防火站，站前竖有蒙山步道路标，上挂“国家登山健身步道示范工程”、蒙山中国国家地质公园以及沂蒙山世界地质公园牌子。此处便是今天的徒步起点。大巴车能到此处，但防火期会有检查站沿路设防。

粗犷的蒙山山脉在西南方向夹出一条山峪，当地人称为蒙阳峪，意指蒙山之阳的意思。从此峪前行，两边是葱郁的板栗树林，浓郁的板栗花香沁人心脾。林下随处可见奇形怪状的巨石，西侧河谷是乱石滩，偶有空地，都被勤劳的农人种上了小麦、金银花、黄花菜等。抬眼望前方，蒙山就横亘于天地之间。

沿山峪北行，但见层峦叠“翡翠”，陡崮“秀肌肉”，蒙阳四崮（西蒙、大崮、林家崮、穷汉崮）卓然峭立，挺秀天地，走得愈近，这种视觉上的冲击力愈强烈。行进 600 米左右，左侧路边一块硕大的奇石吸引了众人目光，这是此路线上一个重要地标——骆驼石，因形状酷似中国地图，也称中国石，堪称蒙山奇石之首。它实际上是一块巨大的冰川漂砾。愈向前行，板栗树愈见茂密，给行人撑起一把把天然绿伞。绿林掩映，龟蒙诸峰时隐时现，与人捉起了迷藏。离大山越来越近，形体高大、枝叶扶疏的槐树取代了板栗树，绿草香花有了阳光的抚慰，生机盎然，围着心仪的奇石恣意生长。

离骆驼石不远处有几处民房，此处叫拦马墙子，因村前蒙阳峪沟内有大片巨石滚落堆积，形成一道天然石墙，使人马难以通行而得名。从拦马墙子左行有西蒙山、大崮、摩云崮等穿越路线。

大崮，蒙阳四崮之首，位于蒙阳村东面，龟蒙顶西南，蛾子崮北面，海拔 766 米，属于摩云山群次峰二歪歪的南大梁，西南坡野径平缓好走，东南坡光帘陡峭难攀。光帘，是村民对裸岩的称谓，陡壁斜坡大约呈 70°，高百米有余。崮巅眺望西蒙、龟蒙、摩云崮，大气磅礴，格外壮观。西蒙山与大崮中间隔一道小梁（十八盘）相连。

摩云崮位于龟蒙顶西北 3 千米，也叫老蒙山，位于蒙山山脉最西端，主峰海拔 1025 米，为沂蒙七十二崮之首。山耸巨齿，峰触流云，因名摩云崮。摩云崮崮顶裂缝众多，经过千百年的风化、崩解和剥蚀，逐渐形成三峰陡立、山势险峻而倾斜的特殊景观。崮顶三峰，裂岩倾栽，蟾首仰翘，号称大歪歪、二歪歪、三歪歪。从明光寺北山南眺，摩云崮酷似一睡美人。摩云崮南坡有三道大梁：西蒙山、大崮、林家崮。推荐路线为：大涝峪村—摩云崮—龟蒙顶垭口（口子门）—蒙阳村。

继续前行里许，路右侧有一道铁丝网，有一简易门可打开。穿过此门，便进入了鳄峪沟，真正的穿越从此开启。

此处有三条路线可选：一是沿鳄峪沟底朝东南方向一路爬升，可直达龟蒙顶，这条路线强度难度都较小，是登顶龟蒙、膜拜寿星的首选路线；二是进沟后左拐上山，攀爬蛾子崮后再下切至鳄峪沟。因上下蛾子崮都需要拴绳索，耗时费力，团队来此探险，通常在崮顶吃午餐，下午下崮顶后直接返回；三是不进铁丝网，继续沿蒙阳峪前行，从蛾子崮和林家崮中间峪沟上行，再从老寿星处下山沟东行，直达龟蒙顶，此路线可提前左拐，走林家崮至摩云崮穿越路线。

林家崮，古称佛塔山、白云崮，以其山势雄伟，一峰拔起，山峦奇秀，形似佛塔而得名，今称林家崮。相传近代一林姓人氏曾在此落草称王，崮上旗杆窝至今犹存。林家崮位于蒙阳村东北，大崮之东，海拔 726 米，系蒙阳四崮中唯一独立的山峰，四面绝壁，高耸陡立。从蒙阳村出发，过骆驼石、鳄鱼口、拦马墙，可以观赏林家崮南部山腰群石叠嶂，争奇竞秀。经莫开洞（佛门洞）登顶，北望可见“龟背寿”奇石，东瞻可极目寿星岩雕，西观可赏大崮悬崖，南视可与摩天岭佛塔进行历史对话。林家崮东南侧有一段峡谷叫竹子岚沟，雨季瀑布如练，冬季冰凌闪耀，别有韵味。

我们选择了第二条路线，穿越荆棘、杂草丛生的麻栎林和黑松林，在巨石缝隙中左冲右突，一步步向蛾子崮迂回包抄，在翻过一个巨石堆后，蛾子崮就矗立在眼前了。

攀爬蛾子崮，要先借助石缝间中的一棵松树，攀至崮底，再爬至蛾子形巨石下面，然后沿巨石右侧石缝攀爬。蛾子崮已成为户外探险者热衷的攀岩圣地，为确保安全，此处需要借助绳索。在我们前面，北京某户外队伍 30 余人正在攀爬。具有专业攀岩经验的东方、山人和翱翔借助其绳索，从海拔 558 米的崮脚平台直接登顶鹰落崖。山客、数码和我则在临沂千程户外领队清枫的引领下，从蛾子崮半山腰向左斜切至鹰落崖垭口。

攀爬蛾子崮

鹰落崖是蛾子崮南端的第一个高点，山顶有几块巨石凌空叠列，其中一块巨石像一只刚刚落地的老鹰，尖尖的嘴巴、收拢的翅膀，正向崖下俯瞰，栩栩如生，天设地造。上面还有一块巨石像一巨型青蛙，趴卧其上，意欲何为，不得而知。

鹰落石

鳄龟大战

登山途中

此处还有一处天下奇观，断不可错过。在行进方向左侧，向鹰落崖北侧下方观望，可见林家崮、大崮下面山谷的“鳄龟大战”奇石，鳄上龟下，两块巨石虎视眈眈、龇牙咧嘴、对视而望，大有一决高下之势，中间隔着一棵大树，似乎要阻止它们之间的争斗。

从鹰落崖垭口上行爬上一段陡崖，即可到达蛾子崮崮顶。崮顶地势平缓，偃卧着诸多巨石，有的上面存留着冰臼遗迹。其中一块像一个躺着的巨兽，身边围拢着一群嗷嗷待哺的小兽，生动而形象。这块巨石与周围的石头夹出一个通透的石洞。俯身穿过这个石洞，可前往一线天。站在崮顶，但见周围群峰傲立，雄峙天地，西北方的林家崮、大崮，东北方的仙桃峰、龟蛙峰，正东方的龟蒙顶，东南方的三崮堆，千峰竞秀，各显其姿，险壑纵横，历历在目。

下蛾子崮顶有三条路线：一是从崮顶西北向左转，沿山体斜坡石缝绕行下切，到崮中腰后，再沿山体右转，到达崮北垭口，也可直接下撤返回；二是从崮顶正东向右转，用绳索从高达 90 余米的大水崮、小水崮崖降，下至鳄峪沟，再上龟蒙顶，或下撤返回；三是从崮头断崖正中向南穿过前面提到的石洞后下行，钻一线天，再沿绝壁崖缝分段用绳索垂降，下至崮北垭口，与第一条路线会合，再从垭口右转下山，至鳄峪沟，与第三条路线会合。

我们选择了难度最大的第三条路线，全程体验了一线天的狭窄难行与惊险刺激。包不能背在背上，否则会被卡住，坡度很陡，通过时要不时用手紧撑崖面，增大摩擦力。偶一抬头，会看到上方的一块悬石，令人胆战心惊。一线天下面是一个绝壁上凹进去的洞口平台，里面斜长着一棵小臂粗的小树，还有一块石头可以固定绳索。从此处用绳索速降至蛾子崮与仙桃峰之间的垭口，有一段是悬空的石缝，无可借力，恐高者或体力差者断不可选择此路线。户外活动，是为了强身健体、快乐人生，要坚持“安全第一”的理念，量力而行，知难而退，不可冒险。

从蛾子崮顶下降到垭口耗时费力，超过 10 人的团队一般都会从垭口处下撤返回。在垭口树林简单野餐后，右转向东南方沿陡坡下行至鳄峪沟底。我们沿河谷向左上行百余米，河谷跃升为落差较高的一处瀑布——九龙池。九龙池瀑布呈竖簸箕形，两侧是光滑的陡崖绝壁，无法攀登。瀑流经年不断，将底部冲刷成深潭，两侧崖壁也都呈黑色。因近期降水稀少，瀑布已断流，潭中只有少许积水。我们从九龙池左侧石壁攀登而上，然后右切来到九龙池上游。此处与鳄峪沟另一条上行路线相接，沟底变得平坦易行，小路易循。

从九龙池上行约 600 米可见路左侧有处已倾圮的护林房。此处景色具有原始风貌，松针铺地，横柯遮天，十分清凉。在此休整片刻。此处向左沿山势继续上行，沿路拔高，槐花开得正盛，有的就在路边，随手摘一把入口，甜香可口。沿途从密林缝隙北望，可隐约看到对面山体那端坐着的老寿星。从护林房行约 30 分钟，走一段景区石阶，即登拜寿台。

拜寿台下面山谷长满娇艳欲滴的锦带花，还有一些不知名的花草，形成百花簇拥的盛景，香气弥漫空中，沁人心脾。拜寿台海拔 956 米，登临其上，环顾四周，群山万壑，尽入眼帘。龟蒙西诸峰三崮堆、蛾子崮、仙桃峰、大崮、

寿星巨雕

西蒙山、林家崮、龟蛙峰、仙女峰、摩云崮各居其位，簇拥着龟蒙顶。听涛观海东山去，风自清兮花自芳。西南方向的天寿大峡谷中，连绵起伏的槐花海仿佛白色的浪花在峡谷中随风翻腾。东北方向，花海之上，雕刻于裸岩山体上的老寿星，一副慈眉善目的模样，正微笑地注视着人间苍生。在拜寿台，无论在哪个角度看寿星，都会看到他正注视着你。

作为蒙山的标志性景点，龟蒙寿星以古代南极仙翁为模本，采用明朝末年定型的寿星形象，依天然岩体雕刻出来，高度是乐山大佛的3倍，是世界上最大的山体雕塑，已被载入《吉尼斯世界纪录大全》。

拜完寿星，再仰观龟蒙悬崖栈道，只见其如巨龙绕环龟蒙顶，奇险无比。龟蒙顶主体岩石主要由距今27亿年左右形成的中酸性深成侵入岩组成，形成很大的游览区域，主要包括龟蒙顶、炼丹洞、修真窟、卧龙松、孔子小鲁处、圣憩石、升观台、伟人峰、笔架峰、佛掌崖、观鲁阁和蒙山极顶等景点。随着景区路标的指引，沿着山顶步游道，向东曲折前行，过十里松画廊，很快就抵达“蒙顶奇观”观景平台，这里也是景区公交车的停车区。在黑松掩映的花岗岩上书有“龟蒙顶”三个大字。炼丹洞开凿在蒙顶奇观观景台下方的岩壁上，不很明显。由此沿台阶向西北方向，通过蒙顶奇观牌坊，过卧龙松和孔子小鲁处，就登上了海拔1156米的蒙山极顶。

孔子“登东山而小鲁”，小鲁碑即为孔子登临之处。登到极顶，但听耳畔清风徐徐，松涛阵阵，眼前云聚云散，时而霞光万丈，时而山雨欲来，玉皇殿雄峙天界，西蒙、伟人峰等奇峰如出其左，绿海涛涛翻作浪，群峰朝宗拜龟蒙，无边田畴湖光谱画卷，令人心旷神怡，《沂蒙山小调》的旋律再度在耳际回响。

伫立小鲁亭旁，尽览鲁国故土，不禁情思悠悠。

从龟蒙顶下来，沿十里松画廊返回天寿大峡谷牌坊前，此处顺阶而下，有一圆形休憩平台，往西南方向延伸出一条小路，即可离开景区步道下山。在下山几百米处，有一个分岔路口，往左为三崮堆方向，往右为后镝筈方向。我们选择去三崮堆，一路上森林茂密，藤萝缠绕，芳草萋萋，不时可见珍花奇石，幸运的话，还可能碰到兔子、松鼠、獾等动物。沿此路在密林中蜿蜒下行数里，即可到达三崮堆。

蒙山极顶标志石

三崮堆是龟蒙顶西南部的一个支梁，为东西并列的三峰，平均海拔 850 米，西南起自养泉峪，东北并入蛇人台，直线距离 4 千米。自蛾子崮顶及东蒙古道的小风门口都能看到三崮堆全貌，后者角度更为直观形象。三崮堆崖陡峰奇，峡邃峰削，巨石罗列，中间以窄壑相连，石梁千仞惹猿愁，煞是壮观。经过了蛾子崮的考验，大家愈爬愈勇，手攀脚蹬，三上三下，逐一通过。东崮之巅的巨石上面，密布龟甲形状的图案，这是当年太昊氏族的图腾。除此之外，三崮堆上还有各种形状的奇石，如企鹅、大鱼、人猿、蛤蟆等，随你想象。崮与崮相连的山脊比较好走，不过攀爬每个崮顶却很具挑战性。中间一崮尤为险峻，个子高的可借助石与石之间的缝隙和突出的崖角攀登，个子矮的必须由队友用绳索拉拽，看来三崮堆赢得蒙山十险的桂冠并非浪得虚名。正所谓：堆垒千仞鸟惊啼，悬峰百寻猿遁栖；断壁崩崖迷往路，岩缝石隙侧身低。

翻下西崮，险情解除。这里有两条路线：一是向右下行经后镝筈，到鳄峪沟。后镝筈也是龟蒙西南的一条支梁，在三崮堆北，海拔 904 米，巨岩叠嶂，如镝似筈，颇为壮观；二是向左沿山脊返回蒙阳村。此时已是夕阳西下，我们选择了第二条路线，沿曲曲折折的山脊下行，边走边欣赏天寿大峡谷和鳄峪谷诸峰奇观。上午爬过的蛾子崮，从这一面看更是雄伟壮观。穿越梁顶小石崮，欣赏孤立危崖之上的龟形石、蛙形石、兔子石、不倒翁……然后拐入黑松林、麻栎林，沿着积满落叶、松软易行的林中小径下行 40 多分钟，即可抵达竖有健身徒步标示牌的山间平地——秦汉崮。在此可稍事休息，然后沿右侧小道下拐，穿越槐树林，再度回到来时的路口，返回出发地蒙阳村。蒙阳村是龟蒙山诸路线一个重要节点，由此处可以扩展出多条或长或短的路线，比如以此为起点的路线有：秦汉崮→三崮堆→龟蒙顶，蛾子崮→林家崮→大崮三崮连穿或每个崮单独成线，鳄峪沟→后镝筈→龟蒙顶，鳄峪沟→蛾子崮→龟蒙顶→东蒙古道，等等，可灵活组合。

登山是心灵的放飞，是对自由的追求，对意志的磨练。一天紧张、惊险、刺激的穿越，挑战蒙山两大险崮，登临龟蒙顶，拜谒老寿星，途中全面观察了蒙山地质情况及植物多样化分布，收获颇多。

翻过了山坡又踏过了水，跟心走别管东南和西北，一路看过蒙山的千山和万水，日晒也好，风吹也罢，跟着心走，户外人最爱这远走高飞！

龟蒙顶日出

路线 2

云蒙顶—刀山 蒙阴百花峪村→刀山沟口→刀山脊→圈门峰→凌云宫→小云蒙顶→大云蒙顶→里沟→百花峪村

作　　者：叶子、山人

路线简介：

起点（终点）：蒙阴百花峪村百花山庄（35°33′44.5″N，117°54′52.45″E，海拔452米）

路线：全程约10千米，形成环线，强度较大、难度大，上行路线沿刀山山脊一路拔高而上，其间有断崖、临渊险点数处，须备绳索确保安全；全程用时约8小时，累计爬升1218米，刀山最高峰圈门峰海拔945米，大云蒙顶海拔1028米。

本路线轨迹　　本路线照片　　本路线视频

刀山

蒙山之云蒙景区位于蒙山之阴（北坡），“蒙阴”县名由此而来，是国家 5A 级旅游景区、国家森林公园。

刀山，位于蒙阴县桃墟镇百花峪村南，西起口子后，东至圈门峰，呈西北—东南走向。其状似刀锋，山势嵯峨，绝壁如削，驰骋奔突，宛若游龙，野径陡峭，两侧沟谷深邃，峻岩森森，造就了一幅惊心动魄的天然画卷。刀山之石多为太古代火山沉积岩与后期花岗岩相套，山之节理多呈斜直条状结构，使整座刀山从谷底到山顶呈阶梯状分布。奇崮耸立而成九座山头，刀山九峰，一座更比一座险，为蒙山之险的典型代表。

游记与攻略

久闻刀山之奇险，混迹户外圈，也闻听“不走刀山，枉为驴友”之说，某日，跟着三人行一众驴友向刀山开拔。

乘大巴车从济南出发，走济莱高速，途经莱芜区、新泰，从 G2 高速公路蒙阴出口下高速后右拐，不足百米后再向右，走 234 省道，进入蒙阴县桃墟镇，再行约 20 分钟，看到右侧一巨石上书“桃花源”，过此标志，不远即是直通山峪的龟云公路。沿公路盘旋而上，导航很精准地将我们带至百花峪村，累计行程 190 余千米。

百花峪属蒙阴县桃墟镇，原名布袋峪，后为开发旅游，改称百花峪。对于久居平原者，乍到百花峪，有种置身世外桃源的惊喜。公路穿峪而过，峪中溪流纵横，板栗树枝叶婆娑，荫蔽着几十户依河而居的农家。农家已发展成民宿，当地旅游管理部门统一了民宿招牌，格调典雅，别具风情。车辆停在百花山庄，抬头望，刀山游蛇飞龙般的姿态，激发了我们登山的壮志豪情。

大家于 10 点左右从百花山庄对面民宿旁的生产路向刀山进发。百花峪盛产大红袍花椒，深红色的花椒散发出浓浓的香味。沿小路行进，生机盎然的田野是最好的兴奋剂，两边是红艳艳的山楂、快成熟的核桃、刺猬球状的板栗。欢声笑语间，轻松走完田埂小路，跨过百花峪南的小河（35° 33′ 32.65″ N，117° 54′ 48.66″ E，海拔 491 米），左转上达葱郁的山坡小径。路有点陡，要借助登山杖或抓牢两旁的灌木枝才能上山。夏天树叶上有毛毛虫，所以还是戴手套、穿长袖衣服为好。走出浅坡处的板栗林，进入灌木丛，沙土小路隐没在草丛中，紫红的桔梗花、沙参花，金黄的萱草花媚态诱人。再曲折上行到海拔 556 米处一山崮，视野开阔，能欣赏到西北方巍峨壮丽的天蒙顶、东北方百花峪全貌和连绵无际的青山。下行到垭口，还有一条从西侧刀山沟上来的小路在此会合，这应是驴友们常提到的另一条从隧道口登刀山的小路。刀山从此向东南方向蜿蜒而去，山势变得陡峭，大家收起登山杖，手脚并用，一会儿拔高，一会儿下切，先后经过刀山第一峰（海拔 635 米）、第二峰（（海拔 654 米）。

刀山穿越

因为体力有差异，队员逐渐拉开距离，散落在远远近近的山梁上，像一群群可爱的花岩羊。从第二峰顶下切到垭口途中，遇两竖立奇石夹就的天然石门（35° 33′ 22.28″ N，117° 55′ 1.94″ E，海拔 638 米）。通过此石门，再下到垭口后继续拔高，到达第三峰（35° 33′ 33.20″ N，117° 55′ 4.96″ E，海拔 645 米）。

越向上攀登，巨石的体量越大，有的拔地而起，有的“勾肩搭背”，有的横亘于山顶平台，刀山奇石甚多，以龟形石居多。整座刀山就是一座石头博物馆，千姿百态的石头堆垒于此，只有勇者才有机会来这不收费的“博物馆”一游。有些巨石天生一副神龟样，有些石头好像商量好了似的，凑在一起，缩头的，仰头的，卧着的，倒挂的，一个比一个摆的谱大。有的石头侧望像人猿的脸，有的像娃娃鱼。

从第三峰下切到垭口，然后向第四峰攀登，途中遇一险关，一侧是壁立的悬崖，悬崖边是仅容一人通过的转角，一侧是万丈深渊，只能用左手用力抠住石壁突出的棱角，右脚横转，小心翼翼过此险地。前行少许，又有一绝壁横挡于前。大家抓着绝壁侧面的一株山杏枝，脚踩树杈，一步步向上挪，攀上第四峰（35° 33′ 18.58″ N，117° 55′ 6.44″ E，海拔 658 米）。峰顶平坦，北边是一片松树林，南边是茂密的草丛，分界处的小道十分明显。峰顶西南有一石，侧望若神龟望海，上得顶部俯视，又如一棋盘，上书“九山”。林下落叶很厚，踩上去软绵绵的，是夏天捡蘑菇的好地方。本以为后续之路会一马平川，哪知后面才是真正的挑战。

从峰顶前行百余米，又遇一堆分不出前路的巨石堆。勉强从乱石缝隙中找到下切的道路，到一垭口，又要拔高。此时，很多人体力已到极

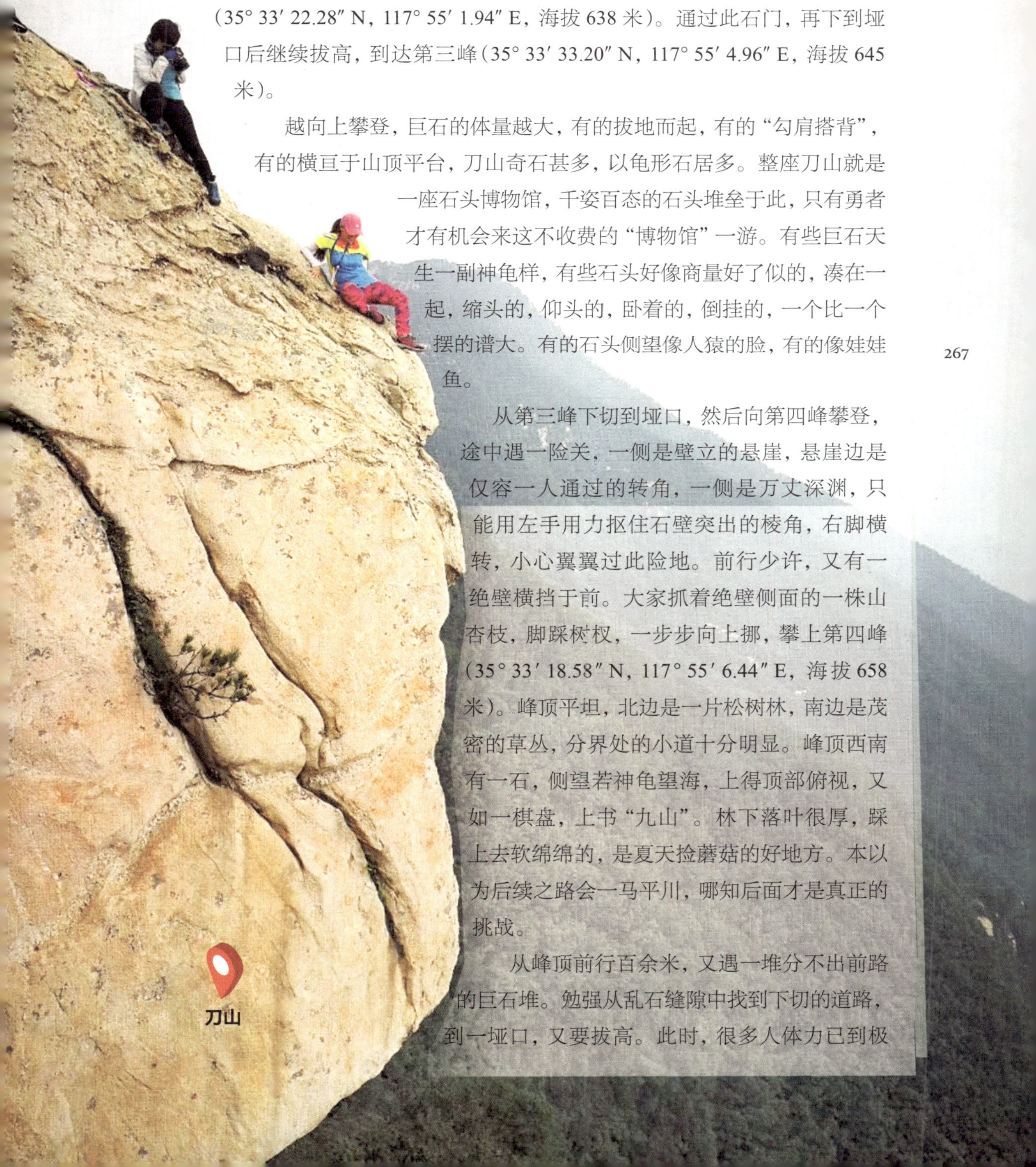

限，急需休息。“强驴”们在此拍照，放松一下紧张的情绪，调整一下登山节奏。前行的登山之路更难更险，“强驴”们想从右侧绝壁处找路穿越，失败而归，还是“弱驴”们明智，从山崖左侧绕行，抓着树枝，借助石缝，蹿蹦跳跃，倒也没费太多力气，爬至第五峰顶（35° 33′ 15.64″ N，117° 55′ 12.82″ E，海拔 737 米）。

从第五峰向第六峰穿越时也颇费周折。峰下是斜立的石壁，上面有几处石臼，脚踩着石臼，手撑在石壁上，溜到下面窄小的平台，平台之外就是万丈悬崖，要十分小心才行。在“强驴”的帮扶下，大家一个个溜了下来。从山垭前行，很快就被耸立面前的第六峰（35° 33′ 14.38″ N，117° 55′ 14.82″ E，海拔 773 米）挡住去路。巨石天耸，实难攀登，必须绕行鹅耳枥丛林，从坡度稍缓的石崖攀登。从第六峰

下行途中，遇一不规则的圆石，上横一书案状奇石，让人浮想联翩，莫非这是世外隐士挥毫泼墨的桌台？

爬上第七峰（35° 33′ 13.09″ N，117° 55′ 17.04″ E，海拔 786 米），再下切，过垭口，到得第八峰前，但见一断垣状石崖壁立于前。好在此石崖棱角多，中间还有石缝可供踩踏，倒也没觉出险来。峰回路转间，前行少顷，又一落差很大的石缝竖在面前。其间虽有几棵树助力，无奈树下泥土酥滑，难以落脚，而且半壁还有突出的悬崖为障，要踩着树的枝杈方能上去。在这里，队员发挥猴子捞月的团队精神，借助绳索，成功登顶到第八峰（35° 33′ 11.59″ N，117° 55′ 18.37″ E，海拔 826 米）。

上得第八峰，前行路上横一娃娃鱼状奇石，下面仅有两块顽石支撑，站上鱼形石，能感觉到微微颤动。翻越此奇石，再前行，下探到垭口，又遇一高约三米的石壁拔地而起。石壁滑溜如镜，状若天然屏障，当地人称之“照妖镜”。同行即是朋友，借助绳索，大家互相帮助，渡过险关。此峰顶有一鹰石，当地驴友戏称“毕业石”，意即度量“菜驴”成长的标尺，攀上即是“强驴”。鹰石形象逼真，节理明显，浑然天成。历尽千难万险，攀上鹰石，探看来时路，只见刀山群峰参差交错，如利刃雄立于刀山沟与里沟之间，头顶碧空万里，四周层峦叠嶂，顿觉爽心悦目，豪情万丈！

从鹰石下来，一路坦途，很快就踏上圈门峰顶（35° 33′ 6.92″ N，117° 55′ 27.19″ E，海拔 945 米）。峰顶多松树，生长乱石间。大家在山顶用餐后，继续向大小云蒙顶进发。下行遇一状若歪头龟的奇石，让此峰有了些许萌萌气息。

前行道路明显，一路从垭口向西南方向穿越，途经密林，路过凌云宫遗址（35° 33′ 5.19″ N，117° 55′ 28.64″ E，海拔 905 米）。此时大家累到了极点，差点错过这个遗址。我是被高大的银杏树所吸引，方才注意到左侧深林掩映下的凌云宫的断壁残垣。曾经闻名于世的蒙山凌云宫坐北朝南，静卧于山洼。石砌台阶于殿前，遗址仅见房舍断壁和院落残墙、殿内残碑。高大笔直的银杏树虽历经百年风雨仍傲然挺立，诉说着岁月沧桑。从此处向东行，再向东南方

向下行，经过大洼林场防火检查站（35° 33′ 83.81″ N，117° 55′ 37.73″ E，海拔894 米），再于密林中蜿蜒前行，一路长途跋涉，审美上的视觉疲劳和肢体上的劳累，令大家走到小云蒙顶（俗称“小橛子”，海拔 1008 米）时，已没有了过多激动。站在垭口的观景平台拍了几张美照后，从小云蒙顶脚下的小路绕过，直奔大云蒙顶。

登上云雾缥缈的蒙山峰顶，恍若置身天外，周围山峰就像朵朵傲骄的荷花。小云蒙顶又称云蒙西峰，山势绝险，苍鹰不渡，至今无人攀登上峰顶。大云蒙顶有峭壁险路可攀爬至顶。登上大云蒙顶（35° 32′ 49.24″ N，117° 56′ 4.5″ E，海拔 1028 米），可尽览蒙山风光。大云蒙顶上有神龟望月、夫妻石等景点。攀大云蒙顶并不难，手抓突出的岩角，脚在不平整的岩面上很容易找到落点。很快就上到顶，西南角横卧一巨石，上书“云蒙峰”。这里视野开阔，远望小云蒙顶，如石笋冲天而立，亦像巨猿仰天长啸，

孤傲不群。从大云蒙顶向东不远右侧有一蛙嘴石，匍匐通过之后再下一个小断崖，谨慎通过，就可到达一个小平台。从此平台继续向东走再左拐就到一悬崖边，右行就是轨道崖。走过轨道崖，沿着崖壁前行不远能见到猴见愁。猴见愁陡峭竖立，几乎呈 90°，好在此处有一棵小树，可以拴绳索，不过树太小，人多时最好找一处突出的崖角系绳索，这样更安全，然后借着绳索小心垂降即可，有些石缝已被驴友们插上了木桩，下行时也可以落脚。

我们从大云蒙顶下来，东北方向是密林，沿林中石板小路下行 500 余米，左侧有一彩条带围挡的小路口（35° 32′ 56.99″ N，117° 56′ 20.47″ E，海拔 887 米），沿此小路下山即进入里沟，可返回百花峪。如果继续沿台阶上行 300 余米，可进入云蒙景区，远望大小云蒙好风光。

从里沟返回百花峪途中，藤萝密布，林茂草丰，鲜花芬芳，仿佛走在春天里。下到里沟途中，半山腰有大面积的青檀林，树干笔直高耸，荫蔽度极好。继续下行到河谷，沿里沟出山，即可回到起点。路况先难后易，先要爬一个 60 多度角的坡，如果下雨会十分湿滑泥泞。下行要用登山杖，最好戴手套和护膝。下行约 800 米即到达谷底，此时，路好走一些，能听到哗哗的水声，却不见水流。再行进约 400 米，终于看到清澈的河水从地下探出头来。溪水一会儿在地下暗河奔流，一会儿又在如画的彩石河床上飞泻。溪水清浅，送来阵阵凉意。又行进 300 余米，遇到古老的板栗林，板栗树很有些年头，有的树干粗大，几个人才能围拢。林下有羊圈，黑山羊散发出浓浓的膻味。忠实的看家狗看到有生人来到，拼命叫嚷，生怕我们抢走它家的宝贝。前行 600 米，河流隐入地下，重新踏上出山沟的砂砾路，经过蜜蜂山庄、野生茶园，又到了水泥路。路北是深深的河谷，有石桥通往对岸民宿。再前行，就回到了百花峪的公路，行进约 300 米，终于在 18：35 返回百花山庄。

采风归来，回顾一天的行程，感觉刀山并非浪得虚名。刀山之路，气象万千，盛气凌人，所谓的路，全是刀锋上或大或小的巨石怪崖形成的台地或石缝。尤其是那些拦路巨石，简直是百态怪兽的化身，挺拔者如仰天虎啸，陡峭者如天狮怒吼，横卧者如龟行峰巅，熙熙攘攘于刀锋之上，犬牙交错，形若锯齿。攀登这种山峰，奔突于杂林乱石间，脚踩手攀，好在棱角较多，大部分地方能给人足够的安全感，因此，只要细心，攀爬相济，此山不难征服。

路线 3

天蒙顶—百丈崖 石牛寨→百丈崖→天蒙景区→丹丘谪仙→瞻鲁台→齐鲁分界处→天蒙顶→望海楼→玻璃悬索桥→大旺石海→石牛寨

作　　者：数码、山人

路线简介：

起点（终点）：临沂费县大田庄乡大胡支村石牛寨山下（35° 28′ 25.37″ N，118° 0′ 59.90″ E，海拔 430 米）

路线：全程约 9 千米，强度较大、难度大，用时约 7 小时，累计爬升 580 米，最高点天蒙顶海拔 1001 米。百丈崖需用绳索辅助攀登，登山者需具备一定攀爬能力，恐高者慎入。

本路线轨迹　　本路线照片　　本路线视频

本篇作者之一

数码，本名刘军，医学学士，曾多次荣获省级以上科技进步奖。爱好读书、徒步。2012 年开始，自驾海南，重装行走南太行，先后行走过新疆、大别山、横断山、虎跳峡等地区和高原峡谷。

蒙山之天蒙景区，地处临沂市费县县城北30千米，现为国家5A级旅游景区，国家地质公园、国家森林公园和省级风景名胜区。其西有234省道与平邑云蒙景区分隔，其东有垛南公路与沂南彩蒙景区分隔。东西绵延50余千米，南北跨距20余千米，有名的山峰就有上百座。这里奇峰连绵，谷幽壑深，茂林葱郁，花异草香，不但有众多自然景观，还有抗日战争、解放战争时期的战争遗址、《沂蒙山小调》诞生地、德式建筑华德圣教堂等历史景观。本路线集百丈崖之险、天蒙顶之秀、大旺石海之奇于一体，是汇聚蒙山精华的路线之一。

游记与攻略

我们一行5人和2位本地向导，驾车从234省道杨树林沟村东拐，沿新修的盘山公路前行，经老刘家村、大胡支村，来到天蒙顶正西的石牛寨山下停车，与临沂千程户外的驴友们会合。村边的浅沟缓坡种的几乎全是板栗树，花开正盛，芳香浓郁，让人情不自禁地深呼吸几口。

整理好登山装备，一行人伴着绵绵细雨开始登山。沿着水泥路面上行不远，可以看到一条左拐的土路，沿山沟向东走600米左右，到一处石墙，中嵌铁门，进门后沿山沟密林继续上行，可通往百丈崖。

这是一条乱石密布、巨树参天的山谷，小路两边随处可见高大粗壮的板栗树，一些栗子壳掩映在茂盛的青草和陈年的树叶中，大大小小的青灰岩石散布于山谷。经过一阵急行军，雨点开始变大，正好前面陡坡上有一块约两间屋子大的青黑色巨岩，旁边挺立着一棵高大的栗子树，大家在石檐下小憩并避雨。然后从巨石左侧向上攀爬，在茂密的树丛中披荆斩棘，一路拔高，行约200米，进入一片松林，在松枝的掩映中，眼前突然现出一个红黄白多色交杂的巨大崖面，这就是百丈崖（35° 28′ 18.35″ N，118° 1′ 41.33″ E，海拔815米）。

天蒙登山

百丈崖，号称蒙山第一险，绝壁

如削，峻岩森森，在浓雾中反射出幽光，雨后湿滑，攀爬而上，惊险无比。陡崖长约 150 米，下半段坡的角度约 70°，岩壁光滑如削，攀爬难度极大；崖壁上半段更加陡峭，顶端岩石像屋檐一样往外探出，十分险峻。向上攀爬 30 米后崖壁中间有一段横着的窄缝和一棵小树，可以在此喘一口气，小树根部可挂绳做保护。因为崖面硬度高、坡度大，加之大雾和小雨，视野不清，崖壁湿滑，先期爬的两个领队颇费了一番力气才爬上去并绑好绳索。

百丈崖

我们要从大崖壁左前方的一个缺口处攀爬上去，此处约高 7 米，从底部起就有一段 30 厘米宽、2 米多高，从下而上逐渐变窄的裂缝。身形瘦小者可以借助裂缝与石头凹凸的间隙登上，体形胖大者，要借助裂缝边缘的凸起攀登。上去之后，回望来路，脚下是几乎垂直的悬崖，只见云雾弥漫、苍翠欲滴，后面的队员在雨雾中若隐若现，此时不禁生出一种成就感，长舒一口气，继续向左侧方向攀爬。

再前，又有一崖壁高 5 米左右，正面的角度呈 90°，无法攀爬，侧面由一块巨石和一段陡坡组成，底部有一棵三杈大树可辅助攀爬，但树干距崖壁约有 1 米，崖壁距地面约有 2 米，若是不下雨，用脚蹬树，可以一个大跨步爬上巨石。但此时脚下有泥，树干和岩石都很湿滑，如果硬攀会很不安全。必须先让具有攀爬能力的超级“强驴”，靠着信心、勇气和能力，爬上去拴好绳索，然后，大家才能在相互帮助下，使出洪荒之力，依次通过。一位体形较胖的队员无比费劲和狼狈地爬上去之后，仰天长啸：“可要血命了。”逗得众人哈哈大笑，紧张的气氛顿时缓和了下来。

爬上这段崖壁，百丈崖就过关了。沿山右侧林木葳蕤的小径上行约 500 米，来到山梁平坦开阔处，有驴友们搭建的石桌石凳，正好在此午餐。休整后，穿越灌木丛往东南方向行走，约 200 米后见一岔路口，此处右拐可直接下山，再直行不远，就看到左上方的景区栈道了。翻越栏杆进入天蒙景区，左行，沿景区顺时针方向游览，奔天蒙顶方向。

天蒙景区开发较晚，2016 年 7 月才正式营业，是沂蒙山山岳型景区的一个样本。虽然是个大雾天，游客还是络绎不绝。景区的登山步道长约 12 千米，针对不同地段设置了花岗岩步道、自然石步道、木栈道、悬空栈道以及原生态的松针路等不同形式。脚下，是一条穿行于密林深处、蜿蜒于悬崖峭壁上的路，曲折盘旋，移步换景。虽然看不清远处的风景，但雨后天蒙山步道两侧树干黝黑，树叶滴翠，雾气缥缈，宛若仙境。

行约 500 米，来到“丹丘谪仙”处。唐天宝四年（745 年），诗仙李白谪居鲁东，恰逢杜甫官场失意，于是李白邀请杜甫携手同游蒙山，寻访在蒙山修炼的故人丹丘生和隐士范十。

沿步道继续前行，经瞻鲁台，到齐鲁分界处，两块巨石分题篆书“齐”“鲁”二字。天蒙景区所在地的费县古称鄪国，是鲁国的附属国，山北蒙阴为齐地，此山脊所在的分水岭就是古代齐鲁分界线之一，建有木质“齐鲁关”门。一脚迈出，分踏古齐鲁两地，不由让人产生穿越之感。走在木板路上，路边有百合园，还有红艳盛开的锦带花，沿路东行经望海餐厅可至天蒙顶(35° 28′ 30.99″ N，118° 2′ 29.55″ E，海拔 1001.2 米)。

天蒙顶是蒙山山系第三高峰，上有天然形成的一大一小裸岩两块，自古即有“夫妻岩”之称。由于天蒙顶是整个天蒙景区离天最近的地方，一直以来承载了人们与上天沟通的愿望和期盼，因此又有“天蒙之巅，一步登天”之说。天蒙顶左下东行可至望海楼。

从望海楼下山，至索道站，此处有去往景区东门、南门的摆渡车。站台沿步道向东下山，至沟底的上白石屋村，这里是《沂蒙山小调》诞生处。《沂蒙山小调》是一首当地民间赞颂家乡的歌曲，诞生于云蒙顶望海楼脚下的费县薛庄镇上白石屋村，它与《茉莉花》一同被联合国教科文组织评定为中国优秀民歌，蜚声海内外。“沂蒙那个山上哎好风光”的曲调也逐步深入人们的心灵中，成为沂蒙大地的代表符号。此处再下行 1 千米余可至景区东大门。

我们从索道站台过一铁栅门右行回拐西去，沿悬空栈道逆行，经望海石、神箭台、爱情路，来到“世界第一人行玻璃悬索桥”的北端。桥的另一端是海拔 930 米的塔山，因山峰陡峭如塔而得名。悬索桥于 2015 年 7 月合龙，为双塔单跨吊悬索桥，全长 505.5 米、主跨 420 米，号称世界最长、跨度最大的人行索桥。大桥主梁宽 4 米、人行道宽 2.4 米，桥面距离谷底的高度为 143 米。为游人提供了观赏蒙山风光的独特视角，站在看台，脚踏悬空玻璃，群山美景映入眼帘，不仅可以高空俯瞰壮阔的天蒙秀色，更可以体验脚踏高空、步步惊心的刺激感。

从玻璃悬索桥北头右转，沿山腰栈道西北行约 200 米，就回到我们刚进入景区时的地方。沿景区去“大旺环”的指示牌左拐西南行，到步道尽头一观景台处离开景区，右切进入驴道。向西下行 200 米到一面天然石墙下的垭口处，左行，沿林中小道再下行 200 米，看到密林中几座高纵的巨石后向右，即进入大旺石海（35° 28′ 11.53″ N，118° 1′ 49.13″ E，海拔 825 米）。

百丈崖

大旺，原名大汪，意为大水塘，是在山坳处的一个天然深坑，早年雨水丰沛之时，山水在此汇集，常年不涸，故名。石海，是清康熙七年（1668 年）郯城 8.5 级大地震遗迹。这次地震波及蒙山，大旺北侧的山峰从空中崩裂，坍塌后的岩石就堆积形成了眼前的大旺石海奇观。

大旺石海石高林密，经过复杂的地质变迁，留下了许多奇峰怪石，更特别的是生命力旺盛的爬山虎将这片区域装饰成一片绿色的海洋，一石一木都成为这种植物生长的乐园，令人流连忘返。

穿越石海，从其右前方出，即可翻上一道山梁，顺山梁西下不足百米，忽见路左侧树林中隐藏着一奇特巨石，立于岩石之上，累卵之势，天设地造，值得一看。继续下行几十米，在铺满松针的林荫小路上，透过松枝缝隙即可远观壁立如削的百丈崖，红黄色的石壁傲然挺立，分外醒目。之后还遇到两处岔路口，可以左行，下至盘山公路，走到紫藤山庄，回到停车地点。我们一直沿右侧山脊碎石小道下山，在沁人心脾的板栗花香中，回到了石牛寨，此时已是下午四点钟。正是：百丈崖，偶遇潇雨，野趣登攀。有嶙峋怪石，缠云幽暗，险关挂壁，蛇径蜿蜒。花散幽香，林闻鸟语，只有青山驻万年。看不尽，玉峰藏秀色，天上人间。

路线 4

聚宝崖—天亶　老龙潭→聚宝崖→聚仙台→聚南顶垭口→小天亶→小天门→中天亶→天门框→大天亶→老龙潭

作　　者：山客、潘雪强

路线简介：

起点（终点）：老龙潭大门（35° 36′ 4.71″ N，117° 52′ 31.66″ E，海拔 310 米）

路线：全程约 9.5 千米，用时约 6 小时，累计爬升 701 米，最高点海拔 881 米。强度中，难度较大。聚宝崖和小天门需用绳索辅助攀登。

本路线轨迹　　本路线照片

聚宝崖，位于临沂市蒙阴县老龙潭村西南、大天崮以东，明光寺以北，南望蒙山主峰龟蒙顶，西邻茅草崮。

聚宝崖海拔 844 米，是蒙山最大的崖壁。西崖壁高 400 米有余，坡度大，垂距高，很难使用绳索进行攀爬。北崖坡度稍缓，常人可以借助绳索登顶，专业人员可徒手登顶。北坡崖壁总长 200 余米，可分为三段：最下面一段约三四十米，中段和上段各约百米。崖顶有一大平台，俗称聚仙台。

大天崮在聚宝崖西，海拔 893 米，形状浑圆，是蒙山 72 崮中高崮之一，正对天门框的崮体裸岩高百余米，系平邑明光寺到蒙阴老龙潭传统山道的必经之地。

本路线为环形穿越路线，由老龙潭徒步穿行到聚宝崖崖底，攀爬聚宝崖岩壁，再绕行聚南顶垭口到小天崮，绳降天门关过中天崮，经天门框休整后攀爬大天崮岩壁，再由大天崮下陈洞子峪出老龙潭。此路线一路奇石林立，险象环生，着实使人惊心动魄。

游记与攻略

乘大巴车或自驾车导航至蒙阴县老龙潭村，车停废弃的农场景区门口。沿乡村公路西行进入农场大门，前方路旁有一把大大的茶壶雕塑。向西行约一千米，路左有一小桥，下路跨过小桥，就进入了幽幽的山林小径。走不多远可见明显的岔路口，这岔口是个节点，右边的路是今天返回的方向，我们选择左行顺时针穿越。小径环绕着山谷，盘盘曲曲地穿过松树林，还能听到山溪悦耳动听的“歌声”，温柔而欢快地流入老龙潭。沿途都被厚厚的落叶和松针覆盖，左边的小山叫作凤凰山。如果不攀爬聚宝崖，可翻过凤凰山右行，走黄山后登上小聚南顶就可以到达聚仙台了。一路上风光无限，有两三处二十几米的断崖，需要大家相互协作才能通过。

缓缓爬升半个小时左右，左手边一面高大岩墙挡住去路，石下荆丛杂草掩盖着一条十几米的缝隙，穿过这个狭窄的山缝，就到来聚宝崖的北坡岩壁前。

首先爬过一段几十米的小岩坡，手脚并用，没有多少难度；转头仰观，又是一处崖壁，目测也就三十米、坡的角度约四五十度的样子，两侧没有垂直的断崖，无须担惊害怕。看到此，心说聚宝崖也不过如此。其实，整个崖面是呈弧形，现在能看到的只是一部分。领队上去拴好保护绳，反复交代攀爬要领和注意事项后，大家陆续攀绳而上。

龟与象

这段岩壁上去后有个台地，可以略做喘息。再往上看，有一块光溜溜的大块光岩，近百米长，直达聚仙台，看得人心慌目眩。台地旁有块巨石横卧，状若一尊巨大石象，鼻眼分明，只是耳朵小了点。

近六十度的百米大岩坡，一条长长绳索垂放下来，大家紧握绳子鱼贯而上。经中途数次停顿喘息后，终于登上了百米崖壁的顶端，一屁股蹲坐在地，两腿累得有些发抖，一颗悬着的心才慢慢放了下来。此前爬过泰山的恐龙背、西马峰和云蒙的刀山等险峰，人在窄窄的如同刀刃般的山脊上行走，两侧就是垂直的悬崖，及至险处，须若壁虎般贴壁爬行，以为那才是险绝之地。而今走过的聚宝崖这段崖壁，尽管不是山脊险路，也没有身在险峰俯视时的眩晕感，但是近百米长的大光岩，角度六七十度的大陡坡，爬过后才感觉其艰难和耗费体力，难怪当年聚宝崖被称为蒙山第一险，现在想来还是有一定道理的。

出聚仙顶南行不远就是小聚南，是紧靠聚宝崖的一个小山，前行的斜坡小路异常幽静，两旁是松树林，树下松针如毡，地面平坦，是途中休整进餐的最佳营地。穿过松树林是一个岔口，左边路口是经凤凰山、黄山后绕行到聚宝崖顶的路。我们选择向右，用不了五分钟就翻上了山顶。前面看到的高山就是聚南顶，顾名思义就是聚宝崖南面的峰顶，聚南顶海拔 954 米，翻过聚南顶是烂毛窝，由烂毛窝连接王子岭可到达龟蒙顶景区。

继续前行，小聚南和聚南顶之间的山脊较为平缓，漫步草甸，十分惬意。登聚南顶强度略大，这里选择右向走山腰，沿着遮天蔽日的林间小道环绕而行。前一段路是茅草杂树相间，时不时地需要拨开草丛才能看见路。走了一段时间，便来到聚南顶和小天崮之间的垭口，眼前的景色全然一变，原本杂乱的树丛全都变成挺立的松树，粗粗壮壮如同一把把利剑直插天空。

沿着森林中左弯右绕的小路，不一会就来到了小天崮山顶，站在山顶的大石上，回望来时的路，若梦幻般延伸到了远方。山风卷着松涛，仿佛置身于碧波翻滚的绿色海洋里。远处白云点点，碧空如洗。纵观连绵起伏的峰峦，形状奇特，裸岩壁立，势欲倾倒，山色空濛，虚幻缥缈。有苍松翠柏的点缀，自是云来山更佳、云去山如画，使人备感蒙山神秘莫测。小天崮之所以称小，是因为旁边还有两个比它大的中天崮和大天崮，三崮就像亲兄弟一样牵手排列。小天崮崮顶面积不大，几块巨石昂首向天张望，东、西、北三面临渊，北面与中天崮之间垭口可供上下，但也是一处十几米的断崖，不借助绳索不好通过，所以，这里被称之为小天门或天门关。有关隘就会有险要，走近天门边沿，只见左右皆是悬崖峭壁，高而陡，好像是被人用巨斧劈削过。正对天门口十几米的断崖基本垂直，往下一望令人毛骨悚然，领队拴好绳索准备绳降，绳降前最好提前戴上防滑手套，以免滑坠或灼伤手掌。

下来天门关，只见小天门底部宽不足两米，两边峭壁如削，似两扇坚实的大门。站在天门关前，微风轻轻拂过脸颊，感到一丝丝凉意。右边有一条小路依稀可辨，体力不支者可就此下撤到老龙潭。

继续由小天门关右侧上中天崮，沿陡坡拔高而上，眼前一条狭窄的山缝宽仅容一人，高约三五十米。上得崮顶，小路明显平缓了些，徒步的速度也变得快了，透过树丛缝隙可以看见大天崮，再经过一段急速下降的陡坡，就到了大天崮和中天崮之间的垭口——大天门，我们在此吃午餐。如果不攀爬大天崮，在此休整后可沿沟返回。

登攀大天崮一般不用绳索助力，岩坡目测高约百米，坡的角度有七十多度，有的地方近乎垂直，其攀爬难度还是很高的。不过，崮体岩石结构以斜长片麻岩为主，独特的超级片麻岩表面粗粝，呈淡赭黄色，鞋子登在岩壁上抓力很强，一点也不滑。一些岩缝石不规则地散落岩壁上，如同攀岩墙上的岩钉，增加了很多攀爬的乐趣。攀爬崮顶有两条路线：一条由崮面直上，路径短但比较陡，体力好且攀爬技术熟练的可由此登顶；另一条是左切后，沿岩缝攀上，钻过仅容一人通行的自然石洞，然后右攀登顶，此路略缓，也较安全。我们选择了难度高的路线，时而若壁虎般贴肚挪动，时而手扣岩缝横向飘移，时而抱石而上，时而又曲蹲爬行。

登顶后崖上小憩，环顾四周，这里外旷内幽，奇景深藏，尤其是天门框西侧的山峰，峭壁若墙，块石叠垒，石柱斜插，高低错落，形成峭立的奇峰，仿佛一个巨大盆景，很有黄山神韵。

大天崮顶右行有条沟峪，较为原始，下山问村民才知道叫作陈洞子峪。进入陈洞子峪，漫步在林间，薄雾白纱般柔柔地飘浮在空中，每到路的节点就会看到三人行户外俱乐部系的金黄色缎带，这是为驴友引路的标志。沟峪内绿荫遮天，满目苍翠，藤蔓密密，山花簇簇，山风凉爽，好不清幽。峪中下行小径异常陡峭，沟峪内奇石秀木比比皆是。奇石多呈龟形，有的萌萌呆坐，有的仰天凝视，有的狂奔欲飞，有的冒头窥探。只要你想象力丰富，就可以尽情地发挥想象。谷底谷边成片的小花，各种各样，数也数不清，落花被风吹落，满谷留香，令人如痴如醉。

出树林转弯就到了早晨上山时的路口，一次完美的聚宝崖环行穿越结束了。过小桥去老龙潭里洗一洗，洗去一天的征尘，再回首远眺聚宝崖和大天崮裸露的岩壁，一日中攀登了蒙山十险中的两险，多少有点窃喜和骄傲。我们登山不是为了征服，只是为了接近，尽管攀上爬下很是艰险，除了刺激和挑战，一路的景色会更叫人心旷神怡。来时乘坐的车在山下等我们许久了，登车返程。再见聚宝崖，再见大天崮，蒙山另外几险就在那儿，我们还会再来的！

天崮之上

路线 5

三柱山 **刘家寨村→大洼林场→水沟→驴脊岭→驴山→驴脊岭→三柱山**（大柱峰、二柱峰、三柱峰）**→后荻崖**（长梁子）**→斜沟→水沟→大洼林场→刘家寨**

作　　者：**数码、山客**

路线简介：

起点（终点）：刘家寨广场（35° 30′ 15.86″N，117° 54′ 59.85″E，海拔 270 米）

路线：全程为环线，约 11 千米，用时约 8 小时，累计爬升 744 米，强度中，难度大。其中驴脊岭上的“转身跳”和三柱峰的大柱崖壁，需用绳索辅助攀登。有高血压、恐高症者禁上，可从下方绕行。

本路线轨迹　　本路线照片

三柱山位于蒙山山群中部，西接平邑县刘家寨村，东连费县武圣堂，又称三柱峰，因三柱擎天而得名。三柱山突兀挺拔，峰奇石怪，险恶与奇幽并存，属蒙山十险之一，深受驴友青睐，是攀岩探险、集训练胆的首选之地。三柱山三个山峰由西向东依次并列相连，特别是大柱峰，峰高百米，崖壁几近垂立，岩石暴突，不见植被，极难找到抓登之处。南面与之相连的是驴脊岭，岭上有一V形断崖，若想通过断崖，必做"转身跳"的动作，是"强驴"的游戏，惊险无比。驴脊岭南头方正如崮的山体是驴山，崖陡如切，峰立如削。驴山只有南坡一条路可以攀登，山顶四周悬崖峭壁，怪石林立，还有一个像精灵的怪石，好似趴在山顶凝视着三柱山。

游记与攻略

从蒙阴百花峪坐大巴车约20分钟即到达临沂市平邑县刘家寨村。刘家寨村距济南189千米，约两个小时车程。从济南前往三柱山，可以走G2高速公路再转231省道，再导航至三柱山。

从百花峪往南沿公路行走约6千米后，路西为鬼谷子峪。这是一条东南走向的山峪，峪西侧高峰耸峙，松柞茂密，东侧层峦逶迤，林木葱翠。传说著名谋略家、兵法集大成者、纵横家的鼻祖鬼谷先生曾在此隐居、修炼、传道，留下众多遗迹和传说。

从鬼谷子峪再往南行进2千米，就是刘家寨村（又称后裤腿村），向南与327国道相通。八点，我们进入刘家寨村，与在此等候的临沂领队展翅翱翔会合。在村口有一处红色三层的六角凉亭，继续往前走，一处板房的牌子上写着"柏林镇第37号森林防火检查站"，沿村中水泥路一路缓坡上行，在广场向东北方向眺望，可以看到连绵的山峰，三个矗立的石柱像大写的"山"字。

路两边种着栗子林、山楂树，绿叶婆娑，红砖白墙的村舍掩映其中，安详而宁静。村中小河清澈见底，微风徐来，波光粼粼。栗子林附近有岔路口，右行是通往三柱山的强驴之路，沿途经过有着150余米岩壁的望天涯、楼子石、太极石屋、瓮城子、驴山，翻过驴山就到了三柱山的垭口。此路线山势险要，壑深涧曲，壁绝谷深，山巅奇石横陈，蔚为壮观。

为了节省体力，照顾大部队行进，我们在岔路口选择向左行。沿着水泥路向东北行进1.8千米，拔高150米后，经过第二个护林防火站。这里有个小山村掩映在茂密的树林中，村子因山势而建，这就是大洼风景区。1948 年 8 月，这里建了大洼林场，总面积 18236 亩，林地 11248 亩，有松林、侧柏林、栎林、杨林、板栗林等，它也是中央美术学院的写生基地。

继续前行 0.6 千米后就到了水沟，路右有几块一米多高的方方正正的青色石头，路左是清浅的溪流。水泥路到此变成了土路，由此东行，路的右边是石头和河床，有浅浅的溪水流下，黑白相间的青石板岩与青翠的山草共同构成一幅初秋的山水画。水沟里的水不多，但徒步者已感觉甚是欢喜，山也因流水而灵动起来。水沟约有 900 米长，沿山势缓缓上升。我们沿水沟在栗子林中穿行，毛茸茸的栗子挂在枝头，即将迎来丰收的季节。山涧中横亘着几块大石头，左切上行，开始爬坡，山势陡峭，大石林立。

大洼有两处可以休息的地方：第一处是几块大石头围成的“座椅”，我们在此休息几分钟，由于山势较低，只感受到林繁叶茂的凉爽。从此处左切上行爬坡，在林间行走百余米后，登上重重涧沟，有一块平坦的向外探出的石头，可以稍做休息，此即第二处休憩地。由此处俯瞰大洼，地貌原始，人迹罕至，险幽并存。简短的休息后，队伍继续左切上行，坡度越来越陡，几近垂直的叠石，需要用手指扣住石缝，脚踩石头，才可登上。手足并用，更能感受到登山的乐趣。

行走了一个半小时后，行程大约 500 米，拔高 200 米，此时可以看到山路边有两座石山屹立。这里是三柱山大柱峰和驴山交界处，西为三柱山大柱峰，东为驴脊岭。到此，领队安排大家休整，为攀爬三柱峰做准备。那些体力好的“强驴”还嫌不过瘾，领队就带他们先去攀爬驴脊岭，算是登三柱峰前的热身。

驴脊岭，岭长不过千米，山峰形似刀山，山势陡峭。在分岔口，有一块向南突出的石头，

约 30 厘米宽，悬在半空中，下面是几十米深的涧沟，旁边是高度不一的石头，上行就是驴脊岭的起点。这里有两条路，一是从下面绕行去驴脊岭，二是翻越大石头后走驴脊岭。我们十余人毫不犹豫地选择了后者。从下往上看，这是一块 30 余米高的巨石，整个巨石的西侧往南延伸，向上翘起，下部悬空，让人心生恐惧。在巨石的中间有两棵大树，领队先上去，从上方悬下来一根长绳，后面的人踏过三级大石头形成的天然台阶，拽着绳索，攀着大树，顺利地来到驴脊岭的一个小平台，再往上是 10 米高的斜坡，登上去可以借助绳索下降，走 V 字形。这里俗称“转身跳”，可以跳到对面山冈。我在北面的石头处，腰间拴着保险绳，双手抓住另一根绳子，垂直下降了 5 米，来到两块石头的石缝处，略做喘息停留，再抓住另一侧的绳子，转身利用臂力以及鞋与岩石的摩擦力，奋力一跳，顺利登上了驴脊岭。这里是一块相对平坦的巨大山石。

驴脊岭由两座 10 余米高的石峰和一处 30米高的石峰组成，登上驴脊岭，可以远观群山连绵、雄伟壮丽的大、小云蒙顶和

隐于苍茫林海间的大洼景区。由于时间关系，我们只登上了近处的两处石峰。第一座石峰需要从左边的一处石缝中跨过去，此处较险，下方就是悬崖，过去后的路好走一些，可用手指抓住石缝间隙攀登上去，也可以互相帮助垂直登上。走过大大小小的石头，在矮小的松树间穿行，不足百米后迎面碰上第二个小石峰，乱石相迭，大家奋力登顶，其西侧悬空探出一块 2 米长的巨石，不恐高的攀登者可以爬上去拍照。沿着石路南望，可以看到一处近 50 米高的石峰，南侧是悬崖，不好攀登。

我们原路返回，到三柱峰垭口。在驴脊岭西侧，是三柱山的大柱峰，爬登三柱峰有两条路：一是从大柱下左侧绕行 200 米左右，顺小路右行上山即可登顶，此路相对来说难度较小；二是沿大柱直接登顶，难度较大。我们选择了第二条路，直接开始攀登。从第一柱山的底部往上看，这块巨石有百米高，角度几近垂直，让人望而生畏。直插云霄的山峰，如立柱一般挺拔，在石柱东面的北侧，有一处稍宽的石缝，约 40 厘米宽，可以容一人通过，登上 30 米以后就需要借助绳索，往上就没有大石缝让我们借力了，都是巨石叠着巨石，仅容半只脚的缝隙，如果没有绳索，很难上去。已有先头小分队率先登上了半山腰，拴好绳索。我用右手抓绳子，左手攀石缝，登上大石，上去后，从左侧绕过，上面是一处 10 余米高、30 厘米宽的石缝，我们借助绳索和旁边的小树，终于登上了柱顶。石缝中有几棵顽强生长的松树，点缀着坚硬粗糙的石头，散发着勃勃生机。柱峰顶部大石和松树相间，从峰顶大石左侧切过去，就可以看到对面的二柱峰。顺着大柱峰西侧只容一只脚的石阶下探，来到两柱山之间，中间仅通过一个半米长、40 厘米宽的石梯连接。站在连接处看，岩峰突兀，险峻与奇幽并存，两座山间自然形成的屏障，更显出峡谷的幽深。

穿过石梯，就来到了二柱

小溪

峰的半山腰，这里松树密布，在大大小小的石头中右切穿行，在遇到一棵像迎客松一样的松树时，就到了二柱峰顶部。这是一块平坦的巨石，可以休息、吃饭，大家在松树下午餐，补充能量，饭后把垃圾统统收拾起来带走。除了脚印，什么都不要留下，除了照片，什么都不要带走，这是驴友在户外需要遵循的原则。我们喜欢青山绿水，也有责任把它们干干净净地交给后来者。

山顶南部是两块独立的大石，往南眺望，峰峦起伏；北望云蒙，林海苍茫；西望龟蒙，拔地耸天；俯瞰大洼，阡陌交错。登顶三柱山还有一条经典环线，即曲流涧—二级顶—土鏊子山—三柱山—驴脊岭—驴山—响石梁—老直沟—曲流涧。起点曲流涧，夏日溪水潺潺，可与泰山巴山沟媲美，土鏊子顶可观三柱山和驴山全景，此为戏水、攀崖的绝佳路径。

从二柱峰下行可以去三柱峰，二柱峰与三柱峰之间也有石桥相连。这个石桥比先前的那个长一些、宽一些，也更好走，走过去就是三柱峰靠近顶部的位置。我们沿三柱峰顶左侧下行峰底，与绕行至此的几位驴友会合，结束了三柱山的三峰攀登。攀登岩壁的过程中，最能看出你是新驴还是老驴：新驴在岩壁上面上总含有一分怯意，手脚不知该往哪里放，身体也协调不起来，只好双手死死抓住绳子，力量都用到了手上，气喘吁吁。老驴则不然，手里轻轻巧巧地握着绳子，力量都用到了腿上，神态自然，气定神闲，或慢或快，很是潇洒，不时还能摆个姿势拍照。回望三柱峰，白岩铸就的山体，崖壁如帘，攀爬其上，虽然惊险刺激，但在专业领队的指导下，在关键位置拴上绳索保护，还是比较安全的。

队伍会合后，我们直接从左侧下山，进入后荻崖。下山的路非常难走，在行进不到百米后，有一段使用了绳索。绳子的一端拴在大树根部，每个人顺势转身抓紧绳子下滑，这是一段枯叶和断枝组成的下行路，在密密的松树下，还长着半米高的灌木丛，深一脚浅一脚地走在路迹不明显的山径中，一路左行，直奔西南。穿过一条叫斜沟的山谷，再向西南行走近一千米后，就进入石沟，大大小小的石头裸露着，由于没水，并不湿滑。

走过 500 米长的石沟，就看见黑白相间宛如油画的河床，也开始看见浅浅细细的水流，还有清澈见底的小水湾、翩翩起舞的蝴蝶、清清的池塘、高耸的山峰、茂盛的草木，大家纷纷驻足，都想在这无市井之喧的地方多停留一刻。沿着河床上沿的土路，继续向西南下行，没走回头路，比来时的路近一千米，一路上都有栗子林、玉米地相伴。在看到村庄的地方，我们沿着右手边的土路进村，接上向右拐的水泥路，沿途看到很多写生的学生，在树林下、村舍旁、溪水边，用画笔、颜料描绘着山清水秀、环境优美的三柱山，只是他们体会不到驴友们穿行其中的那种满足感和成就感。下午四时，我们回到了村口的红色小亭子。回首一天的行程，正是：青峰突兀陡崖悬，巉耸峻崎三柱连。岩壑奇幽穷险绝，一山怪石自天然。

三柱山

路线 6

孟良崮（蒙阴） **大崮顶村→大崮顶→孟良崮战役纪念碑→击毙张灵甫地→一刀开→战壕→张灵甫指挥所→军事遗迹→华野救护所→华野炮阵地→华野战壕→大崮顶村**

作　　者：山地狼王、孙向华

路线简介：

起点（终点）：大崮顶村（35°34′19.24″N，118°11′5.04″E，海拔230米）

路线：本路线长约8千米，主峰大崮顶海拔576米，强度低、难度小，用时约3小时。山地丘陵地带，无断崖，徒步路网交叉纵横，自驾车或乘大巴车来时，有多处登山起点可选，可根据个人时间和体力组合。

本路线轨迹

本路线照片

本篇作者之一

山地狼王，本名高建，具有户外教师国家职业资格，中国登山协会高山技能班毕业，KAILAS户外教练成长计划教练员，LNT初阶讲师，热爱各种户外极限运动。户外徒步经验丰富，阅历广博。登顶博格达峰、慕士塔格峰、哈巴雪山，登顶玉珠峰3次。

孟良崮，位于沂南县孙祖镇西与蒙阴县垛庄乡交界处，属蒙山山系，面积1.5平方千米，地处交通要道，与蒙山主峰直线距离约15千米。相传宋朝杨家军将领孟良曾屯兵于此，故名。广义的孟良崮即孟良崮山系，位于汶河与蒙山之间，西起沂南县岸堤镇的岩山，西北—东南走向，终于沂南县砖埠镇的大山肚子，山系总长42千米，平均宽12千米。

1947年5月，华东野战军在陈毅、粟裕的指挥下，于孟良崮一举歼灭国民党整编第74师及援军一部，共32000余人，击毙敌74师师长张灵甫，使国民党进攻山东的计划完全失败，对扭转华东战局起到了重大作用。孟良崮由此而一战成名，名扬海内外，被誉为“英雄孟良崮”。

孟良崮徒步路线有多种选择，除本文所介绍的以景区景点为主的小环线穿越外，也可到张灵甫指挥所后，向东北行约1千米到达孟良崮顶，再折回，继续东南行，不足2千米即到大庵顶，从胜利村下山（适合大巴车接送）。

游记与攻略

孟良崮景区位于蒙阴县东南约32千米处，蒙阴车站乘坐到垛庄的长途车在泉桥村下车即到孟良崮战役纪念馆，车票价5元，每日6：00—17：00有车，每15分钟一班。自驾车或集体乘大巴车更方便。景区门票40元。

孟良崮战役纪念馆位于孟良崮烈士陵园内，距G2高速公路孟良崮出口2千米，距离205国道500米，为山东省青少年爱国主义教育基地、山东省革命

孟良崮战役纪念馆

传统教育基地，是鲁南地区的“红色大课堂”，凭身份证可免费参观。

下高速公路后，几分钟的车程就来到孟良崮战役纪念馆，1 个小时的参观学习，使我们对孟良崮战役有了更深入的了解，参观后，我以再去大崮顶去寻找战役遗迹，接受更加深刻的教育。按导航驶往预设登山地点——大崮顶村停车场，停车后沿村公路向北步行约 200 米出村，左转向西，往业家沟方向走约 950 米，在业家沟村东山脊的路口处右转东北方向上山。此后一直沿防火道往大崮顶孟良崮战役纪念碑下方的平台垭口处行进。

在距离纪念碑最近的一处较平的荒草坡处右拐走小路登顶，此处夏季野草生长较快，小路不是太明显，容易错过路口，建议大家用 GPS 导航或用手机户外导航 App 导航前进。上山顶的纪念碑路程不长，但是有 100 米的拔高。

孟良崮战役纪念碑碑高 30 米，由三块状如刺刀的灰色花岗石筑成，象征着野战军、地方军和民兵三种武装力量。底座为边长 20 米、高 1.6 米的正三棱体，组成一个枪托，象征着枪杆子里面出政权。枪托的周围是红色围墙，象征着高山下的花环。纪念碑的上下部构成一个有机的整体，象征着军民团结必胜，人民战争必胜。碑中部正面镌刻着胡耀邦同志题写的“孟良崮战役纪念碑”八个镏金大字，碑东面镌刻着陈毅元帅写的《蒋军必败》和粟裕将军的题

孟良崮战役纪念碑

词，碑西面镌刻着刘少奇、朱德、叶剑英等老一辈无产阶级革命家的题词。

孟良崮山地，在地貌上属构造剥蚀低山丘陵，该类丘陵位于蒙阴盆地两边，海拔在300米—800米。山顶多呈浑圆状、馒头状及桌状，沟谷发育明显，沟谷呈U形或V形，切割深度200米—50C米。地貌考察表明，这种地形是由流水侵蚀造成的桌状山，当地称为“崮”，孟良崮就是其代表之一。

一刀开

从纪念碑下来就是击毙张灵甫之地。继续往东南方向下山有一石，中有间隙，仿佛被人一刀劈开，所以此石叫“一刀开”。

经过山顶的商业街区，顺台阶往下走就到了张灵甫指挥所，这个小山洞不大，当年，国民党74师师部就在此处。

再往下走就到了华野救护所、炮阵地、战壕景观点，在看到华野战壕的时候就要注意了，如果你是直接出去，从景区大门处顺公路回大崮前村就继续向前，但如果是从小路回大崮前村那就要往回走一点，顺机耕路回大崮前村，这样更近一些。

如果你想让徒步的路线更长一些，那就在看完张灵甫指挥所后向北行，到山顶景区公路，大崮顶以北的南北向山脉才是孟良崮主峰，经拴马石，行约1千米到山顶后再返回，继续东南行，不足2千米就到大庵顶，山顶东北方向与孟良崮平行的山脉叫雕窝，这里有条盘山路，直通山下东侧、代孟线路边书堂村的孟良崮战役遗址。

拴马石的由来要从孟良崮的由来说起。传说北宋名将孟良、焦赞带领人马路过蒙阴，来到山下，孟良在崮上安营，焦赞在山下扎寨，孟良崮因此而得

张灵甫指挥所

军事遗迹

名。如今山顶尚有孟良军营的旗杆窝。连接孟良崮和大顶子的山梁叫跑马梁，东面有数十个形似拴马桩的岩石，叫拴马石，顶端有一个用巨石砌起来的洞叫马棚，大顶之阴处叫刑场，是孟良、焦赞军营的法场，大崮顶前脚下 1.5 千米处有一片古遗址，已圮，传说这里就是当年焦赞的营盘。

最后引用陈毅元帅的一首诗让你感受一下英雄孟良崮的伟大：孟良崮上鬼神号，七十四师无地逃。信号飞飞星乱眼，照明处处火如潮。刀丛扑去争山顶，血雨飘来湿战袍。喜见贼师精锐尽，我军个个是英豪，反动王牌哪得逃。暴戾蒋朝嗟命蹇，凄凉美帝怨心劳。华东战局看神变，陕北军机运妙韬。更喜雨来催麦熟，成功日近乐陶陶。

解放军战士群雕

四、鲁南区 7 条徒步路线

概述

本书划分的鲁南区，是指山东境内 36°N 以南，覆盖济宁、枣庄、临沂、日照四市和泰安宁阳的山地丘陵（除去本书蒙山区的部分）区域。主要集中在东北—西南走向的五莲山山系和西北—东南走向的尼山山系，两大山系呈 V 字形排列，以临沂市区的平原为界，临沂市区正处在 V 字的最低端，而山东的第二大山系——蒙山山系，则处在 V 字的正中，三大山系呈“品”字形鼎足而立。三个山系大致以胶新铁路线（或 G206）、新石铁路线（或 G327）分割为线。

此区域最高山为五莲县的马耳山，另外还有海拔 600 米以上的高山十余座，山虽不高，但在波浪起伏、连绵不断的鲁南山区中，仍然出类拔萃，出尽风头。

路线 1

五莲山（五莲） **大榆林村→虎啸岩→官帽岩→望海楼→天竺峰→织女洞→光明寺→五莲大佛→凤凰石→地藏殿→说法台→观音洞→立锥峰→西门→兰陵路**

作　　者：数码、山人

路线简介：

起点：五莲县叩官镇大榆林村（35°41′30.8″N，119°24′36.28″E，海拔 60 米）

终点：兰陵路景区西门（35°40′55.24″N，119°22′33.9″E，海拔 173 米）

路线：全程约 10 千米，用时约 7 小时，累计爬升 450 米，最高点海拔 460 米。途中有多处断崖，强度中，难度较大。

本路线轨迹　　本路线照片

五莲山在五莲县城东南 17.5 千米处，西与九仙山风景区隔壑相望。全山有 28 峰，有峰、石、涧、泉和殿、阁、楼、亭等景点 118 处。“五莲之胜胜以石”，遍山的奇峰异石是五莲山的最大看点。清代文士张侗曾将五莲山与泰山、崂山相提并论，认为“岱以崇隆显，崂以幽窅显，五莲以峭削显”。五莲山同九仙山一样，属于大别—苏鲁造山地质带的重要组成部分，以新元古代和中生代独特的花岗岩地质地貌为特色，众多的花岗岩奇石类形肖物，或雄伟，或秀美，各具风格，仪态万千。本路线以山脊为主，顺五莲山脉走向，将五莲山景区内外众多奇石怪峰连接起来，集五莲山奇、秀、险、怪、幽、奥、旷七大特色于一线，四季风景各异。

游记与攻略

导航至大榆林村，在 334 省道隔着潮白河远观五莲山，山水相映，五莲山就像一个巨大的盆景端坐于五莲县东南角。车辆驶至大榆林村西北角，路口悬挂着一块明显的指示牌，上写“五莲山步游道”，这给了我们一个惊喜。沿路往北不远，顺着第二块指示牌左拐，沿田间小路行走大约 100 米，可看到一座蓝色板房，继续直走，顺山谷，可经松风径到达光明寺景区，这是短线；从板房处右拐可沿西北侧山脊进入景区，这是长线。我们选择了长线。

走在板栗、松树、花岗岩相间的山路上，闻着栗子花的香气，跨过浅沟，来到一处平坦的山地，在此可遥望整个五莲山景区。但见奇峰秀石、俊崖峭壁、幽谷深峡、山花绿树，令人目不暇接。沿着山脊往前走，远远看到一巨石匍匐于山脊，形似虎头，姑且称之为虎啸岩。这是一块完整的巨石，绕到后面

可以攀爬而上。此巨石分三层，第一层是距地约 10 米的一圈缓坡，第二层是坡长约 80 米、坡的角度约 60° 的巨大崖面，第三层是两组各高近 10 米的大石头。在第三层有冰臼遗迹，有的似圆镜，有的似脚印。我们下到第一层，在巨石背面看到一棵挺拔的迎客松，忠实地伴着巨石。迎客松往前一点，松树丛中掩映着两块石头，摞在一起，俨然像一个猪头，特别是嘴部和鼻孔，更是惟妙惟肖。

从巨石走下，继续前行约 600 米后，看到三块距离较近的巨石，其中两块圆润像蛋壳，另一块像一条跃出水面的巨鲸。在呼呼飘过的山风中，山人说："有蛙鸣声。"仔细听，仿佛真的有青蛙在鼓噪。在一崖面平坦处，我们找到一处适宜下撤的地方，跳下一块约 1.7 米高的石头，互相帮助着下到低矮处，借助一棵手腕粗的树枝登上对面大石。在行进途中，随处可见各种形状的石头，仿佛走进了奇石大观园。五莲山、九仙山花岗岩经节理裂隙切割风化作用，形成许多栩栩如生的象形石。高者直插云霄，低者敦实可爱，细者纤纤而立，粗者磐石如山，妙者如飞禽走兽，呼之欲出。

沿着角度 50° 的缓坡西北行，前方出现了一块眼睛微张、嘴巴微闭的青蛙石。在青蛙石的前方，有一块巨石上叠加着一块鹦鹉嘴石，略有倾斜，喙尖向上，中有凹陷，像在昂首长鸣，讲述属于它自己的故事。

向前走，右切后，顺着石缝，我们登上了一块坡长 60 米、坡的角度达 70° 的大崖面，上面的巨石让我们又一次叹为观止。四块巨石组合成三种不同的生物，右手边的大石头像怪兽伏地，头上还有一顶像官帽的石头，又像是一个怪兽托着自己的幼崽，我们称此处为官帽岩。其正北山沟为石条沟。左手边的巨石正面看像跃出水面的鲸鱼，似乎在与东海龙王对话，从背面看就像一位眼睛微闭的百岁老翁，皱纹布满嘴巴和鼻子。两块巨石中间是一道石缝，填充着圆滚滚的大石蛋，站在上面可以远眺西北方向雄立突兀的马耳山（海拔 706.7 米）。

从官帽岩绕下，又到了一个巨石阵，走到头发现是悬崖，无法通过，只能从后面绕行。走了一段，巨石罗列，荆棘密布，亦无法通过，只好又回来，沿右下方山沟下行一段，走出密林，再向右上方的山脊攀登，进入风化的岩石细粒与松树形成的山地。这条路线断崖较多，山头较为独立，有的无法相连，主坡上还有好几条纵向深沟，都不好通过。好在望海峰一直看得很清晰，只要对准方向就可以曲折前行。细数一下我们走过的山头，都是大小岩石组成的崮堆，大约有五个。沿山脊走到第五个崮堆，可看到望海楼上的砖塔就在正前方。此时海拔已有400多米，但突然发现山脊小路到此成为断头路，山峰左、右都是悬崖，无法走通，只好退回再向右走，沿中间一个相连的垭口走向望海楼。

望海楼

进入景区，已过中午。我们一路在巨石中穿行、跳跃，体力消耗较大，在此稍微休整，吃点东西，然后继续下面的行程。顺着景区指示牌，沿着石阶路，我们走向望海峰。两旁的松树高耸入云，沿着凿刻于花岗岩巨石上的台阶，拾级而上，只觉险奇陡峻，气势巍峨。峰上石刻颇丰。望海峰与天竺峰遥相对峙，峰顶有巨石相拱成棚，状若洪波涌起，因名石浪棚。棚内可容纳20多人，夏天坐在这里面凉风习习，清爽舒适。石壁内还有几个小洞，很光滑，传说是一位神仙在此打坐，头靠在石壁上形成的。峰上有清代建筑望海楼，它是五莲山的标志性建筑。望海楼由光明寺海氏大和尚建于康熙初年，清乾隆年间第一次维修，修成之后为九层八角，青砖碧瓦，清末第二次维修，修成之后为五层八角，1976年第三次维修。现在的望海楼为三层八角，青砖灰瓦，登高可遥望黄海。

从望海峰下行，可见对面的天竺峰。两峰之间有一小亭，可以坐在里面休息兼看山景。天竺峰原名天柱峰，传说是天下四大支柱之一的东柱，和尚进山

五莲山

后，将其更名为天竺峰。“天竺峰”三字由当代书法家武中奇题写。“天竺”二字宽、高各 2 米，“峰”字高 2.5 米、宽 2 米。山峰宛若由一只巨大的手掌撑托起来，又称五指峰。相传，在上古时候，这里经常洪水泛滥，在一次大洪水中，天竺峰眼看就要倒下了，巨灵神一看情况紧急，慌乱中伸出巨大手掌托住了天竺峰，这只手掌也就一直托到现在。峰上有一棵茶树，据说此树之叶制成的茶能治百病，延年益寿，可惜没人能采得到它。

天竺峰东侧有洞，曰织女洞，曲折幽深，直通山顶。峰后为礼西台，开山和尚曾于其上讲经。沿路西行，可以看到织女洞东的海蚀洞穴，它形成于中生代，由中粒二长花岗岩海蚀洞穴发育而成，说明这里曾位于海平面，遭受海浪侵蚀，后经构造抬升而达到现在的位置。

继续前行，就来到了光明寺，其全称为护国万寿光明寺，位于大悲峰前，左为望海峰，右为天竺峰，面对五莲峰，位置优越，钟灵毓秀。明万历三十年（1602 年），明神宗赐金千两，遣御马监太监张思忠督工，兴建护国万寿光明寺，三年后建成，明崇祯及清顺治、康熙年间又多次复修和扩建，形成了规模宏大的寺院建筑群。鼎盛时期，光明寺拥有楼台亭阁 150 余间，僧众 300 余人，进香礼佛者络绎不绝，在清代已成为与长清灵岩寺、青州法庆寺、九仙山侔云寺齐名的山东四大禅院之一（据《山东通志》）。尤其是光明寺，以皇家佛院的显赫地位深受两代五帝之宠，一时名噪大江南北。光明寺 1947 年毁圮，1985 年前后修复。“光明寺”三字由赵朴初先生题写，大门上有楹联，联语为“名山自是无双地，妙法仍然不二门”，从中可以看出光明寺显赫的地位。

五莲大佛

光明寺中有路直通石佛园，由光明寺住持觉照法师主持修建，石佛园内主要雕像有五莲大佛、四大菩萨、十八罗汉、佛界生灵瑞兽等。五莲大佛是依据自然山体大悲峰雕刻而成，总高 28 米，宽 17 米，头高 5.6 米，是现在江北最大的天然石刻释迦牟尼佛像。

光明寺的门正对一处凤凰石，站在远处看，像一只凤凰落在那里，嘴巴、翅膀都很清楚，整只凤凰翼喙毕露，正对寺门，此地被当地人视为凤凰宝地。

继续西行，在竹林的掩映中，我们发现了貌似不起眼的地藏殿。其实这是五莲山有记载以来最早的古建筑之一，高约 3 米，相传为宋代所建，距今有 900 多年的历史，而且又是中国古代建筑史上极为罕见的无梁式拱顶全石结构建筑，老百姓叫它无梁殿。中间高殿是地藏殿，两侧隐于竹林的分别是水殿和陆殿，殿顶都长满了树木和杂草。随着光明寺的兴建，地藏王被请到寺中供奉。地藏殿位置隐蔽，古色古香，被保护得很好。

沿着指示牌前行到说法台。过去，这里是和尚说法的地方，巨大完整的台面平整光滑，能容下 100 多人，在说法台的凹处有一棵松树，青翠挺拔。站在大平台上，可观五莲山遍山峰石，各具风格，仪态万千。

往北走即是观音洞，石壁上或大或小排列着很多小洞，这是岩浆喷发时，留在岩浆中的气泡随着石壁的一次次剥离，逐渐推到石壁边缘，最后破壳而出所致。洞的内壁均匀光滑，形如鸡蛋，所以老百姓亦称“蛋壳洞”，传说此洞 500 年剥离一个，在其他山上，很难见到这样的奇观。

蛋壳洞石

沿着明显的山径继续西行，微风中夹杂着松树的清香，沿途遍布奇岩异石，或似人，或似物，“石上叠石，石石生辉”。走到山脊高处，发现了一块倒在地上的指示牌，上写“五莲山大平台入口”，沿路前行，西望可见九仙山连绵群峰，道路两边奇峰林立，怪石嶙峋，正前方有两三座直插云霄的山峰。本以为山脊相连可直接走到，但走到一座山峰的尽头，往下一看是断崖，只好折返，沿两块巨石中间形成的夹缝下山，回到景区石阶路。

这条石阶路修得很好，但寂寥无人，似已废弃。沿台阶一路西行，可以回望刚才的断崖，可谓峰回路转，眼前则是高耸秀丽的奇峰。走了几百米，发现路右边有三块巨石形成的一个透明洞，一块石头被爬山虎覆盖，另一块上面长着奇松，顶上还有一块，形成了一个窄洞，只容一人通过。转过去，看到爬山虎未覆盖的完整石头，有的似猪脸，有的似羊头，让人不得不赞叹大自然的奇妙。在下撤途中，回望刚才走过的大断崖，它像一面巨型扇子屹立于五莲山的西门户。往前看，左手方向是一座兀立的险峰——立锥峰，似擎天之柱直插云霄。不一会就走到了西门，台阶尽头的草地上建有一座漂亮的护林房，护林员和我们友好地打了招呼。从西门出去，沿铁丝网右行大约一千米，就走到了兰陵路路口，此处过路西去可直通九仙山景区大门。五莲山—九仙山可用两天的时间游览，一天一山，兰陵路有民宿和农家乐一条街，食宿都很方便。

一天的行程结束，完成了五莲山东南—西北大穿越，一路看尽奇峰怪石，赋得小诗一首：嶙峋列峙五枝莲，形态通灵自寂然。万象化奇藏物理，飞来炼石娲补天。

路线 2

九仙山（五莲） **丁家楼子村→金刚石→海狮岭→观海峰→梳妆楼→老母阁→朝天猴→六角棚→地震遗迹→观星台→骆驼峰→风水岭停车场→八峰垛→兔耳峰→万寿峰→侔云寺→慈云石→飞天宾馆→丁家楼子村**

作　　者：**叶子、东方**

路线简介：

起点（终点）：五莲县叩官镇丁家楼子村（35° 40′ 39.94″ N，119° 21′ 41.22″ E，海拔 150 米）

路线：路线拔高小，险度小，强度低，难度低，群锋兀立，怪石遍布，草木丰盛，山野驴道与景区步道结合。全程约 9 千米，用时约 5 小时，累计爬升 400 米，最高点八峰垛海拔 551 米。

本路线轨迹　本路线照片　本路线视频

九仙山为五莲山风景名胜区的一部分，总面积 55 平方千米，主峰卡山垛海拔 697 米。它既有泰山君临天下的威严，又有崂山千转百回的幽秀。

因为景区面积大，景点众多且分散，游客想一天时间游完九仙山，可从东大门乘景区摆渡车分段游览，省时省力，车费也不贵，户外爱好者可选择徒步登山。九仙山景区从北往南主要分布着情侣峰、卧仙台、九仙观、孙膑书院、百鸟园、老母阁等。其中，南线老母阁风景区奇峰林立、沟壑纵横、森林茂密、人迹罕至、生态原始，为九仙山核心区域。本文介绍的就是这条徒步路线。

游记与攻略

驱车沿 206 国道、转 334 省道，最后来到五莲山和九仙山间的兰陵路，行至两山夹一峡的南口处，右转向西去飞天宾馆、九仙山景区大门方向。

行至飞天宾馆与地质博物馆后，沿博物馆北临、山脚下的一条土路左转去丁家楼子村。路两侧生长着茂密的板栗林，这里气温比济南市区低 7℃—8℃，板栗正处盛花期，空气中弥漫着板栗花的暗香。林下遍布巨大奇石，多为象形石，以动物形状居多。抬头北望，九仙山楼子崖高耸天际，仙风道骨，自然天成。崖上壁立着面带微笑的灵鹫仙、假寐的神龟仙、仰天长啸的骆驼仙、沉默不语的鸭嘴仙，还有甘居低位的鹦鹉仙。被这群石兽迷惑，“恍恍惚惚”前行 800 余米，就到了丁家楼子村村头。把车停在路边，收拾好登山装备，开始根据事先研究的攻略找寻登山地点。

很快，在村北头一条山沟的沟口处发现一条上行小路，路口居然还竖着绘有《九仙山休闲健身登山步道景点分布示意图》的指示牌（35° 40′ 39.94″ N，119° 21′ 41.22″ E，海拔 153 米）。如此贴心的指引，充分体现了九仙山景区共享资源的高格。向上行几步，有铁丝围栏，栏门洞开。

过了小铁门，沿峪中小径一路拔高，随处可见孤石傲立、群石斗法、姿态万千，令人遐想无限。上行不远，抬头忽见左前头顶天际有一巨石，为便于路线标识，命名为“金刚石”。

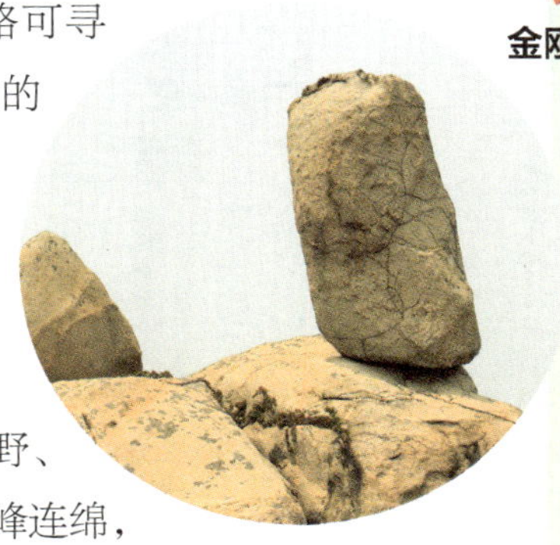
金刚石

沿雨水冲刷出的水沟循路曲折前行，到无路可寻找时右转上坡，来到金刚石对面的一处巨石搭就的天然观景台，此岭名为海狮岭（35° 40′ 43.90″ N，119° 21′ 31.07″ E，海拔 275 米）。左观，观海峰、梳妆楼、楼子崖耸立于绿海，嵯峨峭拔，千岩竞秀；俯视，山谷中状若海狮的座座巨石仰天神望，母子狮岿然不动，守卫领土；远眺，山下公路、田野、湖泊、河流、村舍历历在目；平望，对面五莲山群峰连绵，高耸云际，深情对望。好一幅天然画卷！

从海狮岭沿山腰小路西行，跨越天鸡岭，绕过观海峰，耳畔清风阵阵，视野愈加开阔。观海峰是难得一见的峰林奇观，峰间四根石柱系中生代中粒和细粒二长花岗岩相互侵入后经风化形成的。一路峻峰奇石相伴，林木花草相映成趣，令人心旷神怡。

翻过一个小山坡，陡峭的山路拐进一处平坦的丛林山坳（35° 40′ 55.70″ N，119° 21′ 31.08″ E，海拔 385 米），耳际风吹林动，如仙乐奏鸣。一座木质结构的公共厕所映入眼帘，标志着已进入老母阁核心景区，此处四通八达，有景区指示牌指引。

老母阁是九仙山西南一个充满原生态野趣的幽谷。独特的峰林地貌、林立的奇峰怪石和秀丽如画的自然风光相映成趣，相得益彰，打造出不输黄山莲花峰的旅游胜境。山坳平地正东是壁立高耸、遁入云天的梳妆楼峰，因峰体如楼状的方桩，顶部奇石恍若镜子而得名，传说九仙老母曾在此洗漱梳妆。沿台阶北去可至慈云石、侔云寺、万寿峰。西南方威立着的是观音峰，四周绝壁如削，顶部浑圆，卓然孤立，峰腰崖壁上有一个天然奇洞，高 2.5 米，洞口朝北，即为老母阁，也叫蛋壳洞、观音洞。据记载，明嘉靖年间，山体迸裂，奇洞面世。地质专家称，此洞为晶洞二长花岗岩中的蛋壳洞，中外罕见。明洪武三十一年（1398 年）闰五月，塑观音菩萨像（九仙老母）于其中，尊称老母阁。雕像石台上刻有“大明洪武三十一年闰五月十七日造”的字。去老母阁需要攀爬崖壁，须格外小心。

从老母阁右侧木栈道拾级而上，微风徐来，格外清爽。向正西方向曲折前行约 400 米，就看到状若石猴的巨石独立于两峰间，貌似伸长脖子仰望天庭，因之得名“朝天猴”。它还有个“朝天吼”的别称，传说它是天界豢养的神兽，神通广大，能听到千里之外的灾害，能嗅出地下百里深处的宝贝，而且只居住在九仙山。

上行不远至山顶，惊现六角棚（35° 40′ 53.67″ N，119° 21′ 20.68″ E，海拔 449 米），此可谓是地质奇观中的极品，令人惊叹不已。一巨型水母状巨石在六支脚的支撑下安卧于几块洪荒巨石之上，从下往上看，似大鹏鸟展翅栖落于巨石之上，石棚下可容四五十人安坐，既可遮风避雨又可纳凉。凉风拂过脸庞，像仙女温柔的手在抚摸。六角棚下面岩面上分布着大小不一的天然石穴，据说是遭受海浪侵蚀而形成的中生代中粒二长花岗岩海蚀洞穴，后经地壳运动被抬升到现在的位置。伫立六脚棚处，可南眺九仙山南麓和更远处的寨山、会稽山脉，西眺牛头山、七连山和更远处的大青山、团山、牛栏山等，阡陌纵横，风光旖旎，气象万千的山野美景一览无余，不负九仙山胜景之名。

六角棚正北，与骆驼峰间的峪沟内，巨石堆积、沟满峪平，是清康熙七年（1668 年）郯城 8.5 级大地震遗迹。这种遗迹在天蒙山路线中的大旺石海也有发现。

过了六脚棚，不远就到突兀高耸的空中楼台——观星台。峰顶平阔，有天然石台，登临其上，有可揽月摘星之感，难怪九仙老母会选此处观看日月星辰，操控风雨霜雪。过观星台，可近观骆驼峰，此峰由很多巨石叠成，呈骆驼状，

六角棚

故名。最上面一块巨石酷似水母，甚至连飘逸的触须都看得清清楚楚，栩栩如生。沿木栈道拔高至风水岭，松林中有人工观景台，立于其上，四面环顾，八面来风，可尽览老母阁景区的奇峰怪岩。回望来时走过的木栈道，像一条棕色的巨龙迂回曲折地卧于密林间，分外显眼壮观。

走出木栈道，就到风水岭停车场（35° 41′ 1.77″ N，119° 21′ 12.63″ E，海拔495 米）。此处沿公路左转，通往道士帽、天狗、和尚陵、瑶池、黑牛场方向。沿公路向右，可到情人峰、仓敖岭、孙膑书院。根据路线策划，我们沿公路右行几十米后，右拐插进林中小道，沿公路延伸方向奔八峰垛。

八峰垛峰势险峻，悬崖凌空，山腰、山脊等陡峭处开凿有石阶，两侧架设有铁链。阵阵海风越过原野与山冈，吹到八峰垛上，给旱季的九仙山带来些许温润气息。两座孤峰之间有一吊桥，人走其上，晃晃悠悠，战战兢兢。过吊桥后沿人工开凿的台阶小心攀上峰顶（35° 41′ 3.48″ N，119° 21′ 21.91″ E，海拔551 米），山高人为峰，越过丛岭北望，可隐约看见耸立天际、拔地擎天、依偎而立的两根花岗岩石柱，此为情侣峰，看其架势，上欲升天成仙，下欲入海遨游，气势磅礴又有些许浪漫。情侣峰属典型的高山断崖绝壁型花岗岩地貌，已成为闻名遐迩的情侣文化主题景区。西望，重峦叠嶂幻化出烟波浩渺的山水图画。西北方山谷是百鸟谷，像一条婀娜多姿的绿飘带。正东方的万寿峰顶状若五指伸向天空，与相邻的兔耳峰东侧两块佛手状的巨石心有灵犀，遥相对望。

从八峰垛顶返回，过吊桥后右转，沿一线天下行，再沿峰脚左行，钻过藤萝密布的丛林，一路可欣赏飞来石、龟形石、兔耳峰、万寿峰等景观，行约400 米就到万寿峰下的景区步道石阶。步道左转上行可至风水岭过来的公路，徒步或乘景区摆渡车到仓王岭、十八盘、情人峰。我们右转，下行不远有一木栈道直登右侧一巨大的 360 度观景平台。平台下面卧一巨石，上叠一奇石，颜色黑红，石质细腻，尖头圆腹，像摊开四肢平躺在那儿的哈巴狗，呈生无可恋状。观景台上分布有数十个大大小小的坑洞，这也是海蚀洞

穴，是海水侵蚀的产物。观景台上视野开阔，前面介绍过的诸峰、奇石、美景一览无余，远则观奇峰罗列，近则观花艳草茂。平台正北山峰为兔耳峰，一峰突兀于群峰之间，峰顶两角突起，如兔耳双耸，调皮可爱，因此得名兔耳峰。平台东侧拔地而起的山峰即为九仙山主峰万寿峰，其状如大寿星端立云霄，与天平齐，慈眉善目，俯视众生。当地人有句俗话："爬上万寿山，金银财宝任你担。"万寿峰地势险要，崖体陡峭，鲜有人攀登。峰上有明隆庆二年（1568年）诸城知县马时泰题刻的"万岁峰"，因此万寿峰也称万岁峰。

万寿峰正南脚下的开阔地即为侔云寺（35° 41′ 1.29″ N，119° 21′ 34.26″ E，海拔 410 米）。古寺被群峰怪石环列，东侧有一排青砖灰瓦的禅房，北面山崖下有三座连排天然石窟，里面供奉着几尊佛像，是僧人诵经禅坐、面壁修炼之所。院中有一口古井，名兴云井，条石垒砌，可供一寺之汲。侔云寺始建于宋代，有过规模宏大的辉煌时期，曾与长清灵岩寺、青州法庆寺、五莲山光明寺并列山东四大禅院。

从侔云寺院外南行，过侔云寺石刻，可见在一岩台边缘有一圆形巨石悬立，似有累卵之危，上书"慈云"两个大字，此即慈云石，落款"涝"，为清顺治年间诸城知县程涝所书。此石亦名万宝石、仙桃石。石高约 6 米，重达百吨，它的绝妙平衡让人惊叹。平台上有较规则的六个圆柱形桩窝，貌似古亭遗址。站在慈云石处，可清晰地看到西南方观音峰腰部老母阁石洞，直线距离约 200 米。

从慈云石沿台阶下行右拐，可至老母阁，与来时路会合；我们返回侔云寺，从寺院南墙中间的小门出，沿小路向东下山，走 100 余米可见路口步道指示牌。

沿通往飞天宾馆的峡谷小道一路下行，树密林深，鸟语花香相伴左右，远见异花难辨色，时闻啼鸟不知名。小路是石块沿着山涧走势自然堆砌而成的，比较陡峭。我们戴上护膝，用上登山杖，下行不到 1 千米即达山涧底部，石块路在一破落的石房子旁变成了土路。没走多远，再见到板栗林和铁丝围栏，寻一缺口出关，来到柏油公路。公路左行至景区东大门，右行 400 米许，就来到地质博物馆北临的那条土路上。沿来时的土路西南行，来到丁家楼子村的停车处。如果是乘大巴车出行，可提前让车辆在这个路口等候。

时间允许的话，不妨去拜访一下丁家楼子村的丁公石祠。该祠系丁惟宁（据说是古典名著《金瓶梅》的作者）的儿子丁耀斗为颂扬丁惟宁的功德，于明万历三十八年（1610 年）建造的，全石结构，古色古香。祠内悬挂丁公画像，上书“义黄上人”，壁镶石刻八块。仰止坊背额“山高水长”，柱联联语为“一咏一觞畅百年之逸兴，勿伐勿剪绵千载之遐思”。

九仙山黑牛场杜鹃花园也值得一去。九仙山是江北最大的野生杜鹃花基地，总面积约 1 万亩，其品种之多、面积之广、花色之丽，誉冠华北，被誉为“江北第一杜鹃园”。每年五一时节，漫山遍野鲜花竞放，五彩缤纷，争妍斗艳，馨香袭人，与奇峰怪石相映衬，宛如天然画卷。

龙潭大峡谷，得名于谷中深不见底的黑龙潭和白龙潭，古称积霖谷，系由地质断裂带形成，有齐鲁小三峡、小武陵源之称，峡谷全长 6 千米，呈南北走向，有 9 峰、6 洞、16 潭、18 瀑布等 75 景。

靴石

靴石也是九仙山最著名的景观。靴石也名龟靴石，位于靴石村西之山巅，高达三米，重达数万斤，因酷似古人穿的靴子而得名。

景区游赏常规路线有两条：一是西门路线：西门→玻璃栈道→龙潭大峡谷（入口）→毛家河（大峡谷出口）→九仙观（靴石）→百鸟园（即孙膑书院、卧邸流生态谷）。二是东门路线：东门→情侣峰→苍敖岭→老母阁。从东门乘车只能上行，下行可步行走登山道或者十八盘或者乘索道下山。西线和东线景点之间没有景区交通车，只能步行从百鸟园登山至老母阁（约 680 米），或从孙膑书院登山至苍敖岭（约 1200 米）。

九仙山

路线 3

马髻山（莒南） **马亓河村→马脖子→碧云霞→千瀑峡→一线天→王母池→龟山→狮子峰→双龙大峡谷顶→金盆顶→老母洞→鸽子峰→鹰愁涧→惠感寺**

作　　者：**全慧、东方**

路线简介：

起点：日照市岚山区马亓河村（35°20′19.72″N，118°55′48.48″E，海拔 150 米）

终点：马髻山岚山景区辛家庄惠感寺（35°21′35.66″N，118°54′39.79″E，海拔 200 米）

路线：全程约 7 千米，用时约 4 小时，累计爬升 614 米，最高点金盆顶海拔 662.2 米。

本路线轨迹　　本路线照片　　本路线视频

本篇作者之一

全慧，本名栾全慧，私营企业主，现定居济南。喜读诗书，酷爱徒步，钟情越野（摩托车、汽车），迷恋海上驾船，善于总结和思考。2018年年底接触户外运动，先后重装行走腾格里、莫斯卡、五台山、洛克等强线；也曾随队驾船横渡长岛，漂流于黄河浪尖，泛舟微山湖。

马鬐山，又名马亓山、天马岛，位于莒南县城北 16 千米，是临沂（莒南）和日照（岚山）两市的界山，山势呈东西走向，属崂山余脉，是雄峙于沂蒙山区中的一颗璀璨的明珠，最高峰金盆顶海拔 662.2 米，为鲁东南群山之冠。

天马岛旅游景区大门坐落于山南面的莒南县涝波镇小窑村，可山中观景，亦可湖中玩水，徒步者多从山东马亓河村至山北惠感寺一带多条大峪沟沿沟而上，直通峰顶，路线多变。

本路线自东南上，从西北下，横贯南北，轨迹呈 W 形，将东部狮子峰景区、中部金盆顶景区和西部鹰愁涧景区三个部分串成一线，大小景点一网打尽。

游记与攻略

驾车导航至马亓河村，从村南头一小桥穿村而过，择地停好车辆。沿村西一条较宽土路向西北行，行约 300 米，见一小水库，水库前面有一处护林房。山下有连片果园，阳春三月，这里桃花吐蕊，杏花绽放，远山含黛，百花争艳，仿佛进入了世外仙境。正是：拈来春风嬉作雪，点墨行云落诗笺。

左转西南行约 400 米至马鬐山脚下，从一条峪沟左侧山崖上山。山崖由大片裸露的花岗岩组成，一直延伸到山顶，岩缝松树点缀其间，景象壮观且优美。这些花岗岩属于酸性岩浆岩中的侵入岩，多为浅肉红色、浅灰色、灰白色等中粗粒、细粒结构，也有一些为斑杂构造、球状构造、片麻状构造等，主要矿物为石英、钾长石和酸性斜长石。这种岩石摩擦力大，攀爬起来足下生风，心逸气爽。

马鬐山

上山没有固定路线，在巨岩中上下翻越、左右穿插、沿山势择路蜿蜒而上。整个山体在大自然鬼斧神工的雕刻下，形态千奇百怪、如诗如画，蕴山峦峰壑之灵魂，沐日月润泽之光辉。此地景色美在自然之古朴，奇在形神之兼备，粗犷与精妙、阳刚与阴柔、拙朴与玲珑完美结合，正所谓“十万巨石天外来”，一峰则坐地神游，一石则奇幻千寻，无一不蕴含和谐的天地之气。

沉醉在美景中，不觉上行600余米，拔高160余米，来到山坳处，此处叫马脖子。松林间有条景区步道，由此进入东部狮子峰景区。步道两侧植被茂盛，树影婆娑，沿步道右拐上行约200米，进入千瀑峡谷底。

只见这条峡沟壑深谷幽，宽约数丈；两侧高巅峭壁，半遮天空；灵秀之气，贯穿上下；沟内藤林交错，曲径通幽；石径飞渡，峡云日影。足踏苍苔涧石，放眼青山绿水，遥想早年间，此处定有千条瀑布，无疑是“飞流直下三千尺，疑是银河落九天”的壮丽景观。不过近代以来，气候变暖，降水量逐年下降，那些曾经纵横山涧的溪水也渐渐隐去了踪影。

拾级而上，不远处有“碧云霞”标示牌，抬头眺望，蓝天碧空，云蒸霞蔚，碧云霞由此而名。上行约200米，右转跨涧而上，忽见几块巨

马鬐山

石叠立于山巅，步道从巨石缝中穿过，入口处有绿色刻字“一线天”，相当应景。穿过一线天，从这堆巨石中“挣扎”着爬出来，看到左上方那高宽各十米的巨石上刻有“王母池”字样。

仔细寻找巨石东北角人工开凿出的台阶，由此登上岩顶，就看到平整的岩面上居然有两个直径两米许的天然石窝，此即王母池。传说这是王母娘娘专用浴盆，对面山头上那些小的石窝是七仙女的洗澡盆。

站在王母池所处高岩上，向西俯瞰天湖，水域辽阔，碧波浩荡，快艇“犁”起的白浪似蛟龙翻腾。高岩下面的狮头崖俯卧欲起，似仰天长啸，耳、鼻、口，甚至胡须都清晰可辨，栩栩如生。转过身来，向北仰看狮子峰层峦叠嶂，巨石嶙峋，乱树插岩，立陡入云。

下王母池北行到一木亭处，左方回望，有一块圆形巨石立在沟岸松林，酷似外星人的头部，五官俱在，十分逼真，不禁让我惊呼尖叫。沿步道前行，至沟底一处公共卫生间处，有一“狮子峰”标牌，此处离开步道，右拐上山。爬上山脊不远，抬头就会看到龟山，整块岩石构成的小山包是龟壳，左侧竖立的石柱是龟首，它伸脖翘首、瞪眼噘嘴，扭头侧望天湖，像是在思乡。

我们几人轮流从“龟背”爬上“龟首”，各种摆拍，回味一下童真。从龟山再上行约400米即到狮子峰顶。矗立峰巅，八面来风，四周环视，南面群峰连绵，苍翠万叠，松涛跌宕，北侧壑深涧长，阴森寒冷，峭壁陡立，万石争奇，西侧山上红墙黛瓦处便是碧云轩，最高处便是金盆顶。

从狮子峰下山，沿山脊行，再上金盆顶，这段约400米的路程会让你切身体会到“无限风光在险峰”的意境，山之雄、石之奇、峰之峭、崖之险、涧之幽、景之秀，在这里呈现得淋漓尽致。

登临金盆顶，有铁栏围起。此处可沿山脊城墙西去至鸽子峰，其间有多处路口可右拐向北沿沟峪下山。这段人工城墙有400余米，城墙南侧属莒南县，也就是金盆顶景区，墙北原属莒县，现划归岚山区。

金盆顶是马鬐山最高峰，东侧临崖，峰顶岩台平阔，形状像个倒扣的盆子，据说若在上面跺脚，地面会有嗡嗡的响声，当地人传说山内有个大山洞，里面藏金，故称金盆顶。

金盆顶南不远处是“棋盘阵”，巨石之内有或广或狭的洞穴，曲折迷离。一处可容两人对坐的地方，中间有石板，上刻棋盘，故名。此棋叫“拿王伦”，相传为南宋绍兴年间此山甘露寺长老创制，目的是贬斥当朝奸臣王伦，激发人民抗敌斗志。该棋战法独特，蕴涵兵法的奥秘。

再南为“演武石”，南面石壁刻有几十个“中”字，传为红袄军为表达爱国豪情而书写，为愿为保卫中原而战之意！石东有十数个拳头印窝，是红袄军练武击打留下的痕迹。坚如磐石，志如钢铁，一心报国，坚忍不拔，这正是中华民族的优秀品质。

甘露寺，坐落于山顶城墙下的山坳之中，建于汉代，曾与镇江甘露寺齐名，有南北甘露寺之称，几度毁于战火。当年，八路军115师罗荣桓所部及滨海军区兵工总厂曾在此生产军火。寺前有金蟾泉，泉深2米多，四季长流，甘甜清洌，传为红袄军饮水之源，因泉中有绿背红肚皮的金蟾而名。寺后有老母洞，洞口额题“正气浩然”四字，传为杨妙真手书。

游览完金盆顶上的各景点，走到山顶城墙西尽头，从铁栏的小洞钻出去，爬上山顶垭口，右侧山峰即为鸽子峰，因峰顶三块巨石分别组成鸽子的头、身、尾而名。沿山脊左行，山脊左侧为鹰愁涧，再下为布谷峡，涧谷幽深狭长，千峰峥嵘，万石比奇。峡谷内云腾雾绕，忽而凝聚，忽而飘散，让人如梦如幻，飘逸如仙。遇雨时咆哮如雷，一泻千里，震耳欲聋。平日里则涓涓细流，汩汩而唱，温润如玉，让人直觉似触电，酥酥然，昏昏然，飘飘然。山北黄顶红墙的惠感寺尽收眼底。

沿两侧峡谷的山脊乱岩中而下，直奔惠感寺西侧山岭。这段路程约 1 千米，前半段攀峰爬岩，后半段闯密林、穿荆棘，几乎无路可寻，有几处断崖。

从惠感寺左侧西山梁下山右转，就到了寺门广场，也是我们本次徒步的终点。惠感寺，始建于隋，毁于唐。北宋政和四年（1114 年），徽宗帝亲题“惠感寺”并制金匾赐莒人重修。金代红袄军聚义马鬐山，举旗抗金，后南撤，惠感寺连同营寨被金军烧毁。元代重建，称净居寺。明初更名为甘露寺，明末毁于战火。清初重建，定名海龙庵，清康熙七年（1668 年）遭遇地震毁坏。后由道人田本钦重修，称海龙观。2012 年 5 月，此寺重修。该寺由大雄宝殿、天王殿、观音殿，钟楼、鼓楼、寺门殿、藏经阁、长廊、凉亭等组成，重现了“莒国文化、鼎立齐鲁”之风采。

一天一线，身体的劳苦换得精神的富足；一步一景，萦绕于脑海挥之不去。山因水而灵秀，水因山而妩媚，身在青山绿水间，有如人在画中游，给人亦真亦幻之感。

路线 4

抱犊崮（枣庄） **抱犊湖大坝→草帽山→莲花山→大王山→灵峰寺→王禅洞→天梯→天台→抱犊崮顶→十八罗汉洞→桃源洞→三清观→抱犊崮景区大门**

作　　者：走四方、清新

路线简介：

起点：枣庄市市中区孟庄镇抱犊湖大坝东首（34° 56′ 50.70″ N，117° 41′ 39.26″ E，海拔 140 米）

本路线轨迹

终点：抱犊崮景区大门（34 ° 58 ′ 53.88 ″ N，117° 42′ 55.40″ E，海拔 220 米）

路线：全程约 15 千米，强度中、难度中，用时约 8 小时，累计爬升 750 米，最高点抱犊崮顶海拔 586 米。

本路线照片

附

推荐另外三条枣庄境内可乘公交车、可自驾车的徒步路线：

第一条路线：下石河村→双虎山→方山→上石河村→杏山→抱犊崮→大王山→九顶莲花山→西北山→下石河村。此线大体走 V 形山梁，全程约 22 千米，累计拔高约 1000 米。

第二条路线：下石河村→西北山→九顶莲花山→大王山→抱犊崮→杏山→杏山头村→下十河村。走 U 形山梁，全程约 16 千米，累计拔高约 800 米。

第三条路线：侯宅村→杏山头村→杏山→抱犊崮→三清观→灵峰禅寺→大王山→八路军抱犊崮抗日纪念园→侯宅村。走 U 形山梁，全程约 12 千米，累计拔高约 700 米。

本路线是笔者多次登临抱犊崮后优化而成，自抱犊湖大坝（原名周村水库）东端上山，沿西南—东北走向的山梁徒步行走约 10 千米至灵峰寺，再游览抱犊崮的凤落古崖、君山望海，然后下到山腰游览桃源仙境、巢云竹林，斜穿一湖一梁一崮，尽揽灵峰寺、三清观、王禅洞、十八罗汉洞、桃源洞等著名景点和天然洞穴，将抱犊崮人文景点和自然景观之精华尽收其中。

此路线可乘公交车或自驾车出行。枣庄客运中心经三角花园到抱犊崮的公交专线全程 32 千米，每半小时发一班车。

游记与攻略

我们乘去抱犊崮的旅游专线公交车，出城后拐上 240 省道，向东北方向行驶了约 7 千米，右拐进入了一条平整的乡间柏油路，约 40 分钟后抵达抱犊湖（周村水库）大坝东头。

下车的地方是一个叫周村的村子，公路边有一堵用方块石料砌成的梯形石墙，墙体内镶嵌着一块长方形的石碑，碑上刻着“莲花山前长流水——幸福泉”字样。离地面约 50 厘米处有一个自来水笼头从墙内伸出，想必是村民取泉水之处。

下车后迅速将手套、登山杖、背包等收拾停当，从民宅门前向东攀登草帽山。此山远看颇像一顶草帽，是一座崮形山，东、南、西三面分山顶和山腰两部分。我们穿过山坡上种满花椒树的梯田，奋力攀上荆棘丛生的十多米高的崖壁，登上了草帽山顶。山风吹来，满头大汗的我们甚感凉爽。极目远眺，西边是碧波万顷的抱犊湖，湖坝南岸是秀丽的龟山风景区。清新指着东边山下的村子说，南边这个叫外筲村、北边的是里筲村，中间是南岭村，外筲村有一个三面环山、历史悠久的老龙潭，还有一个距今 3000 多年的商周遗址，是枣庄市市级重点文物保护单位，里筲水库北岸底下还有明代大青砖砌垒的寨墙遗址。

草帽山北方的山头叫莲花山，海拔约 400 米，两山之间有一个 V 形垭口，我们要下至垭口后再向对面山脊北行奔向莲花山，山间小路旁有许多蒲公英长在石缝和草丛中。

一路上，我们多半是在高矮不同、形态各异的杂树林中穿行。有时枝繁叶茂、密不透风，让人有无路可走之感；有时又豁然开朗、天高云淡。山梁上是开满野花的大片草地，山下是鳞次栉比的整齐农舍。上坡时气喘吁吁、汗流浃背，下坡时边走边聊、信步而行。登高之艰难和下坡之轻松真是冰火两重天啊！来到一处峭壁上方的巨石旁，高耸入云的抱犊崮和金碧辉煌的灵峰寺就在正北不远处。远眺抱犊崮有拔地通天之气势，向西可看到莲花北坡山脚下的八路军抱犊崮抗日战争纪念园，高大的纪念碑在阳光下熠熠生辉。

11 时许，我们抵达抱犊崮东麓约 1 千米处、始建于元代的灵峰寺（属临沂市兰陵县下村乡）。古树参天、环境幽雅的“灵峰寺遗址”于 2014 年被临沂市政府公布为市级文物保护单位。我们参观了遗存的佛楼、钟楼、鼓楼，这些建筑多用青色的条石或块石建造，个别地方使用了青砖，楼顶和门窗已空空如也，多处墙体上镶嵌着碑刻。大雄宝殿山门上的楹联联语为：“富贵似浮云历数度炎凉方通佛性，功名如幻梦经几番荣辱得悟禅心”“梵语钟声弘佛法，松涛竹浪净禅心”。这里最值得一看的不是重修的现代建筑，而是令今人发思古之悠情的明清古建筑遗存。

约 12 时，我们到达抱犊崮主峰东北侧，稍事休息后，继续上行。坡越来越陡，有的地方坡的角度足有六七十度了。在索道上站东侧不远处，我们从林中小径拐入抱犊崮下的环崮步道。近看抱犊崮峭壁如削、裂缝纵横，似有西岳华山之险峻、东岳泰山之雄奇。逆时针而行几十米，看到左手崖壁上有一个山洞，我们好奇地向洞内走去，但进洞七六米后便伸手不见五指，只好遗憾退出。继续沿抱犊崮绝壁下方的小路前行，近百米高的绝壁甚是壮观，石缝中顽强地生长着一些小树，也开着一些美丽的野花。在崮的西侧底部，又看到一个洞穴，洞口上方有“王禅洞”三个大字。借助其他游客的灯光，我们进洞察看。此洞是一个天然洞穴，幽暗深邃，长约 200 米，洞内人工修整的小路虽曲曲折折但起伏不大，头顶和两侧可看到形态各异的钟乳石。十多分钟后，前方出现了亮光，是王禅洞的另一个出口。出洞后回头细看，才知道这个出口就是我们刚才退出的那个进口。

山景

登上抱犊崮顶的唯一路线是在崮之西北角垂直绝壁上的天梯。天梯旁挺立着一个巨大的天然石柱，称之为“一指峰”，它像是抱犊崮的一个卫士，又像抱犊崮伟岸身躯拖带的一个直立尾巴。天梯是用水泥、钢筋和石块修建的台阶路，呈“之”字形挂在崖壁上，狭窄而险要。早期的天梯极其险峻，令游人望而却步。古人曾沿着绝壁上的天然裂隙凿了一些窄窄的脚窝，供人们手足并用，攀缘而上。天梯的八瞪眼、鹰见愁、鬼门关三处最险。八瞪眼是指在一块巨大光滑垂直峭壁上凿的 8 个脚窝，鹰见愁是指垂直石壁上一个长约 7 米、仅容一足的小道，鬼门关是最后一道险关，必须鼓起勇气从悬崖峭壁上奋力跃到另一峭壁。1923 年 5 月，“民国第一案”中的绑匪就是从此处用绳索将 39 名外国人质中的 3 人吊到崮顶的。天梯台阶上站满了上上下下的游客，大家相互提醒着轮流上下，我们登到窄处时双腿有点发颤，提醒自己不要看下边。

天梯尽头的崖壁上刻着“法于阴阳”四个篆字，迎面而来的是一个水泥立柱、传统青瓦覆檐的牌坊。牌坊立于一个巨大的石板平台之上，故名为“天台”。凭栏远眺，抱犊湖、周围的山峰、村庄、公路尽收眼底，俯视可以看到索道、滑道、密林、道观和寺院。

天台

穿过天台即到了崮顶。崮顶海拔 586 米，地势平坦、树林茂密，裸露岩石少，多被肥沃的土壤覆盖。西侧是近年在天台庙遗址上重修的圆通宝殿，殿前有天福井、望海石、天池、揽月亭、明万历二十三年（1595 年）重修天台的石碑等古迹，殿东树林中有一片简易板房和遮雨棚，是零售点和饮食服务点，树荫下坐满了休息、吃饭和购物的游人。我们找一处桌凳坐下吃午饭。

据当地人介绍，数百年来一直有人在崮顶居住和耕种，“抱犊崮”之名源于古人将刚出生的牛犊设法经天梯抱到崮顶养大，以满足耕种之需。1939 年，罗荣桓曾率八路军115师创建抱犊崮抗日根据地。崮顶东西长三百米，南北宽100多米，面积达60多亩，春夏秋三季常常云雾缭绕、松涛轰鸣，降雨量和降雨次数比山下多得多，故民间传说抱犊崮顶每年有七十二场浇花雨。抱犊崮又名君山，雨后天晴之际，居高临下，可以望到数十里之外，加之此地距东海不远，所以崮顶又被称为“君山望海景区”。

我们沿崮顶步道环行一周，看到了一些古建筑和古耕地遗迹，印象最深的是崮顶随处可见的缠绕在各种高大树干上的扭曲、粗壮而遒劲的青藤。伫立崖边，回望来路，再一次感受到了在山水相连、湖天一色的宏大背景下巨龙出海的磅礴气势：抱犊崮是仰天长啸的“龙头”，大王山、莲台山一线连绵不断的山梁是威武的“龙身”，“龙尾”则沐浴在5千米外波光粼粼的抱犊湖中。

我们在“天下第一崮”的巨大石柱前留影后经天梯到达崮底，东行几十米后又沿石壁上行约20米看了“十八罗汉洞”。此洞深4米、高2米，洞内外的石壁上有十多尊摩崖石刻，据文字记载推算，佛像雕刻于唐上元元年（674年）。

从崮脚顺台阶下降约300米到达抱犊崮西南麓的一个幽静的深谷中，有天然洞穴和人工开凿的洞穴多个，最值得一看的是长度约200米的天然洞穴桃源洞。洞内黑暗，游客只能结伴持手电筒鱼贯而入。进洞20多米后分为左右两个洞穴，两洞在最深处合二为一，无论走左洞还是右洞，最后都会从洞的进口走出。洞壁崎岖不平，布满了形态各异的钟乳石。桃源洞周边的山坡上古木参天，生长着多种楸树、厚壳树、紫薇、银杏等珍稀林木，是山东省内罕见的带有亚热带常绿阔叶树种的天然杂木林汇集区。

桃源洞下方不远处就是掩映在森林中的道教圣地三清观（又名巢云观）。观外，地上繁花似锦，空中鸟语花香，崖上流水潺潺，一派世外桃源之景象。这儿就是1923年“民国第一案”中绑匪关押中外人质的地方。

我们在写有“抱犊崮”三字的巨石旁，以远处高耸的抱犊崮为背景拍照留念。走出景区大门时已是下午四点，坐抱犊崮至枣庄市主城区的专线公交车返回。

路线 5

莲青山（枣庄） **马石片村→连子山→高橛子山→摩天岭→莲青山→皇城古墓→莲青寺→莲花池→情人湖→上黄庄**

作　　者：枣庄石头

路线简介：

起点：枣庄滕州东郭镇瓦峪东村（35°17′1.54″N，117°16′33.84″E，海拔 160 米）

终点：枣庄滕州上黄庄村（35°15′54.32″N，117°17′31.84″E，海拔 160 米）

路线：15 千米，用时 6 小时，最高点海拔 603 米。

本路线轨迹　　本路线照片

本篇作者

枣庄石头，本名孙才明，安丘市人，文学学士，现定居枣庄市。酷爱户外运动、绘画、摄影。先后带队重装徒步小五台、武功山、太白山等山峰。多次深入沂蒙山腹地，寻找深藏山间的灵韵，感受身边的美。多次带队前往江西、安徽、河南、山西等地进行徒步穿越，多次自驾车前往川藏线、青藏线，足迹遍布云贵川及新疆。

莲青山位于枣庄滕州市与山亭区交界处，邹城峄山正东，直线距离23千米，为省级地质公园，被誉为“天下第一情山”“山地景观大全”。莲青山因99座莲花峰而得名，主峰摩天岭海拔603米，是鲁南地区除山亭区翼云山（海拔625米）以外的第二高峰。群山数峰争雄，绵延26千米。滕州市28路公交车、山亭区20路和22路公交车均可直达，交通便利。

高橛子山又名高爵山，位于莲青山主峰东北方，海拔590米。山峰挺拔秀丽，远看像一枝巨笔直插云霄。

游记与攻略

自驾车或乘40座以下中巴车，导航至枣庄滕州瓦峪村。瓦峪是个有5000余人口的大村，亦是历史名村，村西相邻的骆庄村就属于邹城市了。

沿瓦峪村村中公路北行，至位于水库西侧的瓦峪东村停车，沿村中街穿村而北行，出村头后有一片梯田，视野开阔。但见正北方一高山头即为高橛子山，右前东北方另一高山头即为莲青山最高峰摩天岭。双山东西向遥望对峙，垂拔高耸，双峰并起，直插云霄，两山夹一山谷。一条村间山路穿谷而过，山谷这头即为瓦峪东村的十万水库，山谷另一端是属邹城市的枣沟水库。“谷翠双峰”是著名的古滕八景之一。莺歌啾啾，鹁鸣呜呜，回荡山谷，响彻于耳，悠扬不绝。向南望去，两侧峰峦叠嶂，植被茂盛，树木葱茏，山峰吐翠，顽石流霞，村藏绿中，极远诸景，隐入云里。

正因为水的依偎，高橛子山出落得像一位挺拔俊秀的小伙子，披着雾纱，内敛着自己的雄壮，不肯在弱水面前流露出一丝粗犷。

莲青山省级地质公园

一片梯田尽头，从村间土路左拐，穿过一片树木，沿山脊上山，直奔高橛子山山顶。登高橛子山山顶通常有三条路线：一是东路。沿迎门石往上，经董家石棚、三块石、化石尖子、红脸石、万人洞、饮马槽、磨棋山、挂天橛子、吊河崖，上北风口，进北天门，登望海石，过天街，到达东高座子主峰。二是中路。爬十八盘，观龙眼石，绕龙门石，经小平顶子、大平顶子，走南瓦屋、抱窝石、咣当石、双扇门，过南风口上大鹁鸽楼、母鸡石到达顶峰。三是西路。经砸鼓石、小鸽楼、千年葡萄秧子石、西瓦屋，进入黄石崖、鸡嘴石，翻大东岭，走南耩沟，登主峰。

奇石

沿高橛子山脊一路拔高往北，到了主峰下的山坳口，山坡变得开阔，茂密的狗尾巴草肆意地长着，那张扬的草穗泛着褐红的光泽，让人惊奇。那平日里再普通不过的野草，在这里也彰显出它的美丽，在微风里是那样惹眼，让你过目难忘！

行约 3 千米，拔高 400 多米，就能到高橛子山山顶的点天洞，之后，再沿天街继续西北行约三四百米，经守望石，到达山顶北峰。这段路奇石密布，上下起伏，是路线上的精华所在。漫山巨石星罗棋布，或大或小，形态迥异。

立于山巅北眺，视野开阔，景收眼底，湖映日辉，银光点点，水波渺渺，旖旎秀丽。天上白云悠悠，四周群山青青，宛如一幅超现实主义的油画，令人叹为观止。

爬山的过程分两种，一种是心路历程，另一种便是山路历程。每每攀登上险峰，看到美景，触景生情，心里总会油然升起几多喜悦。

莲青山

浏览完高橛子山山顶，从第一座山峰的点天洞处东行下山，行约 1 千米至山沟中间土路上，再取道上行往东，奔莲青山最高峰摩天岭。摩天岭南麓林木覆盖率达 95% 以上，多为五角枫、榆树等珍贵名木，其中，四季常青的松柏流翠欲滴，形态各异，微风吹过，飒飒作响。由摩天岭南行约两千米，遍布的石头形成“旱海奇观”，石头均为花岗岩石结构。

过摩天岭沿莲青山山脊南行约 1 千米，即进入景区山顶公路。沿公路再南行约 1 千米，有一岔路口，左拐东下，行约 300 米即至皇城古墓遗址，遗址边已建起气势恢宏的莲青寺。

眼前的皇城古墓也称明王陵，不知何人葬于此。虽然这里曾遭受到严重破坏，但是残存的墓圹、陵前的祠堂庙宇及到处散落的石础、大小数十斤重的城砖依然存在。

莲青寺

碧蓝的天幕下，巍巍青山之中，浮现在绿树之上的是莲青寺金黄色的寺顶和檐角。据考证，莲青寺始建于隋唐时期，当时香火旺盛，僧侣云集，为苏鲁之名刹，元末明初毁于战乱，近年，滕邑居士重修庙宇，使千年古刹再现辉煌。

从莲青寺出来，沿寺下莲青谷下行。莲青谷幽深，溪水淙淙，散步茂密林间，满目苍翠，松涛阵阵。俯瞰林区，天然林绿波汹涌。弥望四周，满目尽是原始的山、原始的森林、清澈见底的水，这天然的佳境，使人如临人间仙境。山因水而生灵气，水借山而添诗意，人凭山水而增激情，湖光山色相映成趣。

莲青谷沿河下行约 1.5 千米，即到达谷内最大的一个塘坝莲花池。再下行三四百米，即到莲青山地质公园正门和停车场。停车场南临有个水库，美其名曰“情人湖”，停车场北面山坡有恐龙乐园、滑雪场和温泉度假中心。

路线 6

峰山（邹城） **稻洼村→三连爬→土匪洞→通天沟→白云宫→五华山顶→丹丸石→达摩洞→小鲁台→鲤鱼背刀片石→滑石沟→碾盘沟→斗鸡台→环山路→稻洼村**

作　　者： **枣庄石头**

路线简介：

起点（终点）： 稻洼村东南小水库（35°19′51.71″N，117°00′57.94″E，海拔140米）

路线： 全程13千米，用时5小时—6小时，最高点五华峰582米，路线长度可自由安排。

本路线轨迹　　本路线照片

峄山之秀奇，在于其石头奇、洞穴奇、泉水奇、石刻奇和神话传说奇。山间千岩竞秀，万壑纵横，变幻多姿，令人目不暇接；石之千姿百态，万形必肖，山石如全卵，大小亿万，以堆石为最奇，又有“岱南奇观”“天下怪石第一山”“邹鲁秀灵”之誉。

峄山牌坊

峄山独立孤起，四周平阔，有环山路绕其一周，各个方向都能找到上山路径，路线变化多样，与北面牙山成对峙之势。徒步穿越多从西面上，自麓至顶，长约 4 千米，也可从北面上、景区大门出，来个南北大穿越。因多处需手脚并用攀爬，须带足户外装备，严禁恐高、心脏病等患者参加。

游记与攻略

峄山徒步穿越，可导航至稻洼村，沿峄山南路南行，转邹王路东行，就来到稻洼村。此处设有防火站，沿村东公路南行 1 千米，从鸿顺庄园农家乐大院左拐东行约 500 米，来到峄山下的一个小水库，水库北岸有停车场和公厕，在此下车。登峄山多是四肢攀爬，不要带登山杖。

滚石沟

沿水坝东行开始登山，走过一片平缓草地，进入一片松树和槐树相间的树林，出树林后，见一片乱石挡住去路。土白色的巨石堆层层叠叠、星罗棋布、密密匝匝，从山顶倾泻而下，甚是壮观，这里就是滚石沟。这时，大伙迫不及待地进入石海，择路攀爬而上，上下挪移，姿态各异。那参差嶙峋、玲珑剔透，被地理学家称为当今世界之奇观的海蚀石，自不待说；满山遍峪如禽如兽、静动有之的怪石则数不胜数，使峄山缺了雕琢，多了野趣。难怪到此的游人无不被大自然的神奇所折服，峄山与中华五岳相比，其主要特点是石巧。

在峄山累累巨石之下有许多天然洞穴，据考察，有名的洞穴就有 144 个。诸洞大如广庭、小如斗室、纵横通达、曲径通幽、深邃莫测，且洞内多有泉水，每每东北风起，百泉涌涨，云气汹涌，当地俗语称“峄山戴帽，大雨来到”，其情景尤似仙山。

整条滚石沟直线距离约有四五百米，垂直拔高二百多米，大伙齐心协力，互帮互助，首先来到第一个难点——三连爬，此处非一般驴友所能轻易完成，必须在领队的带领保护下，依次四肢并用地攀登至安全地带。稍事休整后，我们继续向土匪洞进发。经过一个多小时的攀爬，大家到达土匪洞下。此处有三四条路径可以通达土匪洞。在领队的带领下，根据人员状况，大家分组、分路线进入土匪洞。陆续到达土匪洞后，休整了一下，大家在此合影，打卡留念。

休息后，大家继续向下一个地标——通天沟进发。从土匪洞左右两侧均可到达通天沟，左侧行时由瘦身洞盘旋而上，不久就到达通天沟下端。举首仰望通天沟，壁立千仞，一条缝隙扶摇直上，第一次来的队员不禁心生胆怯，嗟叹不已。队长指定几个“强驴”率先示范，先行攀爬，并在关键节点处进行接应、指导。其中有一段断崖，队长义不容辞，捷足先登，在断崖上面寻找坚固位置系好一条 20 米长的绳索，让队员们依次攀登，上下各有协作人员在指挥、保护，确保安全，此处平均每人耗时约 2 分钟。

大约穿越 10 分钟后到大石碑前，此处下去到达悬空栈道入口处，上则直通悬空栈道顶端，约 8 分钟到达顶峰。立于峰顶，山上怪石堆垒，孔窍幽邃，登临凭眺，远望峄山小巧玲珑，像层层巨石横七竖八叠加而成，近观却是别有洞天，妙趣横生。

在山顶合影后择路下山。一是选择原路下山，到达栈道入口处，还可前往五华峰、丹丸峰游览后返回，也可继续前行到达“鳌”字石、金龟探海，再达九峰台。此处有两个路口，右侧去西门，左侧去东门下山。如果打算进行峄山东西穿越，则可从丹丸峰去对面五华峰方向走山脊直行，再选择合适地点下山。

“鳌”字刻石

丹丸峰去白云宫方向则需 15 分钟，沿途经过王母宫，到达白云宫后有两条道路可以下山，一是左转到东门，直行到舍身崖；二是从右侧小门进白云宫，游览完白云宫从大门出来后到八卦石，沿途经过妖精洞，妖精洞里的文人墨客的挥洒之作，让我们感受到古人的情怀和峄山的文化底蕴。

继续下行可至断机石，此处一是可以沿景区道路下山到达景区正门，二是可以右切进入野路下山。根据队员体力，可在此分队。右切下山经过一只斑斓猛虎象形石处，可以拍照。野线下山依然是步步惊心，风化的砂石较多，

断机石

容易滑跌，一定要注意。下山后沿环山路到达起点，或让车来接。

2012 年邹城市峄山风景区管委会成立后，规划设计了四条路线，以满足不同游客的需求：

路线一（生态休闲线）：东大门入口→马嘴石→九道弯→金龟探海→东宫大白楼→小鲁台→（“鳌”字石→丹丸峰→五华峰）木栈道→白云宫→八卦石→宕天梯→降任石→西大门→盘龙洞→峄阳书院→春秋书院→九峰台→羊车故道→东大门出口（6 小时游览圈）

路线二（奇石景观线）：东大门入口→马嘴石→九道弯→金龟探海→东宫大白楼→万寿宫→一线天→舍身崖→甘露池→踞龙洞→（“鳌”字石→丹丸峰→五华峰）木栈道→小鲁台→东宫大白楼→隐仙洞→九峰台→羊车故道→东大门出口（5 小时游览圈）

路线三（文化峄山线）：西大门入口→宝瓶石→降任石→八卦石→通明天宫→甘露池→踞龙洞→（“鳌”字石→丹丸峰→五华峰）木栈道→小鲁台→东宫大白楼→片石桥→九峰台→春秋书院→孤桐书院→峄阳书院→盘龙洞→西大门出口（或者九峰台→羊车故道→东大门出口）（4 小时游览圈）

路线四（仙山祈福线）：西大门入口→索道上→南天门→八卦石→通明天宫→甘露池→踞龙洞→（“鳌”字石→丹丸峰→五华峰）木栈道→小鲁台→东宫大白楼→片石桥→九峰台→羊车故道→东大门出口（3 小时游览圈）

子孙石

路线 7

神童山（宁阳）　**山门牌坊→卧牛石→后梁石刻→老寨顶→界碑→孔子石**（凤凰山）**→航空塔→老子石→养蜂人→木屋→双龙池→观音庙**（千年紫藤）

作　　者：赵云

路线简介：

起点：宁阳县神童山山门（35° 48′ 6.09″ N，116° 58′ 0.51″ E，海拔 155 米）

终点：观音庙（35° 47′ 52.49″ N，116° 59′ 49.04″ E，海拔 200 米）

路线：全程约 15 千米，用时 7 小时—8 小时，累计爬升 437 米，最高点海拔 550 米。

本路线轨迹　　本路线照片

本篇作者

赵云，本名赵瑞云，户外达人，现定居泰安宁阳。爱好户外运动、旅行、美食制作。先后重装驴行北京海坨山、青岛崂山、库布齐沙漠、秦岭太白山、武功山、大五台，6 次参与泰山 T60 徒步，2014 起连续 6 年发起宁阳户外帐篷露营活动，现任宁阳户外运动协会会长。

本路线属初中级路线，于 2014 年由宁阳三人行户外策划并成功穿越，穿行的轨迹像一个宝葫芦。本路线特点：一是距离较长，有 3—4 次拔高，但正常体能者稍加坚持就能完成全程穿越；二是人文历史底蕴丰厚，承载古人留下的众多遗迹；三是路线一半在山顶一半在山谷，孤僻幽静，风景奇绝；四是有张有弛，15 千米路线中有 2 次分队机会，强弱兼顾，安排合理。

去时可乘大巴车或在宁阳县城区乘神童山专线公交车，终点站为神童山。返程终点在观音庙，距山门上山处有约 4 千米—5 千米的盘山公路，适合大巴接应。

游记与攻略

从宁阳城区乘车走 032 县道，至葛石镇道路尽头，左转约 2 千米，过一片民房，沿所指方向即可达山门，山门前有神童山牌坊。从此下车，山上隐约看到半山腰“神童山”三个大字和神童山顶峰，这就是我们要攀登的第一座山头。

神童山牌坊上有中国红学会主席冯其庸先生题写的“神童山”三个镏金大字，柱上楹联联语为：“八面紫光地蕴灵气赋此山，历代英才天降神童于斯地。”拾级而上，穿过几个岔路口直行上山。至山高约三分之一时，弯道左转，前行 200 米见一平坦空地，可在此调整一下身心。此处有一 Y 型岔路口，右转上行。过几道弯后迎面出现一片光滑巨石，即是上山前看到的刻有“神童山”大字的地方，可攀爬通过或向右绕行，继续前行走过一段乱石，到达山坡

神童山牌坊

上的一块巨石，即为“卧牛石”。

“渴饮颍水流，饿喘吴门月；黄金如可种，我力终不竭。”这是唐代诗人刘叉为卧牛石而作的《代牛言》。卧牛石俗名“青牛石”，长 8.7 米、宽 4.1 米，卧于神童山山脊北部，臀宽骨凸，腰壮膀实，远看巨石如牛，昂扬向上，犄角朝天，同扭头回看的神童峰形成神童招神牛之趣。

看完卧牛石，绕过眼前小山包，开始攀登神童山主峰，沿途左右有形态各异的巨石分布，神童石、神童椅等在此坐落。到达山顶，可见后梁时期的“摩崖石刻”等多处古迹，神童峰上最珍贵的历史遗迹当数“后梁石刻”。

其实，称“后梁石刻”并不十分精确，因为目前还不能完全断定全部石刻的年代和内容。不过，最大的一片石刻明确记有“梁贞明五年”字样。因此，断定这盘石刻为后梁石刻无疑，又是整个石刻群的代表，其他 5 处暂无法考证。

在此，还可寻觅到当年刘寻驻山剿灭张万进、北宋忠臣呼家将占山蓄势报国仇家恨，以及 1930 年蒋阎大战的历史遗迹。

神童山山顶南侧左转，绕过正面凹地中两块巨石，循明显小道，穿过一片松树林，沿途可见三人行户外俱乐部所置路标。前行约一小时，到一处平坦地面上的护林房和羊圈，此处可分队，弱队可少走一多半路程。

孔子石

从护林房东行，到一片巨石处，这里是老寨顶，可在此稍做休整。穿过老寨顶依山向东而下即到界碑。界碑是宁阳和曲阜的交界，北是宁阳，南为曲阜。此处可进行第二次分队。

走过界碑就是凤凰山地界了，此处可见孔子石，此奇石从远处侧看，就像一座孔子的石像矗立在山间，面目逼真。越过孔子石依台阶而上，就会看到本路线最高的一个标志物——信号塔，前行不远，又可看见老子石，此二巨石是标志性的两个景点。

从老子石以 U 形路线往回走，沿途

会路过长勺古战场、养蜂场和一段盘山公路，再次切入山谷。几番辗转之后，路边有一处泉眼，夏季雨水丰盛之时，泉水喷涌。再前行，穿过一个木屋，往双龙池方向行进，双龙池在观音庵景区银龙山、青龙山之间，池北有观音庵、节孝廊、汉赋院等。

双龙池据传是池东青龙、池西银龙相会的地方。山洪从池东北绵延十几里的山涧冲下，在回銮寺下的山腰边转了个弯，形成一个大漩涡，那排山倒海的冲击力将此地掘成一个硕大的水池。池水碧蓝，时有旋涡飞转。1959 年，这里修起了拦河大坝，拦住两山之水，坝身将南山、北银龙山相连，山涧变成通途。坝内常年水平如镜、绿波潋滟、鸟飞鱼跃，是游山戏水的好地方。

从双龙池北岸宽敞的大道东行，南岸是碧波荡漾的池水，道东一座回廊建筑掩藏在粟园和松柏之间，回廊外红墙托起青瓦廊顶，与这漫山遍野的青山墨黛融为一体。穿廊门楣上有李逸山题写的“节孝廊”三个楷书大字。

步入门厅，迎壁简述了节孝廊创作的内容及主旨，迈入节孝廊，纵观四周，穿廊宏伟，雕梁画栋，左起 11 组彩绘、雕塑分别再现了“孔子师项橐”“仁德治鲁”“还我汶阳田”“鲁义姑义昭千古”“万人国葬羊祜”“谪仙诗圣恋此山”“呼门忠烈”“文天祥留取丹心照汗青”“岳飞精忠报国““冒死上流民图”“宁之风跳涧挑匪首”等历史故事。

过节孝廊，沿第二段台阶继续北上，越观音庵门，踏第三段九级石阶，进庵瞻拜佛堂，观音堂下五通古碑记载着观音庵的历史：此庵初建于明洪武元年（1368 年），原名刘家庵，乃神童山西侧刘家庄的刘氏先人为纪念祖先赵王郎刘盆子、野王令刘梁、建安七子中刘桢而建，希冀后世子孙能“缅祖先之伟业，扬宗族之宏远”。因此地人杰地灵，风景如画，文人墨客多于此吟诗作赋而逐渐名蜚内外。清乾隆、道光、光绪年间三次重修。

观音庵财神殿西墙建在一巨岩体上，石条砌起房基，房正中基部钻出一棵造型奇特、粗大茁壮的黑莲子树，树干直径 65 厘米，黝黑的树皮似铁铸一样，树冠平如伞，枝稀疏，夏季，肥嫩的树叶疏疏朗朗，这树势本就是鬼斧神工的盆景造型。据专家鉴定，这种树学名为“楗”，生长极慢，木质极坚，是古代帝王制作如意或手杖的名贵树种，因它皮黑，当地人叫黑莲子，长到这种程度至少需 800 年的时间。

黑莲子树北，有一株紫藤，这是经山东省林业厅专家鉴定的全国第一的巨型紫藤，其基部直径 45 厘米，藤龄千年以上。在古藤的西、北面还有上千

紫藤

株幼藤生长，大有子绕母膝、家族兴旺的情趣。藤上飞鸟鸣唱，藤下竖一大石，上题："青山鸟鸣唱，庵树尽人意。"藤棚下有一巨石，石底一泉，四季溢水不断，夏季，石上挂满银珠，坠于泉面，嘀嗒脆响，如击钟鸣磬；春秋时节，石面水汗涔涔；冬季结银凝玉。这水分外甘甜，煮茗，茶香水冽，洗目，目清神爽。石上刻由隶书家尹燕生书题的"龙腾泉"三个大字。泉前有李逸山撰写的《石刻诗记》："银珠缀石底，甘泉溢清漪，泉滴石基响，煮饭沏茗奇。"再北5米耸一石，上刻有"古刹"二字。

这里还是全国最大的紫藤园，在150万平方米的山阳树林中，有大小1084株紫藤。它们有的攀杨缠莲，有的盘石悬涧，在登天梯盘道上空有几株凌空飞架，形成一个个拱形的紫藤拱门。法国的紫藤山庄也绝不会有它如此宏大的规模，也不会有此地紫藤的万千姿态。藤大、龄古、量多、意深，确为天下第一。

观音庙外的停车场就是本次活动的终点，大巴车可以停在观音庙门前。至此，整条路线圆满收官。

老子石

五、鲁中区 9 条徒步路线

概况

本书划分的鲁中区，以淄博行政辖区内淄川、博山和沂源等山区为主，兼顾周边区县，包括胶王路（325 省道）以南、G22 高速公路以北南北纵向 50 千米，青州仰天山、临朐石门坊以西，博（山）莱（芜）章（丘）三界碑及邹平摩诃顶以东横跨 60 千米范围的主要山地路线。

鲁中区登山徒步、穿越、环行路线众多，其中 15 千米以上者，主要有三环三横六纵：

“三环”由西向东依次为：1. 博山夹谷台环线；2. 淄川幸福环线；3. 淄川峨庄环线。

“三横”横亘东西，由南向北依次为：1. 鲁山：松仙岭—观云峰—璞丘岭—北坪山一线；2. 六寨：雁门寨—油篓寨—大寨一线；3. 青石关：五阳山—五凤山—青石关—望鲁山一线。

“六纵”贯穿南北，自西向东依次为：1. 青云寺—野马岭—三界碑—风门道关—禹王山—望鲁山—青石关一线；2. 黑峪—北牟—武王寨—方山一线；3. 岳阳山一线；4. 马鞍山—三泰山—黑虎寨—板山崖一线；5. 搁笔寨—蟠龙山—雁门寨一线；6. 窦家崖—齐山—黄山大顶—三县顶—五角枫一线。

此外，鲁中区还有西部邹平境内白云山—鹤伴山—摩诃顶一线，东部仰天山环线，北部高青安澜湾沿黄河徒步路线。

路线 1

鲁山 **上小峰村→巨石瀑→博沂交界垭口→观云峰→驼禅寺→游客中心→雨林→天梯→枣树峪→上小峰村**

作　　者：**一飞、云水禅心**

路线简介：

起点（终点）：博山区池上镇上小峰村（35° 31′ 82″ N，118° 04′ 01″ E，海拔 475 米）

路线：全程约 12 千米，用时 5 小时左右，累计爬升 677 米，最高点海拔 1108.3 米。

本路线轨迹　　本路线照片　　本路线视频

本篇作者之一

云水禅心，本名吴东荣，生于 1969 年，喜欢爬山、徒步、摄影、旅行，寓思于行，坚持用文字点滴记录淄博山水。曾徒步大五台，穿越武功山，重装行走小五台，登顶拔仙台，漫步驼梁山、海坨山，看青山有界，观云水无边。

鲁山主峰观云峰位于博山区池上镇上小峰村东南十余里，海拔 1108.3 米，高耸入云，傲立群山，北侧平缓秀美，南侧陡崖千尺。鲁山国家森林公园及周边旅游干线达 50 余千米，分为植物园、观云峰、鲁山湖、玉笛峰、志公坪、北坪等景区。

鲁山交通便利，327 省道仲临路途经博山区池上镇，可自鲁山牌坊进山，从北侧登顶，自驾车者导航至上小峰村；236 省道博沂路途经沂源县南鲁山镇，可导航至锦绣谷，从南侧登山。

游记与攻略

鲁山徒步路线众多，可东西或南北方向穿越，亦可沿南北两侧的小峰、郝峪、花林、店子、茨峪等山峪环行。自西往东依次为西横岭一线、小峰峪—金銮殿一线、枣树峪—扁劈岭一线、郝峪—志公坪—三山—笛极一线、花林峪—店子村—大峪顶一线。从松仙岭至璞丘陵，自西向东的鲁山大穿越，一日四十余千米，畅快淋漓，最为过瘾。

走遍鲁山，感觉最静谧、最恬淡、最喜欢的当属上小峰环线，以上小峰村为起点，经鲁山极顶，自鲁山水库或枣树峪环回，既可顺时针穿越，亦可逆行，均约 10 千米，长度一般，强度适中。只是由于距市区较远，需早上七点准时从淄博驾车出发，九点多方达上小峰村。自停车场沿路南行出村，从水厂右转向西南沿防火道进山。

小峰峪是鲁山北部最西侧的山谷，南北走向，山高谷深，溪水长流，为淄河源头之一。自池上镇小峰口向东南，深入鲁山腹地，沿途有下小峰、中小峰和上小峰三个自然村。西侧山脊为西横岭，小峰口—罗圈崖—西横岭—翁子崖一线，是鲁山西部南北经典穿越路线之一。

沿防火道盘旋向东南，山路与小河相伴，时有交错，每当雨季来临，溪水漫路，顺势奔流，涉水而

鲁山

鲁山脚下

过，顿感夏日清凉。大约前行 1.5 千米，道路毁坏严重，路面深深凹陷，乱石难行，让人不禁感叹大自然之伟大和人类的渺小。转过冲毁路即巨石瀑，二十余米高的陡坡上，巨石宛如累卵，层叠垒积，水行其间。夏日溪流飞瀑，寒冬冰雪覆盖，堪为鲁山西部山水景观之一。

行至一废弃的护林房处，溪流偏离道路，防火路逐渐变窄。继续向南行走，在第一个岔路口右转向上至博沂交界垭口处，一路穿行于槐林之中，每年初夏，槐花盛开时节，满山飘香，撸一串放入口中，越嚼越甜，回味悠长。很多槐树都不高，站在山坡上，槐花唾手可得，实在是蜜蜂的天堂和人们采摘的胜地。冬季，鲁山与冰挂相遇，便胜却人间无数。今年正月初三，偶遇冰挂雾凇，银装素裹，玉树琼枝，身临其境，久久不愿离去。

从博沂交界垭口山脊左转向东，穿越槐林，登上山头，视野顿开，南侧沂源陡崖高悬，从北边上小峰山路较平缓。沿山脊向西经松仙岭隧道上方，可去往五老峪、葫芦棚顶、瓦泉寨、松子崖、青龙山，直到五阳湖；往东则去鲁山主峰，并可一直到达璞丘陵。由此至鲁山极顶观云峰，一路拔高，先后有两个大坡，各长百余米，算是个考验，需攀越两座巨石山头并有两次急速下降，山路狭窄，有巨石危岩，沟深坡陡，升降幅度大，必须注意安全。

行至第二个岔路口，右转拔高上山，继续沿博沂交界山脊左转向东，可去鲁山极顶观云峰。左转下行不远，即返回防火道，沿路可进入景区，经万石迷宫和一线天登顶鲁山。只是此线须路过护林房，能否通行，不得而知。为保险起见，我们一看到护林房，就右转沿山脊拔高向南，路虽不好走，但两侧青松苍翠，万顷凝碧，景色宜人，更有雾凇冰挂，自是叹为观止。值得一提的是，两巨石突兀峭立，一如心分两瓣，名之曰“心形石”，一似冠冕老者，名之曰“员外石”。倘若路过，不妨留心观察。

一线天

拔高至山顶，豁然开朗。这是一个南北走向的宽阔山脊，与东西走向的博沂交界山脊在此交会，由此左转向东，鲁山极顶映入眼帘。此处植被茂盛，青松野杏，独具造型，特别是树上那一株株南蛇藤，藤缠蔓绕，寄居而生，冬雪映红，分外妖娆。每当深夏初秋，这里茅草比人还高，如草海一般，人行走其中，只闻声，不见人。入冬后，茅草会被全部割掉，大概是为了防火吧。

由此左转向东，两个小的起伏之后，即进入景区。跨越围栏，左转去乱石迷宫、一线天等，右转往鲁山主峰。万石迷宫约300多亩，分为南宫、中宫和北宫，宫内路路相通，洞洞相连，扑朔迷离，幽深异常。迷宫是由无数巨大浑圆的“石蛋”堆积而成，如此规模的石蛋地貌，在华北地区是罕见的。鲁山一线天长约100余米，高20余米，仅容一人侧身而过，穿行其间，顿生“一线光明穿石隙，千秋景色驻尘寰”之意境。路边，松林挺立，高耸入云，夏日，清风徐来，松涛阵阵；寒冬，雾凇冰挂，玉树琼枝，宛如童话世界。行走此间，让人不禁想起“南风知我意，吹梦到西洲”“梵净了无尘，云水天地悠”的诗句。

鲁山极顶观云峰建有碧霞元君祠，坐北朝南，红砖黛瓦。两座信号发射塔耸立山腰，可谓鲁山之标志。主峰西侧有一平台，是拍摄鲁山的绝佳位置之一。

登上观云峰，一览众山，西面石人顶、翁子崖、松仙岭等山峰南北相连，纵横蜿蜒；向东望，驼禅寺近在眼前，笛极、明石崖一览无余；远眺可见大峪顶、璞丘陵和北坪山；北边俯瞰鲁山水库，它有如一汪凝碧镶嵌于万顷松涛中，再远处太平顶、雁门寨、油篓寨、鹿角寨、黑虎寨等与鲁山南北并行，纵横腾跃，气势如虹；南侧危崖陡峭，山高谷深，张家寨遥相对望，山下沂源九天洞给人“天宫一瞬间，人间一万年”之感，远处可见沂源县城。金秋时节，张家寨上野韭菜花盛开，漫山遍野，每年驴友们来采摘都满载而归，驴友戏称此山为“淄博的韭菜岭”。晴空万里之时，航拍泰沂山脉，泰山、蒙山、鲁山、沂山主峰宛如岛屿，浮出云海，谓之“四雄竞秀”，蔚为壮观。

驼禅寺

自鲁山极顶向东下山，即千年古刹驼禅寺。几年前还有院墙，现已全部拆除。寺内有志公庙，坐北朝南，虽仅存殿屋一间，却是国内少有的无梁之殿。寺院东南角是志公塔，西侧新建有汉白玉观音雕像。驼禅寺始建于南北朝时期的梁武帝年间，距今已有1400余年，是鲁山及周边香火最旺的寺院，一度香客云集。

驼禅寺高居山梁，地势平坦，水源充足，是绝佳的营地。前年春节，笔者曾在此露营，夜宿古寺，仰望满天繁星，穿越历史时空，遥想梁武帝当年，也曾叱咤雄风。清晨，登主峰，观旭日东升，朝霞满天，云海茫茫，蔚为壮观。观云峰东坡之上有一巨石，酷似神龟探海，遥望东方。古寺立山巅，一山分两县。驼禅寺南北两侧为景区，均修有盘山公路，南往沂源锦绣谷，北去博山鲁山水库、枣树峪、植物园，向东沿防火道经笛极、明石崖、花林、老和尚寺、大峪顶，直至璞丘陵，若走完此线，则实现了鲁中龙脊大穿越。

此行我们由驼禅寺左转下山，去往鲁山水库方向。沿石台阶和木栈道，穿行松林间，苍松伟岸，负氧离子含量极高，空气特别清新，堪称天然的森林氧吧。下到游客中心前，巨石高擎，上刻“鲁山”二字，工整大气，小湖周边建有亭台廊桥，湖中心有喷泉，大量石桌整齐摆放，是游人就餐的好地方。由此去往上小峰村，可向北直行，从鲁山水库大坝东侧沿小路下山，虽有的地方路不明显，但路途最短。可沿景区步道经雨林、云梯、枣树峪瀑布下山，此路藤蔓低垂，绿草凝碧，虽风景至美，但须不时躬身穿行。鲁山水库夏日碧波荡漾，冬季雪盖冰封。当然，还可以沿景区盘山公路，途经岚山、植物园，到达景区正门，约 10 千米。

鲁山云梯开凿于裸露岩壁之上，陡峭异常，角度约七八十度，两侧有扶链，共 302 级台阶，它虽没有泰山十八盘长，险却不输十八盘，冬天雪盖台阶，更加危险。天梯下来是一对巨石，名曰“圣母石”和“龙凤石”，高达十余米，形态逼真，栩栩如生。枣树峪瀑布是鲁山最大的瀑布，高约 30 余米，宽约 10 米，盛夏，飞流直下，可见彩虹；隆冬，飞瀑凝结，冰挂前川，可在此攀冰。冬季景区步道和云梯等路段多有冰雪，应尽量绕行。我们此行即从一垭口处右转向东沿山脊绕道枣树峪瀑布上方，发现这里建有水库，正是瀑布的源头。

鲁山冰川

沿枣树峪景区步道下行过桥，右转上台阶去往枣树峪停车场，直行左转出景区，向西北方向两千米左右即上小峰村。

路线 2

沂山 **大蚕场水库→凸凹沟→歪头崮→花枝台→齐长城→玉皇顶→法云寺→狮子崮→凸凹沟**

作　　者：数码、山人

路线简介：

起点（终点）：临朐县九山镇大蚕场水库凸凹沟（36° 11′ 50.98″ N，118° 35′ 26.35″ E，海拔 499 米）

路线：全程约 8 千米，为环线，用时约 7 小时，拔高 608 米，强度中等，适合大部分驴友。长线可增加部分景区景点，如法云寺、百丈崖瀑布等。

本路线轨迹　　本路线照片

沂山，属于泰沂山脉余脉，位于潍坊、淄博、临沂三市交界处，横亘临朐、安丘、沂水、沂源诸县，距离临朐县城南 45 千米，主峰玉皇顶海拔 1032 米。

沂山沟壑纵横，泉群广布，积水成溪，孕育了弥、汶、沭、沂四条河流，炎炎盛夏之时，这里绿树浓荫。泉流淙淙的沂山，成为人们消夏避暑的首选，素有“齐鲁避暑无双地，天下清凉第一山”的美誉。

游记与攻略

我们一行自驾车从济南出发，在沂源下高速公路，走 341 国道，到临朐县九山镇，过了东沂山村，会看到路北矗立着一块红色的“五彩九山”标牌，左拐沿着土路向北，到大蚕场水库。在水库大坝的南头，有一条通往东北方向的机耕路，沿路上行找一处好停车的地方，我们就开始下车爬山了。

上山的小路是村民沿沟踩出来的，这条山沟就叫凸凹沟。远处的山峰，似一道南北屏障，横亘于九山镇的东部。最先映入眼帘的是一处神似藏獒的山峰，虎视眈眈，望向北方，像众山守护神一样。沿凸凹沟继续前行，不断看到红色花岗岩裸露在浅浅的溪水旁。路两旁有几十棵上百年的栗子树，排列得较为整齐。左手边的山峰，坡度和缓，被似绿非绿的树木覆盖；右手边是高大险峻的花岗岩山峰。偶尔会在沟中看到一树盛开的桃花，很是惊艳。这里的花期比起济南至少要晚一个月左右，真可谓“人间四月芳菲尽，山寺桃花始盛开”。有些路被去年的大雨冲断了，左右交替行进约 2 千米，在海拔 795 米处，会看到左手处有一块宽 20 米、高 10 米、角度为 45° 的斜面巨石，右切上行，经过一段荆棘密布的灌木丛后，进入野生鹅耳枥树林中。沂山野生鹅耳枥群在江北乃至全国都较为罕见。鹅耳枥多生长于较高的山坡或山谷中，褐色的树干，自然弯曲、粗糙，树根外露有结节，虬扎成各种形状，适宜做盆景，叶呈卵形或椭圆形，有红色或黄色的花穗，映衬着灰色的树干和绛红的山岩，点缀着翠绿的山谷，让人恍如进入了秋天的红叶林。鹅耳枥树与树之间都是半人高的石头，顺势登上石阶，就进入了沂山景区，此处海拔 859 米。回顾来路，没看到一点垃圾，说明这条路是较为原始的。

进入景区左拐就是歪头崮（36° 12′ 4.18″ N，118° 36′ 37.65″ E，海拔 971 米），因山峰歪向一侧而得名，是沂山的第四高峰，也是沂山最为险峻、最有特色的山峰。1943 年 2 月 26 日，抗日战争期间，中共鲁中军区二团一营与日伪军在歪头崮展开了激战，击毙敌旅团长以下 200 余人。

石阶路两边是开着红花的鹅耳枥树，与几十米高的花岗岩相映生辉。这是通往歪头崮的石阶，路边有多处摩崖造像、石刻。有“救苦观音”的摩崖造像，崖壁上的菩萨双目平视，庄重肃穆。“夫沂山”摩崖石刻刻在一块 30 米高的石头上，无题额，楷书，16 行，约 306 字，刻石时间为金贞祐三年（1215 年），当时蒙古大军破山东诸郡，所到之处城郭为墟，沂山周边百姓只好躲到歪头崮上避难。石刻所反映的当时兵戎相见、动荡不安的社会局面，与史料记载相合。左边突出的岩石上有一块近一人高的“风动石”。右手边有清末青州史官了一子于同治四年（1865 年）书丹的“人世蓬莱”，惊叹歪头崮是人间难得的仙境，可以同蓬莱相媲美。

继续上行，穿过“抱元洞府”，这是一座单檐两层的建筑，可看到对面群山奔涌，林木苍翠，在一块写有“丹池”的石头旁右行，路边有多棵盘根错节的大鹅耳枥树，表现出其在贫瘠的环境下顽强的生命力。再往前就到了“碧霞祠”，传说这是碧霞元君的沂山行宫，始建于北宋景祐年间，1994 年于原址重修，民间俗称其为泰山老母庙。沿着山路继续上行，见一块半圆形石头上用红字刻写的“加福禄”，这就到了“福神庙”，谁不希望福神终生相伴呢？对面有观景台，可眺望耸立东南的玉皇顶，俯视可见歪头崮东侧绝壁，峭壁若劈，上部外探，下临深谷，阡陌纵横。

继续上行就到了“长春亭”，据说此亭是为纪念金元时期长春道人丘处机登临沂山而建。亭子北边的菱形石头上书写有“沂山”二字；亭子南边一组巨石是佛座石，由花岗岩不均匀风化形成，中间部分风化强烈，形成凹状，类似佛座。站在石头上，风很大，吹得人摇摇欲坠，四周是悬崖峭壁，我们环顾一周后，迅速下撤。

由长春亭西侧下山，沿着山路，走到花枝台。花枝台古称“火彘山”，因受风化作用形成类似巨型石块堆砌的形状。花枝台西面山体有很多奇石，有的酷似猪八戒腆腹酣睡，人称“八戒石，还有的类似石佛，称为“天然石佛”。花枝台东侧为两层六角的“天台亭”，传说是为纪念仙人来沂山所建，亭子旁边是停车场。这里视野开阔，可环视玉皇顶、狮子崮和歪头崮，三峰鼎立，峥嵘秀出，气势巍峨，也是沂山景区精华之一。

八戒石

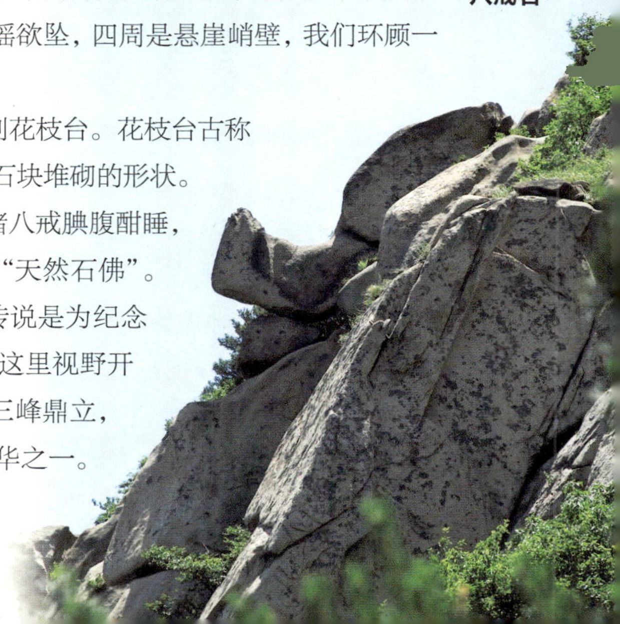

我们从这里乘坐免费大巴去玉皇顶停车场。在盘山公路上，远眺狮子崮，群翠环绕，惟妙惟肖，如一头雄狮怒吼，似有御敌于千里之外之势。

玉皇顶是沂山主峰（36° 11′ 45.47″ N，118° 37′ 16.94″ E，海拔 1032 米），主要有玉皇阁、探海石、望海亭等景点。沿阶上行，两旁是含苞待放的连翘花，我们来时，玉皇阁下的杏花开得正好。玉皇阁为沂山标志性建筑，总高 29 米，是一座三重檐十字脊歇山四面加抱厦构成的复合式仿古建筑。阁内供奉玉皇大帝铜质神像，匾额由中国美协原主席刘大为先生题写。站在极顶四目远眺，群峰起伏，层峦叠嶂，绵延百里，云雾缥缈，似入仙境。继续前行，可见巨大倾斜的探海石，它是由黑云母二长花岗岩形成的奇石，长 6 米、宽 3.5 米、高 3 米。相传立于此石之上，向东南眺望，可观东海，故得名探海石。探海石由多层颜色鲜艳的花岗岩墙支撑，旁边是望海亭，原名望海台，因此处突出如台，下临悬崖，面向东方，适于眺望东海观赏日出而得名。由探海石下侧下山，头顶的悬石让我们望而生畏，快速下撤，沿途都是比较大的石头，我们找了一处平坦的地方吃午餐。

饭后沿阶继续下行，到达法云寺。寺内存有大量沂山碑刻。可以由此下行去百丈崖瀑布。百丈崖瀑布是江北较大的瀑布，落差 86 米，一瀑三叠。

法云寺也是交通车站，有直通玉皇顶和神龙大峡谷的交通车。因时间有限，神龙大峡谷来不及去了。我们在此分成

两组，一组走盘山公路，一组走“步云栈道”，目的地都是玉皇顶。我选择走步道，步道的起点处有百年栗子林，栈道就在密林中蜿蜒穿行。沿路上行，就像打开了一扇风景满满的窗户，最先映入眼帘的是油松林，有一棵油松天然折曲，得名“折叠松”，树皮呈灰褐色，树干开裂成鳞片，沧桑而顽强。再往上走是落叶松群，树干端直，姿态优美，叶色翠绿。继续前行可看到麻栎树群，树冠伸展，浓荫葱郁，涵养水源。玉皇顶往返歪头崮的交通车是双向免费，再次到达歪头崮，直接向北去狮子崮。

狮子崮，海拔 972 米，素有“天下第一雄狮”之称，巨石层叠，气势非凡，俗称扁崮或青崖，与连麓的歪头崮东西并峙，合称“双崮”。

在歪头崮交通站有齐长城临朐沂山红石崖段遗址，以玉皇顶为中心，呈放射状分布，玉皇顶、歪头崮沿途都可以看到齐长城的界碑。沂山玉皇顶既是齐长城的中点，也是最高点，始建于春秋时期的齐长城，筑成于战国时期，历时 170 多年，全长 64.8 千米，迄今已有 2600 多年的历史，比秦长城早 400 余年。世界最古老的关隘穆陵关即坐落于沂山东隅，两道城墙，格外坚固，此处是齐国当时通往南部的重要门户，由此向北可直达齐都临淄。自古以来，沂山也是兵家必争之地，史料记载，西周以来，春秋战国时期齐国依仗沂山的天然屏障以防楚，在沂山东西两麓修筑长城以抵御外侵。

下午三点多，由花枝台八戒石处原路下山。回望来时路，草木蔓发的沂山，干净的山体，巍峨神奇，拔地接天，高崮险壁，峭峰幽谷，怪石古木，天高云淡，景象万千，正可谓“到处皆诗境，随时有物华”。

路线 3

毫山（沂源） **毫山生态园→桃花沟→驴头石→仙人桥→天梯→寿石→毫山主峰→擎天柱→品字石→杨三峪→毫山村**

作　　者：**走四方、东方**

路线简介：

起点：毫山生态园（36° 5′ 48.80″ N，118° 23′ 24.51″ E，海拔 350 米）

终点：毫山村（36° 7′ 9.06″ N，118° 22′ 22.73″ E，海拔 320 米）

路线：全程约 12 千米，强度中、难度中，用时约 5 小时，累计爬升约 750 米，最高点毫山主峰海拔 680 米。

本路线轨迹　　本路线照片

本篇作者之一

走四方，本名周炎生，法学硕士，现居济南。爱低头看书、抬头看景，喜欢行走于山水间物我两忘的感觉。攀登过五台山、武功山、太行山、太白山、长白山、梵净山、华山、庐山、泰山、嵩山等，驴行过乌兰布统草原和巴丹吉林沙漠。

毫山，古称连绵山，位于淄博市沂源县石桥镇和张家坡镇交界处，距沂源县城和沂山主峰均为20余千米。山势呈南北走向，山体由花岗岩、砂岩、变质岩构成，山石以巨、奇、多、秀、险、顽著称，远看群峰峥嵘，近观怪石林立，植被良好，风景如画，是一处“仙神幻化聚灵气，群贤毕至集祥瑞”的人间仙境，被驴友们称为“小黄山”“小泰山”。

游记与攻略

导航到毫山生态园景区，在毫山脚下的公路右拐，行几十米停车，路左有间山房，路右有个大蓄水池。此处有一条沿山沟北行的进山路。山路两侧是大片桃园，沟口右拐上山便是毫山生态园观光步道，可沿右侧山脊到达山腰六角凉亭，继续前行，步道直通山顶。我们轻装简行，不走景区步道，而是穿过沟底桃园左切直接攀登布满巨石的第一座山峰，过两座山峰间的垭口后登顶。

即使四肢并用，攀爬荆棘丛生、巨石密布的陡峭山坡也是一件很艰难的事。手中的登山杖反而成了累赘和障碍，只好收起挂在包上。再加上雨后的草丛有些湿滑，我们只好小心翼翼地在岩缝和荆棘中攀缘、穿行。半山腰处有的地方崖太高、石太滑，若从石缝中找不到可抓握或借力的小树或棱角，可退回原处、重新谋划攀登路线。在崖壁上向下退回原处常常比向上攀登更难。约40分钟后，我们攀上了毫山最南端的山顶。

山梁上的巨石间生长着一些高矮不等的杂树，脚下可辨认出一条不太明显的小径。休息片刻后继续上行，小径两边有时是石林，有时是石海，让你觉得简直就是闯进了一个奇石展览馆。巨石大小不一，形态各异、妙姿万千。有的像一边向高处艰难爬行、一边仰望苍穹的乌龟，有的像躲在矮树丛中四目相

对、悄悄私语的情人，有的像一群在沙滩上嬉戏的海象，有的像一窝超大的恐龙蛋，有的像抚摸树梢的大手，有的像年迈的老人牵着小孙子的手，有的像能碾轧一切的巨型车轮，有的像疾步前行的企鹅，有的像一只蹲在山顶孵蛋的母鸡。有的像王冠、像僧帽、像石窟、像鲸鱼，有的独立突兀、孤单万年，有的相互依偎、深情牵手。

我们在巨石堆中艰难地迂回、探寻、攀爬，最终从一处小断崖处切到第一座山峰与第二座山峰中的垭口，这个垭口便是前面所述沿沟底直接能上来的地方。第二座山峰顶端的巨岩，像一只刚刚降落收拢翅膀的雄鹰。这块鹰石，栩栩如生，在山下沟口处便能看到，以凛然不可侵犯的气势，傲视东南方群山。

从垭口处继续攀爬北行，在一块约 3 米高的巨石一端，叠压了一块一米多高的石头。合影留念后继续前行，几棵柏树旁耸立着三块巨石，中间那块像一头半回首状眺望远方、威风凛凛、霸气外泄的雄狮。再向前，出现了叠压在一起的四块巨石，巨石两侧是陡峭的山崖，巨石间形成了一个十字状的石缝。小径边有两块约 4 米高的巨石并肩直立，上有一块约 2 米见方的巨型石板搭在两石之间，形成了一个可容一人直立进出的山门，此门巧夺天工，非人力所能及也。

继续向前，可发现由几块巨石组成的两边通透的石门或石洞多处，有的是球状巨石压顶，有的板状巨石上覆盖着暗绿色的片状苔藓，想必是已经风吹雨打千万年了吧。在一处高岩上安放着一块浑然天成的巨型圆盘，此处曰“仙人桥”。

我们一直在山梁上行进，约 12 点，脚下出现了一条时而人工铺设、时而崖上开凿的景区台阶路。循路前行，山风迎面吹来了一丝丝凉意，顿觉浑身清爽，一下子比刚才的攀岩、穿林、艰难拔高轻松了许多。台阶两侧的巨石上留下了不少人工改造的痕迹。路旁有一块半米多厚、直径不足两米的石圆桌，这定是往昔驴友们野餐围坐的佳处。著名的毫山“一线天”就

像一把神剑劈开了一块20余米高的巨石，底部铺设了上升的台阶，最窄处仅约30厘米，非侧身不能通过。台阶路突然被高耸在山脊上的三块巨石阻断，相亲相爱的巨石牵手构成了一个狭小的三角形山门，我们只好摘下背包，缩肩、跪爬、跻身方得通过。

可以说，整个毫山山顶约5千米的山梁上，基本上都布满了大大小小、形态万千的巨石阵，其妖娆的姿态、惊艳的造型让人叹为观止、流连忘返！回望刚走过的路，有的巨石阵像一群悠闲的动物，有的巨石阵像一排高大的楼房。有人说这些巨石是悲凉的石头、愤怒的石头，有人说这些石头是奇幻的石头、入魔的石头，但我说，这些石头是骄傲的石头、不羁的石头。

翻过山梁上几个不大的山峰，快接近最高峰时眼前出现了一片布满孔洞的古老岩石，不远处的一块岩壁上镶嵌了一块名为《云山路志铭》的石碑。碑文风化严重。山顶上还镌刻着“无限风光在险峰”的诗句和巨大的“寿”字。某个文人骚客在一块山崖上留下的“神仙登山处”五字，尽管朴拙，但却给人豪放、脱俗之感。从“寿”字刻石处登顶，可至毫山最高峰（36° 6′ 15.86″ N，118° 23′ 12.70″ E，海拔680米）——一个浑然天成的360度观景平台。

多数大山的最高峰是平缓的，而毫山顶峰则不同。突兀的岩峰之上还摞着一个莲花一般的小峰，故称毫山顶峰为莲花峰倒也算贴切。说它摞着是因为小峰与顶峰岩石是分开的，且明显不一样，下面的基石坚硬，上面的莲花石却风化严重，与那些有满身石坑的岩石该是同一时期的。毫山主峰之上的这块神来巨石，有如皇冠上的一颗明珠。

从毫山极顶下来，继续北行，经过刻有“神仙登山处”的巨石后，远远看到前面有一块十多米高的巨石笔直地立在最高处，取名曰“擎天柱”（36° 6′ 27.28″ N，118° 23′ 9.30″ E，海拔600米）。再北行百余米，见三块巨石叠在一起，组成了一个大大的“品”字，名曰“品字石”。山梁、山腰上随便划

毫山奇石

定一片都可以成为或大或小的天然盆景，其实整个毫山就是一个巨大的盆景。

过“品字石”前行约500米后的路段起伏不大，陡崖不多，多穿行在山顶的密林中。此处右侧山沟叫南者峪，峪顶的山头处要右切继续北行约300米，沿明显的下行路径下山，下山处的这条峪沟叫杨三峪。我们沿峪沟右侧小路下行，沿路可见与毫山一路之隔的北方田家崮怪石遍布、野味十足，像有一种魔力吸引着我们的目光，要不是时间所限，真想再上去一探究竟。

毫山之巅

沿杨三峪右侧山腰一条较为明显的小径向西下行约1千米，就到了毫山村。我们回到登山起点的时间是下午4时许。

路线 4

望鲁山 **齐长城青石关→关西坡村→滨博高速→望鲁山→天星湖→王母池→樵岭前村**

作　　者：云水禅心

路线简介：

起点：博山区山头镇白杨河村村委（36°44′88″N，117°82′99″E，海拔 280 米）

终点：淄博樵岭前王母池景区北门（36°45′14″N，117°80′52″E，海拔 345 米）

路线：全程约 11 千米，正常用时 4 小时左右，累计爬升 653 米，最高点海拔 727 米。

本路线轨迹　本路线照片　本路线视频

望鲁山为莱芜与博山界山之一，也是济南市莱芜区十大名山之一。山势呈南北走向，巍峙博莱之间，巨石排空，峰秀岩峭，万松凝碧，谷深林幽，有岱岳神韵，故号称“小泰山”或“二泰山”。望鲁山下，齐长城青石关扼守齐鲁咽喉，博山境内樵岭前风景区有天星湖、王母池、江北第一溶洞等景观。行走此间，可登山越岭、访古探幽，可揽群峰苍翠、赏溪流淙淙、探溶洞奇观。此间山水相伴，景色秀美，小有起伏，相对休闲，是淄博驴行的首选起步路线之一。

游记与攻略

从淄博自驾车至博山区山头镇白杨河村，行程 50 千米左右，大约需要 1.5 小时，道路较为畅通。车停 008 乡道西侧白杨河村村委前，沿路前行右转向西百余米后，从第二座桥左转进村，沿村路南行，穿过村子，开始登山。

白杨河村位于山谷之中，是典型的山村，有 50 余户人家，180 余人，耕地 110 亩，主产小麦、玉米，兼种谷子、大豆、高粱等，白杨河穿村而过。

沿路向南出村，古道古树残存于山谷。青石古道长十余米，宽四五米，通体光滑，中间尺余平坦，上下纵向贯通，为古时独轮车行走之处，两侧分别为十六七级横向凹槽，为纤夫拉车蹬踏之用。路边国槐一株，树龄百年之多，铁干虬枝，树影婆娑，彰显苍劲本色。古树有两断枝，一似龙头，一若凤首，上下对望，堪作龙凤呈祥之谓。

继续南行至约 2 千米，即进入莱芜界内，两侧山峰对峙，中间峡谷幽深。205 国道盘旋而上，蜿蜒于东侧山腰，来往车辆缓缓而行，起步刹车声不绝于耳。谷底路旁时见洞穴，井洞侧洞皆有，但都不深。抬望眼，齐长城青石关巍然屹立于两山之间。

古道悠悠，齐鲁之咽。青石关与锦阳关、黄石关、穆陵关并称齐长城四大关隘。齐长城依山而建，青石关据险而守，沿齐长城走向坐落，东西长约十余米，南北宽约三四米，高五六米，上部平坦，这样的门楼原有四个，城墙相连，内可屯兵，外可御敌；下有门洞，高约三米，宽约两米，贯穿南北，门洞墙上仍见栓臼。关口北面，峡谷幽深，陡不可攀，青石板路长约百米，两侧有百阶步道，中间车辙深盈尺，关口南面路宽平坦，穿村而过。此关隘进可攻，退可守，真乃一夫当关，万夫莫开。

青石关

沿青石关村中心路向南出村，可见远方右侧之望鲁山，要去此处，须先通过右前方滨博高速下桥涵至关西坡村。先有齐长城，后有关西坡，村名取“位于青石关西侧山坡”之意，村有古井，井边有古柏，树龄百年有余。关西坡村头沿路右转前行，至滨博高速新线施工工地。

跨越滨博高速新线，沿防火道左行上山，路尽头为南北山脊。此间槐林丛生，抬手可及，当属采摘槐花的绝佳去处，花开之时不妨一试。沿林中小道上山左行，穿越一片松林后，拔高上坡顶，为此行第一个高点。这段路虽不长，但比较陡，土厚草茂，夏季盛开金针花，既可观景，亦可采摘，每次均收获满满。立于此回眸俯瞰，青石关村及村东边山脊上的石墙蜿蜒曲折，清晰可见，山下，滨博高速新旧两线穿山越岭，自青石关隧道向南北蜿蜒而去。由此右转向西，继续沿山路上行，远观望鲁山横亘南北，有如仰卧之女，自南向北，首颈身脚，一应俱全，形似神备。

循路西行上山，巨石渐多，突兀矗立。博山比邻莱芜，虽然近在咫尺，多地以山为界，但地质地貌却有差异。博山境内多为石灰岩青石山，走向和层次都较分明，夹谷台最具代表性。而莱芜境内则多熔积火山岩，山势突兀，巨石排空，九龙大峡谷和莲花山最为明显。望鲁山半山腰处，登上两丈多高的巨石，让人顿生侠义豪迈之气。及至山顶，怪石嶙峋，姿态万千，惟妙惟肖，有如进入巨石阵中。俯瞰幽谷，一列长石有如巨人之手，握紧拳头，谓之“巨石拳”。山顶右转西北方向，两石叠垒，受力于一点，似风吹可动，推可落山，谓

银蛇望月

之“风动石”。山梁之上，一长石跃出地面，修长扁平，高约两米，翘首向天，有如长蛇出洞，谓之“银蛇望月”，为望鲁山之标志。附近崖边，巨石如龟，尖头阔背，面朝东海，跃跃如飞，谓之“神龟探海”，另一石则剑指苍穹，直插云霄，似昂首问天。

右转沿山脊向北前行，穿越松林，蓦然回首，只见望鲁山巨石林立，松绿草黄。沿林中小路左转可下山，至莱芜英章水库、英章村，路程大约有两千米。继续前行，须先下撤至垭口，再上北面望鲁山主峰。去往垭口之路较为陡峭，冬天雪后应特别注意安全。望鲁山主峰海拔 727 米，虽为全山最高点，但宽阔平坦，登高望远，一览无余。东侧山高崖陡，山下平坦，有高速公路穿过。西边坡长林密，英章水库，一汪凝碧，镶嵌于幽谷之中。天气晴好时，极目远眺，东南方向的鲁山、岳阳山和西北方向的杏树峪大顶、禹王山等博山境内高点均遥遥可望，清晰可见。

望鲁山可分作东西两部，中间为英章水库，水库西侧为英章寨和西望鲁山。望鲁山附近穿越环行徒步路线较多，大环小环都有，顺行逆行皆可。徒步大环线时可将车停在博山池子村，向西上山至杏树峪大顶，沿山脊由北向南至黄棚顶，经西望鲁山、英章寨，下撤至英章水库，再上东望鲁山，左转环回池子村。亦可将车停在白杨河村，经青石关、望鲁山、池子村、淋漓湖，自乐疃隧道上方跨越滨博高速，环回白杨河村，均约 20 千米。小环线则可以英章水库为原点，顺行逆行皆可，或以白杨河村为起点，经青石关上望鲁山右转下山，至天星湖、王母池、樵岭前，均约 10 千米。穿越线则可由望鲁山向西北行，经池子村、淋漓沟，穿越 327 省道，直到禹王山，全程约 20 千米。

禹王山为博山西部山区之最高点，西北可去齐长城风门道关、孟良寨，东北可往红叶胜地和尚房，西南方向为禹王山森林公园，可至宅科水库、寒石屋、杏树峪大顶等地，东南方向则为姚家峪、九龙峪、小顶山和博山城区。如果以禹王山为心，画个大圆，层峦叠嶂，蜿蜒起伏，山高水长，云峰苍茫，秀美山水，尽在其中。池子村是博山西部山区的一个小山村，西、北部山峪中均有泉水，西侧泉池，两尺见方，汩汩而涌，砂石山水，清澈甘洌，是当地村民煮茶之首选。小村东距天星湖两三千米，现属博山城西街道办事处李家窑社区，开车从禹王山森林公园可至此。

自望鲁山主峰沿山脊继续向北，过大石壁后左转向西，直至松林前的十字路口。由此，沿山脊直行向西北可去池子村、淋漓湖、禹王山，向南左转沿叉峪可至英章水库，向北右转循山脊至一护林房，房前右侧向东有下山之路，宽阔的防火道已修至山下，寻路沿天星峪下行约一千米，可达博山樵岭前风景区天星湖。

樵岭前区景区主要由朝阳洞、王母池、天星湖和淋漓湖等组成，幽谷迂回连接。天星峪尽头，筑坝节流，天星湖碧波荡漾，可观水穷云起。王母池，深藏谷中，两山夹峙，危岩峭壁，怪石林立，溪流淙淙。溪流末端，断崖三级，飞流成瀑，夏日银花万朵，寒冬冰清玉洁。飞瀑左上方，有石高十余米，细观似一位端庄淑女在俯首凝思。

王母池

淋漓湖居王母池西北方向，两者一山之隔，几里之遥。淋漓湖水面数百亩，山清水秀，宛如一幅水墨画。若遇春雨，远山缥缈，近峰迷漫，若隐若现，不逊烟雨江南。

自王母池右转前行一千米左右即是景区大门，从景区大门沿县道前行即博山溶洞，此洞现开发深度1600余米，是中国北方罕见的大型石灰岩洞穴系统。洞内钟乳石、石笋、石柱、石花犬牙交错，似雕似塑，配以灯光，奇幻迷离，令人叹为观止。因悬于山腰，洞口向东，故又称“朝阳洞”。

自博山溶洞沿008乡道向东前行约1千米，回到停车处，完成此行。正是：行走齐鲁古道，穿越历史云烟，感慨万千。三千春夏与秋冬，悠悠古道烟雨中。青石关隘今犹在，鼓角争鸣已随风。

路线 5

岳阳山 **源泉镇北崮山→元宝山→岳阳山→四座山→王堂寨→淄河镇湾头村**

作　　者：**云水禅心**

路线简介：

起点：博山区源泉镇北崮山村（36°26′21.50″N，117°59′7.05″E，海拔 440 米）

终点：淄川区淄河镇湾头村（36°28′57.75″N，118°4′13.70″E，海拔 260 米）

路线：最大海拔差 529 米，行程需用时 4 小时—6 小时，单程穿越约 13 千米。

本路线轨迹　本路线照片　本路线视频

岳阳山，淄川与博山两区东部界山之一，总体呈西南—东北走向，东、南两侧为悬崖峭壁，淄河蜿蜒北去。西、北两侧谷壑纵横，相对平缓。山势南高北低，绵延不断，自成一脉，纵横近 15 千米，浩浩汤汤，气势磅礴。

岳阳山主峰海拔 881 米，晨曦晚照，可观日出日落。此山因无时不光，有岱岳向阳之意，故曰岳阳山。山上及沿线有岳阳庙、长寿亭、道士帽、风门、唐古兵营、莱芜故城遗址、圣水寺等人文和自然景观。

游记与攻略

导航到口头火车站，沿铁路向北前行百十米，从铁路左侧山脚下的台阶处左行上山，沿路右转至垭口，然后左转向南一直循山脊而行，直到主峰上的岳阳庙。

刚开始登的两个山头上各有山寨一座，据说是唐代古兵营，兵营东临淄河，下有村落，居高临下，易守难攻。虽饱经雨雪风霜，只剩断壁残垣，但箭垛依然可见，远处，太河水库的尾部碧波荡漾，淄河由此汇入。

沿山脊南行，晴日里远眺淄河东岸山脊，孟良台—三台山一线，连绵起伏，恰似一尊仰卧之佛，从左往右依次可见额头、眼睛、鼻子、嘴巴、颈部、胸膛、双脚，栩栩如生，自然天成，长度约 1600 米，人称“淄河卧佛”。

岳阳山下，淄河岸边，城子村西，高高的渡槽旁，茂密的树林中，有几间红瓦房子，这就是圣水寺。圣水寺原名圣水观，元延祐年间初建，今有清道光年间石碑两通。据临淄候选兵马司副指挥王绍宗所撰碑文记载：“圣水观适当岳阳之麓，俯临淄水，平揖马鞍，树林荫翳，中傍西岩，而甘泉出焉，澄澈幽深，大旱不竭，圣水之名良有以也。池北有玉皇阁，于道光壬寅业已重经修葺，穿阁而北有地藏菩萨殿，观音白衣配之。”

淄水河谷，宽阔平坦，人们在此借山而居，临水而栖，世世代代，繁衍生

岳阳山

息。沿岸村落星罗棋布，淄川博山交界处有北镇后、南镇后、城子村和郑家庄等。来此，可探究古村起源，可穿越时空，与历史同行。城子村以莱国故城而名，后称古城庄，清初改城子村，清代文人赵执信在此建有别墅红叶山楼。公元前 567 年，齐灵公灭莱国后，莱民西迁逃难至此，凭山据险，临水而居，建城为邑，落地生根。因地处齐国西南边陲重镇，莱民被迫再迁至现莱芜。齐鲁两国以淄河为界，北上齐都，南下鲁国，齐屯重兵于此，由此向东西山脊延伸的齐长城为扼守边关的重要防线。

淄河畔，岳阳山，相依相恋，山高水远。今年雨水丰沛，淄河充盈，时至隆冬，没有断流，依然源源不断地汇入太河水库。马鞍山下太河水库上的幸福大桥，水面几乎淹没桥墩，与桥面近在咫尺，如此情形已多年未见。行至南、北镇后和城子村附近，俯瞰河谷之中，淄水潺潺，九曲十八弯，蜿蜒穿过，连续画出几个巨大 S 形，恰似一巨幅太极图，山水相伴亿万春秋，实为淄博乃至鲁中山区最为壮美的山河画卷。

继续向南，过道士帽山后，由此进入聚峰风景区，远处山巅之上，可见一亭子，附近有晒经台、长寿亭、御风门、驻鹰台、小华山、观日台、天街等，沿路的几座山头，有的险如华山，仅鹰可驻足，有的山顶宽阔，可观日出。道士帽山上的木栏杆早已腐朽废弃，摇摇欲坠，绝不可手扶攀附。远山层峦叠嶂，垭口山陡谷深，十分险峻，不可久留，应快速安全通过。

长寿亭全称为“九九长寿亭”，源于岳阳山九十九峰的来历。据说岳阳山有九十九座山峰，故称“九十九顶岳阳山“或“九九岳阳”。

长寿亭下御风门，门宽仅两三米，两侧石壁高约十米，前后幽谷，深不见底，冬春时节，门道风口，有时几难站立，故立有石碑， 上刻“风门”。御风门的东南方向为博山源泉拐峪村，西北方向为淄川太河聚峰村，此为岳阳山上淄川与博山的天然分界点。

过长寿亭继续沿山脊南行，驴友在一岔路处做了标记，将右切之路用树枝遮挡，此地须沿路上山，不可右切，否则会由此下山，或再拔高返回山脊道路。

长寿亭，岳阳山重要标志之一。反穿行程，至此即将过半。驻足亭中，一览众山小，西观岳阳主峰岳阳庙，南望鲁山主峰观云峰，东眺马鞍山、三台山、孟良台、搁笔寨，更远处的黑虎寨、油篓寨、雁门寨亦尽在眼前。遇上好天气，高天流云，轻柔似梦，飘逸天边。岳阳山，春天春花烂漫，夏天夏绿满山，秋天秋果红艳，冬天冬雪雾凇，一年四季皆风景。极目四望，观远山腾跃，气势如虹，群峰攒簇，逶迤相连，起伏的山峦如大海波涛，广袤的田野如优美画卷。

岳阳山主峰上有岳阳庙等古建筑群。这些古建筑始建于元代，明嘉靖十五年（1536 年）重建"神农庙"，亦称"天开庙"，重修后称"后土真君庙"，此建筑可谓岳阳山建筑之鼻祖。碧霞元君祠建于清康熙丁未（1667 年），上刻有"碧霞驻节"门匾，石门刻有"峻极于天"四字，后殿为二层，上层为玉皇宫，额刻"金阙云宫"，整个建筑井然有序，雄浑古朴，为岳阳山之最高建筑。玉皇宫东西有窗，晴日，向东看可观日出，向西看可望岱岳。

穿过岳阳庙沿路前行即开始下山，在第二座风力发电机前，沿向左小路下山。此路的很长一段是石板路，蜿蜒盘旋而下，道路两旁黄栌茂密，深秋时节，层林尽染，漫山红透，当属岳阳山最为绚烂的地方。山谷之中，岳阳禅寺刚刚落成，寺边立有石碑，上刻"岳阳山明清建筑群"。下至山底左转，沿路南行，约 1 千米达到省道 327 公交站点，至此结束行程。公交站向东路南不过百米即焦裕禄纪念馆，如果下山的时间较早，可以一并参观。

"九十九顶峰相连，潺潺淄水十八弯。蜿蜒浩荡三十里，一日纵横天地间。"穿越岳阳山，是为记。

路线 6

潭溪山—齐山 石沟村→潭溪山→沉鱼潭→天水溪→齐山得名石→放生池→普度池→叔牙亭→庙子镇洞顶村→石杈洞→昭阳洞→观音洞→高门洞→齐山大观→鲁子峪

作　　者：**一飞**

路线简介：

起点：淄博市淄川区石沟村（36°29′1.31″N，118°10′45.51″E，海拔345米）

终点：淄博市淄川区鲁子峪（36°29′28.81″N，118°9′44.96″E，海拔290米）

路线：全程约14千米，用时约6小时，累计爬升770米，最高点海拔868米，强度低，难度低。

本路线轨迹　　本路线照片

本篇作者

一飞，本名王晓明，资深媒体人，淄博市登山运动协会名誉主席，攀岩运动协会副会长，著有《飞雪寻踪》《谦卑行走》《山河履梦》《公益的力量》《秦皇河恋上狮子刘》等。

齐山海拔 868 米，潭溪山海拔 867 米。齐山有回头望月和岩下躬行的木栈道以及齐门龙须洞，以齐文化为文化底蕴。而潭溪山有美女峰、昭阳洞和惊险刺激的玻璃栈道，以神话传说民俗文化作为文化内涵。两山位于泰、沂山脉交会之地，是鲁中丘陵核心地貌景观代表。主要以断崖、飞瀑、清泉、溶洞、裂谷、奇石地貌为特征。

游记与攻略

进入齐山景区，我们沿着平缓的石阶步行。路边，有山楂树、樱树等，花期已过，一片葱绿。地上，二月兰开着幽蓝的花，苦菜开着黄花，在一片绿色的背景中，惹人注目。山谷中，溪水潺潺，不时见到水潭。山，在一汪汪的绿潭的映衬下更见柔情。

走不远就有休息点。愈向里走，山愈近，水潭愈大，而潭水也愈可爱。山，能绿的地方都绿了，只有那矗立的崖壁，裸露出黄色的肌肤。行至一潭，名沉鱼潭。

齐山标志石

往上，石阶渐陡，抬头向上望去，不见水端，因之，称为天水溪。溪水流成小瀑，清流可赏。很快上到莲花池。池中，有睡莲几丛，宛有韵致。

上行，一块砂岩被立了起来，这就是“齐山得名石”。此石为 2009 年在附近地下的土层中被发现，上有两行文字，中间隐约有“齐山”的字样，齐山之名由此而来。如今，岩石剥落，字迹若有若无。

齐山得名石

过放生池就到了普度池。仰望山崖，只见水自山隙中流出，下落成瀑。上行几步，过观音阁，至观音瀑边。这里，崖高壁直，最高处海拔 816 米。转过山崖，往西南而行。不久，见一亭，此为叔牙亭。

“齐山大观”崖刻

上到垭口，东为山崖，上刻着“齐山大观”字样。西有点将台、唐三寨。同行的驴友还没到，我右转而上，很快登上点将台。

天清气朗，四周皆山。东南，唐三寨较为平坦，那里曾经驻扎过唐赛儿的义军。如今，人去台空，青山依旧。点将台很袖珍，如果在点将台上建一个亭子，大小倒是正好。从点将台上下来，过垭口，上山，沿着小道向东走。山上花草一片，最多的是绣线菊，花过盛期；蓟菜挺着粉色的花朵，文文静静；艾草青青，随处生长。

10点半，我们走到了庙子镇的洞顶村。由此右转。路上，右侧的山谷中，潭溪山的玻璃栈道格外显眼。我们往南走，路边，茅莓的花朵与众不同，杠柳的叶子与桃叶很相似，略略下行，走在山岭之东，至一垭口，右转，走在山崖西边。这里树荫成片，有些暗，但感觉很好。转过山来，抬头北望，透过树枝，就看到了潭溪山。

玻璃栈道

沿路而行，不久，我们就到了玻璃栈道之下，抬头仰望，一瀑下泻，比齐山的观音瀑更高。

左转，很快爬上一道长而陡的铁梯，而后盘旋而上，见一洞。绕到东面，洞上有字，原来叫石权洞。洞高三四米，穿洞而过，又回到刚才见到洞口的地方。向西，沿阶而走。不久，又遇一洞，名美女洞。洞体曲折幽深。于此向东南俯瞰，先前初见的石柱，尤其西边一柱，亭亭玉立，高挑瘦削，有“美女峰”之称。不知它是否在夜深人静之时，化为美女，来美女洞小睡。我们穿洞而过，来到对面。前行，见山体稍稍凹陷，有泉水自山体而出，接而饮之，其水甘洌，此为饮虎泉。走几步就到了昭阳洞，其洞开阔，凹进山体，大而不深。洞口旁边有一小庙，古色古香。

往前，过天生桥，左转而上，有观音洞于此，其形与昭阳洞类似，因洞口有观音庙而得名。观音庙为青石建筑，高而气派。旁有一祠，供奉泰山奶奶。于此看天生桥，桥不巨而高，正当路上。刚才从桥上走，树枝遮挡，看不到下面，不觉高危。由此俯瞰，天生桥高有五六十米，长四五米，宽一米左右，其韵味十足，妙在天生，如果是一人工桥，那就没什么意境了。往前，有一高门洞，洞高约十米，望之如门，洞顶有野鹁鸪飞来飞去，旁若无人。这里是火成岩与石灰岩的分界点，石灰岩消融之后，形成溶洞，这一带溶洞之多为周围之最，只是洞内往往没有水，而洞之形成却离不开水。可以推断，潭溪山的历史上也有过湿润温暖的时期。径往北去，至尽头左转向西，走在山腰上。山体高大，巍然耸峙，若非有栈道绝不能行。沿路而走，隐然有上山的小路，遂往上爬，上来，正是“齐山大观”崖刻处。时值12点半。

观音洞

径往唐三寨走去。多年前，我经此而东，今我西去，唐三寨坦如平地。转过山去，为铁丝网所阻，景区之设，把我们多年行走的小道阻断了。转而下行，走在岭北，途中，停步就餐，望西北山腰处有两个山洞，望之杳然。而后，走在山岭之南，至垭口，右转而下，路上见有崩裂的山石，气势骇人。沿路而下，有野桑葚，食之有味。

一天徒步，赏多处风景，虽然身体疲乏，但是心情颇为舒畅，这也许就是欧阳修所说的“醉翁之意不在酒，在乎山水之间也”的意境吧！

路线 7

大寨 **廉家峪村→雁门寨→蟠龙山→油篓寨→鹿角寨→麦穰垛山→黑虎寨→大寨→小寨→轿顶山→麻庄村**

作　　者：一飞

路线简介：

起点：博山区廉家峪村（36°22′ 42.01″N，118°10′ 0.52″ E，海拔 540 米）

终点：博山区麻庄村（36°23′ 58.32″ N，118°2′ 45.71″ E，海拔 275 米）

路线：此条路线处于鲁中山地和华北平原的过渡地带，地形较为复杂，多山、多丘陵，也有平原与盆地，可谓一路有险远亦有舒缓。一路上风景如画，历史人文看点众多。

因此路线险远，故成为“强驴”毕业路线，全程约 27 千米，可重装，可轻装，一日穿越对驴友是个考验。

本路线轨迹　本路线照片　本路线视频

淄博山寨众多，有六寨三山之谓，六寨为：雁门寨、油篓寨、鹿角寨、黑虎寨、大寨、小寨；三山为：蟠龙山、麦穰垛山、轿顶山。

从博山区廉家峪村登顶雁门寨，路段拔高比较急，有几处非常险要，登顶以后沿着山脊徒步前行，途经蟠龙山、黑虎寨，起伏比较多，徒步至鹿角寨时从左路横切绕行。鹿角寨地势险要，景色十分壮观，在此午餐以后向南徒步至黑虎寨，经大寨和小寨，穿越至轿顶山，由轿顶山下撤到源泉镇的麻庄村，从麻庄村乘车返回，全程结束。

游记与攻略

雁门寨又称为雁门关，其名称与它的山形特征相关，垭口两侧山峰恰似大雁的两只伸展的翅膀，形成一个门状结构，两峰之上皆有石墙围成寨子，雁门寨名副其实。

雁门寨主峰海拔 937 米，曾是当年兵家必争之地，西与油篓寨相对，北连蟠龙山，东接紫峪岭。两峰之间的“雁门关”，上宽下窄，上方宽处 80 多米，下方窄处 20 余米，呈“漏斗”状。

从博山区池上镇廉家峪村北行上山，沿着山脊逐步登高，不到一个小时即可攀上山顶，雁门寨居其上。

雁门寨山势高峻挺拔，四面悬崖峭壁，有如刀削斧劈，在陡峭崖壁上可见清晰的弹孔弹痕，甚至可见嵌进石头里的弹头。雁门两侧狭窄的山脊之上、草丛石缝中，不时可以发现生锈的弹片，足见当年战斗之激烈。1940 年开始，伪

大寨南门

军新编第四师乘日军向鲁南大“扫荡”之际，侵占博山县池冯区抗日根据地，分别驻池上、韩庄及峨庄等地，雁门寨就是主要制高点。1942 年 10 月，八路军四支队在雁门寨切断伪四师从韩庄至池上的通道。伪四师师长吴化文（后在济南战役中起义）调集 3 个营的兵力向雁门寨发动了轮番进攻，我八路军只有 16 人，分守四个寨门，激战一天一夜，击退敌人三次冲锋。最后，弹尽粮绝的八路军战士砸毁枪支跳下山崖，大部分人壮烈牺牲，只有几人幸存。山顶的弹片和弹孔以及弹头，想必就是这次战斗留下的。据村中老人说，当年的炮弹将山头生生“削”去一米，山上粗大的柏树也尽皆烧毁。

继续前行，便是雁门寨南峰山脊，岩石愈加陡崖，山脊宽处不到五米，窄处仅为一米多，山石叠加，人在上边，山风一吹，摇摇晃晃。再向下至两座山头之间的垭口，即传说中的“雁门关”。

雁门寨山脊上一处保存相对完整的堡垒，上面的射击孔隐约可见。村中一直流传着一个传说：唐代之前的某个朝代，皇帝昏庸，残害忠良。一个大臣带领五千人马来到雁门村，在村中修建了一座寺庙，取名井泉寺，五千部下全部变身为僧兵，随时准备造反。朝廷得知后，派了十几万大军前来围剿，将僧兵团团围住并赶到山上的两条山谷中，五千僧兵全部战死。两条山谷血流成河，村民将两条山谷分别称之为“大血场”和“小血场”。寺庙僧兵之说似乎已经很难考证，但“大血场”和“小血场”两条山谷至今尚存，几十年前，村民们耕种土地时经常挖出人骨。

清末的动荡时期里，这儿更是成了捻军和刘德培义军的啸聚之地，雁门寨应该就是当年他们所建。

过雁门，向蟠龙山方向，沿着高高低低的山路行进。

蟠龙山，原名盘龙山，山名来自主峰玉皇顶上的一块大石头，玉皇庙的院子里立着一块两米多高的大石头。石上原有一条天然石龙若隐若现，后人又在上面雕刻出几条石龙。这块被石龙环绕的巨石立在主峰上，此山因之得名盘龙山。

蟠龙山山势起伏较大，主峰以下有两个平坦处，其周围群山连绵，南与油篓寨相接，东与雁门寨相连，西与独山寨一体。蟠龙山上庙宇众多，山上翠柏掩映，加上红瓦庙宇的点缀，煞是好看。春天，金黄色的连翘花漫山遍野，夏末秋初，白色的山韭菜花星罗棋布。蟠龙山上的庙宇从山鞍到山顶共四处，分别是碧霞元君殿、药王庙、玄武庙、玉皇庙。据当地老人介绍，明清时期山上

已建庙宇，“文革”期间被毁坏，近些年由北场村和淄川区纱帽村、新庄的村民集资重修。

蟠龙山山势呈东西走向，其主峰玉皇顶海拔 865 米，东北与纱帽村相连，西与涌泉和梦泉两个村紧邻，是博山区与淄川区的一座界山。其中最为知名的当属涌泉村，这里是电视剧《马向阳下乡记》的拍摄地，也是齐长城防线第一村。春秋战国时期，涌泉村所在地域为齐鲁边陲，齐长城的主线、复线相连，环绕涌泉村 80% 的周际，长达 16 千米，涌泉村被公认为齐长城防线第一村。

从雁门寨向蟠龙山方向起步的右侧是纱帽村。这个村子值得一提，同许多依山而建的古村落略有不同，纱帽村地势相对平坦。据村里的老人们讲，纱帽村原名杀马村，这在村里古庙中遗留下来的石碑上有明确记载。纱帽村村西依山，村东傍水，是典型的沿河带状村落布局，据说明清时期建筑主要建在村庄中部、四河交汇处，如今民居主要建在北部和南部，村中则遗留了进士房、松云观、李世堂古石楼等多处老建筑。

蟠龙山左侧方向是油篓寨。它坐落在池上镇石臼村之西，主峰海拔 854.7 米。远看此山，它酷似古时盛油的油篓子，因而得名。据《续修博山县志》载：“玉楼山，县东南八十五里，俗名‘油篓寨’。”玉楼山是因山形呈三层楼状分布而得名。从极顶俯瞰，会发现此山脉与东边的雁门寨和东北方向的蟠龙山构成三足鼎立之势，形成了石臼峪（在淄川方言中“峪”是山谷的意思），又与西南的黑虎寨和西北的鹿角山构成了淄川区的幸福峪，是博山区与淄川区的界山。

继续前行，一般驴行路线都会从油篓寨下撤到西股村，在西股村神赐灵泉旁边的石碾上午餐。西股村地处淄川区太河镇幸福峪的最深处，三面环山，向东南越过鹿角山与油篓寨后就是博山区池上镇。据史料记载，该村最初名为孟家块，清初改称西股村。

观赏古柏，品尝泉水，感受周围环境的清雅与幽静，这里是西股村的灵魂所在。而神赐灵泉，则成为来到西股村不可不看的一道美景。神赐灵泉位于西股村南一古树参天的寺院中，寺院依山而建。

庙内，中院正面的山崖上有一棵粗壮的古柏，枝叶繁茂，据村中老人说，古柏已有2600多年的历史。古柏左下方的石崖上刻有“神赐灵泉”4个大字，3口泉井在石崖下面呈“一”字形排列。3口井长年不涸，泉水甘甜清冽，尤其是雨季，泉水更旺，解决了西股村全村人的吃水问题。

三口泉井的垒砌别具一格。中、西两井上面呈拱形垒砌，凹在石崖里面，以免雨天从山上冲下的脏物流入井泉。东面泉井呈方形，井上面又砌有一精美的小石屋，方正的小门里面供放着“士大夫塑像”。令人惊奇的是，这三口泉井虽地处百米之高的半山腰，又相距只有两三米，但水的比重却各不相同，真可谓大自然之神奇造化。

鹿角山位于西股村的西南方向，海拔843米，其主峰两边凸起，貌似鹿角，故名鹿角山，鹿角山东是板石山，西为秤砣山，两山簇拥着鹿角山主峰，巍峨壮观，险峻陡立，它是淄川区和博山区的界山。

沿着生产路往鹿角山方向而去，然后又沿着一道山岭往上攀登。鹿角山就在我们斜对面的上方，中间只隔一条山谷。鹿角山的确不一般，既是一座神秘之山，也是一座英雄之山。说它神秘，是因为它是古齐长城的一处重要守防据点，与马鞍山遥相对峙，和城子关隘近在咫尺，围绕齐长城有许多传说故事，至今山上仍有许多遗迹。说它是一座英雄之山，是因为在抗日战争时期，我八路军与日、伪军在此有过三次激烈的战斗，名垂青史，光耀后世。

鹿角山有两眼泉，有处最佳的露营地就在泉水旁边。

鹿角山向东南方向去是黑虎寨，黑虎寨一段是较为难爬的山寨之一，黑虎寨地理位置突出，上面有围墙堡垒，从东南侧悬崖上山时千万要注意安全，为稳妥起见建议用绳索辅助。登顶后原来的寨墙、碉堡尚存，站在山巅，周围的山寨一览无余。

去黑虎寨需要翻越最高的山——麦穰垛，到黑虎寨后，直行到寨子上，最好原路返回，从右侧切南去大寨。

大寨村位于麻峪村南，海拔768米，是个名副其实的大山之巅的小山村。《续修博山县志》记载：“大寨，县东南七十五里，周十余里，峭壁悬崖，陈疃乡附近避乱处也。”

早在多年以前，大寨这个村名就已从淄博的地理版图上消失了。据记载，

鹿角寨

村子原来仅有 23 户人家，108 口人，有张、王、李、赵、冯、谢、孟、焦八个姓氏，村里人分散居住在方圆 2.5 千米的山上。1987 年的 5 月，博山区政府决定将大寨村整体搬迁，村民们迁到了八陡镇的东顶村，域城镇（现开发区）的小乔村，白塔镇的小庄村、白塔村、国家村，开始了新的生活。大寨村从此没有了住户，一个山村消失了。

如今的大寨村，仅剩下一个断壁残垣的古村躯壳，掩映于绿树葱茏的大山之间。名虽已逝，但灵魂尚存。因为在这里，始终有一个人在用自己的生命守护着它。这是个一个人的村庄，老赵就是它的守护者。老赵全名叫赵廷海，因为待人热情，喜好结交朋友，所以认识他的人都亲切地称呼他为老赵或赵哥。大寨村原有东南西北四座寨门，如今村子的南门仍然保存得比较完整，但门楼也有裂缝，其余均已倒塌。老赵一直想把坍塌的北门重修起来，但这个活儿不是一个人能完成的。为了方便山上山下的货物运输，老赵在大家的帮助下，采用人拉肩扛的原始方法，将数千米钢缆和一台柴油机拆解后运到山上，自制了一个索道。

沿着陡峭崎岖的山间小路徒步上山并不是一件容易的事。因为大寨村所处之地的四周几乎为悬崖，根本无法修路上山，所有山路几乎都是原始的石头路和土路，仅容一人通行。正因为如此，这里成为众多驴友经常“光顾”的路线。

从大寨村正直向西是小寨，围墙比较完整，但也只有直上直下的一条路，且路四周为悬崖。

下小寨向西为轿顶山，因其自然植被葱郁，当地村民称之为东封山。该山主峰坐落于淄博市博山区源泉镇麻庄村东 0.5 千米处，海拔 680 米，又因山顶形状酷似农家娶新娘用的花轿顶，故名轿顶山。

轿顶山风景如画，特别是秋天，满山红叶，层林尽染。是驴友们赏红叶的经典路线之一。最后，我们由轿顶山下撤到源泉镇的麻庄村，从麻庄村乘车返回。至此，驴行结束，行程大约 30 千米。

路线 8

小黄山 **西北峪村→北峪岩场→夹谷台→齐鲁会盟→护林房→小黄山→孟良寨→龙堂村**

作　　者：天埫佬

路线简介：

起点：博山西北峪村（36° 33′ 17.75″ N，117° 48′ 7.53″ E，海拔 360 米）

终点：博山龙堂村（36° 31′ 10.2″ N，117° 46′ 9.5″ E，海拔 590 米）

路线：全程约 11 千米，用时约 5 小时，累计爬升 870 米，最高点海拔 781 米，难度低。

本路线轨迹　　本路线照片

本篇作者

天埫佬，本名何有为，生于 1968 年，偏好爬山、自驾出游，行迹遍及齐鲁大地及京、晋、冀、豫诸省。曾自驾甘南、川西、唐蕃古道、川藏线、滇藏线、新藏天路。

此条户外穿越路线，在淄博乃至山东享有颇高的知名度，整条路线有急有缓，有休闲，有惊险，有秀丽风景之处，也有巍峨壮美之势，还不乏各种传奇故事，这些无不让人心生向往。

深冬，众驴友结伴穿越该线，没有郁郁葱葱的树木遮挡，反而能更畅快地领略这条路线的独特魅力。

游记与攻略

要去夹谷台，需从博山域城镇北峪上山，而从这里起始，首先会途经一处近年来热度颇高的户外运动场地——北峪岩场。

从西北峪村口下车，向左走不久便是北峪岩场，它位于西北峪村西南方向，属典型的石灰岩岩质，岩壁完整，岩质优良，肌理丰富。

此岩场恰好位于村后山谷之中，从停车场步行 10 分钟即可到达。这里的岩壁，夏天几乎全天背阴，是攀爬、赏景、拴起吊床聊天、消夏避暑的好去处；冬天又可以选择背风且可晒到太阳的攀爬线，实属难得。

正是因为北峪岩场的先天优势，近年来，淄博乃至全国各地的岩友都纷纷前来攀爬并开发了许多新路线，截至目前，岩友们已在北峪岩场开发了 44 条难易程度不等的运动攀爬路线。

走过岩场，十几分钟路程后就到达夹谷台。在淄博的户外圈子里，一提起夹谷台，几乎人人皆知，而且每个人都有对夹谷台独到的理解与感受。

开始登夹谷台时有石阶道，比较好走，登上一个山头后，开始初现陡峭山坡，但不危险。驻足远观，东方有山如劈，中间一缝，狭窄，高深，据传说，这是当年一将军挥剑猛劈所致。

夹谷洞

此处山形，淄博本地少见，很像太行山一带的地貌，一顶之上观另一顶，顶顶之间有小径环绕，似腰带一般，可徒步通过，环山一圈。

在一层山与二层山之间以及底层崖根处，分布着大量山洞，有夹谷洞、朝阳洞、心洞、大瓮洞、阁老洞、大小鬼洞、石窗户等 30 余个山洞，这些洞洞深在 15 米到 80 米之间，可谓洞的世界。

登上台顶，沿山背路左行不远，有一通“齐鲁会盟”碑。

此地峰峦三叠，悬崖环绕，山巅平坦，面积有数十余亩，齐长城遗址蜿蜒于侧。春秋时期，齐、鲁两国会盟于夹谷台，孔子作为鲁国大司寇行相事出席了夹谷之会，距今已2500余年了。

清康熙二十二年(1683年)，时年43岁的蒲松龄登临此山，凭吊怀古，触景生情，感慨万千，作《夹谷行》诗，描述较为详尽，有碑记之。

碑北下侧，有一庙堂，从台北麓攀登，崖间有摩崖石刻“夹谷台”三字，依稀可见，乃康熙年间所刻。

从夹谷台山顶的“齐鲁会盟”碑西去，便是泽蒜峪。泽蒜峪立村时，因峪周围野生植物以泽蒜最多，故名。泽蒜峪以其古老、精致的房屋建筑而闻名，然而最让户外驴友们记忆深刻的则是山顶上的那座护林房，以及护林员的故事，在此不一一赘述。

离开护林房，往西南方向去，则是以险峻著称的小黄山。

小黄山这个名字是怎么来的，我们无从考证。也许有两层意思，一是因它是在黄石坞村里的山，故简称黄山，但又要有别于安徽黄山，故加个“小”字。另一层意思则是形容它像黄山那样险峻、风景优美。后来，这个名字叫得越来越响亮，吸引了无数热爱户外登山的人奔赴于此。

当然，小黄山也的确山如其名，每一个到过这里的人，无不被它折服。

它坐落在石门景区黄石坞村北面，如果是沿盘山公路登顶，向南就会看到山顶上那片兀立着的怪石，这些怪石所在就地是小黄山。如果说，石门景区是博山户外旅游的重要组成部分，那么小黄山则是石门景区最重要的部分，而且是石门景区内所有山峰当中最险峻壮美的一座。

穿过险峻的小黄山，就来到另一高山孟良寨。传说宋朝名将孟良曾在此山安营扎寨，占山为王，后来在此打败了入侵的辽邦，因而人们将此山称为孟良寨。

连翘盛开

在孟良寨的半山腰有一个洞，叫孟良洞，传说孟良曾在此洞府中做山大王。此洞深15米，高4米、宽5米。洞口两侧有两组刺槐树，常年守护洞口，洞前一片刺槐林，把洞口掩隐，使洞内更显阴森神秘。洞口上方悬崖上，松柏千姿百态，洞口北侧不远处的寨墙高4米，长60余米。虽经千年风雨侵蚀，仍显当年雄伟之势。

孟良寨山脚下曾有孟良泉，相传是孟良拔剑刺穿山石流出泉水而成。1995年，人们为挖掘整理民间故事，发展旅游业，特在孟良寨北侧的十八盘顶修建凉亭一座，名“孟良亭”，亭上有诗，记载了这个民间故事。

从孟良寨下撤，便是此行的终点龙堂村。

龙堂村坐落在龙堂大峡谷北侧悬崖峭壁向阳的半山坡上，东与蝴蝶峪接壤，西与夹山村毗邻，南与岭西景区桃花泉村相连，北与黄石坞村为邻，地处博山、莱芜、章丘三地交界处的古交通要道，曾是齐鲁要津。据清乾隆元年(1736年)《刘氏祖茔创修碑记》载：“吾刘氏始祖，初自枣强迁居益都之颜神镇，延至吾十一世祖讳坐绪，于明景泰年间，自颜神迁居龙堂庄之西麓。”

关于村名的来历，据《博山区地名志》记载，因龙堂村位于草峪岭东麓，岭似青龙，尾上头下，岭下又分两岭，似龙须，村处两岭之间，故名“龙藏庄”。又因上古先民为斗穷山恶水，在大峡谷中分筑拦洪坝，加上天然石臼湾，大雨过后，形成一个个水塘，故名为“龙塘峪”。因“塘”和“堂”读音相同，故而逐渐演变为龙堂村。

夹谷台

整个村庄依山势呈坡状分布，就像“悬挂”在半山腰上。一条公路从村前经过，拉近了与外界的距离。

漫步村中，街道非常狭窄，但却让人觉得精致无比，几乎每个拐角处的石墙棱角都被精心修建成“拐弯抹角”，以方便行人通行。

村中许多房屋都有地窖，据说还有地道与外面

齐长城遗址

相通。这样既可以充分利用空间，又有防范盗匪的作用。村中的坟地在极左时期尽被捣毁，石碑被砸碎嵌入村中台阶和街道中。

龙堂村历史上名人辈出。清末民初的村人刘序吸在博山和济南设老字号“同顺堂”，规模宏大，是颇具影响的陶琉商人。

山花

抗战期间，该村是八路军的重要根据地之一。村人刘同成任十三个村的民兵联防大队长，曾带领民兵奔袭四十亩地日军司令部，摸黑打掉敌军一炮楼，缴获枪支弹药若干，包括一挺机关枪。因作战勇敢，他们多次受到上级嘉奖。

如今，该村已入选中国传统村落名录，村民开始返乡，目前已经开办了几家农家乐，还有的村民开始养蜂。随着国家乡村振兴战略的实施，下一步，他们想寻找有实力的投资方，依托村南这条 3.5 千米长，有奇山、幽谷、绝壁、古道、林海，集山、水、林、泉、路于一体的龙堂大峡谷进行旅游开发。

路线 9

九龙峪 **伊家楼村→九龙峪景区→龙堂左侧山脊→齐长城风门道关→空中大草原→三县顶→镇门峪→逯家岭**（莱芜区）

作　　者：**天蓝**

路线简介：

起点：博山区尹家楼（36° 29′ 50.05″ N，117° 49′ 8.10″ E，海拔 290 米）

终点：济南莱芜区逯家岭（36° 30′ 42.21″ N，117° 44′ 59.53″ E，海拔 635 米）

路线：全程约 14 千米，用时约 6 小时，累计爬升 530 米，最高点海拔 830 米，强度低，难度低。

本路线轨迹　　本路线照片　　本路线视频

本篇作者

天蓝，本名侯婧，生于1983年，媒体记者。喜欢户外运动，虽未走过多少名山大川，却也陶醉于户外运动的自由与洒脱。热爱摄影，善于用光与影来呈现故事。

这条路线上多有红叶，途经著名的博山和尚房村、龙堂村，莱芜卧云铺村，博山西厢村、镇门峪村，是淄博市著名的婚纱摄影地。此路线春夏绿意盎然，秋季似火红叶，路线上不仅有悬崖古村逯家岭，还有著名的齐长城风门道关，修改路线可生出多种变化，从8千米到20千米皆可，是户外爱好者不可多得的徒步路线。

游记与攻略

从伊家楼村出发，途经的第一站叫九龙峪，从九龙峪一直到山顶上的红叶岭，有好大一片长满红叶的山坡。夏天的叶子虽不似秋季红火的模样，却因为吸饱了水分而充满了生机，似乎是在为秋天的盛放做准备。这片山岭的红叶树龄大，树干较高，宽大的树冠连接在一起，像极了《绿野仙踪》里的景象。

接下来一段很长的路都比较枯燥，加上天气的炎热，我的嗓子开始冒火，双腿也有些打战。我开始怀念平时看不上眼的一杯冷饮，甚至怀念早上那一碗酸酸的油粉。“前面就到石桌子了，大家歇歇吧，喝点水，补充一下能量。”补充足了能量，继续往前进发，大概四五十分钟后，我们顺利到达了一片茂密的槐树林。这片槐树林好似沙漠中的绿洲，是这次旅程中最大的惊喜。

我打小喜欢槐树，它给我童年的时光带来太多的快乐。最爱的是它香甜四溢的槐花，记得小时候每到槐花盛开时节，我总是和小伙伴们一起去北山上那片大槐树林摘槐花，边摘边往嘴里塞，那股香甜能让小小的我回味好久。

左边可去禹王山，下沟可去桃花泉，右行可去风门道关，直行可去逯家岭，每一处都精彩连连。

穿过美丽的槐树林，不久就会出现多个岔道口，我们按计划直行至逯家岭。

在禹王山的西北麓的宽阔谷地里，隐藏着一个古村落——桃花泉。村子几乎处于大山包围中，若不是省道仲临路在村南蜿蜒盘旋着，便恰似陶渊明笔下的桃花源了。

村里老人说，村里过去不只桃花泉一处泉，偏南半里还有一处老鸹泉。两泉南北呼应，一唱一和，临谷听泉，铮铮响声，清晰可辨，传说那是

九龙峪

泉眼里的金桃核被泉水冲击而发出的金石之声。如今，桃花泉泉水早已不再，留守的村民也越来越少。

从桃花泉向东北侧高处看，有一段长达三四千米的悬崖峭壁，从南向北绵延而去，形成一道天然屏障，当地人称“北大岭”，俨如一条天然长城。此岭之上便是我们本次出行的终点——“悬崖上的村庄”逯家岭，而逯家岭右侧不足 1 千米的地方便是齐长城风门道关。

风门道关标志石

悬崖上的村庄，单人通行的一人巷，盛放的火红蔷薇，让逯家岭充满神秘色彩。

边走边听完了沿途几个村庄和山峰的故事，我们也渐渐离逯家岭越来越近了，终于，在一个深不见底的悬崖边上，看到了对面崖顶上的村庄，房屋紧挨着崖边，依山势向阳而建，层层叠叠掩映在茂盛的绿树中，远远望去，极具气势。

此时已至正午，太阳当头，也没有了浓密的树荫，然而我们顾不上炎热，马不停蹄地赶到村庄里，迫切地想看看这百米悬崖上生活的人家。这里，有清澈的池水，有数百年的老树和仅容一人通行的小巷。这里，几乎所有道路和房屋都是由石头砌成，房子依山势而建，高低错落，曲折蜿蜒。穿梭于此，如同走进一座迷宫般的石头城堡。

逯家岭村地属莱城区茶业口镇，是原莱芜、章丘、博山三地交界处，村北山岭上还有一段齐长城，还保留有著名的齐长城遗址“风门道关”。据《逯氏谱》记载，明永乐末年逯姓迁此建村，因址在岭顶，故名“逯家岭”。逯家岭是莱芜境内最高的村庄，海拔 820 米，而悬崖最高处的垂直高度也有 100 多米。因此，称逯家岭为悬崖上的村庄毫不为过。

在逯家岭，吸引人的不仅有古老的石头院子，还有一棵四五百年历史的古槐树，它虽已有 400 多岁的高龄，但依然枝繁叶茂，它是村子古老历史的见证。

逯家岭是远近闻名的长寿村，目前，逯家岭共有 117 名村民，80 岁以上的老人就有近 40 名，年龄最大的虽已 96 岁，仍耳聪目明，得空时还能和其村民一起搭台唱戏。

因为逯家岭冬暖夏凉，气候宜人，村里没有任何污染，空气清新，泉水清

九龙峪中的山村

甜，再加上村民们特别勤劳，七八十岁的老人照样去田里干活，所以，长寿老人多是必然的。

在距离悬崖最近的一家宅子门口，一簇两三米高的红色月季正在盛放，妖娆地攀附在干净的石头墙上，分外好看。外院墙则与悬崖齐平，外面是深不见底的悬崖和深沟，一阵山风吹过，纵是盛夏也感觉凉爽无比。

参观完逯家岭，我们几人寻得崖边一处清凉无比的树荫。树上是一串串酸甜的杏子，树下，我们围坐在一起，伴随着清风与鸟儿的歌唱，喝着清爽的啤酒，吃着简单的自制火锅，一路上的疲劳与炎热也都随之消散。返程的途中，再度领略一路美景，也没有感觉到更多的劳累，反而更让我更加相信了“风景永远在路上”的名言。

登山途中

六、胶东区 6 条徒步路线

概述

本书划分的“胶东区”，是指山东境内胶莱河以东，覆盖青岛、烟台、威海三市的半岛区域，胶莱河同时还是泰沂山脉和昆嵛山脉的分界线。胶东区域多丘陵，但鲜有高峰，主要有横跨烟、威的昆嵛山脉，以及矗立在黄海之滨的崂山山脉，昆嵛山有“海上仙山之祖”的美誉，而崂山则被称为“海上第一名山”。

此区域最高山为崂山主峰——巨峰，巨峰不仅是胶东半岛最高峰，也是胶东唯一海拔超过 1000 米的高峰，同时也是中国海岸线第一高峰，在整个胶东区域来讲可谓地位超然。

自崂山起依次分布的较高山峰景区有崂山（海拔 1132.7 米，崂山区）、大珠山（海拔 486 米，黄岛区）、小珠山（海拔 724.9 米，青岛西海岸）、大泽山（海拔 736.7 米，平度市）、艾山（海拔 814 米，栖霞市）、牙山（海拔 806 米，栖霞市）、崮山（海拔 422.8 米，莱州市）、罗山（海拔 759 米，招远市）、昆嵛山（海拔 923 米）、大乳山（海拔 216.6 米，乳山市）、里口山（海拔 418.2 米，威海市环翠区）、槎山（海拔 539 米，荣成市）、马石山（海拔 467.4 米，乳山市）、圣经山（海拔 385 米，文登区）等。

九顶铁槎山

路线 1

崂山 **仰口→长岭村→大小观景平台→手枪石→垭口→大石坡→元宝石→一线天→日起石→天心池→仰口**

作　　者：梦帆

路线简介：

起点（终 点）： 崂山仰口停车场（36°14′7.33″N，120°40′2.83″E，海拔 9 米）

路线： 全程约 6 千米，上升 755 米，用时 5 小时，最低点海拔 9 米，最高点海拔 785 米，强度中等，前段属于登山拔高，后段属于山石攀爬。

本路线轨迹　　本路线照片

本篇作者

梦帆，本名李伟，现定居青岛西海岸新区，中国登山协会初级户外指导员、中级户外拓展师。爱好登山、徒步、骑行、游泳，终极爱好是重装出行。先后重装徒步崂山、泰山、大五台山、小五台山、武功山等，协同组织过千人徒步大会、500 人夏令营活动，攀登四姑娘山二峰、玉珠峰雪山等活动。

崂山，位于青岛市东部，古代又曾称牢山、劳山、鳌山等。崂山的主峰名为“巨峰”，又称“崂顶”，海拔 1132.7 米，是中国海岸线第一高峰，有着“海上第一名山”之称，峰顶面积约 1.5 平方千米，它耸立在黄海之滨，高大雄伟。

徒步穿越崂山路线大体可分为南线和北线：南线是比较传统的旅游路线，以人文景观为主，此线道观众多。北线则因其优美的自然山水景观而备受户外运动爱好者青睐。崂山经典穿越路线的起（终）点一般有仰口（北）、华严寺（东北）、雕龙嘴（东北）、泉心河（东）、北长岭（东）、八仙墩（东南）、大河东（西南）、卧龙（西北）等几处。

本路线为崂山仰口登顶路线，文章末尾对其他路线进行了概括性叙述。

游记与攻略

我们在仰口收费站处换乘进山的 618 路公交车，经过 9 站，到达葛湾站，下车前行 500 米到达长岭村。该村位于崂山下清宫到仰口的路上，背山面海，村庄坐落在半山坡上，背倚崂山，面朝大海，村子有茶园一二百亩，呈梯田状，有南方山村的感觉，又面对大海，就像一幅山水画卷。村后的山坡上，石状优美，樱桃、杏、桃等果树零星生长在茶田和山石之间，呈现一派秀丽的画卷。

站在村子的高处，向远处的大海眺望，清新的微风扑面而来，让人有一种心旷神怡的感觉，村里的民居和道路也是从山间一路伸向大海，该村是崂山最美的村庄之一。

我们此次行程的起点和终点均在此处，大家下车整理行囊之后，环顾一下这个美丽渔村，便开启了我们此次徒步登山的行程。沿着用山石铺成的石路穿过村庄，来到村庄西侧山脚下，这里有一片具有崂山特色的茶园，依山傍海的海洋气候，成就了崂山绿茶的品质。

穿过茶园之后就正式开始了我们的徒步登山之旅。首先，大家看见一扇铁丝门，旁边是一处森林防火站，崂山每年从10月到次年的5月都是森林防火期，此时间段是不允许任何人从野路登山的。穿过铁丝门，我们能清晰地看见一条上山的小路，沿途都有清晰的路标，指引我们一路登山，该段登山路程需要穿梭在山谷中，四周松柏较多，如遇炎热天气需要预防中暑。沿途能看见很多山民为了灌溉农田而铺设的导流水管以及在道路一侧的蓄水池，清澈的山泉之水倒映着这美丽的山林，给人一种清新的感觉。

依登山小路而上，我们来到一块由天然大石形成的平台，大家在此稍做休息，该处能远观我们走过的小渔村和前面一览无余的大海，海中的几个小岛让这片波澜壮阔的大海有了些许的点缀。休息后我们继续前行，穿过一片山中的芦苇荡，再经过一片松柏林，我们来到了第二处平台。俗话说，站得高望得远，该处的视线更加清晰、视野更加辽阔，在该处的正南方能清晰地看见有一块大石，形状酷似手枪，因此得名手枪石，这也是途中标志性的地标。

崂山

暂别手枪石，我们继续前行至垭口，该处分别有左右两条山顶小路，往右去往北侧山坳，我们的行程是分界路左侧路线，大家沿着左侧路线拔高一段后到达山顶的平台处，该处属于山坳的中间位置，四面环山，前行约 100 米能再次清晰地看见一条分界线，左侧一条去往崂山景区方向，该方向路线较长，沿途岔路较多，不熟悉的朋友勿走。

我们沿着分界路右侧继续向前，只见眼前一座高高的岩石山头挡住了我们的去路，俗话说，车到山前必有路，这里也是有上山的路的。山下有个天然平台，大家可以在此休息或是吃午餐后进行后面的行程，该段行程是登天心池最惊险、刺激的一段，部分路段需要用到攀岩绳。友情提示：体胖的朋友不建议上去，因为在登顶路上有一段长约 30 米的一线天，最窄处只有 20 厘米。

稍做休息后，大家检查好自己的背包和鞋子，开始上山，后面的路全部是在岩石之上行走、攀爬，很考验大家的定力。大家一上山，第一道挑战就来了，前面有一段约 50 米的夹缝攀爬兼直线登高路，该处一次只允许一人通过。有的时候我们不得不赞叹大自然的鬼斧神工：在这条路的中间位置有一棵隔断去路的小树，也正是有了这棵小树才让大家在上升的过程中有了一个依靠，每次大家从此上或是下都得抓住这棵坚强的小树，日久天长，小树的枝干被过往的驴友给盘得发光了。该处一定要注意安全，特别是雨后，石头上落有水渍，极易打滑。

穿过这条小径后，我们可以清晰地在右手边看见一片慢慢上升的、由大小不一的山石天然结合而成的无路中的小路，说其无路是因为这里除了天然山石外真的没有路，说其有路是因为驴友在大石之上留下了引路箭头，大家只要沿着箭头前行就行，只是多处路段相对较险，一定要注意安全。在个别大石处需要大家从石缝中爬行穿过，这也是很考验人的。

在山石上蜿蜒上行约 300 米，到达山顶的一处开阔处，往前无路可走，左右各有一条穿梭于石缝中的箭头指引的路，站在该处面向北侧望去，左边能清晰地看见在对面的山顶有一块独立的巨石，外形酷似元宝，故得名元宝石。右边能清晰地看见箭头，指引大家走入一条两块巨石之间形成的缝隙之间，入口处山石挡路，进入之后方发现别有洞天，这就是我们去往天心池的必经之路，也是所有体型健硕之人的痛点——一线天，整条路长约 200 米，最窄处只有 20 厘米，其中一段需要人在缝隙中半蹲方可过去。

穿过一线天后视线豁然开阔，前面雄伟的群山映衬着无边无际湛蓝的大海，加上在狭窄中刚刚走出来的自己，给人一种重获自由的感觉，这种感觉只有自己亲身经历方可明白。一线天出来后左手边就是一处相对较陡且山石平缓的大石坡，该处及上去后的一段因较险，已有人在此架设了攀岩使用的钢丝绳，大家只需要靠自己的臂力手握绳索便可上去，登顶后沿着山顶的指引箭头来到日起石后的侧面，就能清晰地看见在一悬崖处，天然形成的一心形的水池，在多雨的季节，这里的水是满的，干旱的季节里面的水相对较少，这也就是我们此行的终点及重点——天心池。

天心池

下面再介绍一下除仰口登山路线之外的其他路线。

一、泉心河进山

神秘的泉心河周围小路纵横，四通八达。此地虽然路线复杂且乱，很多上山的路都是走不通的，但只要找对路口，最复杂的就会变成最简单的，也是最省心的。7：10 从李村坐 106 路公交车，大约 8：30 到达泉心河。夏季穿越时要多注意，一是路径不明显，二是蛇虫较多。

1. 泉心河→牧场→崂顶

沿泉心河谷右侧水泥路上行，经过新建的防火检查站，一直向前走到第二个茶场，向左拐过小河谷，小路清晰。走不远就是一座漂亮的小水库，再往前走不远就到了一座废弃的石房子，那是当年的林场看护房，当地人叫牧场。在牧场有 2 条道，向左上山的道路比较清楚，可以到达子英庵口。通过子英庵口可以到达前风庵、崂顶厕所、天泉；从牧场向右拐上山，上山的小路也算清晰，经过龙穿崮、崂山礼泉可以直接到达崂顶杜鹃坡，感觉这条道路比走子英庵口上崂顶的路程近一些。

2. 泉心河→四岔路口→小石桥→九水

从泉心河第二个茶场向右拐上山，小路在泉心河支流河谷上方，一直很清晰，却少有人走，路上没有醒目的路标。沿小路前进，过一密布石头的河谷继续上山，不远处就是一悬崖峭壁，上面有山民凿出的脚窝，踩着脚窝小心翼翼地通过。继续前行，道路平缓，左面是山峰，右面是一块高耸的巨石，仿佛怎么走也走不到头，接近中午时分，终于爬上山顶。这是一四岔路口，左右分别是崂顶、滑溜口。从前面路口沿山涧下山，小路不是很清晰，但在路标的指引下，左右探路，也倒顺利下山。走到尽头，咦，这不就是黑风口下来的小石桥吗。

3. 泉心河→棋盘石→明道观

沿泉心河谷右侧水泥路上行，经过新建的防火检查站，直接向右拐上山，就到了茶场，那里有两条路可以分别通向棋盘石、天坡池，两条路呈 90° 角，比较明显。这段行程属于休闲级别。

二、北长岭进山

1. 北长岭→日起石→高石屋→泉心河茶场

从泉心河茶场前面的岔口向左走，不久就来到一水坝，景色十分优美。继续顺左面上行，几次仔细分辨道路及方向，前行就来到了上游河谷。我们来到几块巨石面前，前方已经没有了道路。我们披荆斩棘，闪展腾挪，经过 4 个多小时的努力，终于在 13：00，从一个极不可思议的地方——一个洞窟里面，直接钻到了日起石山顶。我们查看了数不清的洞窟，找到了“日起石”石刻，还有一个可容纳百人的大石窟，可能是清风洞，15：45，又找到了一个据说是尼姑修炼的山洞，里面有石床，这就是高石屋。从日起石下山就到北长岭了。

2. 北长岭→日起石→高石屋→三岔→泉心河牧场

8：40，我们从北长岭门口五金店下车，沿村庄“高速公路”上行，过防火检查站，再顺着登山小路攀登。路渐陡，但向远处看风景也更好了，大海远处的兔子岛就像在天边一样，有些路是从岩石上翻越的，必须小心翼翼地攀登。松林也密了起来。爬上第一个山头后，继续前行，大约 10：30 到达日起石，我们仔细分辨路线，过崂山著名的“日起石”石刻及高石屋后，沿小路继续向前上行，很快就来到三岔路口，向左可到天茶顶，向右可下到泉心河。我们选择向右，这段路由于少有人走，刚下去十多米，小路就被荆棘掩没，难以分辨，我们决定硬闯，向预定河谷奔去。路上野草横生，荆棘不时拉拉扯扯，阻挡我们前进的道路。穿越松林，奋力前行，路上还有几处悬崖，幸亏高度不大，只要小心翼翼、团结协作，都能下来。我们中午到达泉心河支流河谷，饭后继续沿河谷前行，不多远就来到泉心河的高速公路上了。向山下走不多远就看到牧场了。

3. 北长岭→日起石→高石屋→三岔→天茶顶→天泉

从三岔路口向左前行不久就可以看到前面石岩上用红色油漆画的箭头及“天茶”两字，看来我们离天茶顶已经很近了，加紧脚步向天茶顶冲刺。转过一块大岩石，远远望见天茶顶，顶上，一座石屋屹立，背面一块巨大岩石，我们参观了当年的兵营，小石屋内还有好多山友的留言。下山走在小路上，居高临下，看着周围的美丽风景，远处的八仙墩就在眼前。经过一个多小时的缓慢路程，我们来到天泉休息。这里是崂山的十字路口，四通八达，有人在树上刻下了路标，从这里可以到达崂顶、天茶顶、明霞洞、八水河。

雕龙嘴

4. 北长岭→防火道→天茶顶→天泉

从北长岭前面的防火道上山，登上山梁后，出现一个路口，路边有箭头标示，向右经过几座废弃的兵营直接上到天茶顶，直行不远就到桑石屋、天泉。

三、华严寺进山

1. 华严寺→棋盘石

2. 华严寺→三岔口 1 →明道观（棋盘石）

3. 华严寺→那罗延窟→三岔口 1 或三岔口 2 →明道观（棋盘石）

4. 华严寺→那罗延窟→三岔口→白云洞

四、雕龙嘴进山

1. 雕龙嘴→白云水库→三岔口 2 →明道观（或那罗延窟）

2. 雕龙嘴→白云洞→三岔口 3 →明道观（或滑溜口）

3. 雕龙嘴→白云洞→三岔口→庙岭林场→山海崮望→滑溜口

4. 雕龙嘴→白云洞→庙岭林场→河谷→滑溜口（或石嶂庵）

5. 雕龙嘴→白云洞→三岔口→两界→关帝庙（或仰口）

五、大河东进山

1. 大河东→椒林（或黄花庵）→冷翠峡

2. 大河东→长涧→水石屋→小石桥→柳树台→黑风口→崂顶

3. 大河东→椒林→石门涧→坤门（或风桥险渡）

4. 大河东→迷魂涧→自然碑→离门

5. 大河东→荆条涧→马鞍子→铁瓦殿

6. 大河东→盘山路→椒涧→马鞍子→迷魂涧→石门涧→坤门（或风桥险渡）

7. 大河东→砖塔岭→盘山路→天地淳和牌坊旁山坡→景区石阶路

六、八仙墩进山环线

青山水库（或垭口）→试金石海湾→晒钱石→八仙墩→轮船石→驱虎庵→钓鱼台→太清宫

七、卧龙进山

1. 卧龙→磅石→马头涧→王哥庄

2. 卧龙→磅石→驼峰烟云→河东村→飞龙瀑→扇子石→蔚竹庵

3. 卧龙→磅石→琵琶涧→扇子石→飞龙瀑→降云涧→冷翠峡

4. 卧龙→磅石→口子前→扇子石（或企鹅峰）→岔路→泥洼口

此外，崂山穿越路线中，还有几个重要路标点：

一是子英庵口：可去泉心河牧场、崂顶、森林公园、天泉等方向。

二是四岔口：分别去泉心河茶场、九水小石桥、五岔、崂顶观景平台方向。

三是五岔口：分别去滑溜口、明道观（棋盘石）、四岔、石屋、小石桥方向。

四是天泉：可去森林公园、天泉、天门后、八水河谷、子英庵口、桑石屋、天茶顶、明霞洞、青山、龙潭瀑。

五是滑溜口：可去棋盘石（明道观）、泥洼口、蔚竹庵、五岔、石屋、庙岭林场（白云洞）、仰口、石嶂庵、晓望。

六是明道观（棋盘石）：可去泉心河、滑溜口、华严寺、白云水库（或白云洞）、庙岭林场、五岔（崂顶）。

七是泥洼口：可去扇子石、晓望、口子、仰口、滑溜口、石嶂庵、蔚竹庵。

“寿”字峰

路线 2

昆嵛山 **曲家口村→土地庙→715 垭口→孔雀石→泰礴顶→老蜂窝→蒿耩村**

作　　者：森林人

路线简介：

起点：烟台牟平区曲家口村（37°14′5.06″N，121°42′30.66″E，海拔 150 米）

终点：威海文登区蒿耩村（37°16′30.40″N，121°50′10.27″E，海拔 65 米）

路线：该路线全程约 13 千米，总用时约 9 小时，累计爬升约 1900 米，累计下降约 1500 米，最高点海拔 923 米。途中有山谷、山脊、密林、河流，路线成熟，路迹较为清晰，但个别地方要反复过河，有的地方还需用绳索辅助。强度高，难度中。

本路线轨迹　　本路线照片

本篇作者

森林人，本名王开锐，文学硕士，现定居威海。威海森林户外领队，威海登山协会副秘书长。行走过大五台、小五台、武功山、鳌太、狼塔 C、环博、洛克古道、库布齐沙漠等。曾出版《户外——虐并快乐着》和户外摄影集。

昆嵛山是一座闻名全国的道教名山，位于胶东半岛东部，跨文登、牟平、乳山三市区，逶迤百里，主峰泰礴顶海拔 923 米，为胶东第一高峰，拔地通天，气势雄伟。境内山势陡峭险峻，奇峰异崮星罗棋布，沟壑犬牙交错，有大崮、小崮、招风崮、枪杆崮、苍山、老铁山等 72 峰，峰峦叠翠的自然景观壮美多彩，森林莽莽苍苍，景观千姿百态，多有清泉飞瀑，遍布文物古迹，素有“海上仙山之祖”的誉称。这里还是中国道教全真派的发祥地、胶东革命的摇篮、国家级森林公园。

磅礴的昆嵛山有众多的户外登山路线，可以说每个山头、每条山谷都是徒步穿越的路线。但最经典的徒步路线还属从昆嵛山的西南穿越到昆嵛山东北这条贯穿整座山脉的路线。该路线一半是山谷线，一半是山脊线，不仅要穿越主峰泰礴顶，还有孔雀石、老蜂窝等重要节点，路途长，耗时多，“强驴”才能完成。

游记与攻略

我们的车绕着昆嵛山转了半个圈后，到达了昆嵛山西南侧的一个小山村——曲家口。此次活动，我们将从这里开始，一直穿越到昆嵛山东北方向的蒿耩村，途中将横穿数道山峰和数条山谷，深入到昆嵛腹地，饱览昆嵛山色。

备装完毕，队伍沿村后偏东北方向的山谷进山。山谷里，积雪消融后的溪水潺潺流淌，叮咚声伴随我们的步伐。蓝天飘着白云，初春的阳光洒在脸上，照在身上，全身暖融融的。山里的空气异常清新，负离子数量极高，大口呼吸，通体舒畅。驴友们几声悠长的喊声，不断回荡在山谷，算是吹响了我们强力穿越的号角。

随着地势的升高，雪越来越厚，谷越来越深，风景也越来越美。抬头观看两边的山梁，怪石嶙峋，陡峭险峻。一巨石直刺青天，有如一柱擎天，另一巨石又恰似李白身披长袍双手作揖，山巅上更有许多象形石头，或立，或卧，或蹲，以不同的姿态向我们打着招呼。在这样的美景陪伴下，穿行的心情轻松又欢畅。

走着走着，一座简易的石头庙宇出现在我们面前，这就是曲家口土地庙。

山梁穿行，风光无限。攀爬过长长的山谷小道和雪坡后，队伍一路拔高到达了 715 垭口，这是昆嵛山西南曲家口和无染寺的分水岭，是连接南、北、西三个方向的岔路口，也是通向泰礴顶主峰的唯一通道。自此，我们开始了山梁穿越。常登山的人都知道，在山梁穿行，视野开阔，方向明确，乐趣多多，不但可以饱览无限山色，还能愉悦心情。向前看，大崮子等多座山峰披着白雪，雄伟高耸，展现出一种阳刚之美。一侧，巨大的环形山延伸着数道山梁和多条宽阔的山谷，齐齐汇向无染寺方向。北侧的山谷浩渺无边，远处的老铁山、苍山清晰可见。我们脚下的山梁成了昆嵛山南北分水岭。站在此处，几乎能俯瞰半个昆嵛山。经判断，我们已经深入到了昆嵛山腹地这片令人向往的神秘地带。大伙利用休息时间驻足观赏，忙着拍照。而此时，标志性的昆嵛山主峰泰礴顶三塔也隐约出现在视野中，从而为我们确定了前行的方位。

其实，今天的大穿越还有一个重要的亮点，那就是拜见孔雀石。

当然，要见到“神物”也不是那么容易的，孔雀石高居山巅，即使从它脚下路过也是看不到的。孔雀石到底在山的什么位置呢？打个比方，如果把人体的上半身比喻为一座山的话，头是山顶，肩膀是山腰，那孔雀石就坐落在耳朵之上，要想摸到耳朵，先要从肩膀往上爬才行。

孔雀石

于是，大伙在爬到“肩膀”后，抬头仰视，这才看见“耳朵”上的孔雀石的侧面，此地往上大约还有五六米高的一段岩石坡，在系好安全绳索后，队员们一个个依次到顶，站在了孔雀石的身旁，但见孔雀石安然卧于基石之上，引颈回眸，傲视群峰，尾羽舒展，栩栩如生，令人叹为观止。“真是太神奇了，太像了！”大伙禁不住发出这样的感慨。大自然真是伟大的艺术家，它用四季的长风把普通的石头雕刻成一只敛羽回首的孔雀。

在孔雀石下方野餐后，我们下山谷（提示：自此从山谷往东再往南走，可通往无染寺，是下撤的路线），接着又上山脊，冒着积雪向泰礴顶方向进发。由于北风的吹拂，积雪全部堆积在山脊中间，深及大腿，且没有一点人走过的痕迹，行进异常艰难。每年昆嵛山上的雪总是很大、很多，加上山上温度低，持久不化，直到来年初春仍然残雪犹存。

在春天看到这样的积雪不免引起我们戏雪的激情，从进山开始大伙心里就憋着劲呢。踏过一段密林，面前是一处山梁的马鞍部，此地较为平坦，全被积雪覆盖，看到这样的地方，尽管谁也没动声色，可大伙心里早就蠢蠢欲动了，一场“早有预谋”的雪仗爆发啦，一时间，寂静的山野成了激烈的战场，吆喝声、欢笑声久久回荡在山间。

继续沿着山脊前行，大约一个半小时，便来到了昆嵛山的主峰泰礴顶，其标志性的建筑就是三座高高的铁塔。莽莽昆嵛，七十二峰争奇斗艳，中央一峰，巍峨耸天，其磅礴气势有如泰山，让诸峰肃立称臣，这就是昆嵛山的主峰泰礴顶。泰礴顶古时被称为大白顶，后来山中建起佛寺，释家讲大慈大悲，于是改称大悲顶，而文人学士又以人间才高不过李白，胶东山高不过大白，谐其音而称其为太白顶，后改称泰礴顶，取泰山之脉而气势磅礴之意。

这里是我们经常来的地方，无论是春秋还是冬夏，登上峰顶，凭高远眺，极目之处，尽是美景。北面，大海湛蓝，水天一色，艘艘巨轮穿行其间；南面，大海浩浩荡荡，横无际涯；西面，群峰耸立，虎踞龙盘；东面，胶东大地富饶美丽，生生不息。特别是寒冬时节，当大雪纷飞之时，泰礴顶便成了银装素裹的世界，雾凇、雪挂、冰挂、冰凌，把泰礴顶打扮得更加美丽。提示：泰礴顶有公路可直达山下三瓣石村，是上山登顶和中途下撤的路线。

从泰薄顶开始，我们转向山顶北面，一路沿山谷下撤，经老蜂窝出山，到

昆嵛山冬景

达蒿耩村，此路段皆为密林小道，不易辨别方向，可能会走错路，最好有当地向导引领。

昆嵛山北坡还覆盖着一层残雪，但穿行在林海雪原，呼吸着清新的空气，十分惬意轻松，为我们的探寻之旅增添了莫大的乐趣。此路段最大的亮点就是红色纪念地老蜂窝。一块平整的巨石稍微倾斜着横卧在山坡小路旁，爬上去一看，巨石上写有“好汉炕”三字，巨石中间立一石碑，上书：“昆嵛山红军游击队老蜂窝遗址”，此地乃当年昆嵛山红军游击队抗日根据地。

老蜂窝位于昆嵛山东麓，蒿耩河谷的上游，两岸高峰陡立，谷深林密，水湛溪曲，人迹罕至。当年，中共胶东特委发动的“一一·四”暴动失败后，幸存人员组成昆嵛山红军游击队，在抗日英雄于得水的带领下，凭借老蜂窝天险，坚持革命斗争，谱写了人民战争的不朽篇章。

除了这处红色遗址外，这里还有几座当年烧窑用的砖窑，这些用石头堆砌成的拱形“房子”已经残破，还依稀能看出烧窑的痕迹。当然，这里最重要的遗址是当年于得水曾经养伤和指挥战斗的帷幄洞。这座山洞在老蜂窝半山坡上的岩壁巨石中，需要攀爬一段峭壁方可到达，山洞高可立人，洞内地面平整，可容身数人，既遮风又挡雨。

从老蜂窝沿着蒿耩河谷一路出山，不多时便到了此行的目的地蒿耩村，至此，经过 9 个多小时的强力穿越，昆嵛山西南—东北大穿越顺利完成，在暮色降临之时，我们带着喜悦的心情踏上了归程。

泰礴顶

路线 3

大泽山 塔林停车场→智藏禅寺→日照庵→大泽碑林→瑞云峰→九连洞→上天梯→一线天→仙人桥→西峰顶→九连洞→仙人桥→红庙→聚景台→塔林停车场

作　　者：夙沙玄

路线简介：

起点（终点）：塔林停车场

路线：全程约 5 千米，用时 3 小时左右，累计爬升 350 米，最高点海拔 736 米，强度低，难度低。可乘大泽山旅游班车前往景区。

本路线轨迹　　本路线照片

本篇作者

夙沙玄，本名李慧钰，爱好中华优秀传统文化、阅读、写作、摄影。于 2017 年大学期间接触户外运动，经常组织大学生进行户外活动，喜欢将户外见闻展现于文字中。梦想是穿汉服行遍祖国。

大泽山现分为皇城、西坡、大姑顶、桃花涧、天柱山、御驾山及森林公园等游览区。其山多寺院，如智藏禅寺、日照庵等。大泽山多有奇石峭壁，如登西峰，峰前陡崖高约 4 米，岩壁上有供手足攀登的石窝十余个。大泽山西坡南侧有一天然巨佛，形神俱备，佛是一座山，山拥一座佛，实为罕见的天然雕塑。

大泽山的自然地理环境十分适宜于葡萄生长，有“葡萄之乡”之美誉，人称“西有吐鲁番，东有大泽山”。每年九月，这里举办的葡萄节，吸引着四面八方的客人前来游玩。

游记与攻略

驱车至塔林停车场，沿路北行不远处就是塔林，塔林的石塔均用花岗岩雕刻，底座均为八边形，塔身有仿覆钵式和仿密檐式两种。六座石塔聚集在一方小天地中，我们已不知它们的来处，也无法窥得其年岁，或许它们站在这里太久了，久到字迹模糊，残身颓落，但它们依旧伫立不倒，凝望着不远处的智藏禅寺。

下行一段山路进到智藏禅寺内，智藏寺也称“下寺”，始建于唐。拾级而上，依次排列着天王殿、大雄宝殿、藏经阁，周围群山环绕，树隐雾绕。

寺东有一方石坪就是邀月台，一方刻着“邀月”的石头上有许多题刻，其中“把酒问青天”一句我觉得甚是入景，因为据说夜间在石坪上可望见星辰斗转。此处视野开阔，是赏月之绝佳处，再配上溪水微风，把酒赋诗，恍惚间或可风流比苏轼。

邀月台南还有一处升仙台，邀月台北面的一方石壁旁有一处泉水，壁上刻着“万古甘泉”“甘露泉”，想来这方泉水该是润泽了寺内一代又一代的僧人，他们在青灯古寺中修行，粗茶淡饭皆需这甘甜泉水。寺内还有摩崖石刻，东北角院门向西有两方巨石相对而立，其中一方上刻“印海三昧”，石间宽约一米的长廊满壁刻有书法，这些书法石刻为明朝洪武年间杭州、温州、长安等全国各地高僧来智藏寺参加一个法会留下的诗偈。据康熙《平度州志·仙释》记载：“僧一庵，怀来人，元末游辽东，观东莱有秀气，卓锡大泽山中，填涧谷，立殿宇，从者益众，禅行甚高，能前知。坐乳泉石下，夜有虎守卧，昼则伏之日照庵东穴内。”“书法胡同”上的偈子大多是歌颂这位高僧一庵纯的，可以想见一庵纯功德影响之深远，一庵纯在乳泉石上题刻有“狮子峰前，一庵守拙，前后休提，中间莫说”的大字。

寺里有一方巨石上刻有“玉漏”，“玉”字的点却在第二道横之上，问了很多人都不知道原因，最后从一篇游记中得知，是因为“大泽山上之滴水如玉，其势乃由上而下自天而降”，没想到这古人竟在这小小的一个字中藏了这样风雅的“小心思”。一旁石上还刻有“敬天爱人”。大泽山处处皆石，步步见字，这些石刻一字一句之间皆是道理。

从“书法胡同”向北行进四百米左右有一处小亭子。山坡很缓，一路各色山花盛开，其中一种蓝色的小花颜色通透，阳光洒落其上，仿若仙女垂泪，令人赏心悦目。从小亭再向北二百米就到达日照观，因为日出即照而得名，也称“下寺”，与智藏寺的“上寺”相对。大泽山的日照庵始建于元，因近代战火被焚毁，现在的日照庵是仿古重建的。至今，日照庵内供奉着碧霞元君，还供奉着观音菩萨、无生老母、月光菩萨、送子观音等。庵东有一个天然形成的石洞，据说是隋朝末年红莲教女弟子杨斯玉修道之处，所以命名“莲花洞”，也有人称其“老母洞”。随行的一个同伴是大泽山本地人，他说洞边的这两颗松树很有名，已经很古老了，其中一棵名卧龙，另一棵为凤凰。我们没有在此过多停留，因为同伴说西边有碑林，我们便折返去碑林了，碑林中最早的石碑是明清时期立的，一条窄窄的石路两旁，石碑紧挨着排放，也有不少残碑，但大部分字迹都还清晰。碑上文字满布，几百年来它们竖立于此，守望着山中的日出日落、秋收冬藏。

大泽叠翠

我们一路行来，发现大泽山有不少眼泉。平度市内的居民有很多都是买大泽山的山泉水以供饮用的，也有不少人是专程驱车到山上取水的。大自然不仅为山里人馈赠了生机，也润泽着山外众生。

折返回日照庵，再沿石阶路北上，便可到“梳洗楼”，继续向东北方向行进，沿路能看到清朝刘墉题写的“霄鹤岩松”，岁月匆匆，人事更迭，这青山古松依旧，题壁之人已逝，只有壁上朱砂丹青还在诉说历史过往。路旁古松林立，荫蔽清凉，颇有曲径通幽之意。距日照庵四百米左右就是瑞云峰，一眼就能看到石上刻的巨大的“瑞云峰”三个大字，这是明万历三十六年（1608 年）中州知府王之都书写的，字的结构严谨，字体雄浑。崖壁之上，叮当雕凿的声音渐渐消逝，历史的颜色慢慢褪去，风雨过后，曾经的过往，都在一笔一画之间。从瑞云峰折向西行，再攀爬翻越一段就能到达最高点北峰极顶，虽然路程不远，但这一小段路应该是最难行的一段，不像之前平缓的山路，并且都是裸露的岩石，需要攀爬。若不是同伴是当地人，我可不知道这一路的地形还有“八步紧”“张飞骗马”“鹞子翻身”这么多名称。

先是爬过一方特别高的岩石，因为石头形似马背，翻越岩石有如跨过马背，所以此处就有了“张飞骗马”的名字。

再往上爬旁边是崖谷，岩石上有八个窝洞供人踩抓，若没有它们是绝对翻不过这段岩石的，虽然有脚窝，我还是十分紧张，小心翼翼踏着脚窝快速通过，心中还不忘感谢一下凿脚窝之人。

再往上走还有一处岔路，“鹞子翻身”的确是很险，在只有几十厘米的洞穴中攀爬上行，需要在山缝里手抓脚蹬向上爬才能出洞口，中途还要快速翻身，抓住另一面岩壁，可想其艰险。这显然又是一道考验体力与心理素质的关卡。

出洞口就登上北峰顶了，站在最高处，“一览众山小”的豪情瞬间就将惊险山路带来的紧张之情驱散了。登高望远，生活中的烦恼都随着层峦起伏的山色而烟消云散了，每次攀登都更敬畏大自然的鬼斧神工，也开阔了自己的眼界。

向西望去，还能望到“鹰不落峰”孑立于群山之中，此峰鹰会不会落脚我不得而知，但据说至今还没有人登上过“鹰不落峰”，不知道这鹰不落峰千百年来是否在等待着那个征服它的人，还是一直骄傲地耸立着，看着北峰顶人来人往。当然，不想经历这种刺激有趣的攀爬过程的话，可以从九连洞逆向穿行登上峰顶。

从峰顶向西南下山，因为比较陡滑，建议尽量降低重心滑下来，穿过九洞相连的“九连洞”，洞外骄阳似火，洞内却清风习习，如入仙境，“飞仙洞”大概就是因此得名吧。洞内有很多石刻，只可惜光线暗，看不清楚。下“天梯”时可以看到壁上有许多题字，其中明万历年间的进士文太青题刻的“上天云送客，出洞鹤迎人”，将大泽山的奇险秀美表达得极富诗意。过“一线天”三百米左右便是西峰。说来有趣，很多山都有“一线天”这种险而有趣的道路。经过“仙人桥”上到峰顶，这里也有许多题刻，再从峰顶下行穿过一个山洞，此处有一处水池，再往南走就到了“红庙”，相传掖县（今莱州市）进士书法家刘耳枝年幼家贫，曾在红庙读书。从红庙向南下到鹁鸽堂，再向东下撤就到了聚景台，聚景台上建有一座石亭，名曰聚景亭，亭西有幽深山涧，据传是当年范蠡与西施隐居之处。

从聚景台闲逛回到塔林停车场，就结束了这一次从悠闲到惊险再到悠闲的大泽山心灵净化之旅。

路线4

小珠山（黄岛） **东山村→齐长城→一切智园→釜台筒→打坐台→南天门→垭口→防空洞→釜台筒→一切智园→齐长城→东山村**

作　　者：梦帆

路线简介：

起点（终点）：东山村（35° 57′ 50.59″ N，120° 3′ 54.68″ E，海拔 120 米）

路线：全程约 6 千米，用时 5 小时，最低点海拔 206 米，最高点海拔 667 米，累计下降 498 米，强度中等。

本路线轨迹　　本路线照片

小珠山景区（又称青岛珠山国家森林公园）位于青岛市西海岸新区灵珠山街道办事处辖区内，是青岛市继崂山之后的第二个国家级森林公园，2011 年被评定为国家 4A 级旅游景区。整个珠山山脉长 13 千米，宽 8 千米，主峰海拔 724.9 米，为青岛西海岸群峰之最，被称为古胶州八大胜景之首，与东部的崂山隔海相望，素有“东崂西珠”之说，景区森林覆盖率达 90%，是一处紧邻繁华都市的天然氧吧。

游记与攻略

该行程的起点确切地说应该是从东山村出发，开始进行村庄穿越，因为从东山村到齐长城处还有一段路程，山区道路相对较窄，大巴车是无法通过的，自驾车可以直接开到齐长城的城墙下。这里的齐长城有 2500 年的历史了，整个城墙高 5 米、宽 3 米，呈南北走向，长度约 2 千米。

东山村是一个三面环山一侧向海的小山村，依山而建，蜿蜒的山路是唯一的进山方式。山村中植被茂密，每年春暖花开的季节，这里开满了桃花、杏花、梨花、槐花等，等到夏季，这些生长在山间的果树会长满各种果实，硕果累累的果树也给山村的村民带来了一定的收入。伴随着乡村旅游的发展，这里出现了几家以采摘为主题的农家乐，周末的时候携家人或是三五好友，远离城市的喧嚣，放下紧张而忙碌的工作，来到这里度过一个宁静的周末，岂不快哉！

从东山村到齐长城，需走2千米的村间小路，以前这里都是泥泞的小土路，现在已经修成了水泥路。大家穿行在山村之中，呼吸着新鲜的空气，大有一种超凡脱俗的感觉。大家说说笑笑，讨论着一路上看见的各种知名或是不知名的植被，既增加了感情，也让自己的知识面得到提升。

到了齐长城古城墙之下，从这里过去，里面就是小珠山森林公园的景区。

从该处进景区有两个选择：一个是直接翻越城墙，感受一下古城墙的历史；二是向右侧步行约300米，有一处断裂城墙，从此可以进入。

行走在城墙之上，不时出现的几棵老槐树，像是在叙述着这座古城墙的历史。齐长城内侧有一段下坡台阶，跨越下去就进入了小珠山森林公园，门前有一块矗立的石头，上面雕刻着“西峰关”三个字。只见前面群山环绕之中有一汪清澈的池水，瞬间给人一种心旷神怡的感觉。徒步走下一段小陡坡，我们就来到了这一汪池水面前，近距离观看，仿佛人也置身其中。

沿着水池边往东侧继续行走，前面一巨大的由各种奇形怪状的大石垒成的石拱门映入眼帘，上面题刻着“一切智园”四个大字。这是法兰西艺术研究院院士、国际艺术大师陈瑞献先生主创的大地艺术博物馆，进入其中，道路两侧随处可见各种自然天成的石头上雕刻着各种艺术品，有人像艺术、有文字艺术，行走其间，给人一种游走在艺术大地之上的感觉。

穿过石拱门往前步行约3分钟，一条涓涓细流的小溪映入眼帘，该处有一左一右两条岔路，我们沿左手边小路径直向上，这里相对于石台阶路，走起来还是需要一定体力的，道路两侧依然遍布各种石刻艺术品。径直向前走到垭口，前面就是青岛开发区，各种高楼大厦映入眼帘，和身后的森林氧吧形成一种鲜明的对比，出垭口，沿着右手边继续向上走，过一条小树林中的山径，映入眼帘的是一片视野开阔的山背，每年的四五月，满山的杜鹃花、映山红盛开，点缀着盎然的春色。

继续向前，视线更加开阔，前面一座独立的山石叠加而成的小高峰，给人一种气势磅礴的感觉，这便是福台筒。该处山头从南侧可以攀岩上顶，但是相对比较危险。福台筒前面是素有小黄山美景之称的小珠山北侧山峰，群山有如黄山的山峰那样具有层次感，宛如一幅立体的山水画。福台筒的东北侧，天气晴朗时可以清晰地看见胶州湾跨海大桥以及远处山间的风车。

福台筒前侧沿着台阶而上至垭口处就是小珠山的南天门，属于景区路线。我们的路线是沿着福台筒的右手边小路上山，寻找不一样的山间原始景色。

小珠山

在福台筒稍做休息后右手边能清晰地看见一条从山脊上山的小路，这就是驴友俗称的驴道。从这里上去之后只有一条小道，直接往山顶方向，一直通向山顶的南天门，其间山路时上时下，风景各不相同。走在这条原始的山脊小路之上，环顾四周的原始风景，都是原生态。世间本无路，走的人多了就成了路，这条山脊小路就是这样走出来的。走过一段山脊平缓的小路，前面是一段明显的拔高山路，在这个拔高的分界点处左侧是通往南天门的景区台阶路，小路左侧有一处突出的平坦的只能勉强站立两人或一人盘坐的独立巨石，这就是打坐台。

坐在打坐台上，背面就是素有小黄山之称的小珠山北侧山脊，此处观看更能凸显出其山脊的雄伟与奇秀，大家均在此再次驻足并留影。留影之后继续前行，前面的一段路可是很需要体力和耐力的，这段拔高的山脊之路一直向上，其间有一段相对难走，一直到山顶的南天门。

南天门是小珠山北侧景区路线的一个转折点，此处山石之上各种石刻琳琅满目，充分体现了人与自然的结合。南天门处山顶可以远看西侧的西海岸新区城市面貌，远处的大珠山与海天相连，形成城、海、天于一体的景观，给人一种心旷神怡的感觉。在垭口处是一块开阔的平坦之地，按照正常的行程与时间到达这里，正好是午餐时间，大家在这里一边欣赏珠山石刻，一边在这原生态的自然之中品鉴美味。

南天门处有三条路线可以行走，分别是：

1. 径直向南继续行走，穿越至小珠山的南山完成小珠山的北南穿越路线，到达太平钟处的最高点。

小珠山

2. 从东侧景区台阶路线下山，该路线一路上石刻相对较多，但是下山台阶较陡，下山会合处为福台筒。

3. 从西侧景区台阶路线下山，该路线相对较平缓，路周边的风景也相对自然一点，能看见西侧远处山顶的风车。

我们此次就是沿着西侧景区路线下山至第一

个下坡的垭口处，走到该处，向前走是山脊穿越路线，能径直穿越至齐长城处下山，至台阶路右转，继续下山，山下便是我们此次行程的另一处亮点——防空洞。

到达洞口之后稍做休整，整备好穿越需要的头灯，整个防空洞穿越时间需要 40 分钟。防空洞中有许多大小不同的房间，各个区之间还有牢固的铁门，如今，铁门已是锈迹斑斑，但是看上去依然那样坚固。穿越时要当心碰头。因山洞处于山脊下部，里面部分路段有积水，穿越中需注意。在山洞中间部位有一段感觉不是很明显的上坡小路，形成了里面的北高南低的地势，在行程之中有一处岔路口，大家从西侧进入岔路需要从左侧向前行进，从东侧进入岔路需要从右侧向前行进，可不要走错。40 分钟之后，我们的出口是在小珠山的东侧路线处，该处往下行走至福台筒处，至此，整个行程也就有效地闭合成了一个小环线。

福台筒处继续下行就是我们开始上山的路线，至“一切智园”，再到齐长城，便结束了整个行程。

路线 5

罗山（招远） **罗山景区大门→杜鹃谷（罗山湖）→神鳌广场→神龛→双谊亭→神龟观潭→连翘廊→木栈桥→天梯→回音谷→卧龙洞→水坝→罗山顶→景区门口**

作　　者：小虎

路线简介：

起点（终点）：招远罗山国家森林公园门口（37° 45′ 59″ N，120° 47′ 24″ E，）

路线：全程约 11 千米，用时约 5 小时，累计爬升 2453 米，最高点海拔 743 米，适合一日徒步穿越。本路线整体分为两部分，第一部分大约全长 4 千米，整体位于罗山森林公园景区内，路线成熟，适合各个年龄的人群游玩。另一部分主要是环罗山最高峰行走。

在第一部分游完未尽兴且体力足够的情况下可以无缝衔接到第二部分路线。

本路线轨迹　　本路线照片　　本路线视频

本篇作者

小虎，本名李晓虎，户外运动爱好者，美国户外领导力学院讲师，AHA 急救员，2019 年起关注山野生态问题并在校内发起拓学生态志愿项目，先后完成腾格里和库布齐沙漠徒步、武功山徒步，太行山、五岳登顶及行走省内多条路线。

罗山，原名叫阳丘山，海拔 759 米，是莱（州）龙（口）湾畔最高的临海山峰。

整条路线上到处是悬崖峭壁，怪石林立，奇景美不胜收，四季变化鲜明，春天杜鹃花开，如火如荼；夏季溪流潺潺，鸟语花香；秋天万绿丛中红叶簇簇，野果挂满枝头；冬季白雪皑皑，极为壮观。是招远、栖霞、龙口等地驴友放松休闲的绝好去处。大自然的天赐神授，使这里成为亚洲最大的黄金矿。据勘查，招远的黄金储量约占全国黄金储量的 1/10，而罗山则蕴藏着招远 80% 的黄金储量，故而被誉为“中国第一金山”。也正因如此，早在几千年前这里便开始了黄金开采。更让人称道的是，这里尽管是全国闻名的黄金宝地，却绿色满山、生机盎然，辖区内的罗山国家森林公园已被国家旅游局评定为 4A 级旅游风景区。

游记与攻略

上午 8 点半，到达罗山景区门口，买票之后通过防火检查，向前行进约 100 米，可以看到一条隧道，名叫罗山隧道，整条隧道长大约 100 米，穿过隧道之后，眼前豁然开朗，整个罗山山脉呈半包围状展现在你的面前，有很多山甚至连当地的人们都不知道叫什么，县志也无从查考。一座桥横跨在杜鹃谷上，连接着隧道与山峰。杜鹃谷种植了数万株杜鹃花，依山傍湖，四月时杜鹃花进入盛花期。杜鹃谷旁边便是罗山湖，站在桥上，湖中的水仿佛是一块碧绿色的翡翠，镶嵌在这万株红杜鹃中，水的点缀恰到好处，少一分则缺，多一分则溢。

随后便经过神鳌广场，金光闪闪的巨型神鳌系不锈钢镀金，高 19.9 米，重 66 吨，堪称天下第一鳌，据说正在申报吉尼斯世界纪录。

神鳌

告别了神鳌，我们来到了上山的起点——罗山小吃店，这里也是一个上山的防火检查点，检查人员在确定我们没有带火种之后放行。从小吃店左转上山（今天我选择了反穿景区）。好久没上山撒欢了，所以我从大拔高开始，先选择了走滑道。这个岔路口极好分辨，一片竹林将山路分为两部分，选择左手边的即为滑道路线，这时候已经接近9点半，虽然处于风口，但风却吹得很温柔，以至于还没怎么爬山的我已经额头冒汗了。脱掉外套，依旧感受不到凉爽，一筹莫展之际，忽见一个辘轳架在水井之上，打桶水，将毛巾蘸湿，敷在脸上，一阵凉意，身上的每个毛孔都收缩了起来，够爽够带劲。这段路程整体上没有很大的危险，山间的路已经修整好了，在整个路线上均有护栏，但仍时不时会有小的碎石滚下，需要注意，整个的爬升难度还是比较大的，到山顶之前一直在拔高。

在距起点约500米的地方有一座神龛，因为这里只有一条路，所以根本不需要担心迷路的问题，向上行走大约30米，一个巨大的“寿”字刻石出现在路边，面积大约有8平方米，我们拍照留念后便继续向上爬了。

转过一个小转角，一条小天梯映入眼帘，直通山顶，陡峭且刺激，但爬起来却没有想象的那么困难，大约5分钟即可到达山顶，山顶有两座小亭子，它们如兄弟般并立于此，驴友们给这两座亭子起名双谊亭。

汗渐干，背起背包，向西北出发，山间的松树造型各异，热情地跟每一个过客打着招呼，道路中间散落的松果，山间啾啾的鸟鸣声，游玩的人们的欢笑声，构成了山间的协奏曲。

步伐越来越轻松，这是在下山了。在松林之间，有一个不大的亭子，亭子

神龟

对面上有个提示牌，上写“神龟观潭”，站在亭子向西看去，能看到一个像神龟的石块，头前伸，远远地看着山下。

继续向下，眼睛仿佛一片亮黄，已是四月，山内连翘却刚刚盛开，争奇斗艳，刚刚还沉浸在杜鹃的红色里，转眼却又被这一抹黄色所吸引，下一场又该是什么颜色？穿过连翘廊，便来到了一段平路，在这里也有一口井，打桶水，简单洗漱后，没有做更多停留，因为，下一秒便会看到东边的一片墨绿色的潭水。相较于罗山湖的翠绿色，我更喜欢这里的墨绿，拿出放在包里的矿泉水瓶，灌了一些水，发现水竟然是清的，说明这个湖深而不浊。走在湖边的木栈桥上，抬头看向西南方向，竟然可以和神龟相对，原来，神龟目之所及便是这片墨绿色的水潭啊，因为心中有那一份信仰，才使它可以承受这世代风霜雨雪的洗礼，不曾改变。

穿过木栈桥，继续向东前进，5 分钟后来到了一个岔路口，向上就来到了观景台，在这里看到的景色也很别致，正如世间没有白走的路，你花费时间来到了这里，当然也会看到不一样的风景。

观景台向下沿着山路七拐八拐，依旧是竹林，依旧是乱石路，行走约 200 米，再次来到了一个岔路口，向右下山是陡峭的天梯，可以直达半山腰的小凉亭，向左下山是一段平缓的路，但你却看不到前方有什么，会不会有什么意外收获，谁都不知道，生活的乐趣不就是在此吗？既然认定左下是最好的选择，那就出发吧，当转到天梯底端我才发现，原来，两段路线的起止点是一样的，只不过有长有短，起点在岔路口，止点在回音谷。在回音谷向山的那边喊去，声音一声声传递回来，虽然我不是很喜欢喊山，但是为了表达对这个山谷的尊敬，还是大喊了一声。

到这时，基本上已经走过了 3.5 千米了，山脚就在你的眼前，原本以为会平淡无奇地走下山，却在一个很小的洞穴旁边看到有一个提示，此地竟然是卧龙洞，也称龙洞，顺着卧龙洞的开口方向向东南看去，有一块虎啸石，苍松翠柏中，一只猛虎状的巨岩，张开大嘴，对着龙宫涧方向仰头长啸，好像对于前世的恩怨仍然耿耿于怀，仔细聆听，仿佛还可以闻其长啸呢。

大约 15 分钟，就来到了山脚，自然是没有过够瘾，想进景区，但工作人员说，现在部分景区已经划入国家森林自然保护区，不允许任何人进了，就连藏马涧也因为防火的原因，不再接待游客。

此路不通，那就换路，从小吃店向北大约 100 米，有个大坝，顺着大坝向东，走到尽头处右转，一条小路藏匿在其中。这便是整个路线的第二部分，这部分路线有几个特点：首先，这条路线是一条比较经典的路线；其次，这条路线略有一定难度，这个难度不仅体现在道路极容易被杂草覆盖，还体现在这条路线中的石头很多都属于不稳定石块，极易崴脚或踩空，不建议新手或体力差的人走这条路线。

因为杂草的覆盖，起初我也没有发现这条路的痕迹，我甚至一度怀疑自己走错了。在慢慢行进过程中，小路的样子慢慢显现了出来，正所谓拨开浓雾见天日。在树林里穿梭，巨大的马蜂在你耳边肆意地飞着，暂且默认为是欢迎吧。这里的紫藤萝格外茂盛，一天之间，见过火红的杜鹃，见过亮黄的连翘，现在又见到淡紫色的藤萝，也算是对不能进景区的补偿吧。枯树、荆棘、乱石杂乱无章地分布着，必须要打起精神、注意力集中才能保证自己的安全，才能更好地享受户外乐趣。向上持续拔高，从海拔 200 米一直上到海拔 630 米，来到了第一个山头，山的南边属于招远市，而北边则属于龙口市。在这里吹着风，吃过午饭，简单休息后，先原路返回，本想上罗峰主脉，去亭子坐坐，却遇到了防火队员，被告知现在罗峰主脉已经禁止任何人进入了。虽心有不甘，但却无可奈何，只好待防火期结束，再约好友一起登高望远。

路线 6

天崮山（栖霞） **景区大门→拾叶亭→天崮将军→三生石→观景台→青云天梯→仙人桥→插旗顶→神龟探头→运粮道→广场→济公醉卧→拍摄基地→仙崮顶→试剑石→景区大门**

作　　者：小虎

路线简介：

起点（终 点）：天崮山景区大门（37°27′40.89″N，120°43′30.47″E，海拔333米）

路线：本条路线整体呈“9”字形，将插旗顶与仙崮顶连接起来，以小见大，领略天崮山的奇异壮美。全程大约6千米，用时约3.5小时，累计爬升约500米，最高点海拔542米，适合半日徒步休闲。

本路线轨迹　　本路线照片

天崮山，矗立于栖霞市西北端的苏家店镇，北临龙口，东接蓬莱，西眺招远，四市交界。天崮山正西 20 千米为龙口的罗山，西南 5 千米为海拔 700 余米的艾山。天崮山由五座山峰组成，分别是香炉顶、插旗顶、南崮、鸳鸯峰和观音峰。

游记与攻略

我们上午 9 时自烟台出发，大约一个半小时后抵达天崮山景区售票处，本路线以检票处为起点。其实，因为山不高，从景区北面的上薛家村、东侧的大道刘家村、东南的老洼村等处均可轻易登顶。

过检票口，可以看到两条方向相反的路，这便为“9”字形路线的交接点。我选择了先进行插旗顶环绕。伴着潺潺的流水声，向插旗顶东南方向看去，在山坳处矗立着一尊凝神打坐的巨大天然佛像——天崮神佛，它是胶东第一天然石佛，未经修饰和雕刻，神态平和而安详，昼夜凝神打坐，似在庇护着天崮山这方山水。

向上行进约 50 米，即到达了拾叶亭。亭子以青灰色为主，现代建筑，主要是为人们提供休息和放松的场所。在此向西南方向看，一块天然形成的石头，像一位威风凛凛、身披盔甲的大将军日夜忠诚地守卫着神奇的天崮山，这便是天崮将军。

继续向上，路面由石板路变成了木栈道，因为山体的不稳定性，为保证大家的安全，景区于近年修建了木栈道。

继续前行，很快即到达观景台。但此时千万不要急着去爬上观景台，因为你的着急，很有可能错过“X 形节理”，也错过了三生石。X 形节理的形成主因为山体受到节理作用，呈现龟裂之态，因节理形似 X，故称 X 形节理。三生石最佳的观测地在观景台下方，透过一棵常青松，可以看到三块分裂的石头，但三块石头位于整个石块上方。欣赏完这两个景观后，就可以奔上观景台。整个山下的景色呈现在面前，青墙、红瓦、蓝板房尽收眼底。

伴着山间清爽的风，行走在青云天梯。可能是因为其颜色为青色，人们将这段接近垂直的栈道命名为青云天梯。

梯子走起来没有看起来的那么费劲，大约 10 分钟便可抵达仙人桥。据传，汉钟离、吕洞宾、韩湘子、蓝采和、张果老、铁拐李、曹国舅、何仙姑八仙借助各自的宝物，从仙人桥漂洋过海，凌波而去，到了蓬莱阁对面的庙岛，“八仙过海，各显其能”也就成为流传甚广的神话故事。

过了仙人桥，便到达了天崮山主峰——插旗顶，它海拔 542 米，相传当年唐王东征的时候，将帅旗插于此山峰上，凛凛帅旗迎风招展，远在十里以外都可看见，这正是插旗顶名字的由来。在山顶观察整个山区，除有一条进山之路外，周围皆被群山环绕，如同天然的屏障，将这美好的山景禁锢在这群山之中。南侧的笔架山，从高到低，依次排列，山下的一个小水库如砚台，仿佛天崮山是被人刻意画出来的似的。这山，这水，这人，如此美好。丹崖绝壁，巧石灵动，“江北小石林”在此出现。

过了插旗顶，便开始了下山之路。

下山路多在林区，本以为没有多少风景，计划乘滑梯下山，但排队等待时间太长，我们便选择了走路下山。一阵清香吸引了我，是那种甘甜，原来，距离滑道不远的地方便是一片槐树林，此时正是槐花开放之时，想起来小时候吃的槐花包子，于是摘了一串槐花，放到嘴里，细细咀嚼，那种甘甜，世间任何一种人工制造的糖都无法与之相比。

摘槐花时，发现在山体的东南方向竟然有一块突出来的石头，像一只神龟，在探头看向插旗顶，仿佛它也想去山顶看一下。

踩着板栗壳，捡拾着松果，品尝着槐花，一路向下。一条石路出现在面前，我推测这应该是早期的运粮道。据说，唐王东征时曾在此驻扎，李世民的军队运粮走的便是这条道，虽然时间已经远去，铮铮铁马也归于历史的尘埃，但我们仍可感受到当时的惊险刺激。

行走在下山的路上，仿佛穿越了历史，当再次听到潺潺流水声的时候，我知道，我已经完成了路线的环绕部分。

再次到达检票口，简单休息，吃过午饭，荡会儿秋千，我开始了一段新的旅程。到仙崮顶的路线较为简单，只需要一直向上即可。仙崮顶一线风光旖旎秀美，崮顶一马平川，四围的悬崖峭壁堪为胶东奇观。仙崮顶，不仅风景如画，更是流传着动人的传说故事：天上诸神仙到胶东一带游历，被仙崮顶的美景所折服，流连忘返，因而留下了仙人座、大仙脚印等。2013 年 7 月初，电视剧《蓬莱八仙》于天崮山景区拍摄，“八仙”会聚天崮山，“仙崮顶”的名字更加名副其实了。

路上的蜜蜂发出嗡嗡的响声，花香沁人心脾。行至一半，在两峰交界处可以看到一块石头如济公醉卧，正所谓“拨云古道间，乘风觅仙踪；活佛好颜色，醉卧不思归。”

继续向上，便可以看到电视剧《蓬莱八仙》取景地的提示牌，欣赏着一个个场景，脚步放慢，徐徐登顶。仙崮顶山顶较为平坦，奇石也很多，最有名的便数试剑石了。相传李世民在此安营扎寨以后，来到山顶观天象、察地理，忽有仙人从天而降，赠其宝剑，李世民想试一下宝剑的锋利程度，便举剑向石砍去，宝剑尚未落下，巨石便一分为二，试剑石便因此得名。

最后来到香炉顶，这里是景区的标志性景观。相传，当年李世民东征，在天崮山安营扎寨后，夜巡营帐，皓月下的香炉顶熠熠生辉，好似一只硕大的仙界香炉从天而降，见此奇观，李世民心中大喜，以为这是天降吉兆，于是顶礼膜拜，香炉顶的名字由此而来。香炉顶下是千亩苹果园，这里出产的苹果绝对称得上是烟台苹果的极品，方圆 20 千米无工业污染，海拔高，温差大，光照好，沙质土壤，施有机肥料，“喝”矿泉水，这几大因素成就了天崮山苹果的美味。

正是：走进天崮山，回归梦里桃源，饮山泉、吃山野菜，登天梯，观天街仙雾，沐林海清风，赏人间仙境。

天崮山云海

第三部分

理论技能篇

山中即景

一、行前准备

有人认为荒野能够激发人的潜力，但我认为荒野只是重启了人们内心深处被埋没已久的东西：耐心、判断、力量、人格，这些东西重新浮出水面，我们会重新审视自己和自己的生活。

本篇将碎片化知识高度概括化、系统化，让户外和探险爱好者从中受益。

（一）选择合适的队伍

每个人的能力不同，也许你是一位户外新手，也许你是有过几次露营经验的初学者，或者你曾经勉强走过鳌太线、狼塔线，或者你是一个野外攀岩高手，或者你爬过几次高海拔雪山。但无论你是什么情况，在每一次户外活动前都要正确地评估自己的技能，结合你想去的地方，要问自己以下几个问题：

1. 我有多少户外知识和技能？
2. 出现紧急情况时，我如何应对？
3. 我的生理和心理是否能应对这次户外活动？

◎选择队员

当你在思考以上三个问题时，是否也考虑过另一个问题：当我缺少某项技术时，是否可以通过其他资源弥补我的缺陷？答案就是你的队友。你的队友是你在野外的最佳资源，他们可以为你提供许多便利和额外的风险缓冲。但是这一切都建立在寻找到合适的队员之上，最强的队友不一定是好队友，一个合适的队友应当与你的理念一致，有相互补缺的技能、相似的行走速度和风格。

在选择队友时，不妨考虑以下几个问题：

1. 你们是否有相似的价值观和判断力？你能够相信他吗？

2. 你们一定会有能力差异，当强者和弱者出现时，是否也会伴随出现攻击气氛？

3. 你能享受与他同行的感觉吗？

◎队伍规模

小队伍人数通常有 4 人—10 人。在一些人迹罕至的荒野开展户外活动，小队伍是最常见的组队形式，队长可以根据情况灵活地做出决策，并且能很快达成共识。值得注意的是，4 人是最低的安全底线，当有 1 人出现问题时，可以有 1 人照顾伤员，2 人结伴出去求救。应绝对避免独自出行。

大队伍通常在 10 人以上，领队需要掌握更多的组织技巧和领导技巧。作为队员，在大队伍里会相对自由，你有更多个人空间去做想做的事情，但大队伍一旦面临决策时不容易很快达成共识。在大队伍中更容易出现受伤等问题，不过人多力量大，不用担心后期处理时的资源问题。

（二）确定探险目的

许多人只是认为探险的目的是完成某条路线或者抵达某座大山的顶部，但许许多多山难告诫我们，探险的目的不是如此简单。

除了抵达某处或完成某条路线，探险的目标还应包括如何完成，为什么要去完成。在某次探险活动前，队员们最好分享自己的探险目的，这种分享会增加团队的凝聚力，也会帮助大家更快地融入探险活动中。

（三）路线规划

好的路线规划会让一次旅行变得更简单愉快，一般来说，好的路线规划需要大量的经验支持，以及要用大量的时间去研究相关资料。你需要了解沿途的地形地貌，路线是碎石还是积雪，路线坡度大不大，一小时大概能走多远，营地的情况如何，当地的最低、最高气温是多少，水源情况如何，是否有野生动物的威胁。在了解完以上因素后，再合理规划行程。

路线规划的几个重点：

1. 每天的行进里程；
2. 地形；
3. 休息日；
4. 备选路线；
5. 下撤路线；
6. 合理的季节。

二、野外饮食

（一）食物和营养方案

如果没有携带足量的食物，你可能会因为没有选择而去吃难以下咽的食物。如果带了太多食物，你可能会被巨大的重量压得喘不过气来。

◎基本食材、即食食品、冻干食品

基本食材　指的是面粉、盐、油、奶粉等未经加工的原材料。这些食材可以通过烹饪做成可口的饭菜，它们价格便宜，重量轻，现做的食品也会更美味可口，但在户外做一顿好吃的饭菜，需要一定的户外烹饪技能。

即食食品　方便食用，但口味不一定适合在复杂的户外环境中当作主食食用，另外，超市购买的即食食品会产生大量的垃圾，很难在野外妥善处理。

冻干食品　是现代工业化的产物，轻便，营养合理，但价格略贵，口味比较单一。

（二）食品计划三步法

在本节内容中，我们将提供科学可行的户外食品计划三步法，这与我们日常吃饭有较大差异，一开始可能很难实施，但一旦掌握，这些方法能让您以更有效的方式去规划户外饮食。

◎第一步：计算每天吃多少

在这一步，需要通过活动强度、行程长度、活动时间、天气、海拔这五个因素来确定每人每天的食量。

◎第二步：计算总量

可通过以下公式计算食物总重量：总重 = 团队人数 × 活动天数 × 每人

每天量

◎**第三步：选择食物类型**

根据个人口味、食物偏好、预算、耐储存性等信息选择你喜欢的食物。

举例：

早餐 燕麦片、玉米糊、芝麻糊、速食粥

路餐 糖块、巧克力、能量棒、干果、果脯

晚餐 面条、米饭、土豆、小米、玉米、烧饼

按食品类型，可分为：

蛋奶类 鸡蛋、奶粉

肉 火腿、香肠

面粉类 面粉、自发面粉、烘焙预制粉

糖 / 饮品 红糖、白糖、葡萄糖、果汁

汤类 冻干汤料、方便汤料

（三）户外营养

对于一次成功的探险，户外食品的营养是十分关键的，从最根本上讲，它决定了你是否能在恶劣环境中存活下来，它还决定了你能否在一日的疲劳中恢复。随着活动时间的延长，它还决定了你身体能否长期处于健康状态。我们的身体和精神状态会在危险、高压和恶劣环境中产生变化，在做营养计划前，我们需要仔细慎重地考虑以下几点：

1. 熟悉各种食物的营养成分、含水量、热量。
2. 在探险中，我们的饮食频率会增加。
3. 比起日常生活，户外饮食蛋白质含量应多一些。
4. 在高海拔、高强度活动、炎热环境中，食欲和口渴感会减弱，不能单凭感觉。

(四)户外食品的打包

如果不给户外食品打包，你可能会把自己的背包和营地搞得一团糟，而且在吃完饭后会产生大量的垃圾。

我们推荐将所有的食物重新打包以减少污染，增加便利性。自封保鲜袋是一种十分方便的工具，可以在超市买到，这种袋比较厚实，有一个能用手捏紧的密封条，可以重复使用。使用完毕后可以折叠起来存放或当作垃圾袋，它不会漏水、跑味，也不会污染你的背包。

(五)规划营地用餐区

没受过训练的户外爱好者会在帐篷附近烹饪，这种做法在极端天气可能没有什么问题，但对于大多数户外活动，这样做可能会威胁到自己的安全和健康，野生动物会经常被食物的气味吸引过来搜寻食物。

在营地，我们应当规划出一片厨房和用餐区，这片区域应处于下风口，且离居住区 30 米以外，即使晚上有动物被食物的气味吸引过来也不会影响到营地的安全。

(六)户外自然水的净化

如果你去的地方是远离你的居住地且从未到访过，那当地的水源必须经过净化或杀菌处理才能喝，那里的病原体你可能从未接触过，所以体内没有相应抗体，即使当地人可以直接饮用的水源，也不要贸然尝试。

在户外，我们所有的饮用水必须经过处理，处理方式有化学处理、物理过滤、UV(紫外线照射)、煮沸。

三、户外装备

我们要小心地选择装备。试想，在秦岭之巅的风暴中，什么样的帐篷才能让你免受灾祸；在青藏高原的冰川之上，什么样的睡袋才能让你舒服地睡上一晚。在高强度的长途跋涉中，什么样的炉头才更适合使用。另外，你要懂得如何让这些精巧的装备一直处于高效的状态。由于户外装备的更新换代速度很快，本章只对主流户外装备做系统的分类和介绍。

（一）户外鞋袜的选用

一双合适的鞋能助你登上雪山之巅，穿过荒原丛林，一双不合适的鞋会让你饱尝痛苦。如果脚上起了水泡，这种恢复极慢的小伤能让你在徒步中痛不欲生，扎破它后还有感染的风险。

鞋子并不是越高级越好，不同的活动选择相应的鞋子才能让你更舒适，穿着高山靴徒步会让你提前耗尽体力，而穿着越野跑鞋登雪山则可能被冻掉脚趾。

常见户外鞋类型

	特点	适用环境
高山靴	十分坚硬，合成外壳、大多有双层结构，防水，较为保温，有些还有冰爪卡槽、高帮	高山探险、雪山攀登
徒步靴	耐磨橡胶硬底、皮质外壳、防水、单层结构，中帮或高帮	不高于6000米的徒步型雪山，长距离重装徒步探险
徒步鞋	耐磨橡胶软底、皮质或纺织物外壳、单层结构，有些可以防水，低帮	快速徒步穿越，轻装或轻量化徒步
越野跑鞋	强抓地力橡胶软底、纺织物外壳、单层结构、轻量、透气性极佳，有些可以防水，低帮	越野跑、快速徒步穿越、轻量化徒步

◎**选择合适的鞋**

对于选择多大码数的鞋子，取决于穿什么袜子。走寒冷的路线，或者长距离徒步，有时候我们会穿两双袜子，这就需要你选一个码数大一两号的鞋。对于普通的路线，我们推荐你尝试以下方法：脚趾顶住鞋最前面，脚跟和鞋后方内壁要留出一个拇指的空间。除了袜子的原因，还因为我们的脚在长时间徒步后会出现不同程度的肿胀。

在进行实战前，你需要一到两天的近郊徒步来试试新鞋是否合脚。如果不合适，要及时更换鞋子，不然在真正的探险中会影响你的发挥。

◎**户外袜的选用**

常见的袜子材质有棉、羊毛、聚酯纤维、尼龙、氨纶等，这几种材料有着不同的性能。

棉 保暖性好，吸水率高，吸水性好，亲肤，但湿后不易干燥。

羊毛 保暖性好，吸水率中，吸水性中，亲肤，湿后干燥比较快。

聚酯纤维 保暖性中，自身不吸水，吸水性差，不亲肤，湿后干燥很快。

尼龙 耐磨性极佳，自身吸水率很低，不亲肤，干燥快。

氨纶 有弹性，湿后干燥快。

你可以在袜子的吊牌或说明书上查到这些袜子的制作材料，一些低价格的户外袜子由棉、聚酯纤维、氨纶混纺而成，适合一般轻度户外、露营和旅游活动。更高级一点的是由聚酯纤维、尼龙和氨纶混纺而成，既有速干性又十分耐用。羊毛制成的羊毛袜或与聚酯纤维混纺的羊毛袜价格较高，其亲肤性好，不容易出现异味，但耐用性和速干性不如纯聚酯纤维的袜子。

户外袜子的内里和平时穿的袜子不同，里面的脚趾、脚跟等部位用毛巾面工艺加厚了，增加了舒适度。这种袜子穿起来脚不容易起水泡。有些袜子甚至整个内里全都是毛巾面，能在一定程度上增加吸汗与速干性能。

（二）户外服装的选用

在城市中，穿多少衣服从来不是一个问题，而且遇到恶劣的天气时，我们可以躲在建筑物或车里。但在户外活动时，山上气候多变，有时一天能遇到四季，晴天时感觉像温暖的夏天，阴天可能就会变成严冬，此时，小小的背囊中该装什么衣服才能应对复杂多变的山区环境呢?

◎分层穿衣法

在决定带什么衣物进山前，需要了解目的地的气候特点，查询当地天气预报，结合目的地的地形进行判断。例如，谷底的气温会偏低，荒漠的温差会比较大。参考前人的游记是一种捷径，但也要做出自己的判断，如果你想在夏至前后走鳌太线，那么就要同时携带初夏衣物和初冬时穿的衣物。

山中温差很大，但我们只需要简单更换几件中层衣服就可以应付 −10℃~ 20℃的环境，这就是分层穿衣法。分层穿衣法的原则很简单，用多层简单衣物来替代厚重的单层衣服。

基础层（内层） 贴身穿着，能在潮湿环境下保温并具有良好的速干效果，通常用聚酯纤维制成。

保温层（中层） 要有良好的保温效果，可以是羽绒服、抓绒衣或者棉服。

保护层（外层） 也称之为防风防雨层，可以是雨衣、冲锋衣、软壳冲锋衣。这类衣物有一定的防风防水性，有些还有一定的透气性。外层无须具有保暖性，自带保暖的外层难以维护。

◎服装配件

头部装备

在户外运动中，帽子几乎是必备的装备，它可以防晒、保暖。请尽量选用全尺寸不露头皮且带有帽檐的帽子，帽檐在钻树林时可以防止树枝划伤眼睛。

常用的带沿帽有棒球帽和渔夫帽，棒球帽可以应付大多数户外场景，但在高海拔紫外线较强的地区，渔夫帽更胜一筹。当温度较低时，可以配合冲锋衣的兜帽来使用，增加保暖性，如果是冬季活动，则需要一个能护住耳朵的羊毛帽。

在户外，魔术头巾也是常用的装备，往往配合帽子使用，它可以护住帽子无法遮挡的区域，如脸部。魔术头巾的种类很多，有些很轻薄，适合温暖气候地区使用，有些则很厚实，适合寒冷气候地区使用，魔术头巾可以有效地防止皮肤被紫外线灼伤，可以有效地降低风寒效应，在大风天能保持舒适感，但使用魔术头巾护住嘴的时候，可能会让眼镜起雾。

眼部装备

如果你不是近视眼，可以选择各种类型的太阳眼镜，只需要确保 UV 阻挡率是合格的，在不同的海拔高度行走，对透光度也有一定的要求，总体上来说，海拔越高，透光度要越低。例如在 5000 米海拔，透光率应在 20% 左右，在 6000 米以上，则应在 15% 以下。

如果你是近视眼，选择的余地就小得多，你可以用近视变色镜或者近视夹片墨镜，但这类镜片不能用在 5000 米以上的高山地带。另外你可以选择雪镜，它可以把近视镜包裹进去，但容易起雾。如果预算充足，可以选择一些定制的运动近视镜。

手套

手套是任何户外环境必备的装备，在丛林中，手套可以防止手被树枝划破；在寒冷环境下，手套能保暖；在高山地带，手套可以保护手不被日光晒伤。

手套常见的材质有：尼龙、聚酯纤维、羊毛、棉、皮质。

并指手套比五指手套要暖和得多，常用在极寒环境，但会限制很多的手部动作。

尽量避免使用半指手套，因为手指是最需要保护的部位。在寒冷的天气，可以用两只手套来保暖，例如先戴一双薄抓绒手套作为内衬，外面再套一个大码的并指手套，在必须脱手套的动作中，薄手套也可以保护手指不被冻伤。如果你要去的地方是湿冷大风环境，可以从外面套一双塑料或塑胶手套，这样一来，手就不会因为水分快速蒸发而被冻伤。

（三）睡眠系统

◎睡袋

睡袋不仅能在寒冷的夜晚为你提供一个温暖的被窝，还可能是你生命的最后一道保障。试想，在暴风雪中，你即将面临失温，在高海拔雪山上，你体力透支并身患高山病，这时，一个可靠的睡袋就成了救命的最后一根稻草。所以，不要过分节省用在睡袋上的预算。

睡袋有很多种类型，究竟选择什么样的睡袋才能用于户外探险活动？

从填充物上说，羽绒和高品质人造棉都是不错的选择。但相对于人造棉，羽绒的抗潮湿能力较差，在潮湿环境中，羽绒会结成团，难以维持良好的保温性能。近些年，厂家对羽绒进行了拒水处理，能在一定程度上提高羽绒的防潮性能，降低潮湿环境下结团的程度。

人造棉睡袋可用于多种环境复杂的探险活动中，例如雨季的山地徒步、丛林穿越、漂流探险，因为它在潮湿后也能保持一定的保温性能。但人造棉睡袋十分笨重，即使同样重量的棉睡袋和羽绒睡袋，压缩后的体积也会相差一倍以上。在妥善保养的情况下，棉睡袋的寿命不超过 5 年，而羽绒睡袋可高达 20 年。

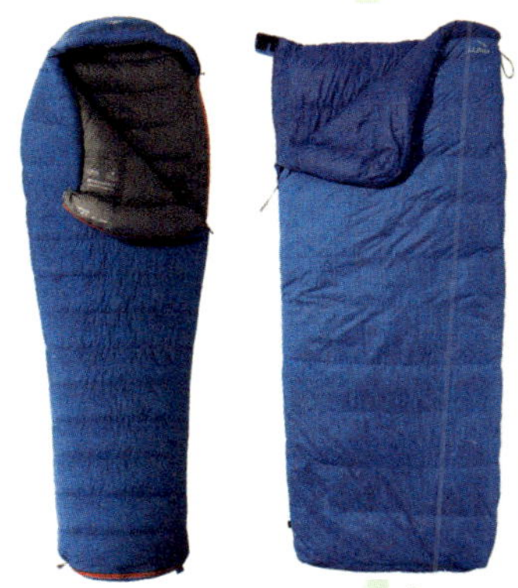

基于以上情况，我们推荐在大多数徒步路线中使用羽绒睡袋，而在漂流这类活动中则使用棉睡袋。

有一类长方形的睡袋是最便宜的，这类睡袋叫信封睡袋，一般用于公园休闲和夏季露营活动。它没有良好的保温结构。在徒步探险中，我们推荐木乃伊形睡袋，这类睡袋根据人体形状设计，减少了空腔，能在结构上极大地增加保温效率。

睡袋的长度也是必须要考虑的，要选择适合身高的长度，太长会降低保温效率，太短会影响舒适性。

◎睡垫

睡垫分为两大类：发泡垫和充气垫。

发泡垫保温性能较差，不易收纳，但十分轻盈耐用，常用于环境恶劣的探险活动。

充气垫分自充垫和气管垫。自充垫通过填充物的膨胀性能自动充气，这类气垫比较笨重，主流品牌已减少生产。气管垫是当前充气垫的主流，这类睡垫厚度高，舒适性强，重量轻，保温好，缺点是难以保养，损坏后会失去所有保温性能，充气过程也较麻烦。

◎**帐篷**

帐篷的品牌和型号很多，因此大部分人会感觉帐篷的分类十分混乱。但万变不离其宗，根据帐篷支撑杆的形态可分为三种类型：A 型、圆顶型、通道型。

A 型：也称之为无杆帐，中间或边侧有直立的坚硬竖杆为帐篷提供支撑，竖杆可以为登山杖，也可以为特制金属杆。这类帐篷是户外帐篷的祖先，它们曾用于人类所能及的任何环境中，所以是一种经典可靠的帐篷。它有良好的抗雪压结构，但在强风下侧壁会被吹平，从形态上看，它不是最佳的抗风结构，但随着面料工艺的发展，面料被撕裂的可能性越来越小。所以，这种帐篷的抗风性很强。

但这类帐篷的缺点也很明显：无法自立，头部空间狭小，对使用者的搭建技术也要求很高。

圆顶型：圆顶帐篷需有 2 根以上弹性承力杆，相互交叉形成稳定的骨骼，能为外部面料提供低风阻的外形支持，形成良好的抗风结构。目前大多数高山帐都是圆顶结构。这类帐篷有宽大的头部空间，可以自立，容易搭建。圆顶帐篷因结构问题，普遍较重。如果你去的地方气候恶劣，圆顶帐篷是很好的选择。

通道型：通道型有着与圆顶型相似的设计，例如胡巴结构的 MSR 胡巴、鱼脊结构的 BA 飞溪，它们使用了更少的帐杆，减少或去除了承力杆的交叉设计，增加了部分无法受力的结构杆以维持帐篷形态和使用舒适性。这类帐篷舒适性和圆顶帐相似，可以部分自立，容易搭建，重量比圆顶型轻，是当下最受欢迎的帐篷类型。这类帐篷抗风性、抗雪压性都比较差，除了专门为登山设计的重型多杆通道帐，大部分此类帐篷不适合用于环境恶劣下的探险活动。

帐篷使用注意事项：

1. 无论什么帐篷，都要先打地钉锚点，如果无法打地钉，要使用其他锚点。
2. 风绳能极大地增加抗风性。
3. 搭建饱满的帐篷能增加空气流通性，减少潮气影响。

4. 非恶劣天气，帐篷的通风口需要打开。

5. 不要用石头直接压面料。

6. 部分帐篷有迎风面，搭建时需要注意方向。

7. 避免在洼地扎营，防止帐内出现积水。

8. 不要在帐篷内或门厅烹饪。

9. 地布大小不要超过内帐帐底，也不要露出来，否则会积水。

（四）炊具的类型

在现代户外运动中，已经没有多少人使用篝火了，轻量便携的炉头已经成了必不可少的工具。使用炉头进行烹饪，简单环保高效。同鞋一样，应根据不同的路线和活动选择相应的炉具。

常见户外炉具

	特点	用途
一体气炉	轻量、简单、不易损坏	长距离徒步
分体气炉	重、稳定、容易损坏	短距离徒步、休闲露营
集成气炉	燃料高效、快速	雪山攀登、探险活动
油炉	快速、复杂、重	探险活动
酒精炉	轻量、简单、慢	轻量化徒步

（五）登山杖的选用

合理使用登山杖，会减轻 25% 的腿部肌肉负担，但也会造成体力消耗增加。所以登山杖并不是一种能“省力”的工具，相反，它会“费力”，但这种费力带来的好处有：辅助身体平衡、减轻腿部压力、在松软地面提供额外支撑、过河时的平衡和支撑、探测可疑地面（如冰裂缝、沼泽等）。

◎登山杖的使用

1. 登山杖的调节

我们要根据地形的情况适当调节登山杖长度。通常我们可以遵循 2 个 90° 原则把登山杖调成适当长度，即登山杖垂直于地面时，通过调节登山杖长度让大臂与小臂呈 90°，小臂与登山杖呈 90°。在调节好长度后，锁紧杖身并检查。

2. 腕带的使用

登山杖的腕带是用尼龙和聚酯纤维制成的环状扁带，与登山杖握柄相连，可以调节长度。根据手掌大小和手套厚度把腕带调成合适长度，手从腕带下方向上穿过腕带，用手掌虎口压住腕带，握住手柄。这种姿势可以最大程度地提高腕带的支撑力，降低手掌和握柄的摩擦，长期使用不会出现手掌磨泡、手指酸痛的情况。

3. 使用登山杖的注意事项

禁止使用登山杖拉人。用登山杖拉人是一种非常危险的行为，虽然登山杖的抗压力不错，但抗拉力很差。如果你需要用登山杖制作担架或者支撑天幕和帐篷，要确保登山杖的强度足够大。调节登山杖的长度时，确保不要超过STOP 警戒标识，否则会损坏登山杖锁定件。

（六）户外背包

作为装载系统，如何选择户外背包取决于你其他装备的体积和重量，所以将背包放在主要装备后介绍。如果装备很重，体积很大，就需要一个容量大、负重能力强的有架背包；如果装备又少又轻，一个无架超轻背包就可以了；如果你需要携带一些异形装备如充气船和桨，那你可能需要一个外架背包。

◎背包的使用建议

一般人在选择户外装备的时候首先考虑买包，这是不合适的，因为此时还不知道其他的装备有多大、多重。如果装备太多、包太小，打包就很麻烦；反之，包装不满就会使你徒步时重心不稳。

建议先买好帐篷、睡袋、地垫、烹饪装备后，根据这些装备的体积和未来要走的路线长度，再决定买多大的包。

背包的腰带对舒适性至关重要，选择合适长度的腰带，可以明显提高舒适性。腰带太长，重量无法用腰带传递到胯骨，而腰带太短，长期使用也会让人感觉不适。有些品牌背包的腰带可以调节长度，但大多数都是固定的。

（七）其他装备

◎照明装备

无论一日游还是多日徒步，不论是否在野外过夜，都建议携带可防水的独立照明装备，可以是一个头灯，也可以是手电筒。一般建议戴头灯，因为它不会占用一只手，在野外，许多活动需要双手完成，如烹饪。有些辅助头带可以把手电筒固定到头顶，但不如头灯灵活。

大多数头灯都是 LED 光源，根据光线角度可以分为聚光灯和泛光灯，通常行进中需要使用聚光灯，泛光灯仅在营地等近距离照明中使用。有些头灯同时具备聚光和泛光功能。

◎防雨装备

雨披和雨衣是户外爱好者常用的装备，它们通常由涂 PU 的尼龙或涤纶制成，有些雨衣还在外层做硅化处理，以增加防水性。尼龙雨衣较轻，在 200 克左右，涤纶雨衣较重，一般不低于 350 克。

有些雨衣还可以当作天幕或者地布使用，在一定程度上减少了装备总重，但这类雨衣没有袖子，胳膊会被淋湿，包裹性也差，容易在大风中被吹开。而且被用作地布的雨衣往往沾满泥水，会非常影响使用者的心情。

选购雨衣的时候，要注意雨衣是否能把背包罩住，这样雨衣同时可以为背包挡水。背上背包后，穿雨衣需要其他人的帮助，自己很难穿好。

徒步伞受很多人的追捧，它的龙骨由高强度的纤维制成，重量轻，强度大，伞布由涂银的涤纶或尼龙制成，可以有效地阻挡紫外线。这种伞都是直柄伞，不可折叠，只有直柄伞才可以在大风中保证强度。徒步伞不像雨披那样闷热，使用时也非常快速简单，但需要占用一只手，这意味着你无法使用登山杖。在营地活动中，如烹饪、上厕所等，徒步伞比任何防雨工具都要好用。另外在阳光强烈的高原和沙漠，徒步伞可以避免人被紫外线灼伤。

◎行走辅助装备

在一些特殊环境或地形中，我们需要一些辅助装备来协助我们行走，例如冰镐、冰爪、踏雪板、雪套等。根据不同情况选用行走装备，会极大地增强安全性，同时也会让行走更加轻松。

四、风险与安全

（一）如何应对突发危险

◎假设危险

在队伍出发前，你可以问自己以下问题：

1. 受伤后，自己能否处理伤情？
2. 当远离城区，手机没有信号时，如何解决通信问题？
3. 当需要渡河时，自己能否安全地过河？
4. 如果连续降雨，自己用什么方法保持装备干燥？
5. 我能否维修自己的重要装备？
6. 当电子导航设备失效时该怎么办？
7. 我能否避开野生动物的突袭？
8. 当队伍需要求助时，我向谁求助？
9. 当我不能按时出山或者抵达营地时该怎么办？

◎突发状况的处理原则

遇到突发危险时，没有受过任何训练的人往往会最快制定措施并立即开始行动，这看似不无道理。例如你结组和一个伙伴在冰川上行走，伙伴突然掉进冰裂缝，作为一个新人的你可能会根据直觉直接用绳子去拉拽对方，但经过一番折腾后，你会筋疲力尽并发现这是徒劳的。

在危机发生后，应尽可能及时控制损伤发展，例如：为流血的人尽早止血，而不是着急去消毒；为心搏骤停的人立即开始心肺复苏而不是去包扎伤口；让队员迅速撤离塌方区而不是就地做 CPR。当情况稳定下来或没有更多危险时，不要着急派人去求救，也不要着急拖着伤员去就医，如果你没有一个恰当的方案，可能会浪费很多时间和体力，甚至可能让其他队员身处险境。

在危机发生后，我们首先要稳定情况，例如止血、包扎、保温、躲避，然后用足够的时间去思考、讨论对策，一般来说山地救援的持续时间都在10—20小时以上，20分钟的思考时间对救援总体时间没有太多负面影响，而20分钟深思熟虑的救援方案却能为最终结果产生正面影响。

◎我需要下撤吗?

除了呼叫救援，什么情况下伤员需要及时主动转移?领队往往对此有决定权，而领队对环境、伤员情况的判断决定了他是否下达转移命令。另外，队伍其他人的情绪也有很大影响，并不是每个队员都愿意为伤员牺牲这次山野之旅。所以，是否转移伤员或病号并不是一个很容易做出且容易执行的决定，作为领队，也不可轻易做出这个决定，因为转移伤员是一件非常困难的事情。

一般来说，队伍的决策者应该熟知户外伤病的几种常见情况：

1. 致命疾病或创伤

头部创伤：此类伤病有轻有重，但只要是较严重的创伤都有可能出现脑水肿或脑血肿，任由病情发展后果往往是致命的。头疼可能由头部创伤、严重感染、高山病等引起，结果往往致命。心脏疾病的后果可能会致命。此类疾病容易察觉，如有发现，应第一时间下撤或转移。

2. 非致命严重疾病或创伤

骨折：影响行动力，但一时半会不会危及生命。腹泻：影响体力和情绪。流感：可能引发其他致命疾病，如高山病。这类疾病虽然不会危及生命，但任由其发展可能会产生严重后果，且这类疾病会影响病号的行动能力，是否立即转移这类病号需要领队根据当时情况慎重做出决定。

3. 无法判断的疾病

如缺乏医学知识，一些疾病将很难被判断，许多疾病有相似的症状，这时就需要你权衡当时的情况了。

对于一个合格的户外领队，应参加一些野外急救知识培训班，如国际野外医学协会的高级急救员和第一响应人培训，在危机情况中，这些急救知识能助你一臂之力。再者，作为一个领队，在遇到紧急情况时，要充分利用领导力，将队员聚集到一起共同解决困难，不要自己孤身迎难而上而忘记了大局。作为领队最重要的任务就是让所有人都有事情做，而不是专注于救人，整个团队的情绪将影响救援计划的成功与否，而让每个人都有事情做能极大地缓解紧张情绪。

◎当你决定下撤时

当你决定必须下撤后，有两个选择：寻求外部救援和自主下撤。这两个方案可以同时进行，但有时候它们会互相影响，并且两者都需要付出一定代价。决定采取其中一种还是同时进行，需要从以下几方面综合考虑：

1. 伤患的严重程度、致命程度、体力情况，是否能独立行走；
2. 队伍的整体体力情况；
3. 队伍里可调配的资源：露营装备、可救助伤患的装备、食物和水、通信器材；
4. 队伍情绪：赞同撤离的人有多少，如何稳住那些反对者的情绪；
5. 队伍人力资源：人数多少，每个人的技能如何分配；
6. 环境问题：下撤路线情况、天气情况、路线长度；
7. 外部救援：能否联系外界、救援时间、救援费用；
8. 舆论影响。

在现实中，大部分队伍会优先选择自行下撤，这种情况下，你要确定患者是否可以独立行走。只有当患者完全无法自行行走时才可使用担架，一个简单的担架可以由两件衣服和几根登山杖组合起来，也可以用树枝代替登山杖，用绳索代替衣服，如果天气较冷，还可以用睡袋为病人保暖。无论什么样的担架，在陡峭的山路上都极难操作，而且行进速度会非常慢。如果可用的人数低于 6 人，就不要尝试这种下撤方式。

当队员的情况危急或无法自主转移，就要寻求外界救援了。这时你需要利用一切资源，如卫星通信设备、组建求救小组或请其他的队伍向外界传达消息等。不要过分依赖荒野求生技术，如烽火信号，或在地面摆 SOS 字样，因为这种信息不能有效地传达出去。组建求救小组需要二三人，还需要留下至少 2 人照顾伤员，在出发前，要确保记录了正确的坐标点以供救援队快速到达。

最后，还要保证求救小队有足够的食物和水，因为他们需要以最快的速度出山求救，食物中的热量是快速行进的保障。

（二）野外医学

◎急性高山病（AMS）

2400 米到 6000 米是我国户外运动爱好者青睐的目的地海拔，这些目的地往往有着非同一般的景色，常常能带给我们非凡的体验，但这些区域的氧气含量却非常低，例如在西藏 5800 米的山口上，空气中的氧气仅为海平面含氧量的 50%。如果把一个正常人直接空投到这里，这个人可能会很快因为缺氧而失去意识。

现在，交通发达，大部分户外运动爱好者或游客可能很快就到了高海拔地区，从而没有太多时间去适应高原环境。这就形成了我国急性高山病（AMS）发病率高、发病快、死亡率高的特点。

如果你计划徒步探险或高山攀登，当目的地高度高于 3900 米时，需要额外的 2 天—4 天在 3000 米—3600 米适应，且每提升 600 米，都要多留出一天时间适应。睡觉时，要选择一个海拔较低的营地，睡眠时我们无法主动调节呼吸，是一天中最危险的时间段。如果没有严重高山病症状，不要随便吸氧，短时间在低海拔停留或吸氧也会让身体来之不易的适应前功尽弃。

如果没有那么多时间来适应，就要考虑服用乙酰唑胺，它能通过抑制血液和肾脏中的碳酸酐酶活性，降低血液 pH 值，模拟缺氧状态，让呼吸加深，身体提前适应缺氧环境，且能在缺氧环境中抑制高原间歇性呼吸，改善缺氧环境下的夜间睡眠质量，防止高山病的发展和恶化。

◎高原肺水肿和高原脑水肿

高原反应，不论在临床上表现为高原头痛（HAH）、急性高山病（AMS）、还是高原脑水肿（HACE），都是中枢神经功能障碍引起的，因此可统称为高原脑病。高原肺水肿（HAPE）则是高原缺氧环境导致的肺功能障碍。

有研究证明，将正常人置身于模拟 4572 米海拔的环境，36 小时后，这些人的脑容量因水肿增加了 2.77%，因此颅内压也随之急剧升高，所以，身处高原的我们就会感到头疼（HAH）。

在适当的情况下，许多人会逐渐适应高原环境，头痛症状也会逐渐消失，但有些人的病情可能继续恶化成高原脑水肿。有些时候，患者不会表现出急性高山病相关的症状而直接进入高原脑水肿阶段。

◎低温相关疾病

失温，也叫低体温症，但这并不意味着它只有在寒冷气候才会出现，事实上，在低于 20℃时，失温就开始威胁着人类了，根据北美的事故报告，0℃至 10℃是失温症的高发温度区间。

在户外，湿气和风是最大的杀手。在冰点以上，我们容易被环境温度所麻痹，有些人不自觉地就让自己走得大汗淋漓，这时湿内衣增加了身体热量传导速度，除此之外，风寒效应、湿度都会加剧体温的散失。

失温的各个阶段和表现

	症状
轻度失温	颤抖、心律升高、排尿变多、呼吸频次升高、肌肉不协调、蹒跚、行为异常
中度失温	恍惚、颤抖减少甚至消失、虚弱、思维麻木、智商降低、口齿不清、记忆障碍、视觉障碍、心律不齐、瞳孔放大
严重失温	昏迷、神经反射消失（对疼痛没有反应）、呼吸频率和心律极低、低血压、可能出现心室纤颤、患者无法自主调节体温
致命阶段	肌肉僵硬，很少能觉察到心跳或者呼吸、很容易出现心室纤颤，然后死亡

◎中暑相关疾病

热痉挛是最轻微的中暑症状之一，在户外运动中十分常见，表现为肌肉痉挛，此时患者核心体温并没有升高，但可以作为其他中暑症状的预警。

高温并不是导致肌肉痉挛的直接原因，主要还是由患者大量出汗脱盐导致的，此时将患者转移到阴凉处，补充盐分即可恢复。

◎骨折和脱臼

在野外，骨折或脱臼是一种致命伤，特别是骨折，在缺乏医疗条件的野外无法自愈，开放性骨折往往伴随着严重感染。

骨折后可能出现多种问题，如肿胀、疼痛，这时急救人员要考虑骨头是否损伤了血管和神经，是否压迫血管导致了血液循环障碍，或刺穿、截断血管导致了内出血。一些大型骨骼如股骨和盆骨，骨折后经常会伴随内出血，这是一种十分危急的情况，这些骨头骨折后的死亡率很高。如果出现开放性骨折，必须考虑及时清创消毒，否则会出现严重的感染。

理论技能篇作者

小羽，本名刘羽，理学硕士，中国登山协会高级户外指导员，中登协高山技能班毕业，户外运动装备设计师，户外探险领队，户外科普作者。多次带队行走狼塔线、鳌太线及深入念青东、阿尔泰山、喜马拉雅山等地区。